北京大兴国际机场线
中型盾构长距离高效掘进综合技术

刘天正　陈　曦　孙长军　金　奕　**主编**

人民交通出版社股份有限公司
北　京

内 容 提 要

本书主要介绍了北京典型砂卵石地层中型直径盾构在参数控制、渣土改良、出土量和盾尾间隙测量系统、刀具配置及换刀技术、长距离皮带运输、盾构穿越重大风险源控制以及采用冻结法施工联络通道等方面综合施工技术。由于本项目施工作业面多、交叉作业集中、建设工期极为紧迫,项目建设的组织协调管理难度大,因此,本书还总结了施工管理方面的经验。总体来看,本书对于地铁土建工程师以及管理人员有较强的参考意义,可以指导今后类似工程施工。

图书在版编目(CIP)数据

北京大兴国际机场线中型盾构长距离高效掘进综合技术 / 刘天正等主编. — 北京 : 人民交通出版社股份有限公司, 2020.10

ISBN 978-7-114-16815-4

Ⅰ. ①北… Ⅱ. ①刘… Ⅲ. ①城市铁路—铁路隧道—隧道工程—盾构法—工程施工—北京 Ⅳ. ①U239.5 ②U455.43

中国版本图书馆 CIP 数据核字(2020)第 162265 号

书　　名: 北京大兴国际机场线中型盾构长距离高效掘进综合技术

著 作 者: 刘天正　陈　曦　孙长军　金　奕

责任编辑: 崔　建

责任校对: 席少楠

责任印制: 刘高彤

出版发行: 人民交通出版社股份有限公司

地　　址: (100011)北京市朝阳区安定门外外馆斜街 3 号

网　　址: http://www.ccpcl.com.cn

销售电话: (010)59757973

总 经 销: 人民交通出版社股份有限公司发行部

经　　销: 各地新华书店

印　　刷: 北京印匠彩色印刷有限公司

开　　本: 787 × 1092　1/16

印　　张: 18

字　　数: 435 千

版　　次: 2020 年 10 月　第 1 版

印　　次: 2020 年 10 月　第 1 次印刷

书　　号: ISBN 978-7-114-16815-4

定　　价: 98.00 元

序

北京大兴国际机场线是北京市轨道交通“十三五”规划中的一条骨干线路，是落实北京城市总体规划、促进京津冀协同发展的重要组成部分，也是北京大兴国际机场“五纵两横”配套交通工程中连接北京中心城区和新机场的快速轨道交通专线。线路全长 41.36km，其中地下线和 U 形槽 23.65km，高架和路基段 17.71km，共设 3 座车站，平均站间距 19km。该线采用世界最高等级 GOA4、具有完全自主知识产权的全自动运行系统，对标航空服务标准，是北京市第一条从投资、建设到运营全周期采用政府和社会资本合作模式(PPP)的城市轨道交通线路。

北京大兴国际机场线工程于 2016 年 9 月 29 日确定中标单位，12 月 26 日北、中、南三段进场开工。2017 年 11 月 14 日，首台盾构开始掘进；2018 年 2 月 26 日，首段盾构区间隧道贯通；8 月 6 日，首个盾构区间“双线”贯通。2019 年 5 月 23 日全线轨道贯通，6 月 15 日进行空载试运行，9 月 26 日开通试运营。

2019 年 9 月 25 日，习近平总书记视察北京大兴国际机场线并发表重要讲话，强调“北京要继续大力发展轨道交通，构建综合、绿色、安全、智能的立体化现代化城市交通系统，始终保持国际最先进水平，打造现代化国际大都市。”习近平总书记为北京轨道交通建设指明了方向，提供了根本遵循。北京轨道交通的发展翻开了新篇章，开启了新征程。

北京大兴国际机场线工程工期只有 33 个月，以盾构区间为关键线路。盾构双线长度为 14756m，其中穿越卵石地层掘进长度 11226m，占盾构隧道总长度的 76.1%。卵石地层中刀具磨损严重，需频繁检修换刀，严重影响工期。单台土压平衡盾构机在卵石地层中掘进 3825m，在北京尚无先例，对施工组织及设备性能要求高。机场线盾构区间隧道管片外径 8.8m，环宽 1.6m，是目前国内城市轨道交通单线断面最大盾构区间，土方工程量是普通盾构区间的 3 倍以上，导致场地使用、运输及施工组织压力极大。机场线面临的核心问题是如何加快盾构施工速度，确保盾构区间隧道按时洞通，尤其是加快卵石地层中长距离土压平衡盾构施工速度。此外,线路部分联络通道入水深度超过10m。

北京市轨道交通建设管理有限公司坚持“政产学研用”,自主创新实践,组织参建各方基于北京大兴国际机场线工程,对于中型盾构在长距离砂土、砂卵石地层中快速掘进综合技术从盾构施工参数、刀具磨损、渣土改良、检修井设置、皮带机运输、项目管理、风险控制技术、盾尾间隙和渣土称重设备研发及联络通道冻结法施工等多方面进行创新性研究实践并集结成书,这是各方集体智慧的结晶!本书内容丰富,图文并茂,突出应用,对于轨道交通工程建设各方均具有重要参考价值!

2020年6月

目 录

第1章 项目背景及概况

1.1 项目背景

随着中国的现代化和城市化进程,以北京为代表的大城市涌入大量人口,加剧了城市交通的负担。地铁以快速、准时、载客量大等优点,被越来越多地运用以缓解城市地面交通压力,同时地铁的修建使城市各区域联系更加紧密,能有效促进区域协同发展。北京、上海等地在基本建成地铁网络外,仍然每年修建多条地铁,南京、杭州、青岛等地在建及规划多条地铁线路,其他经济强市也将地铁列入发展计划,地铁正在如火如荼地建设中。

北京大兴国际机场线定位为连接北京中心城区和大兴国际机场的快速轨道交通专线,是《新机场外部综合交通规划》中实施的"五纵两横"配套交通设施之一,是大兴国际机场外部交通的重要支撑,提高了大兴国际机场外部交通服务水平,对大兴国际机场的日常运转起到关键作用。北京大兴国际机场线位于北京南三环以外区域,其定位为快速、直达、高品质的轨道交通专线,保证了大兴国际机场的地区竞争力。同时线路途经大兴、丰台两个行政区,具有带动北京南城发展的作用。北京大兴国际机场线是北京市第一次采用 PPP 模式建设运营的轨道交通项目,采用城际铁路标准,是目前国内设计速度最快(160km/h)、单线断面直径最大(8.8m)的城市轨道交通工程,采用基于 CRH6 动车组平台研发的新型市域车组、AC25kV 供电模式,刚性接触网及中型直径土压平衡盾构机在无水卵石地层中一次性穿越 3.8km 以上均属北京首例。相较于普通盾构,中型直径盾构刀盘直径更大,扭矩更大,刀具磨损也更严重,换刀距离更难合理确定。刀具检修需要修建多个检修竖井,这些竖井会为城市带来短暂的拥堵,所以加快盾构掘进速度,早贯通、早通车不仅能节约施工成本提高经济效益,也能减少地面占道时间,同时盾构掘进速度越慢对地层沉降影响越大,提高盾构掘进速度能减小盾构施工对周围环境的影响,因此研究快速掘进技术具有一定社会意义。

目前关于中型直径土压平衡盾构快速掘进技术的研究较少。欧洲、日本、美国等城市轨道交通建设已经趋于饱和,在建的线路以改善型为主,工期要求低。西班牙一条轨道交通线路建设周期甚至长达 12 年。由于国情不同,基本没有快速掘进相关方面的经验和研究成果供参考和借鉴。我国部分城市虽然轨道交通建设速度较快,例如武汉、天津等城市,但地层条件与北京大不相同,且盾构直径也不一样,因此相关工程经验的可参考性不强。

1.2 工程概况

1.2.1 总体概况

北京大兴国际机场线全长 41.36km，其中地下线和 U 形槽 23.65km，高架和路基段 17.71km。共设 3 座车站，分别为大兴机场站、大兴新城站、草桥站（施工时站名分别为大兴国际机场北航站楼站、磁各庄站、草桥站），平均站间距 19km，线路平面图如图 1-1 所示。线路南起大兴国际机场线北航站楼，在北航站楼综合交通中心地下二层设大兴国际机场线北航站楼站，之后沿机场中轴绿化带向北敷设，出机场用地界暗挖下穿永兴河后，线路由地下转入高架与大兴国际机场高速公路、京霸城际铁路共走廊敷设。在大礼路—庞安路段大兴国际机场高速公路上下行两幅路分开，大兴国际机场线与京霸城际铁路位于机场高速公路上下行两幅路之间。在庞安路—京沪高铁段大兴国际机场线与大兴国际机场高速公路采用双层共构桥方式布置，大兴国际机场高速公路位于共构桥上层，大兴国际机场线位于共构桥下层。线路在共走廊段依次上跨大礼路、大兴国际机场北线、东南部过境通道、庞安路、房黄亦联络线、魏永路。大兴国际机场线在既有铁路走廊节点前与京霸城际铁路、机场高速公路分开后下穿京沪高铁、上跨京山铁路，之后沿规划东环路向北敷设，至规划海鑫北路南侧由高架转入地下，采用盾构方式下穿南六环、海北路，至黄村大街与双河北路之间设磁各庄站与规划 S6 线换乘。之后沿广平大街、范家庄西路、京良路东延敷设，下穿海子公园后转入京开高速公路东侧绿带与 19 号线一期并入同一走廊，两线共走廊敷设至玉泉营桥东南侧绿地设终点站草桥，与既有 10 号线、

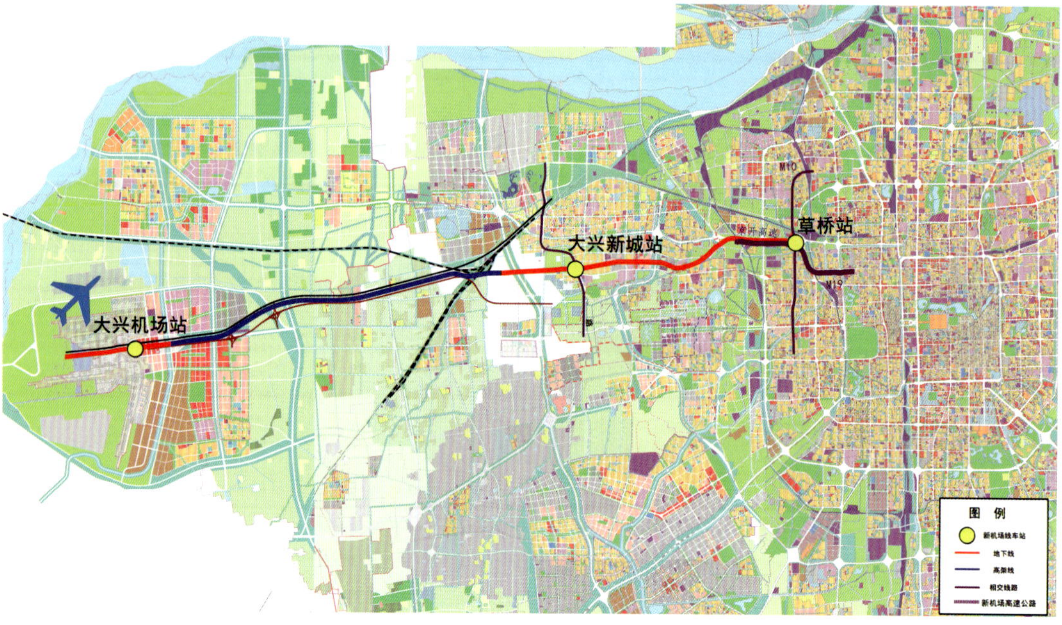

图 1-1　北京大兴国际机场线工程示意图

规划 11 号线及在建 19 号线一期换乘。线路设一座车辆段，位于大兴区团河地区海北路北侧、东环路西侧地块，占地 30.1hm^2，接轨于磁各庄站。另外，线路在新航城地区规划预留一座停车场，占地 12hm^2，接轨于路基段。地下段中盾构区间隧道长度 14.8km，共分为 4 个合同段、5 个区间，详细信息见表 1-1。

北京大兴国际机场线盾构隧道区间 表 1-1

区间	永兴河站—磁各庄站区间	磁各庄站—1 号风井区间	1 号风井—2 号风井区间	2 号风井—3 号风井区间	3 号风井—草桥站区间
隧道埋深(m)	17.5～27.8	23.65～30.96	21～39.4	20.8～24.8	19.5～33.4
主要穿越地层	粉土、粉质黏土、细砂、粉砂	粉土、粉细砂、细中砂、粉质黏土、卵石圆砾	卵石圆砾、黏土、粉细砂、粉质黏土	粉土、卵石圆砾	卵石圆砾
隧道最大入水深度(m)	6.6	1.45	7.96	2	8.9
最大坡度(‰)	21	4	20	5.9	28.5
最小转弯半径(m)	3000	1500	3000	1300	700
最小间距(m)	4.7	8.1	8.6	8.8	5.8
左线贯通工期要求	2018 年 8 月 30 日	2018 年 11 月 10 日	2018 年 8 月 15 日	2018 年 11 月 30 日	2018 年 11 月 30 日
右线贯通工期要求	2018 年 4 月 30 日	2018 年 10 月 10 日	2018 年 9 月 15 日	2018 年 11 月 15 日	2018 年 11 月 20 日
联络通道个数（冻结法施工个数）	5(0)	4(2)	3(1)	6(0)	5(3)

整条线盾构区间主要风险工程包括盾构下穿南环铁路、轨道交通大兴线、南水北调南干渠、既有管线等。盾构区间环境风险工程共 341 处，其中特级风险工程 6 处，一级风险工程 84 处，二级风险工程 175 处，三级风险工程 76 处，详细统计如表 1-2 所示。

风险工程统计表 表 1-2

标段	区间	风险工程总量			
		特级	一级	二级	三级
04 标段	永～磁区间	0	6	20	3
06 标段	磁～1 区间	0	12	42	27
07 标段	1～2 区间	1	4	41	13
	2～区间	1	36	33	14
08 标段	3～草区间	4	26	39	19
小计		6	84	175	76
总计		341			

盾构区间工程地质条件：

盾构区间穿越的地层，从上到下主要为粉细砂$②_3$层、圆砾$②_5$层、粉细砂$④_3$层、卵石圆砾⑤层、卵石圆砾⑦层、卵石圆砾⑨层。其中穿越卵石地层信息见表 1-3。

线路穿越的卵石地层 表 1-3

地层编号	土层名称	层厚(m)	层顶高程(m)	一般粒径(mm)	最大粒径(mm)
⑤	卵石层	2.8～4.8	21.74～24.35	10～50	60
⑦	卵石层	7.3～9.4	18.86～20.16	20～60	100
⑨	卵石层	7.5～10.1	10.15～12.36	30～80	120

本工程主要地下水类型为上层滞水(一)及层间水(四),影响盾构穿越段主要为层间水(四),含水层为卵石圆砾⑦层及其以下砂土、卵石地层,埋深在25.90～26.70m之间。

1.2.2 盾构区间工程概况

1.2.2.1 3号风井—草桥站区间

1)设计范围

3号风井—草桥站(不含)盾构区间全长3064.992m(双线),线路埋深10.7～24.6m,最大坡度28.5‰,最小曲线半径700m。区间共设3座检修井和5座联络通道。联络通道采用矿山法施工。盾构区间隧道外径8.8m,管片厚度450mm。隧道断面主要穿越地层为卵石圆砾层。采用两台开挖直径为9.15m的土压平衡盾构机同时施工。

2)周边环境和外部条件

(1)盾构始发井周边环境和外部条件

该区间盾构始发井长129m,为地下两层框架结构,覆土厚度4.445m,盾构井宽31.5m;标准段宽25.88m,采用明挖法施工,结构标准段基坑深22.295～23.295m。盾构始发井与接收井场地周边相对空旷,地面无建(构)筑物,地下无管线。

(2)盾构区间地面及地下既有建(构)筑物

该区间主要下穿地面建(构)筑物风险源有:区间垂直下穿南环铁路(特级风险源);区间下穿潘家庙雨水泵站(一级风险源)、区间侧穿新发地北桥(二级风险源)、区间左线下穿京开高速公路辅路和挡土墙、区间下穿马家楼桥、区间下穿侧穿人行天桥(3座)、区间下穿1座110kV高压电塔等地面建(构)筑物。

1.2.2.2 2号风井—3号风井区间

1)设计范围

该工程包含磁各庄站—草桥站区间的2号风井明挖段、2号风井—3号风井盾构区间、区间牵引变电所。2号风井—3号风井盾构区间左线全长3832.39m,右线全长3847.44m,为全线最长的盾构区间,控制着北京大兴国际机场线线路贯通时间;线路埋深12～16m,最大坡度5.9‰,最小曲线半径1300m;区间共设3座检修井和6座联络通道,联络通道采用矿山法施工。盾构区间隧道外径8.8m,管片厚度450mm,主要穿越地层为粉细砂、卵石圆砾层;采用两台外径为9.15m的土压平衡盾构机同时施工。

2)周边环境和外部条件

(1)盾构始发井周边环境和外部条件

该区间盾构始发井长130m,为地下两层框架结构,覆土厚度4.368m,盾构井宽33.4m;标准段宽27.3m,采用明挖法施工,基坑深20.568～22.198m。始发井场地周边相对空旷,无重要市政设施和管线。

(2)盾构区间地面及地下既有建(构)筑物

该合同段隧洞沿线下穿多处房屋,区间及沿线15m范围内,穿越的地面建筑约42000m^2;盾构区间邻近或下穿220kV团苑一线高压输电线路并下(旁)穿高压电塔13座;区间垂直下穿地铁大兴线U形槽段(净距9.68m),环境风险工程众多,风险等级及控制要求高。在诸多环境风险工程中,涉及穿越既有地铁、高压电塔、配电房、冷库等,均对施工引起的变形等影响的控制、保证其安全及功能提出了很高的要求。

1.2.2.3 1号风井—2号风井区间

北京大兴国际机场线土建07合同段2工区施工任务为2号风井—1号风井,施工里程为K33+208.249~K35+545.227,包含1个暗挖区间(90.995m)、1个盾构井及明挖区间(130.9m)以及1个双线盾构区间。

线路出盾构始发井后向南侧穿同华路(已废弃),下穿南五环路基段、南水北调干渠、凤河,后沿广平大街向南,终至广平大街与黄亦路交叉口北侧的1号风井兼盾构接收井。区间左线起点里程K35+329.347,终点里程K33+208.249,左线长度2121.098m;区间右线起点里程K35+323.323,终点里程K33+205.015,右线长度2118.308m;隧道覆土厚度在12.2~26.9m之间,最大坡度20‰,最小转弯半径3000m,采用两台辽宁三三工业有限公司生产的开挖直径为9114mm的土压平衡式盾构机进行掘进施工。盾构区间设置3个联络通道,其中1个联络通道兼泵房。

1.2.2.4 磁各庄站—1号风井区间

盾构区间单线单洞标准断面形式为圆形断面,最小平面曲线半径2000m,最大坡度4‰。底板埋深23.65~30.96m,覆土厚度14.85~22.16m。区间设置4处联络通道,其中1处兼废水泵房。该区间位于现况及规划广平大街下方,规划红线宽度为40m,已部分实现规划。设计里程为K30+336.653~K33+188.764,长度约2813.111m,采用盾构法施工。区间采用两台开挖直径为9.04m的盾构机先后从盾构始发井始发,掘进至盾构接收井暗挖横通道,接收后平移至两侧明开竖井吊出。

1.2.2.5 永兴河—磁各庄站区间

北京大兴国际机场线土建04合同段包括出入段线、磁各庄站(不含)—路基段区间,起止里程K25+513.4~K29+781.103。其中,盾构隧道双线长2783×2m,明开段长度为314m,U形槽长度为412m,U形槽以南的路基段为241m。另外,该区间盾构隧道包括1座盾构竖井、5座联络通道。对于明开区间段,在磁各庄站以南的498m处设1座盾构接收井,并且出入段长度为807m。盾构始发井—磁各庄站盾构区间长2783m,盾构段线间距13.566~19.375m(水平净距4.766~10.575m),隧道覆土厚度8.7~19.0m,竖曲线半径15000m,最大坡度21‰,最小坡度3.5‰。隧道衬砌管片为C50的P12预制钢筋混凝土结构,外径8800mm,厚度450mm,内径7900mm,宽度1600mm。区间线路基本沿规划东环路南北向敷设,区间南起盾构始发井,向北依次下穿南六环,侧穿广顺桥,下穿新凤河等后到达盾构接收井。

1.3 工程特点

1.3.1 前期工作难题多

北京大兴国际机场线按照建设内容划分为 A 和 B 两部分,A 部分主要包括大兴国际机场线的征地拆迁、园林绿化、高压电塔改移等前期工程,B 部分为工程施工,其进度受 A 部分的制约和影响较大,B 部分能否按期进场实质性开工,将直接受 A 部分前期工程的制约和影响。

按照以往类似工程经验及社会环境判断,大兴国际机场线的拆迁和高压电塔改造工程协调难度颇大,都难以在短时间内完成。另外,线路出机场范围后与大兴国际机场高速公路、京霸城际铁路走廊高架敷设,在磁各庄站—北航站楼站区间约 7.928km 处与机场高速公路共构,并临近京霸城际铁路。这几个工程平面有交叉、有近距,难免相互干扰和制约,加之近年来前期工作难度越来越大,导致能进场施工的有效时间大大缩水。这样就需要加大对大兴国际机场线建设过程中拆迁,征地(临时用地),高压电塔改造,园林伐移,穿越既有铁路、地铁及河湖,与大兴国际机场建设、大兴国际机场高速公路建设、京霸城际铁路建设等的协调工作。

1.3.2 隧道长、工期紧

北京大兴国际机场线盾构区间设置较长,最短的区间 2108m,最长的区间 3847.44m,单台土压平衡盾构机在卵石地层中掘进 3825m(2 号风井—3 号风井)的区段,在北京尚无先例。该区段控制全线地下段洞通时间,对施工组织及设备性能要求高。大兴国际机场线盾构区间隧道管片外径 8.8m,环宽 1.6m,是目前国内城市轨道交通单线断面最大盾构法区间,土方工程量是普通盾构区间的 3 倍以上,且工期紧,要求盾构掘进速度快,这就导致场地使用、运输及施工组织压力极大。大兴国际机场线计划 2019 年 9 月投入运营,根据工程筹划和施工情况,大兴国际机场线各个盾构区间始发时进度均落后投标阶段的计划,进度普遍落后 3 个月左右,严重的如磁各庄站—1 号风井区间落后时间约 5 个月。制约大兴国际机场线按时通车运营的关键是盾构区间隧道能否顺利、快速完成。

1.3.3 长距离穿越砂卵石地层

北京大兴国际机场线盾构穿越地质主要有粉质黏土、粉砂混合地层和卵石地层,其中盾构在卵石地层中掘进 11226m(占总长度的 76.1%),卵石地层刀具磨损严重、频繁检修换刀,严重影响工期。为保证盾构顺利施工,一般需要提前施作检修井,鉴于大兴国际机场线施工进度要求高的特点,提前施作检修井更加必要。但由于场地条件、工程筹划等原因,施工过程中也存在盾构停工等待检修井施工的情况。大兴国际机场线施工过程中共检修 16 次,其中盾构停工等待检修井施工的情况共有 3 次,盾构平均停机时间 109d;对于提前施作完成检修井的情况(13 次),盾构检修平均停机时间 22.6d。主动换刀提前施作检修井平均可节约工期 86.4d。

1.4　盾构隧道尺寸的确定

1.4.1　限界的确定

1)不可容纳柔性下锚点的单洞单线断面

根据《北京地铁大兴国际机场线工程限界专项审查》结果,接触网安装高度 5300mm,安装空间 1400mm,普通及特殊减振段轨道结构高度均按 900mm 考虑,直线段平台边缘至线路中心线限界为 1900mm,则隧道建筑限界内径为 7600mm,如图 1-2 所示。车-隧阻塞比为 0.273,满足不大于 0.29 的要求。

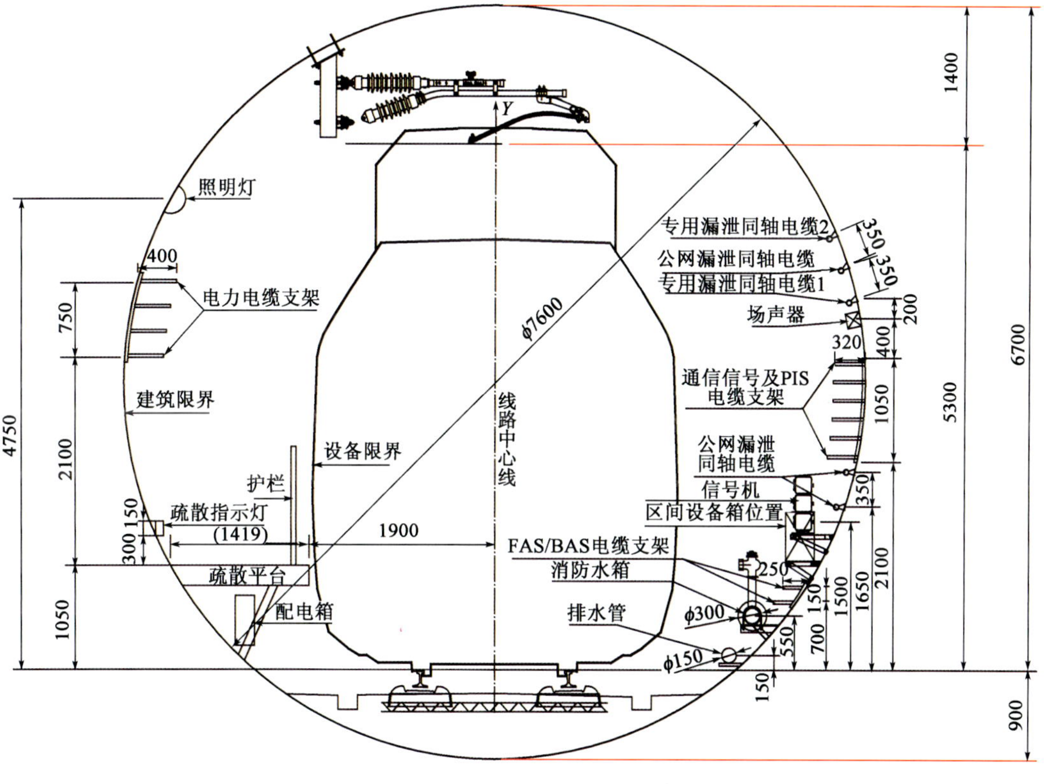

图 1-2　不可容纳柔性下锚点的单洞单线断面(尺寸单位:mm)

2)可容纳柔性下锚点的单洞双线断面

接触网导线安装高度为 5300mm,行车方向左侧因设置疏散平台,考虑到直、曲线线间距统一及疏散平台宽度要求,建筑限界至线路中心线距离为 3000mm,线间距为 6400mm

[3000mm×2+300mm(中隔墙厚度)+100mm(施工误差)],轨道结构高度为900mm,综合确定隧道建筑限界内径为12000mm,如图1-3所示。

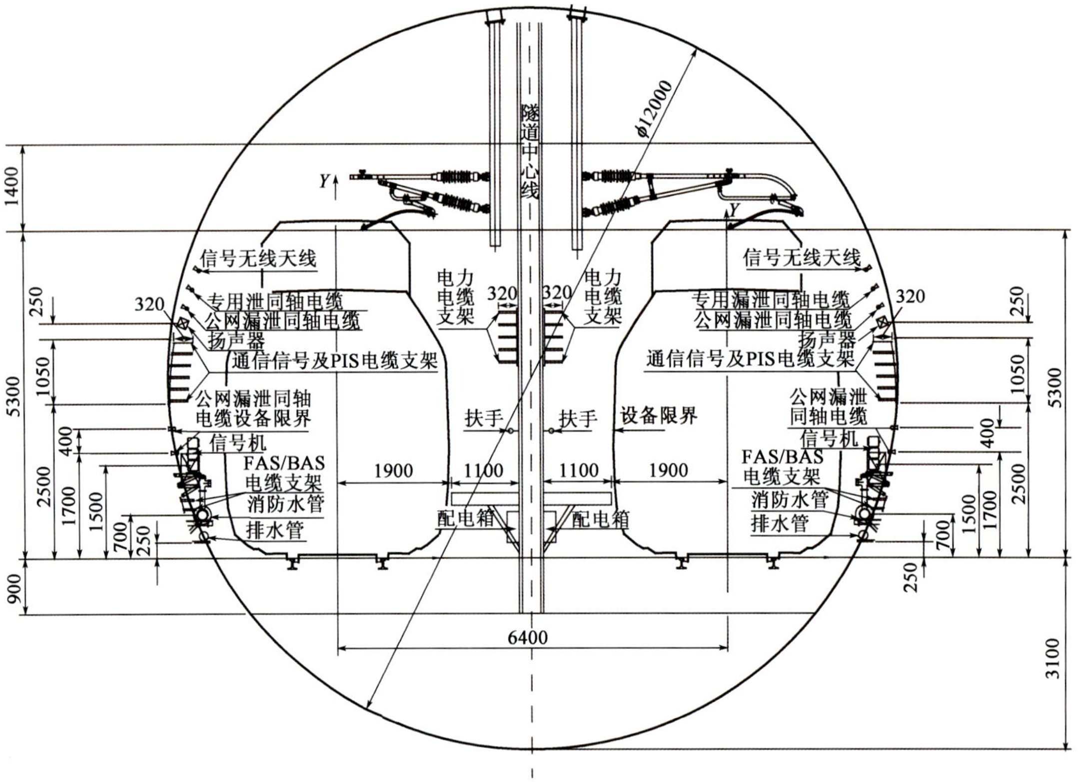

图1-3 可容纳柔性下锚点的单洞双线断面(尺寸单位:mm)

3)可容纳柔性下锚点的单洞单线断面

该断面是在不可容纳柔性下锚点的单洞单线断面基础上将7600mm的限界增加至可容纳柔性下锚点而来,其隧道建筑限界内径为8600mm,如图1-4所示。

1.4.2 盾构内径的确定

基于本线运营阶段水土稳定性好、地层沉降微小,管片自身厚度大、刚度大、强度大及耐久性好,同时,考虑基础限界尺寸大,结构的任何外放都会导致工程造价显著增加的特点,本线限界7600mm及8700mm隧道预留50mm的钢环结构补强施作空间,单洞双线盾构隧道考虑其断面尺寸较大,预留100mm的钢环结构补强施作空间,用于后期结构补强处理。在此基础上,结合北京地区盾构施工经验及盾构平均掘进水平,施工误差按100mm考虑,从而确定单洞单线盾构隧道结构内径分别为7900mm、8900mm,单洞双线盾构隧道结构内径为12400mm。

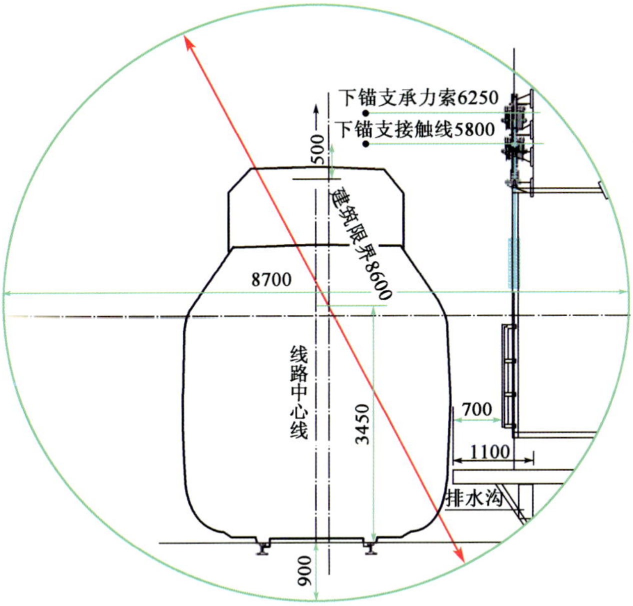

图 1-4　可容纳柔性下锚点的单洞单线断面(尺寸单位:mm)

1.4.3　盾构外径的确定

内径 7900mm 的盾构隧道管片厚度按如下原则考虑:

(1)根据北京市地方标准《城市轨道交通工程设计规范》(DB11/995—2013)及《地铁设计规范》(GB 50157—2013)给出的建议值,本隧道结构管片厚度与外径比推荐为 0.05,其理论厚度为 440mm。

(2)根据对国内城际线盾构隧道结构的调研结果,本盾构隧道结构管片厚度与外径比推荐大于 0.47,其理论厚度为 410mm。

(3)根据对北京地区已实施盾构隧道的调研结果,本盾构隧道结构管片厚度与外径比推荐为 0.05,其理论厚度为 440mm。

(4)根据对日本已实施盾构隧道的调研结果,本盾构隧道结构管片厚度与外径比推荐不小于 0.05,其理论厚度为 440mm。

(5)考虑北京未来将发生较多的穿越工程,为提高穿越的安全度,本盾构隧道结构推荐采用 450mm 的管片厚度。

(6)基于通过最为经济的手段提高本线盾构隧道结构的耐久性、刚度及强度的考虑,推荐采用 450mm 的管片厚度。

(7)北京大兴国际机场线采用 160km/h 的设计速度,从减小运营对两侧建(构)筑物振动影响的角度考虑,推荐采用 450mm 厚的管片,以增加结构刚度形成结构减振作用。

综上,选定内径 7600mm 的盾构隧道管片厚度取为 450mm,从而确定其外径为 8800mm。

1.5 工程方案对比

1.5.1 工期

北京大兴国际机场线于2016年底完成PPP招标工作，而2019年9月30日要完成通车建设。2017年初，盾构机还没有开始加工制作，沿盾构工程建设时间轴，留给盾构机采购、盾构机加工制作、盾构用地协调、盾构机到场及调试、盾构始发及接收结构施作、盾构隧道正线结构掘进施工及附属结构施工的时间不足20个月，各建设环节需紧密衔接且必须保证高效高质量完成，工程建设面临着严峻的挑战。

1）盾构机加工制作及到场时间

项目调研了国内外厂家盾构造价及制作时间、到场及调试时间，详见表1-4、表1-5。

国产盾构机基本情况信息表

表1-4

管片直径（mm）	土压平衡盾构机造价（万元）	泥水盾构机造价（万元）	制作周期	到场及调试时间
8800	8200~8500	—	8个月	1.5个月
9900	9000~9500	—	9个月	2个月
13800	—	35000	12个月	3个月

进口盾构机基本情况信息表

表1-5

管片直径（mm）	土压平衡盾构机造价（万元）	泥水盾构机造价（万元）	制作周期	到场及调试时间
8800	9500~10000	—	9个月	2.5个月
9900	13000~16000	—	10个月	3个月
13800	—	35000	13.5个月	3.5个月

由表可知，直径越大，盾构加工制作周期和到场调试时间越长。

2）掘进速度

考虑盾构区间隧道上方的覆土厚度需至少满足1倍洞径的要求，单洞双线区间的隧底埋深原则上均大于27.60m，相对于单洞单线方案，对应埋深为19.8m、17.6m。直径越大，在砂卵石地层中盾构施工越困难，13.8m盾构隧道比9.9m盾构隧道掘进时间长2.5个月左右，比8.8m盾构隧道掘进时间长3个月左右。

3）二次结构施作时间

8.8m单洞单线方案在盾构结构全部施工完毕后，需要施作联络通道及破除下锚段内的盾构管片结构，上述作业部分可同铺轨作业同时进行，占用绝对工期1个月。

9.9m单洞单线方案，相比8.8m，可节约下锚段处理时间，占用绝对工期半个月。单洞双线方案在盾构结构完全施工完毕后施作，根据目前掌握情况做法有两种，分述如下：

(1)轨道下二次结构与中隔墙采用现浇混凝土结构，考虑施工工作距离长达 3.2km，需 4 ~ 6 个月。

(2)轨道下二次结构采用预制结构，中隔墙采用现浇混凝土结构，考虑施工工作距离长达 3.2km，需约 2 个月。

4)用地协调时间

三种盾构中，8.8m 盾构相比其他盾构增加下锚段处理用地 32 处，每处用地约 300m²。用地协调量较大，协调工期存在不可控因素。

1.5.2　造价

在造价对比中考虑了盾构机加工制作、正线结构、始发及接收结构、过渡区结构及附属结构造价 5 个方面。

1)盾构机造价

根据对国内外厂家的调研情况，盾构机造价详见表 1-4、表 1-5。

2)正线结构造价

正线结构造价结合北京市相关指标及已有盾构工程施工经验制定，见表 1-6。

正线结构造价指标表　　表 1-6

盾构直径(mm)	盾 构 形 式	延米造价(万元)
8800	土压平衡盾构	18.1
9900	土压平衡盾构	21.9
13800	泥水平衡盾构	21.0

3)始发及接收结构造价

盾构始发及接收结构在同等技术条件下，采用单洞双线结构，比单洞单线结构层数增加 1 ~ 2 层，同时长度略有增长。全线盾构始发井 5 处、接收井 5 处，如图 1-5 所示。

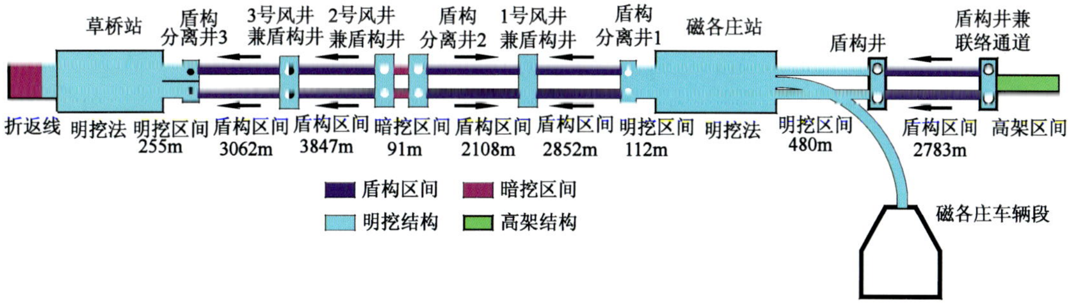

图 1-5　盾构井示意图

全线梳理后，13.8m 盾构相比 8.8m 盾构投资增加 2.85 亿元，9.9m 盾构相比 8.8m 盾构增加 0.3 亿元。

4)过渡区结构造价

以磁各庄站为例，比较 13.8m 单洞双线与 8.8m 单洞单线方案在车站-区间过渡段、地下-

高架过渡段的区别,两方案在磁各庄站及前后区间工法如图1-6、图1-7所示。

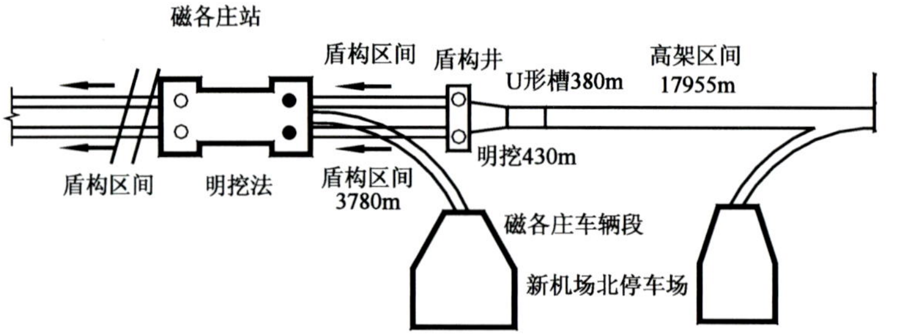

图1-6 单洞单线方案

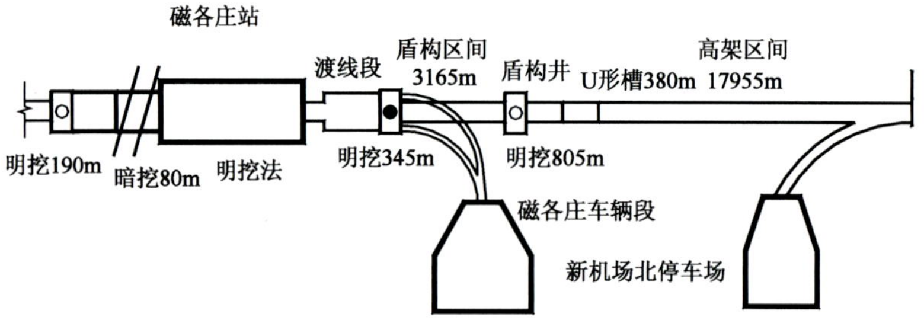

图1-7 单洞双线方案

磁各庄站北段区间,单洞双线方案不满足盾构始发或接收覆土厚度要求,向北敷设约270m后盾构施工,跨路口约80m采用暗挖法施工,另190m采用明挖法施工;单洞单线方案可由车站北端正常盾构始发或接收。

磁各庄站南段区间,单洞单线方案同样能正常盾构始发或接收;单洞双线方案需先向南明挖约345m后盾构施工。北航站楼站—磁各庄站区间包含高架段,高架段与盾构段通过明挖段和U形槽的过渡段衔接,盾构段与明挖段按1倍盾构外径覆土作为分界点,两方案纵断面示意图如图1-8、图1-9所示。

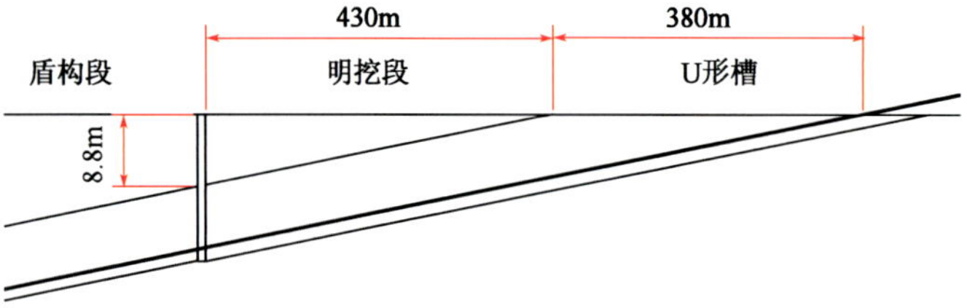

图1-8 8.8m单洞单线方案盾构接高架过渡段

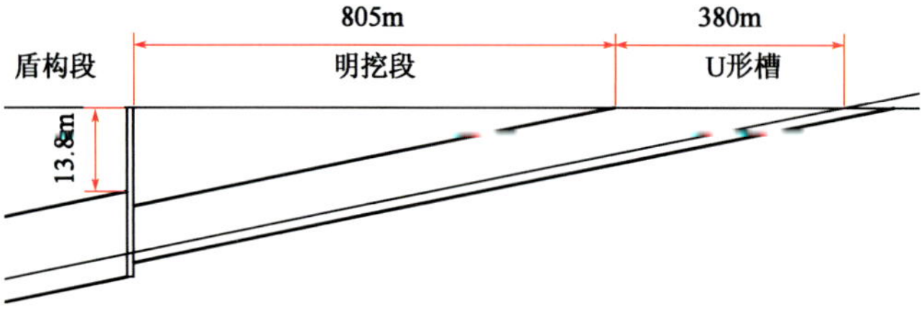

图1-9 13.8m单洞双线方案盾构接高架过渡段

盾构接高架过渡段，单洞双线方案明挖框架长度约805m，U形槽段长约380m；单洞单线方案明挖框架长度约430m，U形槽段长约380m。

经比较，过渡段单洞双线结构比单洞单线结构投资增加3.3亿元。将9.9m与8.8m单洞单线隧道按同样方法对比后，投资增加0.5亿元。

5)附属结构造价

8.8m盾构隧道的附属工程为联络通道+下锚点处理。9.9m盾构隧道的附属工程为联络通道。13.8m盾构隧道附属工程为轨道下二次结构及中隔墙。8.8m盾构相比13.8m盾构增加0.8亿元，相比9.9m盾构增加2.5亿元。

1.5.3 综合对比及结论

北京大兴国际机场线盾构区间沿线环境风险工程共162处，通过适当安全距离的控制，各种形式盾构均可保证穿越的安全，但盾构直径越大，风险越大。不同直径盾构风险的差异主要体现在穿越地层上，受沿线既有风险源控制，直径越大，进入富水砂卵石的深度及范围越大，13.8m盾构大范围进入富水砂卵石，施工风险相比单线单洞显著增加。

13.8m的单洞双线隧道难以满足机场线的工期要求，一票否决。同时因其造价及风险较大，在后续160km/h的地铁线路中也不具备应用前景。

9.9m的盾构工期存在一定的压力，但前期工作相对可控，考虑其工程费用增加仍较高，建设各方决定用其增加费用中的小部分投入到将柔性接触网调整为刚性接触网的研究应用中去，解决8.8m盾构下锚点用地协调不可控的问题。最终推荐造价、工期及风险具有明显优势的8.8m单洞单线结构。

第2章　盾构快速掘进关键参数控制及渣土改良技术

2.1　盾构快速掘进关键参数控制

2.1.1　盾构施工参数组段划分

2.1.1.1　组段划分研究的目的和意义

组段划分是进行盾构法隧道施工安全风险评估的重要工作和首要内容，即依据盾构穿越的地层条件，结合隧道沿线的地面/地下环境风险状况，综合分析地层、环境风险与盾构施工的相互影响，按照影响程度、危险系数的不同将区间隧道划分为若干安全风险等级不同的组段。其主要目的是确定各组段适宜的盾构施工参数控制范围，以有针对性地进行监控管理，实现盾构施工的规范化和施工管理的标准化，最大限度地规避盾构施工风险，保证盾构施工安全。

盾构施工过程的有效管理和风险控制很大程度上依赖于盾构施工参数设定的合理性，但是盾构施工过程中穿越的地层和隧道沿线施工环境风险状况并不是一成不变的，当地层或环境风险状况发生变化时，盾构施工参数也必须调整，如何根据盾构隧道的地层条件、施工环境条件等确定隧道穿越不同区段内主要施工参数的合理控制范围是实现盾构施工过程安全风险控制的基础。因此，寻求一种既能够考虑盾构隧道围岩特性，又能考虑到环境风险条件的盾构隧道安全风险组段划分方法，对盾构施工过程的安全风险控制有重要的意义。

2.1.1.2　组段划分原则与方法

1)划分原则

(1)盾构隧道穿越的地层性质：盾构施工参数确定的基本原则主要是依据盾构开挖地层情况。

(2)盾构施工环境条件的组合影响：除考虑盾构隧道穿越的地层情况外，还须充分考虑盾构施工环境条件的组合效应，亦即盾构隧道上方地层情况及重要管线存在与否，盾构隧道上方地面和地下建(构)筑物存在与否，盾构隧道下方地下建(构)筑物存在与否，地面沉降控制要求，盾构隧道穿越特殊地层条件，如巨型漂石、水体下穿越等，都会影响到盾构组段的划分。

盾构隧道组段划分的原则是根据盾构掘进过程中穿越的地层并且综合考虑盾构施工环境的组合风险来进行组段的划分。

2)根据隧道穿越地层的组段划分

综合考虑项目初勘资料、详勘资料和补勘资料中盾构隧道穿越的地层特性,对盾构施工区间隧道进行组段划分方法如下。

A 段:盾构穿越的地层为黏土、粉质黏土、黏质粉土和粉土以及这 4 种土层组成的复合地层。

B 段:盾构穿越的地层为砂层,包括粉砂、细砂、中砂和粗砂。

C 段:盾构穿越的地层为砾石(卵石)层。

D 段:盾构穿越的地层为土与砂的复合土层。

E 段:盾构穿越的地层为土、砂、砾石(卵石)的复合地层。

F 段:盾构穿越的地层为土岩混合地层及全断面岩层。

3)隧道施工环境的风险分级

(1)施工环境重要程度分级

盾构施工环境主要包括既有轨道线路、铁路、建(构)筑物、河流、桥梁、管线、道路等,根据施工环境的重要程度可以划分为以下三级。

Ⅰ级:既有轨道线路,铁路,重要桥梁(高架桥、立交桥等),重要建(构)筑物[年代较久远的建筑物、古建筑物、基础条件差的建筑物、国家及城市标志性建筑物、需重点保护的水塔、油库、高压线铁塔等建(构)筑物等],重要市政管线(污水管、雨水管干管,使用时间较长的上水管、热力管道、中水管等)。

Ⅱ级:重要市政道路(城市主干道、快速路、高速公路等),水体(河流、湖泊等),一般建(构)筑物(基础条件较好的建筑物、地下通道、无特殊保护要求的建筑物),一般桥梁(匝道桥、人行天桥等)。

Ⅲ级:一般市政道路(城市次干道和支路等),一般市政管线(通信管、电力管道,结构较好的污水管、雨水管、上水管、热力管道、中水管等)。

(2)盾构隧道自身及地层环境的影响因素

盾构隧道自身及地层环境对盾构施工环境风险也会有一定的影响,同样的施工环境,地层条件不同,风险大小也不一样。盾构隧道自身及地层环境主要有以下两点影响因素:

①隧道的埋深。盾构隧道埋深过小会导致地表沉降控制困难,对于隧道埋深小于 9m 的浅埋隧道应予以重视。

②盾构穿越及上覆土层情况。如隧道穿越及上覆土层中存在漂石、孤石等特殊地质情况,或者存在较厚的高压缩性填土、地质疏松体等不良地质情况。

综合考虑施工环境重要程度、隧道自身及地层环境情况等风险因素后,将盾构施工环境的组合风险分为以下三级。

Ⅰ级:盾构下穿或上穿既有轨道线路及铁路,下穿重要建(构)筑物、重要市政管线。

Ⅱ级:盾构下穿一般建(构)筑物、重要市政道路、水体,邻近重要建(构)筑物、重要市政管线。

Ⅲ级:盾构下穿一般市政管线、一般市政道路,邻近一般建(构)筑物、重要市政道路,或隧道附近无环境风险。

市政道路，或隧道附近无环境风险，当隧道埋深小于 9m 或盾构穿越及上覆地层存在不良地质或特殊情况时，施工环境风险应上调一级。

4）盾构施工区间隧道组段的综合划分

盾构区间隧道组段的综合划分是在盾构穿越地层组段划分的基础上按照盾构施工环境的组合安全风险级别对各个组段进行更详细的划分，将 A、B、C……F 六个地层组段划分为 $A_{Ⅰ}$、$A_{Ⅱ}$、$A_{Ⅲ}$、$B_{Ⅰ}$、$B_{Ⅱ}$、$B_{Ⅲ}$、$C_{Ⅰ}$、$C_{Ⅱ}$、$C_{Ⅲ}$……$F_{Ⅰ}$、$F_{Ⅱ}$、$F_{Ⅲ}$等 18 个组段，即将每个地层组段按照盾构施工环境安全风险级别划分为Ⅰ、Ⅱ、Ⅲ三个组段。盾构施工区间隧道组段的综合划分如图 2-1 所示。对北京地铁任何一个盾构区间隧道而言，都是由以上 18 种组段中的一种或几种组段组合而成。

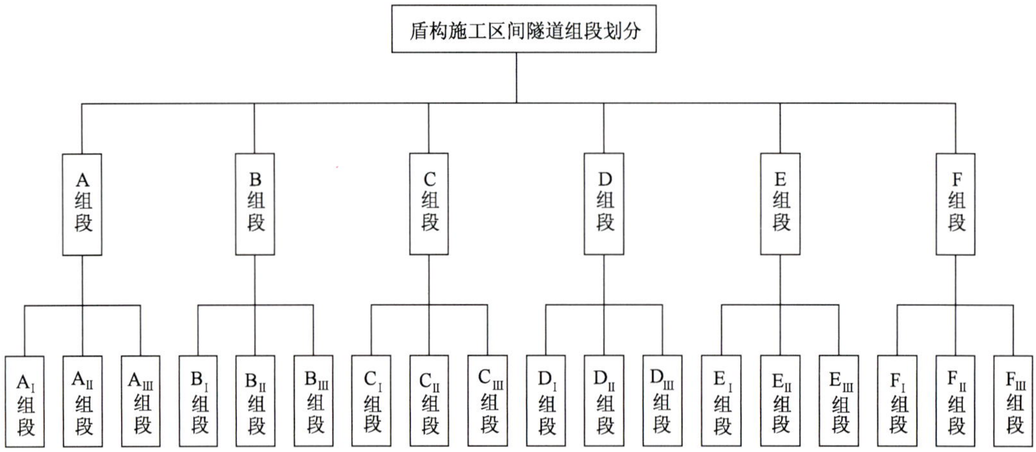

图 2-1　盾构区间隧道组段划分综合示意图

2.1.2　盾构掘进关键参数确定

盾构主要施工参数设定是否合理，施工过程中是否控制到位，直接影响盾构施工的安全，本节对不同组段内盾构主要施工参数的设定准则进行了深入的研究，选定的主要施工参数有土压力、刀盘扭矩、推力、同步注浆压力、同步注浆量 5 个参数。

2.1.2.1　盾构掘进土压力确定

土压力是土压平衡盾构施工最为关键的控制性参数，土压力控制是否合理与地表变形密切相关，而且土压力不受其他施工参数的影响，是首先需要确定的参数，只有在确定土压力的情况下才能根据地层条件、盾构设备条件、渣土改良状况、施工状况等进行刀盘扭矩、推力、同步注浆压力等其他参数的计算和设定，因此土压力的合理设定和控制对于盾构施工的安全具有决定性的意义。

1）土压力控制原则

土压力平衡的控制要点就是维持开挖面稳定，确保土仓内的土压力平衡开挖面的地层土压力和水压力。在选择掘进土压力时主要考虑地层土压力、地下水压力(孔隙水压力);土仓内的土压力可以维持刀盘前方的围岩稳定,不至于因土压偏低造成土体坍塌、地下水流失;为了降低掘进扭矩、推力,提高掘进速度,减少土体对刀具的磨损,土仓内的土压力应尽可能的低,以使掘进成本最低。

2)土压力计算方法

土压平衡盾构土仓压力设定目前还缺少足够的理论依据,大多是根据经验选取。目前比较常用的计算方法主要有以下 3 种。

(1)静止土压力理论

$$p_0 = K_0 \sum_{i=1}^{n} \gamma_i H_i \tag{2-1}$$

式中:K_0——侧压力系数,K_0 值的大小可根据试验测定,也可以根据经验公式 $K_0 = 1 - \sin\varphi$,还可根据施工经验选取,其中 φ 为土体的有效内摩擦角;

γ_i——第 i 层上覆土层重度;

H_i——第 i 层上覆土层厚度。

静止土压力没有考虑隧道开挖后地层的成拱效应,适用于浅埋隧道和软土、黏性土等难以成拱的地层。

(2)朗肯主动土压力理论

$$p_a = \gamma H \tan^2\left(45° - \frac{\varphi}{2}\right) - 2c\tan\left(45° - \frac{\varphi}{2}\right) \tag{2-2}$$

式中:φ——土体内摩擦角;

c——土体黏聚力;

γ——上覆土层的加权平均重度;

H——隧道覆土厚度。

朗肯主动土压力理论适用性较广,适用于各种地层。

(3)太沙基松弛土压力理论

太沙基松弛土压力理论假设隧道开挖后地层存在一定的成拱效应,其拱形结构如图 2-2 所示。太沙基松弛土压力理论适用于砂层和砂卵石层等易于形成拱的地层。根据太沙基松弛土压力理论可以把松弛土压力 p_c 当作竖直土压力,然后确定太沙基松弛土压力理论下的开挖面的水平主动土压力 p_a^T 和静止土压力 p_0^T,相关计算公式如下:

$$\left.\begin{aligned} p_c &= \frac{B(\gamma - c/B)}{k\tan\varphi}\left(1 - e^{-k\tan\varphi \cdot H/B}\right) \\ B &= \frac{D_c}{2}\cot\left(\frac{\pi/4 + \varphi/2}{2}\right) \\ H_t &= \frac{B - c/\gamma}{k\tan\varphi}\left(1 - e^{-k\tan\varphi \cdot H/B}\right) \\ p_a^T &= K_a p_e \\ p_0^T &= K_0 p_e \end{aligned}\right\} \tag{2-3}$$

式中:H——隧道覆土厚度;

H_t——松弛层的高度;

D_c——盾构刀盘开挖直径；

k——滑动面上的侧压力系数，即水平土压力与垂直土压力之比，通常取 $k=1$；

K_a——主动土压力系数，$K_a=\tan^2(45°-\varphi/2)-2\dfrac{c}{\gamma H_t}\tan(45°-\varphi/2)$。

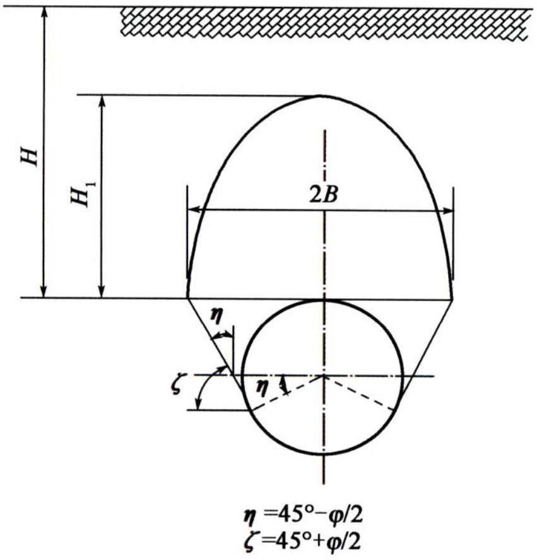

图 2-2　太沙基松弛土压力理论拱形结构图

选取典型地层盾构施工进行土压力计算分析：

①砂土地层实例。

选取北京大兴国际机场线永兴河站—磁各庄盾构区间右线第 100 环～第 200 环，隧道覆土厚度 9～13m，盾构开挖直径 9.04m，地下水位埋深 19.3m，隧道主要穿越地层为粉土、粉质黏土，局部圆砾-卵石，中砂-细砂，黏土，盾构穿越地层物理力学指标见表 2-1。

地层物理力学指标　　表 2-1

土　层	厚度(m)	重度(kN/m³)	黏聚力 c(kPa)	内摩擦角 φ(°)	静止侧压系数 K_0
粉土素填土①	0.49	17.50	5.00	10.00	—
粉土②	2.90	19.30	10.00	20.00	0.35
粉砂-细砂②$_3$	1.40	19.00	0.00	20.00	0.40
粉土③	2.70	19.80	22.00	21.90	0.34
粉质黏土③$_1$	1.40	19.50	33.00	15.80	0.35
细砂-粉砂④$_3$	2.10	20.30	0.00	28.00	0.35
中砂-细砂④$_4$	2.00	20.50	0.00	32.00	0.33
圆砾-卵石⑤	0.90	2.10	0.00	36.00	0.28
粉质黏土⑥	2.10	1.97	33.00	15.80	0.26

结合表 2-1 的参数，按以上的计算方法，对该盾构区间土压力进行计算，计算内容包括静止土压力 p_0、主动土压力 p_a、太沙基松弛土压力理论下的静止土压力 p_0^T 和主动土压力 p_a^T，计算结果见表 2-2。

为便于将计算结果与实际工程中盾构施工参数控制情况进行对比分析，直接计算土仓内上土压计位置的土压力，上土压计距离盾构顶部约 1m，因此计算土压力时选取覆土厚度 h 为

隧道覆土厚度 $H+1$m，即 $h=H+1$。隧道覆土厚度 H、土体重度 γ、黏聚力 c、内摩擦角 φ 均按上覆土层厚度取加权平均值。

永兴河站—磁各庄站区间土压力计算结果　　表 2-2

区间	覆土厚度 h(m)	重度 γ(kN/m^3)	黏聚力 c(kPa)	内摩擦角 φ(°)	静止土压力 p_0 (MPa)	主动土压力 p_a (MPa)	太沙基松弛土压力理论		
							松弛土层厚度 h_1(m)	静止土压力 p_0^T(MPa)	主动土压力 p_a^T(MPa)
永兴河站—磁各庄站	15	16.36	12.90	22.55	0.087	0.092	9.627	0.054	0.053

永兴河站—磁各庄站区间盾构推进过程中上土压力一直控制在 0.04～0.12MPa，由表 2-2 计算结果知太沙基松弛土压力理论得出的土压力接近于控制值的最小值，而静止土压力理论和朗肯土压力理论得出的土压力在控制范围中间，以上 3 种土压力计算方法皆适合砂土层。

②砂卵石地层实例。

选取北京大兴国际机场线 2 号风井—3 号风井盾构区间右线第 260 环～第 360 环，隧道覆土厚度 14～16m，盾构开挖直径 9.15m，地下水位埋深 25.75～29.19m，隧道主要穿越地层为圆砾-卵石、细砂-粉砂、粉土，局部中砂-细砂，粉砂-细砂、粉质黏土，盾构穿越地层物理力学指标见表 2-3。

地层物理力学指标　　表 2-3

土　层	厚度(m)	重度(kN/m^3)	黏聚力 c(kPa)	内摩擦角 φ(°)	静止侧压系数 K_0
粉土素填土①	1.20	18.00	0.00	10.00	—
粉砂-细砂②$_3$	1.00	19.00	0.00	20.00	0.40
粉土②	2.80	19.30	10.00	20.00	0.35
粉质黏土②$_1$	2.00	19.00	20.00	5.00	0.38
粉土③	4.00	19.80	22.00	21.90	0.34
中砂-细砂④$_2$	2.00	20.50	0.00	32.00	0.33
细砂-粉砂④$_3$	3.20	20.30	0.00	28.00	0.35
圆砾-卵石⑤	7.30	21.00	0.00	36.00	0.28
卵石-圆砾⑦	10.00	21.20	0.00	38.00	0.26

结合表 2-3 的参数，按以上的计算方法，对该盾构区间土压力进行计算，计算结果见表 2-4。

2 号风井—3 号风井区间土压力计算结果　　表 2-4

区间	覆土厚度 h(m)	重度 γ(kN/m^3)	黏聚力 c(kPa)	内摩擦角 φ(°)	静止土压力 p_0 (MPa)	主动土压力 p_a (MPa)	太沙基松弛土压力理论		
							松弛土层厚度 h_1(m)	静止土压力 p_0^T(MPa)	主动土压力 p_a^T(MPa)
2 号风井—3 号风井	15	20.39	4.66	27.64	0.111	0.106	4.567	0.059	0.058

2号风井—3号风井区间盾构推进过程中上土压力一直控制在0.06~0.12MPa,上土压力最低设定值略高于太沙基松弛土压力理论计算的主动土压力 $p_a^T=0.058$MPa 和静止土压力 $p_0^T=0.059$MPa,说明太沙基松弛土压力理论适用于该地层,盾构开挖后地层成拱效应比较明显。

2.1.2.2 刀盘扭矩的控制

刀盘扭矩是盾构选型和施工过程中的控制性参数,刀盘扭矩与盾构刀盘形式、地层情况、渣土改良情况、土仓压力、盾构推力等因素相关性较大。对于盾构施工来说,应该尽可能地将刀盘扭矩降低至一定范围内。刀盘扭矩过大或过小都不正常,刀盘扭矩过大会导致刀具、刀盘磨损严重,影响盾构正常掘进,而一味地减小刀盘扭矩会增加渣土改良的费用,降低推进速度,因此刀盘扭矩必须根据现场施工条件来设定一个合理的范围。

1)刀盘扭矩的计算

刀盘扭矩的主要组成包括刀盘上刀具的切削扭矩、刀盘面板与土体的摩阻扭矩,与刀盘支撑梁搅拌土体引起的搅拌扭矩等,具体如下:

$$T = T_1 + T_2 + T_3 + T_4 + T_5 + T_6 \tag{2-4}$$

式中:T——刀盘总扭矩;

T_1——刀盘上刀具的切削扭矩;

T_2——刀盘开口处剪切渣土所需扭矩;

T_3——刀盘正面与土体摩阻扭矩;

T_4——刀盘周边与土体摩阻扭矩;

T_5——刀盘背面与土体摩阻扭矩;

T_6——刀盘土舱内的搅拌扭矩。

(1)刀盘上刀具切削阻力扭矩 T_1

盾构推进过程中,因刀具切削土体所产生的阻力扭矩为:

$$T_1 = \int_0^{R_0} q_u h_{max} r\mathrm{d}r = 0.5 q_u h_{max} R_0^2 \tag{2-5}$$

式中:q_u——土体无侧限抗压强度;

h_{max}——刀盘每转的最大切削深度;

R_0——最外圈刀具的半径。

(2)刀盘开口处剪切渣土所需扭矩 T_2

盾构掘进时,刀盘切削下来的渣土从刀盘开口处进入土舱,随着刀盘的转动,开挖面土体被剪切破坏,剪切渣土所需扭矩为:

$$T_2 = \xi \int_0^{2\pi} \int_0^{\frac{D_c}{2}} Q_u r^2 \mathrm{d}r\mathrm{d}\theta = \frac{\xi Q_u \pi D_c^3}{12} \tag{2-6}$$

式中:ξ——刀盘开口率;

D_c——刀盘直径;

Q_u——渣土的抗剪强度,$Q_u = c + p_u \tan\varphi$。

(3)刀盘正面与土体摩阻扭矩 T_3

盾构掘进时,刀盘正面与土体之间发生摩擦,产生的摩阻扭矩为:

$$T_3 = (1-\xi)\int_0^{2\pi}\int_0^{\frac{D_c}{2}} up_0 r^2 \mathrm{d}r\mathrm{d}\theta = (1-\xi)up_0\frac{\pi D_c^3}{12} \tag{2-7}$$

式中:u——土体与刀盘的摩擦系数;

p_0——刀盘中心处土体的静止土压力。

(4)刀盘周边与土体摩阻扭矩 T_4

刀盘转动过程中,其外周与土体发生摩擦,刀盘侧面的摩阻扭矩为:

$$T_4 = 2\pi R_c^2 t p_r \mu \tag{2-8}$$

式中:R_c——刀盘半径;

t——刀盘轴向宽度;

p_r——作用在刀盘周边的平均压力。

(5)刀盘背面与土体摩阻扭矩 T_5

盾构掘进时,随着刀盘的旋转,刀盘背面与渣土相互摩擦,产生摩阻扭矩,假定土舱内渣土压力为刀盘正面侧向压力的80%,则刀盘背面与土体摩阻扭矩为:

$$T_5 = 0.8(1-\xi)\int_0^{2\pi}\int_0^{\frac{D_c}{2}} up_0 r^2 \mathrm{d}r\mathrm{d}\theta = 0.8(1-\xi)up_0\frac{\pi D_c^3}{12} \tag{2-9}$$

(6)刀盘土舱内的搅拌扭矩 T_6

盾构掘进时,刀盘切削下来的渣土通过刀盘的开口处进入土仓后再通过刀盘支撑梁搅拌,成为均匀的流塑性土体,产生的搅拌阻力扭矩为:

$$T_6 = 2\pi(R_1^2 + R_2^2)LQ_u \tag{2-10}$$

式中:R_1——刀盘支撑梁外径;

R_2——刀盘支撑梁内径;

L——刀盘支撑梁长度。

2)典型地层盾构刀盘扭矩的计算

(1)砂土地层刀盘扭矩计算

选取北京大兴国际机场线永兴河站—磁各庄站盾构区间右线第100环~第200环,隧道覆土厚度9~13m,盾构开挖直径9.04m,地下水位埋深19.3m,隧道主要穿越地层为粉土、粉质黏土,局部圆砾-卵石,中砂-细砂,黏土,该区间主要采用的是中铁447号、448号两台相同的盾构机,其性能和主要参数见表2-5。

永兴河站—磁各庄站区间盾构设备主要参数 表2-5

类别	项目	性能/参数	单位
项目管片规格	外径/内径-宽度/分度	8800/7900-1600	mm
整机	开挖直径	9040	mm
	最大推进速度	80	mm/min
	最大推力	8380	t
	整机总长	125	m

续上表

类　别	项　目	性能/参数	单　位
刀盘	直径	9040	mm
	旋转方向	双向	
	开口率	60	%
螺旋输送机	螺旋轴形式	有轴式，可伸缩	
	直径×长度	1120×17000	mm
	油缸规格（缸径/杆径）	330/260	mm
推进系统	推进行程	2800	mm
	油缸数量	28	根
	最大推力	8380（350bar）	t

根据表中的参数，结合以上的公式可以计算得出刀盘扭矩为9260.27kN·m，而实际该区间盾构推进过程中，刀盘扭矩基本在2000～13500kN·m，计算值在实际值范围内。

（2）砂卵石地层刀盘扭矩计算

选取北京大兴国际机场线2号风井—3号风井盾构区间，该区间采用两台铁建重工生产的ZTE9100土压平衡式盾构机施工。盾构机开挖直径9150mm，盾体直径9100mm，盾构机分为主机和后配套设备，后配套为1节桥架、7节车架，主机长度约17m、整机总长约116m，主要性能参数见表2-6。

2号风井—3号风井区间盾构设备主要参数　　表2-6

类　别	项　目	性能/参数	单　位
整机	开挖直径	9150	mm
	最大推进速度	80	mm/min
	最大推力	8385	t
	整机总长	116	m
刀盘	直径	9150	mm
	旋转方向	双向	
	开口率	60	%
螺旋输送机	螺旋轴形式	有轴式，可伸缩	
	直径	1020	mm
	油缸规格（缸径/杆径）	280/240	mm
推进系统	推进行程	1500	mm
	油缸数量	44	根
	最大推力	8385（350bar）	t

根据表中的参数，结合以上的公式可以计算得出刀盘扭矩为7506kN·m，而实际该区间盾构推进过程中，刀盘扭矩基本在5000～10000kN·m，计算值在实际值范围内。

3）典型地层盾构刀盘扭矩分析

通过此方法得出的计算结果与北京大兴国际机场线实际施工过程中扭矩的控制范围接

近，说明了该计算公式的正确性，对复杂地质条件土压平衡盾构掘进荷载的确定有一定的指导意义。但在实际工程中，刀盘扭矩还受其他很多因素影响，如刀盘的形式、地层情况、土仓压力、渣土改良情况等，因此刀盘扭矩必须根据现场施工条件来设定一个合理的范围。

2.1.2.3 盾构推力的控制

盾构施工过程中推力是一个灵活控制的参数，盾构推力与推进速度、贯入度、刀盘扭矩、土压力等施工参数有较大的相关性，因此确定盾构推力的控制范围比较复杂。一般在合理保证土压力和刀盘扭矩的前提下，可以通过增大或者降低盾构推力来加快或者减慢推进速度。当推力增大到一定程度能够保证切削刀具全部贯入土体中，此时再增大推力不但不能加快推进速度，反而会增大刀盘扭矩，导致刀盘的过量磨损。

1）盾构推力的计算

盾构推力主要由盾构外壳与土体之间的摩擦阻力、刀盘上的水平推力引起的推力、切土所需要的推力、盾尾与管片之间的摩阻力、后方台车的阻力组成，具体如下：

$$F = F_1 + F_2 + F_3 + F_4 + F_5 \tag{2-11}$$

式中：F——盾构推力；

F_1——盾构外壳与土体之间的摩擦阻力；

F_2——刀盘上的水平推力引起的推力；

F_3——切土所需要的推力；

F_4——盾尾与管片之间的摩阻力；

F_5——后方台车的阻力。

（1）盾构外壳与土体之间的摩擦阻力 F_1

$$F_1 = \frac{1}{4}(p_e + p_{01} + p_1 + p_2)aDL\mu\pi \tag{2-12}$$

式中：D——前盾外径；

L——盾构机长度；

μ——土体与钢的摩擦系数，由经验取0.3；

a——盾构四周土体压力折减系数，取0.6；

p_e——盾构机顶部的均布压力，$p_e = \sum_i^h \gamma_i H_i$；

p_{01}——盾构机底部的均布压力，$p_{01} = p_e + G/(DL)$；

p_1——盾构机拱顶处的侧向水土压力，$p_1 = p_e\lambda$；

p_2——盾构机底部处的侧向水土压力，$p_2 = (p_e + \gamma D)\lambda$；

λ——水平侧压力系数；

γ——土的重度。

（2）刀盘上的水平推力引起的推力 F_2

$$F_2 = \frac{\pi D^2 P}{4} \tag{2-13}$$

式中：D——刀盘直径；

P——水平土压力。

(3)切土所需要的推力 F_3

$$F_3 = \frac{\pi D^2 c}{4} \tag{2-14}$$

式中:c——土的黏结系数,由经验取 24×10^3Pa。

(4)盾尾与管片之间的摩阻力 F_4

$$F_4 = 0.3W_c \tag{2-15}$$

式中:W_c——两环管片的重量,取 84×10^4N。

(5)后方台车的阻力 F_5

$$F_5 = G_h\sin\theta + \mu_g G_h\cos\theta \tag{2-16}$$

式中:G_h——盾尾台车的质量,取 500×10^4N;

μ_g——滚动摩擦系数,$\mu_g=0.05$;

θ——坡度,约为 0.2%。

2)典型地层盾构推力计算

选取上一节北京大兴国际机场线两种典型地层中的 2 个盾构区间对盾构推力进行计算,计算结果见表 2-7。

典型地层盾构推力计算结果 表 2-7

典型地层	区间	F(kN)	F_1(kN)	F_2(kN)	F_3(kN)	F_4(kN)	F_5(kN)	备注
砂土层	永兴河站—磁各庄站(辐条)	25327.50	11313.18	9622.72	1539.63	252.00	2600.00	该区间盾构实际推进过程中推力为 15000 ~ 35000kN,与计算结果相符合
砂卵石层	2 号风井—3 号风井(辐条)	32868.91	21473.03	6966.55	1577.33	252.00	2600.00	该区间盾构实际推进过程中推力为 10000 ~ 30000kN,计算结果略微偏大

3)典型地层盾构推力分析

由计算结果知,砂卵石地层中辐条式盾构实际施工中的推力较计算结果小,而在砂土层中比较符合。这是由于盾构推力相关影响因素较多,还有许多未考虑的。盾构推力主要受盾构设备参数(刀盘直径、开口率、盾构长度等)与地层参数(开挖土体的重度、开挖土体与刀盘的摩擦系数等)的影响。但在盾构隧道施工过程中,除了土体的摩擦性能和刀盘开口率可以通过土体改良和刀盘改造等手段进行调整外,其他因素在施工过程中均无法改变。

2.1.2.4 同步注浆压力控制范围

1)同步注浆系统工作原理

同步注浆是在盾构掘进的同时,通过注浆泵的泵压作用,把混合浆液注入盾尾的管片环外间隙之中,达到填充管片环外空隙、固结管片环位置、减小地面沉降、提高隧道抗渗性的目的。

2)同步注浆压力控制范围影响因素

同步注浆压力设定应考虑的因素主要有以下几点:

(1)盾尾密封耐水土压力能力

盾尾密封耐水土压力是一定的,如果同步注浆压力高于盾尾密封的承受能力,盾尾密封会被击穿，导致盾尾密封失效，因此同步注浆压力必须低于盾尾密封耐水压力。新出厂的盾尾密封耐水压力为0.5MPa，考虑到随着盾构的推进会有部分盾尾密封刷磨损，影响盾尾密封的耐水性能，因此同步注浆压力不宜高于0.4MPa，否则将对盾尾密封产生不利影响。

(2)土仓压力的影响

同步注浆压力过高，远远高于土仓压力，会导致浆液沿着盾壳与土体的空隙流窜至土仓中，然后随着土体从螺旋输送机排出土仓，造成浆液浪费，起不到有效的注浆效果。同步注浆压力过低，会导致注入土仓的土体改良剂流窜至盾尾，影响浆液质量，不能有效填充开挖空隙，造成地表变形超限，因此同步注浆压力应与土仓压力匹配。

假设盾构土仓内上土压力为 E_1，盾尾上部注浆管压力可设置在 $E_1+0.05\text{MPa}\sim E_1+0.1\text{MPa}$，盾尾下部注浆管压力可设置在 $E_1+0.1\text{MPa}\sim E_1+0.15\text{MPa}$。

(3)注浆口位置的水土压力

同步注浆压力应略高于注浆口位置的水土压力，减小盾尾脱出后地层的变形。注浆口水土压力 p_1 计算公式为：

$$p_1=\gamma h_1 \tag{2-17}$$

式中：h_1——注浆口的覆土厚度，一般盾尾上部注浆口覆土厚度 $h_1=1.5+h$，盾尾下部注浆口覆土厚度 $h_1=h+4.5$，其中 h 为隧道覆土厚度。

注浆管压力应设置在 $(1.0\sim1.2)p_1$。

(4)管片的承压能力

管片能够承受的最大压力是一定的，注浆压力过大会导致管片结构受影响。

(5)地表环境的影响

对于地表变形要求严格的区域，应适当增大同步注浆压力和同步注浆量，以减小地表变形量。

3)典型地层同步注浆压力控制范围

对于土层(A组段)，其自稳性一般，开挖后难以成拱，因此注浆压力按照注浆口位置的水土压力来设定，一般设定在 $(1.0\sim1.2)p_1$。对于砂层(B组段)和砂卵石层(C组段)，开挖后易成拱，盾构推进过程中土压力较低，因此根据土压力来设定，一般盾尾上部注浆管压力可设置在 $E_1+0.05\text{MPa}\sim E_1+0.1\text{MPa}$，盾尾下部注浆管压力可设置在 $E_1+0.1\text{MPa}\sim E_1+0.15\text{MPa}$（$E_1$ 为土仓内上土压力）。不同组段同步注浆压力控制范围见表2-8。

不同组段同步注浆压力控制范围表 表2-8

<table>
<tr><th>地层</th><th>组段</th><th>同步注浆压力控制范围</th><th>备注</th></tr>
<tr><td>黏土/粉质黏土/黏质粉土/粉土层</td><td>A</td><td>$(1.0\sim1.2)p_1$</td><td rowspan="2">①注浆压力不得低于0.1MPa，不得高于0.4MPa。
②发现出渣土中含有大量同步注浆浆液，应适当降低注浆压力</td></tr>
<tr><td>粉砂/细砂/中砂/粗砂等砂层</td><td>B</td><td>上部注浆管：0.05～0.1MPa
下部注浆管：0.1～0.15MPa</td></tr>
</table>

续上表

地　　层	组段	同步注浆压力控制范围	备　　注
砂卵石层	C	上部注浆管:0.05~0.1MPa 下部注浆管:0.1~0.15MPa	③通过环境风险工程时,可适当增大同步注浆压力。 ④注浆压力高,而注浆量偏小,应检查同步注浆管是否堵塞
复合地层	D、E	根据开挖面地层情况,参考A、B、C控制范围进行设定	

2.1.2.5　同步注浆量控制范围

1)同步注浆浆液种类及适用性

(1)盾构同步注浆浆液种类

盾构施工同步注浆浆液分为双液浆和单液浆两种,其中单液浆又分为硬性浆液和惰性浆液。硬性浆液的基本成分为砂、粉煤灰、水泥、膨润土、水,惰性浆液的基本成分为砂、粉煤灰、膨润土、水;石灰作为同步注浆浆液的一种添加成分,有时也有较好的效果,一般是作为水泥的替代品,但是添加石灰替代水泥后的浆液,其凝结特性介于硬性浆液和惰性浆液之间,初凝时间较长。双液浆一般是由水泥和水玻璃浆液按照一定比例(根据凝固时间的长短)混合组成的浆液(也称为C-S浆液)。

(2)浆液的适用性

双液浆适用于有水地层和无水地层的盾构施工隧道。单液浆一般只适用于无水地层中施工的盾构隧道,对于有水地层,须有特殊的应对措施,确保浆液不被稀释而影响浆液性质及其初凝时间。惰性浆液初凝时间长、强度低,对地表沉降控制不利,不建议在北京地区地层盾构施工中采用。

(3)浆液质量

浆液质量的评价指标有初凝时间、结石率、强度、渗透性、黏度等。现场取样能直接测试的指标是初凝时间和结石率,因此采用初凝时间和结石率两个指标来判断浆液质量的优良,北京大兴国际机场线地铁盾构同步注浆浆液质量要求见表2-9。

盾构同步注浆浆液质量控制标准表　　表2-9

同步注浆浆液质量	初凝时间	单液浆小于6h,双液浆小于15s
	结石率	大于90%

2)同步注浆量的计算

同步注浆量应该根据盾构开挖直径和管片外径之间空隙的体积来定,盾构开挖空隙的体积V计算公式为:

$$V = k\pi(D_c^2 - D_R^2)L/4 \tag{2-18}$$

式中:D_c——盾构开挖直径;

D_R——管片外径;

L——管片环宽。

考虑到浆液的扩散、结石率、地表变形控制要求等其他因素的影响，k 取 1.2～2.0。

3）典型地层同步注浆量控制范围

浆液注入开挖空隙主要起填充作用，砂层和砂卵石会有部分浆液渗透至管片周围土体中，因此注浆量相对较大。土层由于渗透系数较低，浆液基本不会渗透，所以注浆量较砂层和砂卵石层要小，综合考虑盾构穿越地层情况和环境风险工程情况，同步注浆量控制范围见表 2-10。

不同组段盾构同步注浆量控制范围表　　表 2-10

地　层	环境风险	组　段	同步注浆量范围	备　注
黏土/粉质黏土/黏质粉土/粉土层	Ⅰ	A_{I}	$(1.5 \sim 1.6)V$	①注浆压力低，而注浆量大，可能是遇到了地质疏松区域或者地层中有空洞。②同步注浆速率应与盾构推进速率相匹配，避免出现盾构推进速度过快，注浆无法及时填充开挖空隙的情况。③注浆应与盾构推进同步，当盾构停止推进后，应停止注浆，防止盾尾密封受到损害
	Ⅱ	A_{II}	$(1.4 \sim 1.5)V$	
	Ⅲ	A_{III}	$(1.2 \sim 1.4)V$	
粉砂/细砂/中砂/粗砂等砂层	Ⅰ	B_{I}	$(1.8 \sim 2)V$	
	Ⅱ	B_{II}	$(1.5 \sim 1.8)V$	
	Ⅲ	B_{III}	$(1.3 \sim 1.5)V$	
砂卵石层	Ⅰ	C_{I}	$(2 \sim 2.5)V$	
	Ⅱ	C_{II}	$(1.8 \sim 2)V$	
	Ⅲ	C_{III}	$(1.5 \sim 1.8)V$	
混合地层	D、E 组段		按照高指标控制，如粉质黏土和砂的混合地层，同步注浆量按照砂层的要求来控制等	

2.1.2.6　北京大兴国际机场线盾构区间组段划分

盾构隧道安全风险组段划分理论与研究必须与该地区的地层情况相结合，也应根据工程实际情况与地质情况进行相应的调整。根据北京地区的工程地质情况和已有的研究，对北京大兴国际机场线盾构施工过程中的安全风险控制问题，结合北京大兴国际机场线 04、06、07 合同段工程实例，将盾构隧道划分为不同的组段，并建立了北京地铁盾构隧道安全风险组段划分方法。实际应用结果表明：该方法划分合理，操作性强，满足实际工程的需要，有效降低盾构施工中的安全风险。且通过对盾构隧道进行安全风险组段划分，结合盾构设备情况，针对北京大兴国际机场线不同组段的地层地质情况，确定了盾构隧道穿越各个组段内主要施工参数的合理控制范围。在盾构施工过程中确保盾构施工参数在各个组段的参数控制范围内，针对不同组段设置合理的施工参数，大大加快盾构掘进速度，提高了掘进效率，有效控制、规避盾构施工过程中的安全风险。为盾构施工安全风险管理提供了新的思路，为控制盾构施工过程的安全风险提供了新方法。

北京大兴国际机场线盾构区间组段划分成果见表 2-11～表 2-15。

北京大兴国际机场线 04 合同段永兴河站—磁各庄站区间组段划分成果

表 2-11

组段序号	组段等级	隧道埋深	里程		土压(bar)		扭矩(kN·m)		总推力(kN)		注浆量(m^3)		注浆压力(bar)		出土量(m^3)		姿态(mm)	
			起始环号	终止环号	红色最大值	红色最小值	红色最大值	红色最小值	红色最大值	红色最小值	红色最大值	红色最小值	红色最大值	红色最小值	红色最大值	红色最小值	红色最大值	红色最小值
1	E_{I}	8.85	1	32	0.7	0.3	13500	2500	50000	15000	7.51	5.37	0.55	0.35	300	0	50	-50
2	E_{II}	11	33	149	0.8	0.4	12000	2000	45000	15000	7.51	5.37	0.55	0.35	300	0	50	-50
3	E_{III}	15	150	236	0.9	0.5	10000	2000	40000	15000	6.98	5.37	0.55	0.35	300	0	50	-50
4	D_{III}	16.6	237	323	1	0.5	13000	2000	45000	15000	7.51	5.37	0.55	0.35	300	0	50	-50
5	D_{I}	16.6	324	407	1	0.5	11000	2000	45000	15000	7.51	5.37	0.55	0.35	300	0	50	-50
6	D_{III}	15	408	699	0.9	0.4	9000	2000	40000	15000	6.98	5.37	0.55	0.35	300	0	50	-50
7	A_{III}	15.5	700	1149	1	0.5	8000	2000	35000	15000	6.44	5.37	0.55	0.35	300	0	50	-50
8	D_{III}	17.5	1150	1273	1	0.5	7000	2000	35000	15000	6.44	5.37	0.55	0.35	300	0	50	-50
9	D_{I}	18.3	1274	1354	1.1	0.5	7500	2000	35000	15000	6.44	5.37	0.55	0.35	300	0	50	-50
10	D_{III}	16.9	1355	1516	1.1	0.5	7000	2000	35000	15000	6.44	5.37	0.55	0.35	300	0	50	-50
11	A_{III}	14.1	1517	1739	1.1	0.5	7000	2000	35000	15000	6.44	5.37	0.55	0.35	300	0	50	-50

北京大兴国际机场线 06 合同段磁各庄站—1 号风井区间组段划分成果

表 2-12

组段序号	组段等级	隧道埋深	里程		土压(bar)		扭矩(kN·m)		总推力(kN)		注浆量(m^3)		注浆压力(bar)		出土量(m^3)		姿态(mm)	
			起始环号	终止环号	红色最大值	红色最小值	红色最大值	红色最小值	红色最大值	红色最小值	红色最大值	红色最小值	红色最大值	红色最小值	红色最大值	红色最小值	红色最大值	红色最小值
1	A_{II}	12.7	1	4	0.7	0.5	12000	3000	40000	15000	9.7	7	0.38	0.18	118	113	50	-50
2	A_{III}	12.75	5	40	0.8	0.5	12000	3000	40000	15000	9.7	7	0.38	0.18	118	113	50	-50
3	A_{I}	13.05	41	89	0.9	0.5	12000	3000	40000	15000	10.8	7	0.38	0.18	118	113	50	-50

续上表

组段序号	组段等级	隧道埋深	里程		土压(bar)		扭矩(kN·m)		总推力(kN)		注浆量(m^3)		注浆压力(bar)		出土量(m^3)		姿态(mm)	
			起始环号	终止环号	红色最大值	红色最小值	红色最大值	红色最小值	红色最大值	红色最小值	红色最大值	红色最小值	红色最大值	红色最小值	红色最大值	红色最小值	红色最大值	红色最小值
4	A_{II}	13.7	90	227	0.8	0.5	12000	3000	40000	15000	9.7	7	0.38	0.18	118	113	50	-50
5	A_{I}	14.15	228	246	0.9	0.6	12000	3000	40000	15000	10.8	7	0.39	0.19	118	113	50	-50
6	A_{II}	14.3	247	427	0.9	0.6	12000	3000	40000	15000	9.7	7	0.39	0.19	118	113	50	-50
7	E_{II}	16.75	428	809	1	0.7	14000	4000	50000	20000	9.7	7	0.4	0.2	118	113	50	-50
8	E_{III}	17.55	810	1052	1	0.7	14000	4000	50000	20000	9.7	7	0.4	0.2	118	113	50	-50
9	E_{I}	17	1053	1709	1.1	0.7	14000	4000	50000	20000	10.8	7	0.41	0.21	118	113	50	-50
10	E_{II}	18.4	1710	1782	1.1	0.7	14000	4000	50000	20000	9.7	7	0.41	0.21	118	113	50	-50

北京大兴国际机场线 07 合同段 1 号风井—2 号风井区间组段划分成果 表 2-13

组段序号	组段等级	隧道埋深	里程		土压(bar)		扭矩(kN·m)		总推力(kN)		注浆量(m^3)		注浆压力(bar)		出土量(m^3)		姿态(mm)	
			起始环号	终止环号	红色最大值	红色最小值	红色最大值	红色最小值	红色最大值	红色最小值	红色最大值	红色最小值	红色最大值	红色最小值	红色最大值	红色最小值	红色最大值	红色最小值
1	E_{II}	15	1	4	1.2	0.6	12000	4000	30000	20000	0	0	0	0	120	114.7	50	-50
2	E_{III}	15.96	5	79	1.3	0.7	11500	4500	34000	20000	11.3	9.9	1.5	0.8	120	114.7	50	-50
3	E_{III}	19.82	80	268	1.5	0.8	15000	5300	34000	20000	9.9	9.9	1.7	0.9	120	114.7	50	-50
4	E_{I}	20.61	269	270	1.5	0.8	15000	6000	39000	25000	12.7	11.3	1.7	0.9	120	114.7	50	-50
5	E_{III}	23.63	271	315	1.6	0.8	16000	6000	41000	25000	9.9	9.2	1.8	0.9	120	114.7	50	-50
6	E_{I}	21.85	316	363	1.7	0.9	17000	6500	44000	27000	12.7	11.3	1.9	1	120	114.7	50	-50
7	E_{III}	25.53	364	430	1.7	0.9	17500	6500	55000	33000	9.9	9.2	1.9	1	120	114.7	50	-50

续上表

组段序号	组段等级	隧道埋深	里程		土压(bar)		扭矩(kN·m)		总推力(kN)		注浆量(m^3)		注浆压力(bar)		出土量(m^3)		姿态(mm)	
			起始环号	终止环号	红色最大值	红色最小值	红色最大值	红色最小值	红色最大值	红色最小值	红色最大值	红色最小值	红色最大值	红色最小值	红色最大值	红色最小值	红色最大值	红色最小值
8	E_{I}	24.97	431	445	1.6	0.9	16500	6500	52000	32000	14.1	12.7	1.8	1	120	114.7	50	-50
9	E_{III}	24.5	446	466	1.6	0.8	16000	6000	50000	30000	9.9	9.2	1.8	0.9	120	114.7	50	-50
10	E_{I}	20.55	467	505	1.5	0.6	15500	4000	50000	19000	12.7	11.3	1.7	0.7	120	114.7	50	-50
11	E_{III}	22.1	506	512	1.5	0.8	15500	6000	50000	30000	9.9	9.2	1.7	0.9	120	114.7	50	-50
12	E_{II}	20.04	513	525	1.5	0.7	15500	5500	50000	26000	11.3	9.9	1.7	0.7	120	114.7	50	-50
13	E_{II}	25.67	526	692	1.5	0.7	13500	4000	50000	23000	11.3	9.9	1.7	0.8	120	114.7	50	-50
14	E_{II}	24.6	693	720	1.2	0.7	12000	4000	40000	23000	11.3	9.9	1.4	0.8	120	114.7	50	-50
15	E_{II}	16.8	721	1321	1.2	0.6	13000	4000	40000	18000	11.3	9.9	1.4	0.7	120	114.7	50	-50
16	E_{II}	18.17	1322	1328	1.1	0.5	12500	5000	35000	20000	0	0	0	0	120	114.7	50	-50

北京大兴国际机场线07合同段2号风井—3号风井区间组段划分成果 表2-14

组段序号	组段等级	隧道埋深	里程		土压(bar)		扭矩(kN·m)		总推力(kN)		注浆量(m^3)		注浆压力(bar)		出土量(m^3)		姿态(mm)	
			起始环号	终止环号	红色最大值	红色最小值	红色最大值	红色最小值	红色最大值	红色最小值	红色最大值	红色最小值	红色最大值	红色最小值	红色最大值	红色最小值	红色最大值	红色最小值
1	E_{II}	10.85	1	4	0.7	0.5	10000	5000	25000	18000	10	10	2	1.5	208.44	208.44	50	-50
2	E_{III}	11.46	5	100	0.9	0.5	10000	5000	28000	20000	11.8	10.3	3	2	209.31	209.31	50	-50
3	E_{II}	13.68	101	312	0.9	0.7	10000	5000	30000	25000	11.8	10.3	3.5	2.5	211.44	211.44	50	-50
4	E_{III}	14.35	313	485	1	0.7	10000	5000	30000	25000	12	10.5	3	2	211.43	211.43	50	-50
5	E_{I}	13.69	486	505	1.1	0.8	10000	5000	30000	25000	15	13	3.5	2.5	211.43	211.43	50	-50

续上表

组段序号	组段等级	隧道埋深	里程		土压(bar)		扭矩(kN·m)		总推力(kN)		注浆量(m^3)		注浆压力(bar)		出土量(m^3)		姿态(mm)	
			起始环号	终止环号	红色最大值	红色最小值	红色最大值	红色最小值	红色最大值	红色最小值	红色最大值	红色最小值	红色最大值	红色最小值	红色最大值	红色最小值	红色最大值	红色最小值
6	$E_Ⅲ$	14.15	506	524	1	0.7	10000	5000	40000	25000	12	10.5	3	2	211.43	211.43	50	-50
7	$E_Ⅱ$	15.47	525	568	1	0.7	10000	5000	40000	25000	12	10.5	3.5	2.5	211.43	211.43	50	-50
8	$E_Ⅰ$	14.26	569	580	1.1	0.8	10000	5000	40000	25000	15	13	3.5	2.5	213.6	213.6	50	-50
9	$E_Ⅱ$	14.39	581	607	1.1	0.8	10000	5000	40000	25000	15	13	3.5	2.5	213.6	213.6	50	-50
10	$E_Ⅲ$	14.12	608	739	1	0.7	10000	5000	40000	25000	12	10.5	3	2	213.6	213.6	50	-50
11	$E_Ⅰ$	12.61	740	756	1.1	0.8	12000	5000	45000	30000	15	13	3.5	2.5	208.44	208.44	50	-50
12	$E_Ⅲ$	13.92	757	818	1	0.7	12000	5000	45000	30000	12	10.5	3	2	209.31	209.31	50	-50
13	$E_Ⅰ$	13.95	819	834	1.1	0.8	12000	5000	45000	30000	15	13	3.5	2.5	211.44	211.44	50	-50
14	$E_Ⅲ$	14.08	835	930	1.1	0.8	12000	5000	45000	30000	12	10.5	3	2	211.43	211.43	50	-50
15	$E_Ⅰ$	14.28	931	947	1.1	0.8	12000	5000	45000	30000	15	13	3.5	2.5	211.43	211.43	50	-50
16	$E_Ⅲ$	14.59	948	1018	1	0.7	12000	5000	50000	30000	12	10.5	3	2	211.43	211.43	50	-50
17	$E_Ⅰ$	14.75	1019	1034	1.1	0.8	12000	5000	50000	30000	15	13	3.5	2.5	211.43	211.43	50	-50
18	$E_Ⅲ$	15.23	1035	1106	1	0.7	12000	5000	50000	30000	12	10.5	3	2	213.6	213.6	50	-50
19	$E_Ⅰ$	15.28	1107	1123	1	0.7	12000	5000	50000	30000	15	13	3.5	2.5	213.6	213.6	50	-50
20	$E_Ⅲ$	14.67	1124	1198	1	0.7	14000	5000	60000	30000	12	10.5	3	2	213.6	213.6	50	-50
21	$E_Ⅰ$	14.65	1199	1214	1.1	0.8	14000	5000	60000	30000	15	13	3.5	2.5	213.6	213.6	50	-50
22	$E_Ⅲ$	15.53	1215	1427	1.2	0.8	14000	5000	60000	30000	12	10.5	3	2	206.54	206.54	50	-50
23	$E_Ⅰ$	15.34	1428	1440	1.1	0.8	14000	5000	60000	30000	15	13	3.5	2.5	208.55	208.55	50	-50

续上表

组段序号	组段等级	隧道埋深	里程		土压(bar)		扭矩(kN·m)		总推力(kN)		注浆量(m^3)		注浆压力(bar)		出土量(m^3)		姿态(mm)	
			起始环号	终止环号	红色最大值	红色最小值	红色最大值	红色最小值	红色最大值	红色最小值	红色最大值	红色最小值	红色最大值	红色最小值	红色最大值	红色最小值	红色最大值	红色最小值
24	E_{III}	14.79	1441	1913	1.2	0.8	14000	5000	60000	30000	12	10.5	3	2	208.55	208.55	50	-50
25	E_{II}	16.84	1914	2271	1.2	0.8	14000	5000	60000	30000	12	10.5	3.5	2.5	209.05	209.05	50	-50
26	E_{III}	14.84	2272	2315	1.2	0.8	14000	5000	60000	30000	12	10.5	3	2	209.05	209.05	50	-50
27	E_{II}	14.65	2316	2325	1	0.7	14000	5000	60000	30000	12	10.5	3.5	2.5	209.05	209.05	50	-50
28	E_{III}	15.1	2326	2374	1	0.7	14000	5000	60000	30000	12	10.5	3	2	209.05	209.05	50	-50
29	E_{II}	13.01	2375	2400	1	0.7	12000	5000	50000	30000	12	10.5	3.5	2.5	209.05	209.05	50	-50

北京大兴国际机场线08合同段3号风井—草桥站区间组段划分成果 表2-15

组段序号	组段等级	隧道埋深	里程		土压(bar)		扭矩(kN·m)		总推力(kN)		注浆量(m^3)		注浆压力(bar)		出土量(m^3)		姿态(mm)	
			起始环号	终止环号	红色最大值	红色最小值	红色最大值	红色最小值	红色最大值	红色最小值	红色最大值	红色最小值	红色最大值	红色最小值	红色最大值	红色最小值	红色最大值	红色最小值
1	E_{II}	13.8	1	4	0.7	0.5	10000	5000	22000	16000	10	10	2	1.5	228.44	228.44	50	-50
2	E_{III}	14.3	5	43	1	0.5	10000	5000	28000	20000	11.8	11.3	3.5	2.5	229.31	229.31	50	-50
3	C_{I}	16.5	44	172	1	0.6	10000	5000	28000	20000	14	12	3.5	2.5	229.31	229.31	50	-50
4	C_{III}	18	173	217	0.9	0.6	10000	5000	30000	25000	11.8	10.3	3.5	2.5	230.44	230.44	50	-50
5	E_{III}	17.9	218	374	1	0.5	10000	5000	30000	25000	12	10.5	3	2	230.43	230.43	50	-50
6	E_{II}	18.65	375	429	1.3	0.6	10000	5000	30000	25000	14	12	3.5	2.5	230.43	230.43	50	-50
7	E_{III}	19.3	430	567	1	0.5	10000	5000	40000	25000	12	10.5	3	2	230.43	230.43	50	-50
8	E_{II}	19.5	568	665	1.2	0.6	10000	5000	40000	25000	14	12	3.5	2.5	230.43	230.43	50	-50

续上表

组段序号	组段等级	隧道埋深	里程		土压(bar)		扭矩(kN·m)		总推力(kN)		注浆量(m^3)		注浆压力(bar)		出土量(m^3)		姿态(mm)	
			起始环号	终止环号	红色最大值	红色最小值	红色最大值	红色最小值	红色最大值	红色最小值	红色最大值	红色最小值	红色最大值	红色最小值	红色最大值	红色最小值	红色最大值	红色最小值
9	$E_{Ⅲ}$	20	666	877	1.1	0.6	10000	5000	40000	25000	13	10	3.5	2.5	230.6	230.6	50	-50
10	$E_{Ⅱ}$	20.55	878	882	1.4	0.8	10000	5000	40000	25000	14	12	3.5	2.5	229.6	229.6	50	-50
11	$E_{Ⅱ}$	25.5	883	1091	1.5	0.8	10000	5000	40000	25000	14	12	3.5	2.5	229.6	229.6	50	-50
12	$E_{Ⅱ}$	23.4	1092	1114	1.6	0.8	12000	5000	45000	30000	14	12	3.5	2.5	229.6	229.6	50	-50
13	$E_{Ⅲ}$	21.3	1115	1283	1.6	0.8	12000	5000	45000	30000	14	12	3.5	2.5	230.6	230.6	50	-50
14	$C_{Ⅲ}$	22.7	1284	1356	1.6	0.8	12000	5000	45000	30000	14	12	3.5	2.5	231.6	231.6	50	-50
15	$E_{Ⅱ}$	23.4	1357	1449	1.5	0.8	12000	5000	45000	30000	14	12	3.5	2.5	230.6	230.6	50	-50
16	$C_{Ⅲ}$	21	1450	1709	1	0.6	12000	5000	45000	30000	14	12	3.5	2.5	230.6	230.6	50	-50
17	$E_{Ⅱ}$	16	1710	1798	1.1	0.6	12000	5000	40000	30000	14	12	3.5	2.5	230.6	230.6	50	-50
18	$E_{Ⅲ}$	11	1799	1908	0.8	0.6	12000	5000	28000	20000	14	12	3	2.5	230.6	230.6	50	-50
19	$E_{Ⅱ}$	8.6	1909	1917	0.6	0.4	12000	5000	22000	16000	10	10	1.8	1.2	229.6	229.6	50	-50

2.1.3 盾构参数的多元回归分析

2.1.3.1 掘进速度预测模型建立

盾构掘进时的掘进速度有理论关系：掘进速度 = 刀盘转速 × 贯入度，要建立掘进速度模型必须考虑多个因素，本节采用经验法，通过多元回归的方式建立掘进速度控制模型。多元回归模型是指所研究的因变量有两个以上影响因素时所建立的回归关系函数表达式，当自变量与因变量间函数表达式为线性时则可采用多元线性回归方法，当函数表达式为非线性关系时则需要采用多元非线性回归方法进行分析，由于多元回归问题计算比较复杂，通常可使用 SPSS、MATLAB、ORIGIN 等软件进行辅助分析，下文分别对这两种模型建立方法进行讨论。

1）多元线性回归

多元线性回归模型是指当多个自变量与因变量之间呈线性关系时所进行的回归分析，多元回归模型可以表示为：

$$y = \beta_0 + \beta_1 x_1 + \beta_2 x_2 + \cdots + \beta_i x_i + \varepsilon \tag{2-19}$$

式中：β_0——常数项；

β_i——y 对应于x_i的偏回归系数，$i = 1, \cdots, n$。

建立多元线性回归模型时，为保证模型具有良好的解释能力以及预测能力，应重点关注自变量的选择，选择的原则是：

自变量与因变量之间存在较强的线性关系；自变量与因变量之间的线性关系应保证为真实有意义的，而不是形式上的线性相关；自变量之间应具有互斥性，避免自变量之间存在共线性；自变量应具有完整的统计数据。

2）多元非线性回归

当多元回归模型中的因变量与自变量之间表现为形态各异的曲线时，这类模型称作多元非线性回归模型，多元非线性回归模型可以表示为：

$$y = f(x_1, x_2, \cdots, x_n) \tag{2-20}$$

建立多元非线性回归模型比较困难，一些学者采用泰勒展开式对回归模型进行逼近，得到的回归模型如下：

$$y = a_1 x_1 + a_2 x_2 + a_3 x_3 + a_4 x_1^2 + a_5 x_2^2 + a_6 x_3^2 + a_7 x_1 x_2 + a_8 x_1 x_3 + a_9 x_2 x_3 + \cdots + e \tag{2-21}$$

式中：a_i——未知参数；

e——拉格朗日型余项。

宋克志选用幂函数来表达，并采用取对数的方法对多元非线性模型进行处理；程毛林通过对自变量建立最佳一元回归模型 $y = f_i(x_i)$，再将 y 对$f_i(x_i)$进行多元线性回归的方式建立多元非线性回归模型。

以上方法所建立的模型都需要进行检验后才能进行使用，而模型建立需要根据具体的工程情况进行分析，因此下两节分别对砂土层以及砂卵石地层进行模型建立，并检验其可行性。

2.1.3.2　永兴河站—磁各庄站区间盾构施工参数分析

1）区间简介

永兴河站—磁各庄站盾构区间长2783m，盾构段线间距13.566～19.375m（水平净距4.766～10.575m），隧道覆土厚度8.7～19.0m，竖曲线半径15000m，最大坡度21‰，最小坡度3.5‰。隧道衬砌管片为C50的P12预制钢筋混凝土结构，外径8800mm，厚度450mm，内径7900mm，宽度1600mm。区间线路基本沿规划东环路南北向敷设，区间南起盾构始发井，向北依次下穿南六环、侧穿广顺桥，下穿新凤河等后到达盾构接收井。工程平面线路图如图2-3所示。

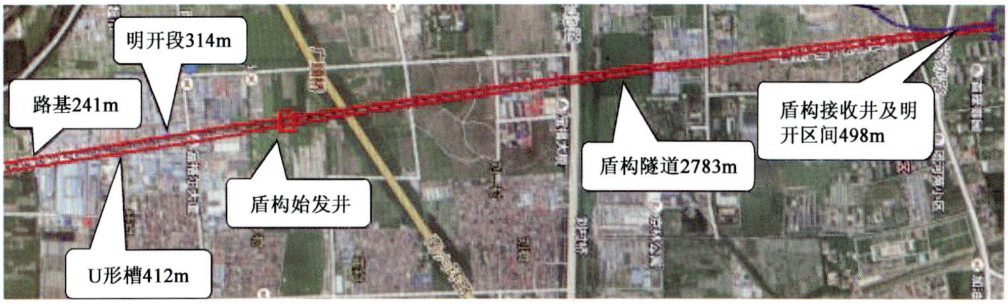

图2-3　工程平面线路图

2）工程地质情况

该合同段盾构主要穿越细砂-中砂层、黏土、粉质黏土层和粉土层等。拟建工程路位于永定河冲洪积扇中下部，第四纪沉积韵律较为明显，地层为黏性土、粉土、砂土和卵石、砾石互层沉积，分布有多层地下水，含水层岩性主要为粉土、砂土和卵砾石。地质剖面图如图2-4所示。

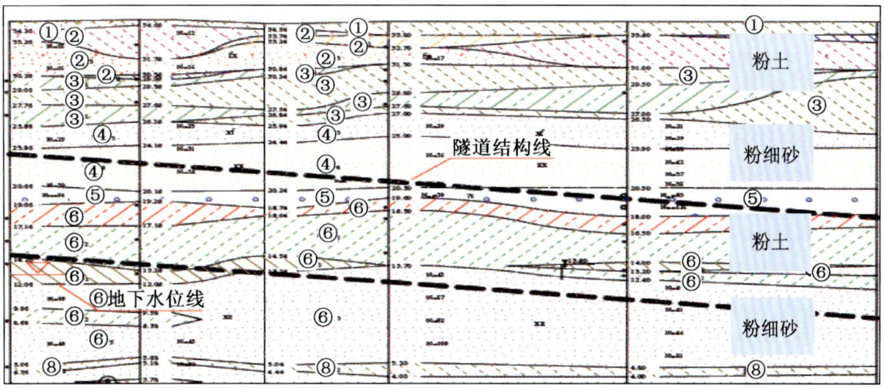

图2-4　始发段及试验段地质剖面图

3）水文地质条件

该工程勘探期间（2016年12月上旬及2017年6月中、下旬）于拟建场区内（量测深度最深40m）量测到3层地下水，各层地下水的水位情况及类型参见表2-16。

地下水水位量测情况一览表 表 2-16

序号	地下水类型	水位埋深(m)	水位高程(m)	主要含水层
1	层间水	19.30	15.70	粉土⑥$_2$层
2	承压水	21.20 ~ 22.60	12.35 ~ 14.25	细砂、中砂⑥$_3$层及卵石、圆砾⑦层
3	承压水	28.70	6.30	细砂、中砂⑧$_3$层及细砂、中砂⑨$_2$层

注:2016 年 4 月建立的水文观测试验井(对应的里程桩号为 K26 + 524)B1 号及 B1-1 号,井深分别为 26.50m、23.30m,于 2017 年 6 月 29 日量测的第 2 层、第 1 层地下水水位埋深分别为 21.50m、21.40m,水位高程分别为 14.17m、14.27m。该盾构区间隧道主要穿越层间水,局部第一层承压水。

4)盾构选型

永兴河站—磁各庄站区间地层以粉质黏土、粉细砂为主,渗透系数在 $10^{-11} \sim 10^{-4}$m/s,根据盾构选型依据可知宜选用土压平衡盾构,同时地层中无大粒径砂卵石及其他障碍物,根据经济合理性选择辐条式刀盘,开口率选用 60%,其他主要盾构参数见表 2-17。

盾构设备的主要技术规格 表 2-17

类别	项目	性能/参数(中铁装备)	单位
项目管片规格	外径/内径-宽度/分度	8800/7900-1600	mm
整机	开挖直径	9040	mm
	最大推进速度	80	mm/min
	最大推力	8380	t
	整机总长	125	m
刀盘	刀盘规格(直径)	9040	mm
	旋转方向	双向	
	开口率	60	%
螺旋输送机	螺旋轴形式	有轴式,可伸缩	
	规格(直径 × 长度)	1120 × 17000	mm
推进系统	油缸规格(缸径/杆径)	330/260	mm
	推进行程	2800	mm
	油缸数量	28	根
	最大推力	8380(350bar)	t

5)试验段设置

由于隧道长度较长,为保证工程进度以及安全,在快速掘进之前先设置了试验段以总结适合粉砂地层快速掘进的施工参数,因此本节中砂土层盾构掘进速度模型建立也以试验段数据为基础展开。

选取试验段范围为右线盾构掘进第 100 环 ~ 第 200 环,即 K26 + 658.950 ~ K26 + 818.950,总计 100 环距离。试验段范围内主要为大棚及农田,周边无管线。试验段区间平面图如图 2-5 所示。

试验段主要穿越地层为粉土、粉质黏土,局部圆砾-卵石,中砂-细砂,黏土,隧道覆土厚度 9 ~ 13m,地下水位埋深 19.3m,盾构穿越地层物理力学指标见表 2-18。

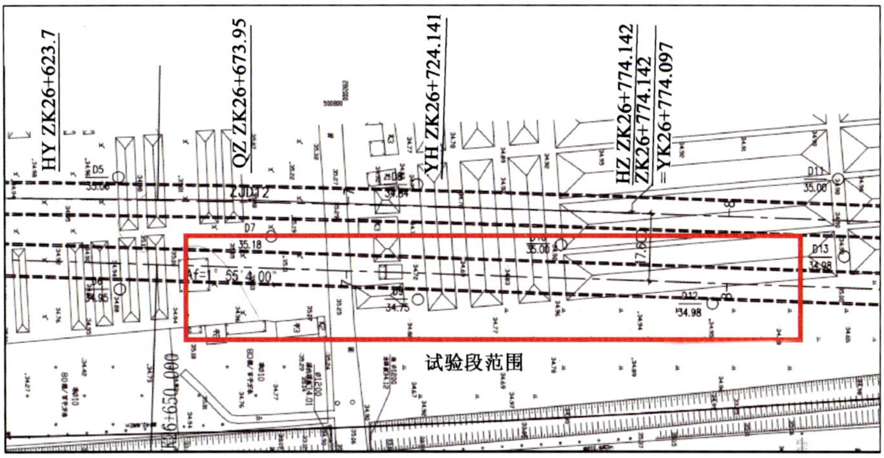

图2-5　试验段平面图

主要穿越土层物理力学指标　　表2-18

土　　层	厚度(m)	重度(kN/m^3)	黏聚力 c(kPa)	内摩擦角 φ(°)	静止侧压系数 K_0
粉土素填土①	0.49	17.50	5.00	10.00	—
粉土②	2.90	19.30	10.00	20.00	0.35
粉砂-细砂②$_3$	1.40	19.00	0.00	20.00	0.40
粉土③	2.70	19.80	22.00	21.90	0.34
粉质黏土③$_1$	1.40	19.50	33.00	15.80	0.35
细砂-粉砂④$_3$	2.10	20.30	0.00	28.00	0.35
中砂-细砂④$_4$	2.00	20.50	0.00	32.00	0.33
圆砾-卵石⑤	0.90	2.10	0.00	36.00	0.28
粉质黏土⑥	2.10	1.97	33.00	15.80	0.36

6)掘进速度模型建立

快速掘进技术在本质上就是提高掘进速度,提高施工效率。而提高掘进速度达到最优值则需要通过研究各掘进参数与掘进速度之间的内在联系,建立掘进速度控制模型。对中型直径土压平衡盾构控制机理进行分析,基于现场数据统计情况研究掘进速度与各施工参数之间的关系,并通过SPSS软件进行多元回归而建立中型直径盾构快速掘进速度模型。在模型建立中发现各掘进参数与掘进速度之间并非简单的线性关系,因此在控制掘进速度时也不能通过简单的加减法来提升盾构掘进速度,而应借助模型来实现最优速度控制方法。

(1)快速掘进参数分析

现对试验段施工中的掘进参数进行分析,主要分析参数为土压力、总推力、刀盘扭矩、螺旋机转速以及掘进速度。为保证盾构开挖推进过程顺利,根据试验段施工参数及效果,确定适合的推力、扭矩、螺旋机转速等参数很重要。

①总推力、刀盘扭矩。

盾构总推力是盾构推进的直接动力,在试验段掘进过程中,总推力起伏较小基本保持稳定,约20000kN,远低于盾构最大推力,说明设备处于正常施工状态,推进驱动运转正常。盾构推进过程中刀盘转速主要由刀盘扭矩决定,刀盘扭矩在试验段掘进过程中,与总推力相同基本保持稳定，约 7000kN·m，低于盾构额定扭矩。如图 2-6、图 2-7 所示。

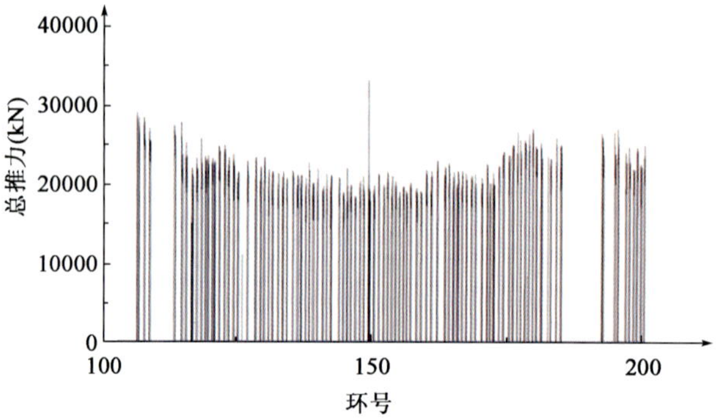

图 2-6　试验段总推力统计

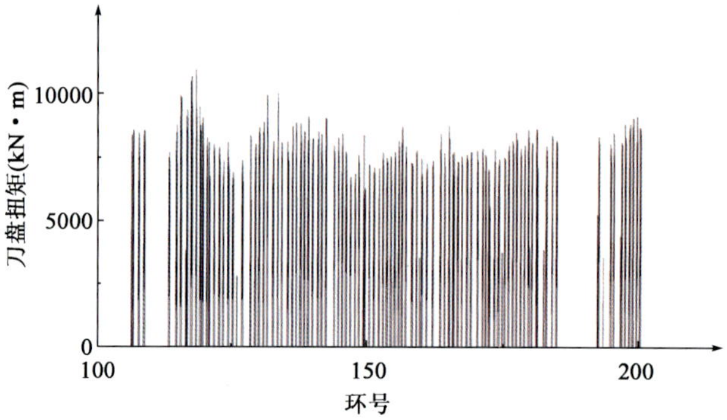

图 2-7　试验段刀盘扭矩统计

②刀盘转速、贯入度及掘进速度。

通过对试验段施工过程刀盘转速及贯入度统计可知：刀盘转速约为 1.4r/m，贯入度约为 82mm，决定贯入度的主要施工参数为盾构总推力。如图 2-8、图 2-9 所示。

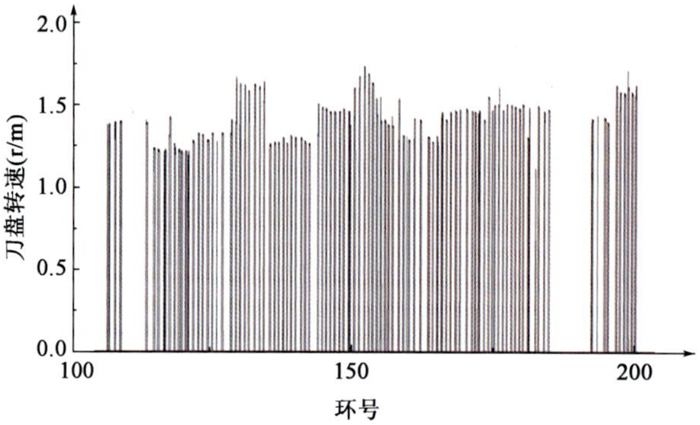

图 2-8　刀盘转速统计

掘进速度 = 刀盘转速 × 贯入度。试验段掘进过程中，掘进速度基本维持在 115mm/min，每环管片宽 1.6m，说明正常情况下盾构掘进一环的土方开挖过程是可以在 15min 之内完成。如图 2-10 所示。

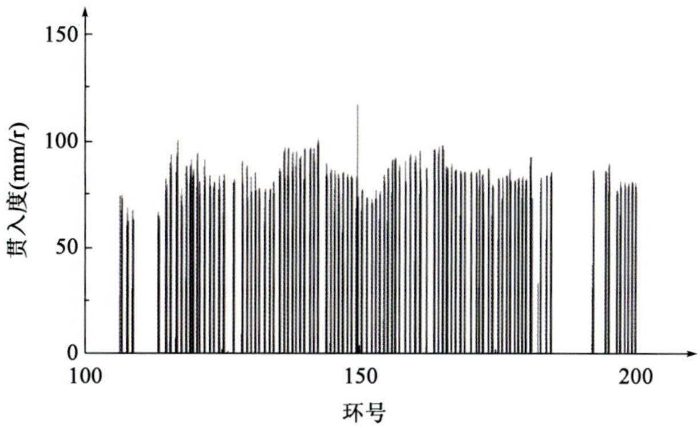

图 2-9 试验段贯入度统计

图 2-10 试验段掘进速度统计

③土压力。

本节所指土压力均为刀盘上土压力，隧道上方土层为砂土层，测量所得侧压力系数为0.33，覆土厚度为9～13m，上覆土重力为170～250kN。土压力只要确保大于主动土压力即可保证开挖面稳定，因此土压力应控制在0.54～0.78bar以上即可保证开挖面的稳定。永兴河站—磁各庄站区间试验段土压力控制如图2-11所示，盾构施工过程中土压力较为稳定，推进土压力约为1.2bar，停机土压力约为0.6bar。

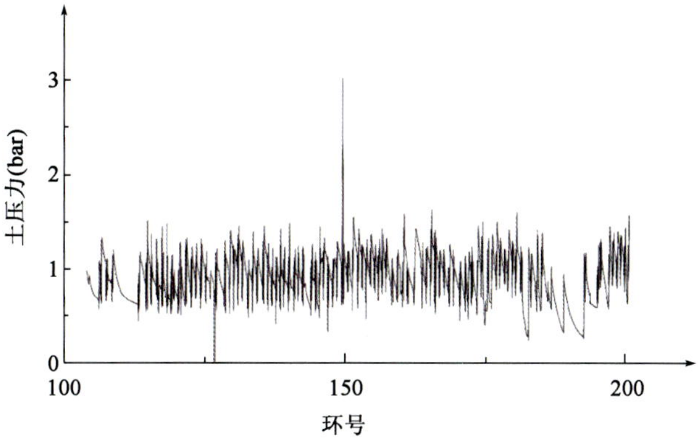

图 2-11 试验段土压力统计

土压力主要由土仓内土体的密实程度决定，而土仓内土体的密实程度主要由单位时间内进入土仓内的渣土及排出土仓外的渣土差值决定，因此土压力主要受到螺旋机转速的影响。

盾构推力、刀盘扭矩、刀盘转速、贯入度保证了盾构施工的推进速度，在推进速度确定的情况下，控制螺旋机的转速，保证土仓内部土压力稳定。该试验段盾构施工螺旋机转速约为18r/m，如图2-12所示。

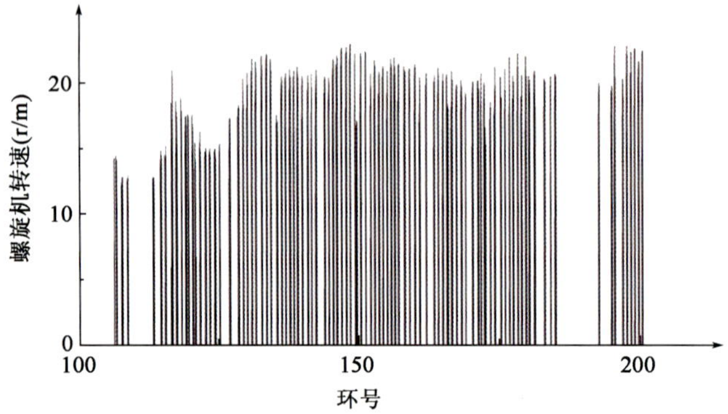

图2-12　螺旋机转速统计

根据该试验段施工参数控制可知，对于类似地层条件，盾构施工采用以下参数施工是可行的：转速1.4r/m，推力20000kN，扭矩7000kN·m。该试验段埋深为9～13m，但盾构施工参数基本稳定，可以认为在9～13m埋深范围内，覆土厚度对于施工参数的影响较小。对于类似工程采用以上配套参数可保证盾构施工推进速度维持在115mm/min，同时在此推进速度下螺旋机转速控制在18r/m，可维持土仓内土压力稳定，当推进速度变化时螺旋机转速也相应变化。综上所述，对于永兴河站—磁各庄站区间，盾构掘进过程中采用低转速(1.4r/m)、高贯入度(82mm)的施工参数进行快速掘进，为达到以上参数，盾构推力约20000kN，扭矩约为7000kN·m。

(2)各参数与掘进速度相关性

为分析各个施工参数与掘进速度间相关程度，可以通过相关系数来评价。相关系数是反映两个变量间关系密切程度的统计分析指标，一般用 r 表示。最常见的相关系数是皮尔逊相关系数，计算公式如下：

$$r=\frac{\sum_{i=1}^{n}(x_i-\overline{x})(y_i-\overline{y})}{\sqrt{\sum_{i=1}^{n}(x_i-\overline{x})\sum_{i=1}^{n}(y_i-\overline{y})}}(i=1,2,\cdots,m) \tag{2-22}$$

对右线试验段第100环～第200环盾构掘进时的数据进行整理分析，得到各参数与掘进速度的相关系数，见表2-19。

各参数间相关系数　　表2-19

r	掘进速度	刀盘转速	贯入度	刀盘扭矩	总推力	螺旋机转速	土压力
掘进速度	1	0.46673	0.98602	0.83699	0.66132	0.92581	-0.16732

由表可知：①掘进速度与刀盘转速的相关系数在0.46左右，与贯入度的相关系数为0.98，表示贯入度与掘进速度呈高度线性相关，主要原因是贯入度是通过公式(掘进速度＝刀盘转速×贯入度)确定的，因此此处只考虑刀盘转速与推进速度的关系，可以看出刀盘转速与推进

速度呈正相关关系;②掘进速度与刀盘扭矩的相关系数为0.83,与总推力的相关系数在0.66左右,表示总推力、刀盘扭矩越大,掘进速度也越大,但盾构有正常工作的刀盘扭矩,扭矩过大会导致刀盘受损严重,因此掘进速度的增大需要控制在使刀盘扭矩正常工作的范围内;③螺旋机转速与掘进速度呈良好的正相关关系,说明螺旋机转速越大,掘进速度也越大;④从表中可知土压力和掘进速度之间的相关系数为-0.16,其绝对值低于0.3,表示两者之间的线性相关性极弱可能存在其他关系。

相关系数仅能在一定程度上反映出参数之间的线性相关性,为了研究实际施工中掘进速度与其他参数之间的规律还需要作出散点图进行分析。由于盾构施工时的参数是实时监控存储的,数据量极大,分布较为散乱,为了更清晰地分析数据需要对数据进行处理。对数据进行分组整理,将每个组段中的掘进速度取平均值代表各组掘进速度值,得到掘进速度与其他参数之间的散点图,如图2-13所示。

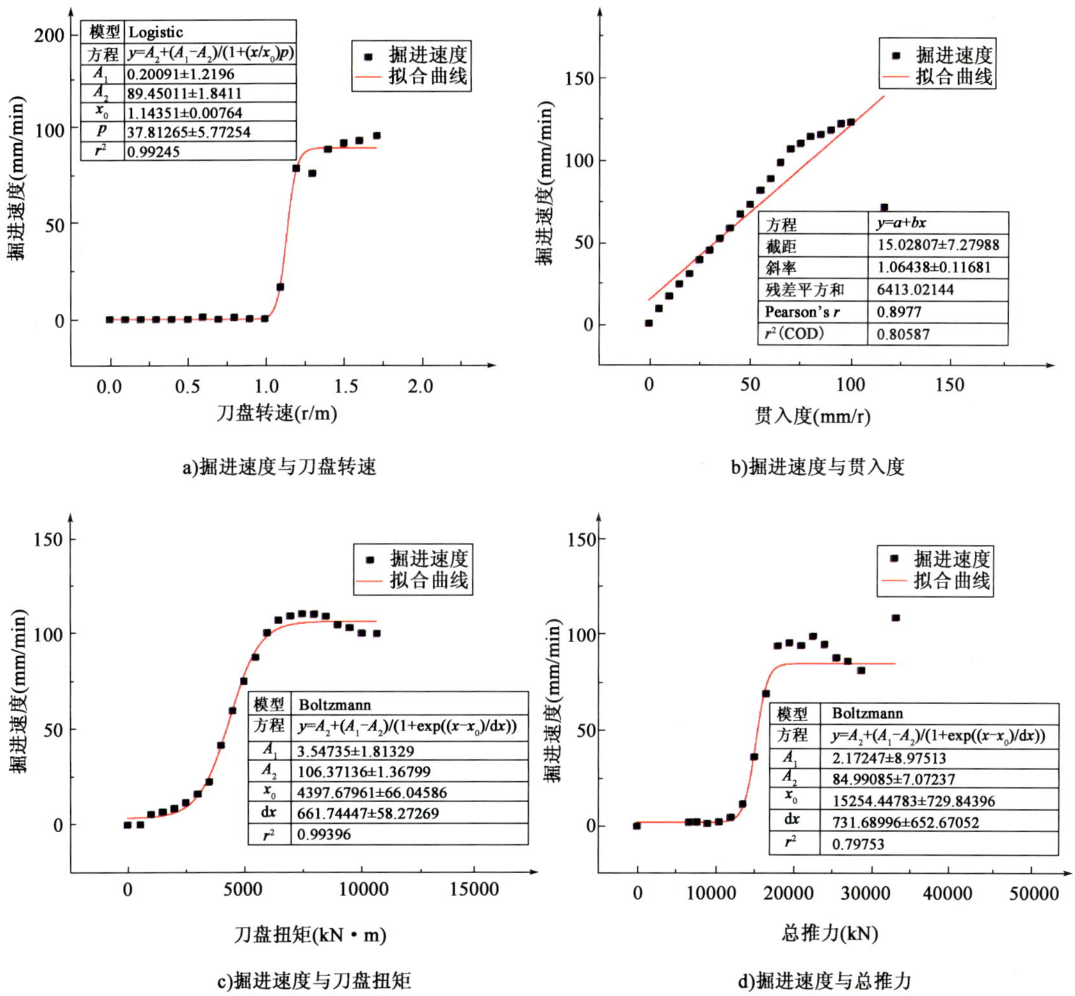

图　2-13

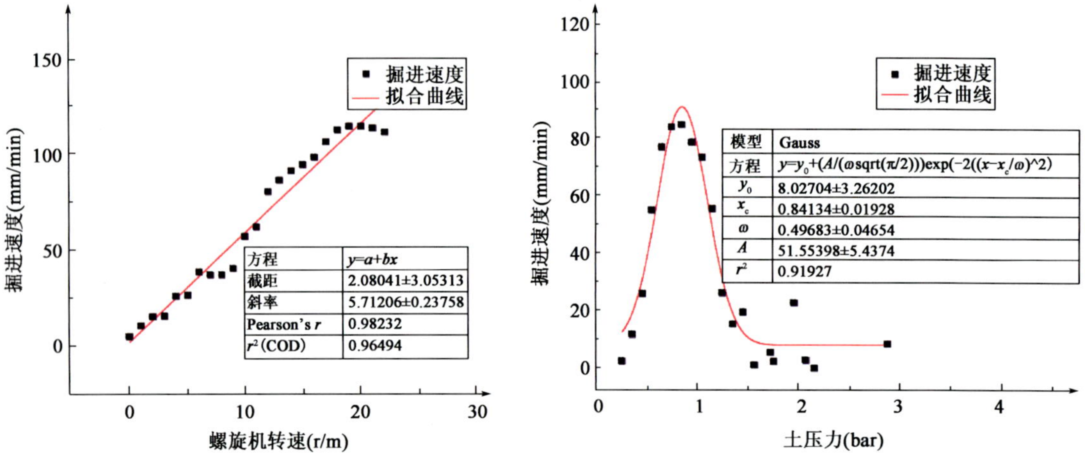

e)掘进速度与螺旋机转速　　f)掘进速度与土压力

图 2-13　整理后的各参数与掘进速度

分别对刀盘转速、贯入度、刀盘扭矩、总推力、螺旋机转速以及土压力和掘进速度进行一元回归分析,从图中可以看出,在砂土层地层中,盾构掘进时的掘进速度与贯入度、螺旋机转速呈良好的线性关系且为正相关关系,与前文计算所得相关系数结果相对应。

掘进速度与其他参数之间明显呈曲线关系,采用最优分析法拟合后得到图中的拟合曲线以及一元回归方程,对刀盘转速、刀盘扭矩以及总推力这三个变量的曲线图分析可以发现,掘进速度最初随着这三个参数的增加而缓慢增加,当这三个参数达到某个值之后快速增加,达到峰值后不再随着参数的增加而增加。根据实际情况分析,刀盘转速、刀盘扭矩、总推力在盾构掘进时从 0 开始逐渐增加,并基本控制在较为稳定的区间内,从上一节的参数分析中可知其分别对应的是 1.4r/m、7500kN · m、25000kN,刚好是散点图所对应的掘进速度峰值位置,而这三个参数的继续扩大对应的掘进速度可以看作是整段数据中的某些偶然值,总体来看,这三个参数与掘进速度呈正相关关系。

对于土压力,从曲线中可以看出,掘进速度一开始随土压的增加而增加,当土压力达到某一值之后掘进速度达到峰值,随后开始下降,而在实际工程中,该工程的土压控制值最低为 0.6bar,对应掘进速度的峰值,低于 0.6bar 的土压力属于偶然因素,在正常情况下是不因存在的,因此认为可以舍去 0.6bar 之前的曲线,也就是认为 0.6bar 之后的曲线才有实际意义,即掘进速度与土压力呈负相关关系。

(3)建立掘进速度模型

前文对各变量回归分析发现部分变量与掘进速度之间为非线性关系,因此建立掘进速度预测模型时不能简单进行多元线性回归,即使使用线性回归得出模型,也只是简单的数据拟合模型,并无实际意义。通过多元回归分析的方法建立了盾构在花岗岩残积层、漂石地层中掘进速度模型,认为影响掘进速度的变量有刀盘转速、刀盘扭矩、贯入度、总推力、螺旋机转速以及土压力,其中贯入度是由刀盘转速和掘进速度计算得到的,同时本节建立的是掘进速度控制模型,变量应当设置为盾构中可控制的参数,因此将刀盘转速、刀盘扭矩、总推力、螺旋机转速以及土压力定为掘进速度模型自变量,符号及单位见表 2-20。

回归模型参数选取　　表 2-20

自变量	刀盘转速	刀盘扭矩	总推力	螺旋机转速	土压力
符号	ω_1	T	F	ω_2	p
单位	r/min	kN · m	kN	r/min	bar

本节选择分别通过泰勒展开式逼近的方法进行多元回归分析，令回归模型为：

$$y = a_1\omega_1 + a_2T + a_3F + a_4\omega_2 + a_5p + a_6\omega_1^2 + a_7T^2 + a_8F^2 + a_9\omega_2^2 + a_{10}p^2 + a_{11}\omega_1T + a_{12}\omega_1F + \cdots + e \tag{2-23}$$

根据上述模型可知模型当中变量较多，因此采用逐步回归方法进行计算，使用 SPSS 软件进行回归计算后得到结果，见表 2-21，r^2为 0.917，说明该回归方程与样本值拟合效果较好。根据方差分析可知 F 变化量为 12845，在 0.05 水平下拟合效果较好。根据 t 值确定各参数对掘进速度影响程度：螺旋机转速 > 刀盘扭矩 > 总推力 > 刀盘转速 > 土压力，表示在砂土层中综合考虑各项因素控制掘进速度时首要因素是螺旋机转速，其次是刀盘扭矩，再次是总推力、刀盘转速，最后考虑土压力，将参数回归计算结果代入到上式中即可得到适用于该工程施工时掘进速度控制模型：

$$v = 5.672T + 3.649\omega_2 - 7.657p - (9.832\times10^{-7})T^2 - (5.288\times10^{-8})F^2 + 5.828p^2 + 0.004\omega_1T + (2.04\times10^{-4})\omega_1F - 11.761Tp + (3.727\times10^{-7})TF - 5.924 \tag{2-24}$$

模型多元回归参数结果　　表 2-21

变量	未标准化系数		标准化系数	t 值	检验结果
	回归系数	标准误差	Beta		
(常量)	-5.924	1.841		-3.217	0.001
ω_2	3.649	0.028	0.607	129.494	0.000
T	5.672	0.483	0.252	11.739	0.000
ω_1F	2.04×10^{-4}	0.000	0.045	3.887	0.000
T^2	-9.832×10^{-7}	0.000	-0.448	-25.429	0.000
TF	3.727×10^{-7}	0.000	0.477	21.948	0.000
F^2	-5.288×10^{-8}	0.000	-0.196	-14.599	0.000
ω_2T	0.004	0.000	0.269	13.627	0.000
Tp	-11.761	0.996	-0.089	-11.810	0.000
p^2	5.828	1.594	0.041	3.655	0.000
p	-7.657	3.433	-0.027	-2.231	0.026

从模型中可以看出，盾构掘进过程中的掘进速度与螺旋机转速为一次关系，与其他参数均表现为二次函数关系，也验证了前文对单个参数分析所得到的结果，因此可以认为此回归模型能够较好地解释各参数的物理含义，即具有一定意义而不只是对数据的预测模型。

采用左线第 100 环 ~ 第 200 环的施工数据对上述掘进速度模型进行验证，如图 2-14 所示，相关系数为 0.959。从图中可以看出该模型能够较好地拟合左线实际施工中的掘进速度，表示该模型适用于砂土层地层中的盾构掘进速度，所建立的掘进速度模型可作为砂土层地层中盾构掘进中参数优化的依据。

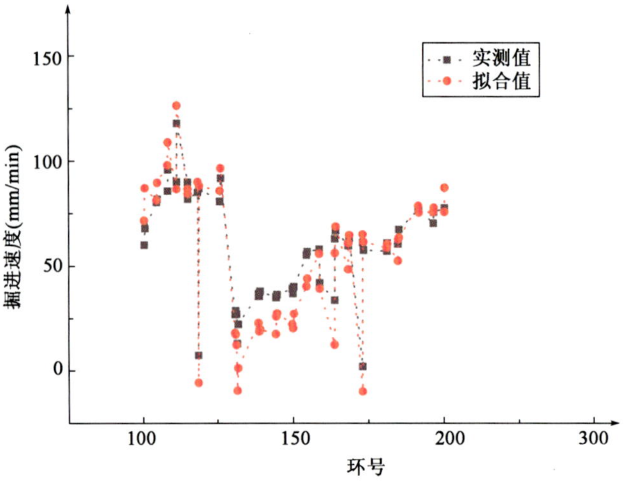

图 2-14　模型计算与实测数据对比

2.1.3.3　2 号风井—3 号风井区间盾构施工参数分析

1)区间简介

2 号风井—3 号风井盾构区间始发里程为 K35 +675.227,终点里程为 K39 +522.667,区间长约 3840m(2400 环),隧道覆土厚度 9.3 ~ 15.1m,最大坡度 5.9‰,最小曲线半径 1300m。隧道衬砌管片为 C50 的 P12 预制钢筋混凝土结构,外径 8800mm,厚度 450mm,内径 7900mm,宽度 1600mm。

该合同段隧洞沿线下穿多处房屋,区间及沿线 15m 范围内,穿越地面建筑约 42000m^2;盾构区间邻近或下穿 220kV 团苑一线高压输电线路并下(旁)穿高压电塔 13 座;区间垂直下穿地铁大兴线 U 形槽段(净距 9.8m),环境风险因素众多,风险等级及控制要求高。工程平面线路图如图 2-15 所示。

图 2-15　工程平面线路图

2)工程地质情况

该区间位于工程地质Ⅱ单元,2 号风井—3 号风井盾构区段隧道穿越地层主要为粉土、粉细砂层、卵石圆砾,其中卵石层占比较高。地质剖面图如图 2-16 所示。

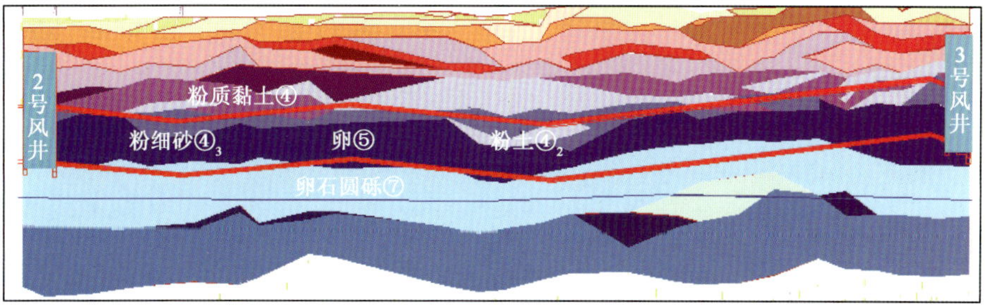

图 2-16 试验段地质剖面图

3)水文地质条件

该区间位于水文地质Ⅱ单元,主要分布三层地下水,地下水类型为上层滞水(一)、层间水(三)和层间水(四)。

上层滞水(一):受环境影响,分布呈无规律性,埋深一般小于 7m,含水层主要为表层的人工填土、粉土层及砂土层。

层间水(三):水位埋深在 22.88m 左右,含水层主要为卵石圆砾⑤层。

层间水(四):水位埋深在 25.75 ~ 29.19m 之间,含水层主要为卵石圆砾⑦层和细中砂⑦$_2$层、粉细砂⑧$_3$层、卵石圆砾⑨层。

2 号风井—3 号风井盾构区间隧道埋深范围内,地下水类型为上层滞水(一)。隧底高于层间水(四)水位。

4)盾构选型

北京大兴国际机场线 07 合同段地层以卵石层为主,综合考虑工期、技术及经济问题决定采用土压平衡盾构并采用特殊渣土改良的辅助措施,刀盘采用辐条式刀盘,主要由轮缘、辐条和布设在辐条上的刀具组成,盾构机刀盘由钢结构件焊接而成,刀盘主体结构的高强度、高刚性设计可以保证刀盘能在该工程施工期间不变形、不损坏,适宜大扭矩和大推力的作业工况,完全能够适应该合同段地层且具有高效及减少刀具磨损的特点,其他主要参数见表 2-22。

盾构设备的主要技术规格 表 2-22

类 别	项 目	性能/参数(中铁装备)	单 位
整机	主机长度	17	m
	整机总长	116	m
刀盘	类型	辐条式	
	开挖直径	9150	mm
	刀盘开口率	60	%
螺旋输送机	最大扭矩	249	kN · m
	转速范围	0 ~ 20	r/min
	旋转方向	正/反	

续上表

类　别	项　目	性能/参数(中铁装备)	单　位
推进系统	最大推进速度	80	mm/min
	分区数	6 区	
	最大推力	81853	kN

5)试验段设置

由于隧道长度较长,为保证工程进度以及安全,在快速掘进之前先设置了试验段以总结适合粉砂层地层快速掘进的施工参数,因此本节中砂卵石地层盾构掘进速度模型建立也以试验段数据为基础展开。

为避开隧道上方建筑物,选取试验段范围为右线盾构掘进第 85 环 ~ 第 185 环,后文试验段地表范围内主要为荒地,周边无管线,试验段 1 平面图如图 2-17 所示。

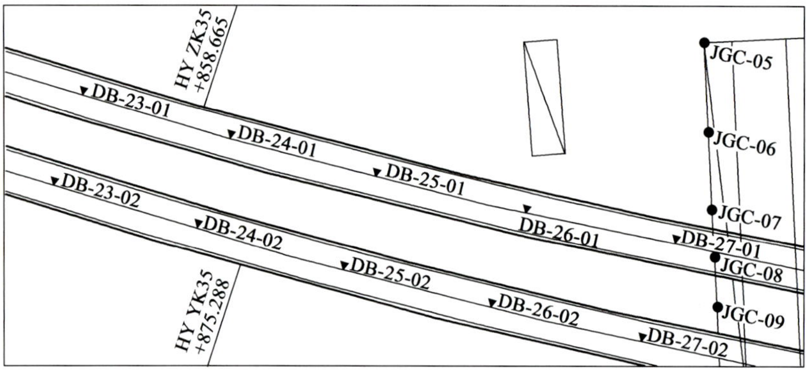

图 2-17　试验段 1 平面图

由图 2-18 可知隧道试验段 1 主要穿越地层为粉土④$_2$、粉细砂④$_3$、卵石圆砾⑤,三种地层在全段均有分布,卵石层占比相对较低,各层物理力学指标见表 2-23。

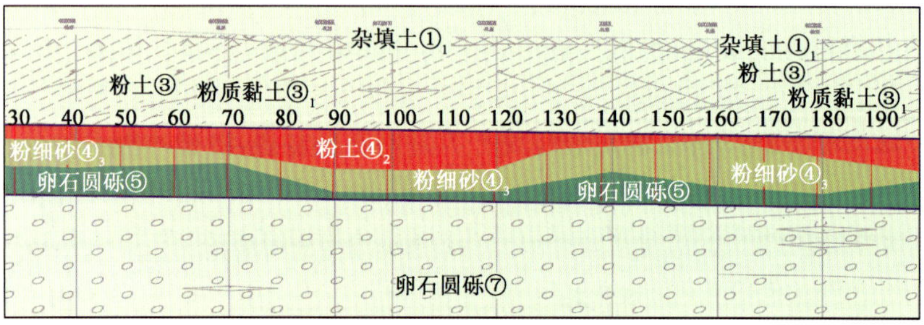

图 2-18　试验段 1 主要地层情况

试验段 1 主要穿越土层物理力学指标　　表 2-23

土　层	埋深(m)	重度(kN/m^3)	黏聚力 c(kPa)	内摩擦角 φ(°)	静止侧压系数 K_0
素填土①$_1$	0.70	18.00	0.00	10.00	0.00
粉砂-细砂②$_3$	3.80	19.00	0.00	20.00	0.40
粉土②	1.50	19.30	10.00	20.00	0.35
粉砂-细砂②$_3$	6.10	19.00	0.00	20.00	0.40

续上表

土　　层	埋深(m)	重度(kN/m³)	黏聚力 c(kPa)	内摩擦角 φ(°)	静止侧压系数 K_0
粉土③	4.80	19.80	22.00	21.90	0.34
细砂-粉砂$④_3$	10.70	20.30	0.00	28.00	0.35
中砂-细砂$④_2$	7.40	20.50	0.00	32.00	0.33
圆砾-卵石⑤	14.60	21.00	0.00	36.00	0.28
卵石-圆砾⑦	16.60	21.20	0.00	38.00	0.26

试验段2平面图如图2-19所示，地质剖面图如图2-20所示。从图中可知试验段2主要穿越地层为粉土$④_2$、粉细砂$④_3$，卵石圆砾⑤。相较于试验段1，卵石圆砾⑤层占比更高，粉土$④_2$层占比较少，随着盾构掘进，粉土$④_2$层逐渐消失。试验段2主要穿越土层物理力学指标见表2-24。

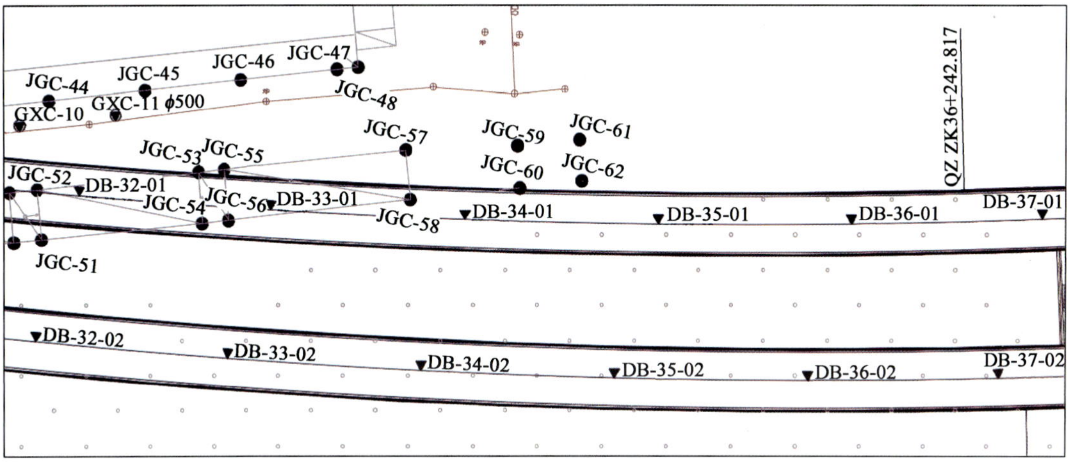

图2-19　试验段2平面图

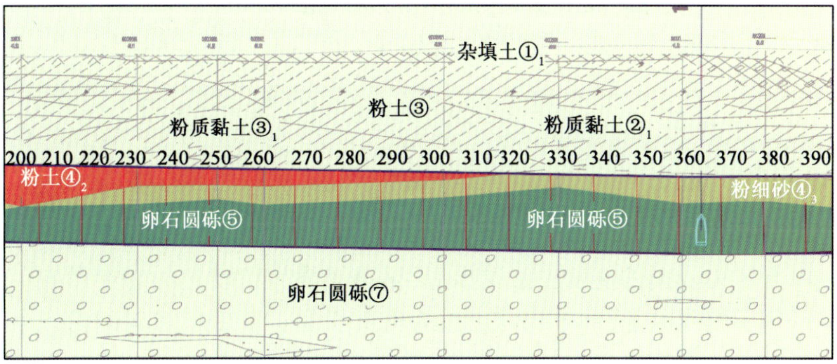

图2-20　试验段2主要地层情况

试验段2主要穿越土层物理力学指标　　表2-24

土　　层	厚度(m)	重度(kN/m³)	黏聚力 c(kPa)	内摩擦角 φ(°)	静止侧压系数 K_0
杂填土$①_1$	1.20	18.00	0.00	10.00	—
粉砂细砂$②_3$	1.00	19.00	0.00	20.00	0.40

续上表

土　　层	厚度(m)	重度(kN/m^3)	黏聚力 c(kPa)	内摩擦角 φ(°)	静止侧压系数 K_0
粉土②	2.80	19.30	10.00	20.00	0.35
粉质黏土$②_1$	2.00	19.00	20.00	5.00	0.38
粉土③	4.00	19.80	22.00	21.90	0.34
中砂细砂$④_2$	2.00	20.50	0.00	32.00	0.33
细砂粉砂$④_3$	3.20	20.30	0.00	28.00	0.35
圆砾-卵石⑤	7.30	21.00	0.00	36.00	0.28
卵石-圆砾⑦	10.00	21.20	0.00	38.00	0.26

6)各参数间关系及掘进速度模型建立

(1)快速掘进参数分析

①试验段1。

隧道埋深为10～12m,上方土层为粉土③,侧压力系数为0.34,考虑成拱效应,采用太沙基理论计算土压力,所得土压力应控制在0.5～0.6bar以上,在试验段1实际施工中土压力控制较差,如图2-21所示部分环停机上土压较低,最低至0,推进土压力约为1.1bar,盾构停机时土压力基本为0.5bar。

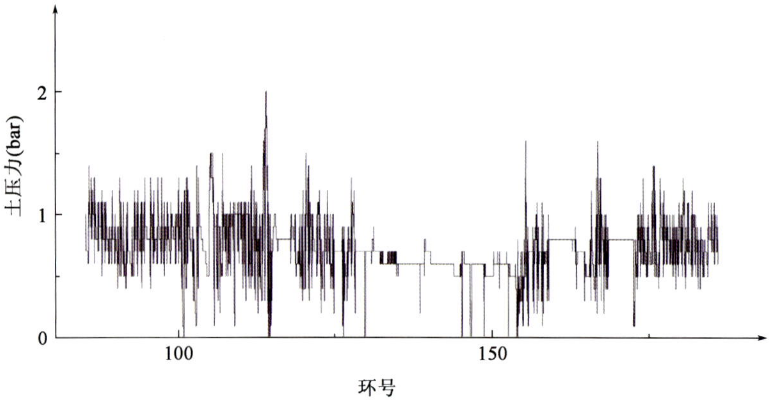

图2-21　试验段1土压力统计情况

试验段掘进过程中,掘进速度基本维持在60mm/min,但在经过3d的停机之后,恢复掘进时掘进速度较低,之后缓慢增加。以停机前掘进速度进行计算,正常情况下盾构掘进的土方开挖过程可以在30min之内完成。如图2-22所示。

盾构掘进时土压力及掘进速度主要受推力、扭矩及螺旋机转速的综合影响。土压力主要由土仓内土体的密实程度决定,而土仓内土体的密实程度主要由单位时间内进入土仓内的渣土及排出土仓外的渣土差值决定,以上两个参数体现在盾构设备参数上即为掘进速度及螺旋机转速,其中影响掘进速度的参数为贯入度及刀盘转速,贯入度主要由盾构推力决定,刀盘转速主要由刀盘扭矩决定。

因此,为保证盾构开挖推进过程顺利,根据试验段施工参数及效果,确定适合的推力、扭矩、螺旋机转速等参数很重要。

通过对试验段施工过程参数统计可知:刀盘转速约为1.7r/m(图2-23),贯入度约为

35mm;盾构总推力是决定贯入度的主要施工参数,从统计情况可以看出盾构总推力在试验段掘进过程中,停机前后变化较大,停机前盾构推力约为24000kN,恢复掘进后盾构推力达到30000kN,但推力值均远低于盾构最大推力(81853kN),说明设备出于正常施工状态,推进驱动运转正常(图2-24)。

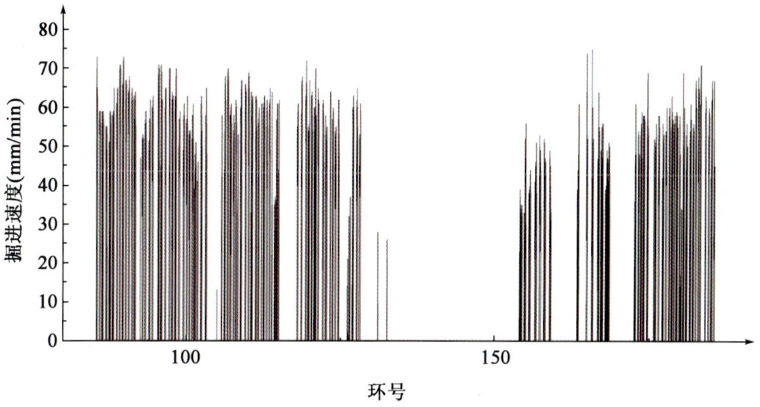

图2-22　试验段1 掘进速度统计情况

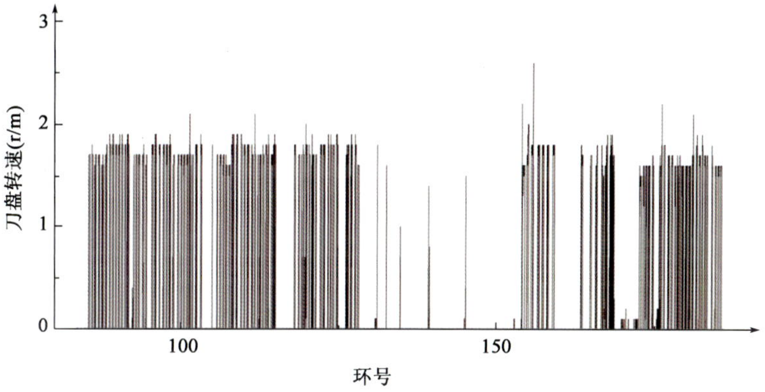

图2-23　试验段1 刀盘转速统计情况

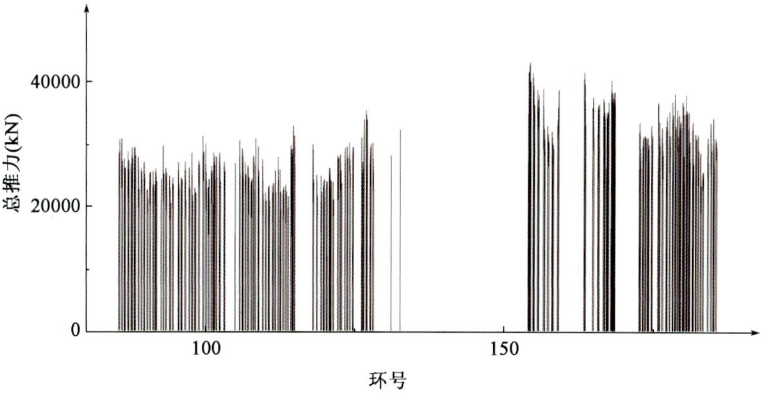

图2-24　试验段1 总推力统计

盾构推进过程中刀盘转速主要由刀盘扭矩决定,刀盘扭矩在试验段掘进过程中,同样基本保持稳定,约 11000kN · m,低于盾构额定扭矩(17960kN · m),如图 2-25 所示。

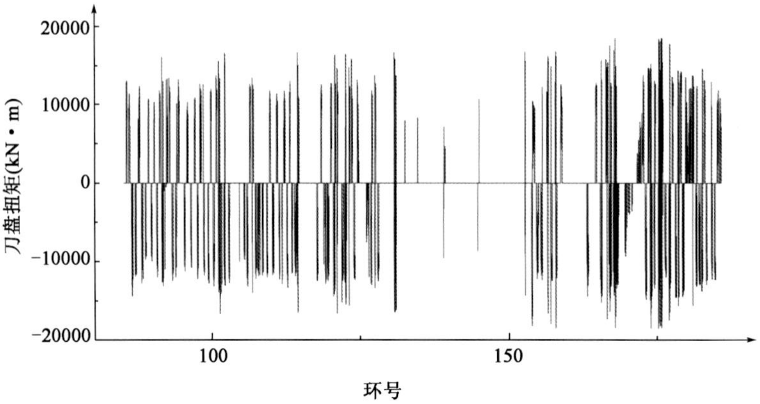

图 2-25　试验段 1 刀盘扭矩统计

以上的参数保证了盾构施工的推进速度,在掘进速度确定的情况下,控制螺旋机的转速,保证土仓内部土压力稳定。该试验段盾构施工螺旋机转速约为 9r/m,如图 2-26 所示。

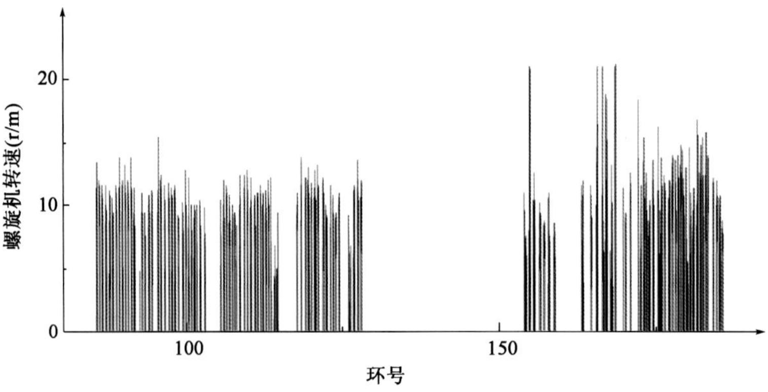

图 2-26　试验段 1 螺旋机转速统计

根据试验段 1 施工参数控制可知,对于类似地层条件(粉土、砂卵石复合地层)盾构施工采用以下参数施工是可行的:推力 24000kN,转速 1.7r/m,扭矩 11000kN · m。该试验段埋深为 10 ~ 16m,但盾构施工参数基本稳定,可以认为在 10 ~ 16m 埋深范围内,覆土厚度对于施工参数的影响较小。因此,对于类似工程采用以上配套参数可保证盾构施工掘进速度维持在 60mm/min,同时在此掘进速度下螺旋机转速控制在 9r/m,可维持土仓内土压力稳定,当掘进速度变化时螺旋机转速也相应变化。

综上所述,对于北京大兴国际机场线 07 合同段区间试验段 1 类似地层,盾构掘进过程中应采用高转速(1.7r/m)、低贯入度(35mm)的施工参数进行快速掘进,为达到以上参数,盾构推力约 24000kN,扭矩约 11000kN · m,具体参数根据施工过程确定。另外,如遇盾构长时间停机(大于 3d),由于土体的固结作用,盾构复推阻力较大,因此恢复掘进时应适当提高盾构推力,保证盾构顺利掘进。

②试验段 2。

相较于试验段 1，试验段 2 含卵石量较高，埋深在 14 ~ 16m，隧道上方土层为砂卵石，侧向土压力系数为 0.26 ~ 0.28，按照全覆土重计算所得上土压力理论值为 0.82 ~ 0.88bar，考虑成拱问题，按照太沙基理论计算土压力所得土压力取值应控制在 0.6 ~ 0.7bar 以上。

试验段 2 土压力及掘进速度控制一般，部分环停机上土压较低，最低至 0，推进土压力约为 0.8bar，停机土压力约为 0.4bar，其中前半段（第 260 环 ~ 第 308 环）土压力基本稳定，后半段土压力控制较差，上土压力较低。如图 2-27 所示。试验段掘进过程中，掘进速度基本维持在 50 ~ 70mm/min，符合方案制定的掘进速度，但在经过 2d 的停机之后，恢复掘进时掘进速度较低，之后缓慢增加。以停机前掘进速度进行计算，正常情况下盾构掘进的土方开挖过程可以在 30min 之内完成。如图 2-28 所示。

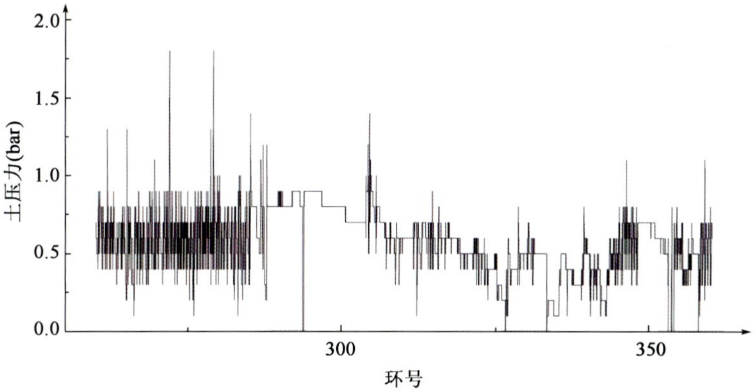

图 2-27　试验段 2 土压力统计情况

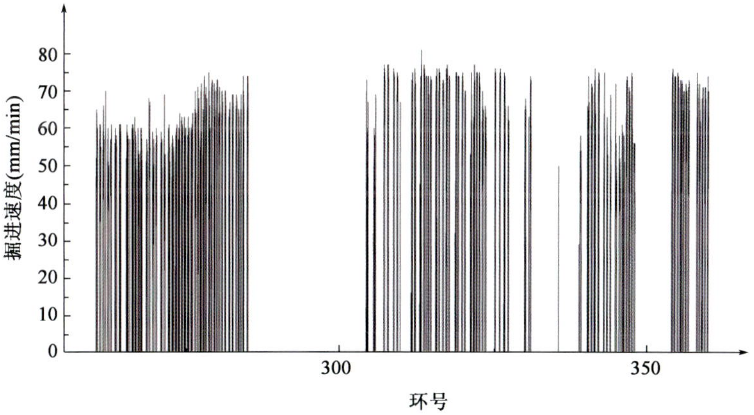

图 2-28　试验段 2 掘进速度统计情况

通过对试验段施工过程参数统计可知：刀盘转速为 1.5 ~ 1.6r/m（图 2-29），贯入度约为 44mm；盾构总推力是决定贯入度的主要参数，由图 2-30 可知盾构总推力在试验段掘进过程中，基本稳定盾构推力达到 28000kN，推力最高达到 36000kN，低于盾构最大推力（81853kN），说明设备处于正常施工状态，推进驱动运转正常。

盾构推进过程中刀盘转速主要由刀盘扭矩决定，刀盘扭矩在试验段掘进过程中，同样基本保持稳定，约 12000kN · m，低于盾构额定扭矩（17960kN · m）。如图 2-31 所示。

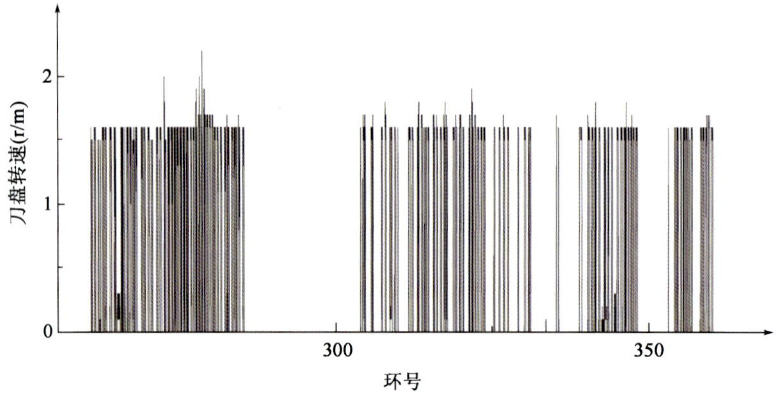

图 2-29　试验段 2 刀盘转速统计情况

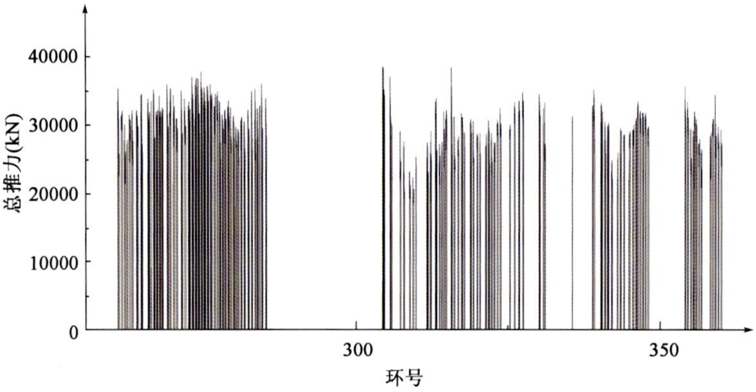

图 2-30　试验段 2 总推力统计

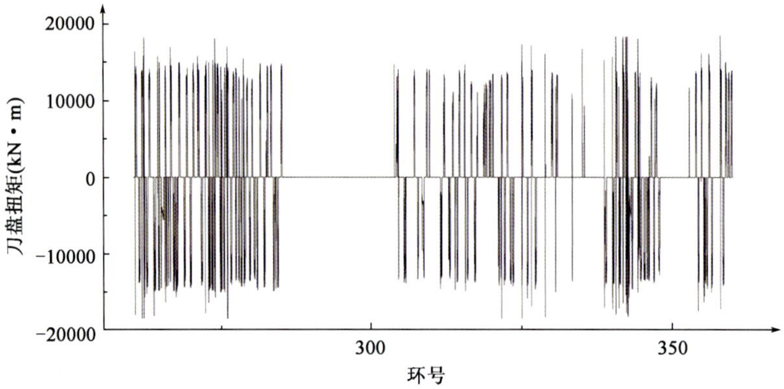

图 2-31　试验段 2 刀盘扭矩统计

以上的参数保证了盾构施工的掘进速度，在掘进速度确定的情况下，控制螺旋机的转速，保证土仓内部土压力稳定。该试验段盾构施工螺旋机转速约为 15r/m，最高约为 20r/m。

根据该试验段施工参数控制可知，对于类似地层条件（砂卵石占比较高的粉细砂、砂卵石复合地层）盾构施工采用以下参数施工是可行的：推力 28000kN，转速 1.6r/m，扭矩 12000kN·m。

对于类似工程采用以上配套参数可保证盾构施工掘进速度维持在 50 ~ 70mm/min，同时在此掘进速度下螺旋机转速控制在 15r/m，如图 2-32 所示，可维持土仓内土压力稳定，当掘进速度变化时螺旋机转速也相应变化。

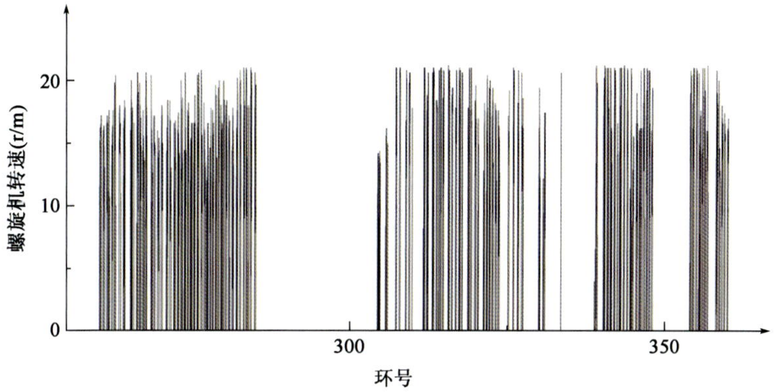

图 2-32 试验段 2 螺旋机转速统计

综上所述，对于北京大兴国际机场线 07 合同段试验段 2，盾构掘进过程中采用高转速（1.6r/m）、低贯入度（44mm）的施工参数进行快速掘进，为达到以上参数，盾构推力约为 28000kN，扭矩约为 12000kN · m，具体参数根据施工过程确定。

（2）各参数间相关性

①试验段 1。

对右线试验段第 85 环 ~ 第 185 环盾构掘进时的数据进行整理分析，得到各参数间的相关系数，见表 2-25。

各参数间的相关系数　　表 2-25

r	掘进速度	刀盘转速	贯入度	刀盘扭矩	总推力	螺旋机转速	土压力
掘进速度	1	0.59187	0.99543	0.75323	0.78975	0.87079	0.13394

由表可知：①掘进速度与刀盘转速的相关系数在 0.59 左右，而与贯入度的相关系数为 0.99，刀盘转速与掘进速度之间呈正相关关系；②掘进速度与刀盘扭矩的相关系数为 0.75，与总推力的相关系数在 0.66 左右，表示总推力、刀盘扭矩与掘进速度呈正相关关系；③螺旋机转速与掘进速度间的相关系数为 0.87，表示螺旋机转速与掘进速度呈良好的正相关关系，说明螺旋机转速越大，掘进速度也越大；④土压力与掘进速度的线性关系很弱，相关系数仅为0.13，还需进一步分析。

由上一节可知由于数据繁多，直接作散点图规律不明显，因此用同样的方法处理数据，得到盾构在以砂卵石为主的地层中掘进时的掘进速度与各参数散点图，如图 2-33 所示，其中该区间刀盘扭矩有正转反转之分，因此全部取绝对值进行分析。

对数据整理后发现，试验段 1 中掘进速度除与贯入度呈良好的线性关系外，其余参数的线性关系均一般。进行最优模型拟合后得到图 2-33 中各参数与掘进速度之间的关系曲线图，可以发现每个参数都对应一个掘进速度的峰值，说明在试验段 1 这种含砂土、砂卵石地层中刀盘转速、刀盘扭矩、总推力、螺旋机转速、土压力都有一个最优区间，当这些参数控制在这个最优

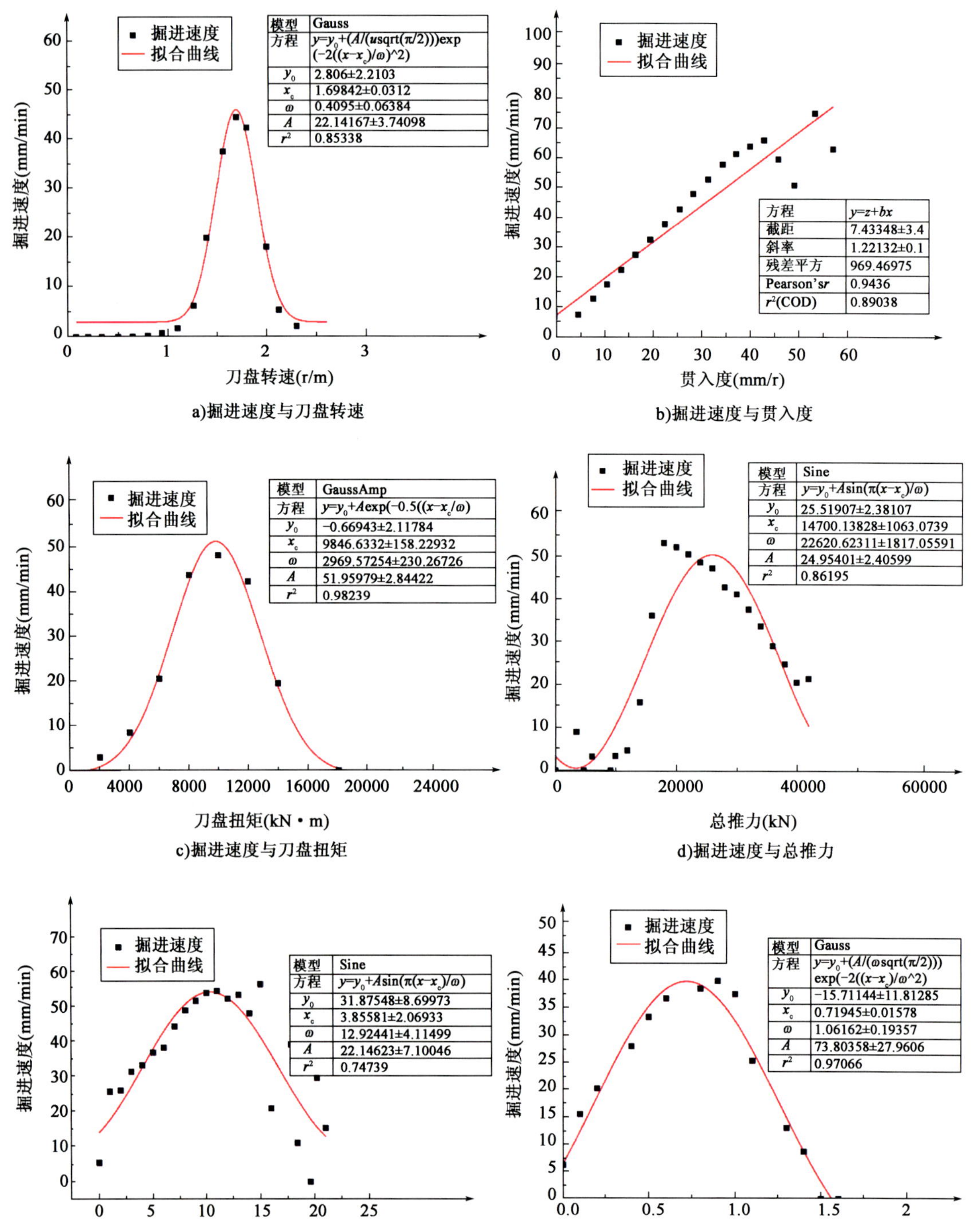

a)掘进速度与刀盘转速　b)掘进速度与贯入度

c)掘进速度与刀盘扭矩　d)掘进速度与总推力

e)掘进速度与螺旋机转速　f)掘进速度与土压力

图 2-33　整理后的各参数与掘进速度

区间时掘进速度可以达到最大。

②试验段2。

对右线试验段第260环～第360环盾构掘进时的数据进行整理分析，得到各参数间的相关系数，见表2-26。

各参数间相关系数 表2-26

r	掘进速度	刀盘转速	贯入度	刀盘扭矩	总推力	螺旋机转速	土压力
掘进速度	1	0.61249	0.99757	0.76765	0.87479	0.86263	0.08492

由表可知：①掘进速度与刀盘转速、贯入度的相关系数分别为0.61、0.99；②掘进速度与总推力、刀盘扭矩的相关系数分别为0.87、0.76，表示掘进速度与这两个参数间呈正相关关系，即总推力、刀盘扭矩越大，掘进速度也越大；③螺旋机转速与掘进速度的相关系数为0.86，说明两个参数间呈良好的正相关关系，表示螺旋机转速越大，掘进速度也越大；④掘进速度与土压力呈负相关关系，线性关系极弱，还需要再对数据进行进一步处理探究，用前面两种地层数据处理同样的方法处理数据后得到散点图如图2-34所示。

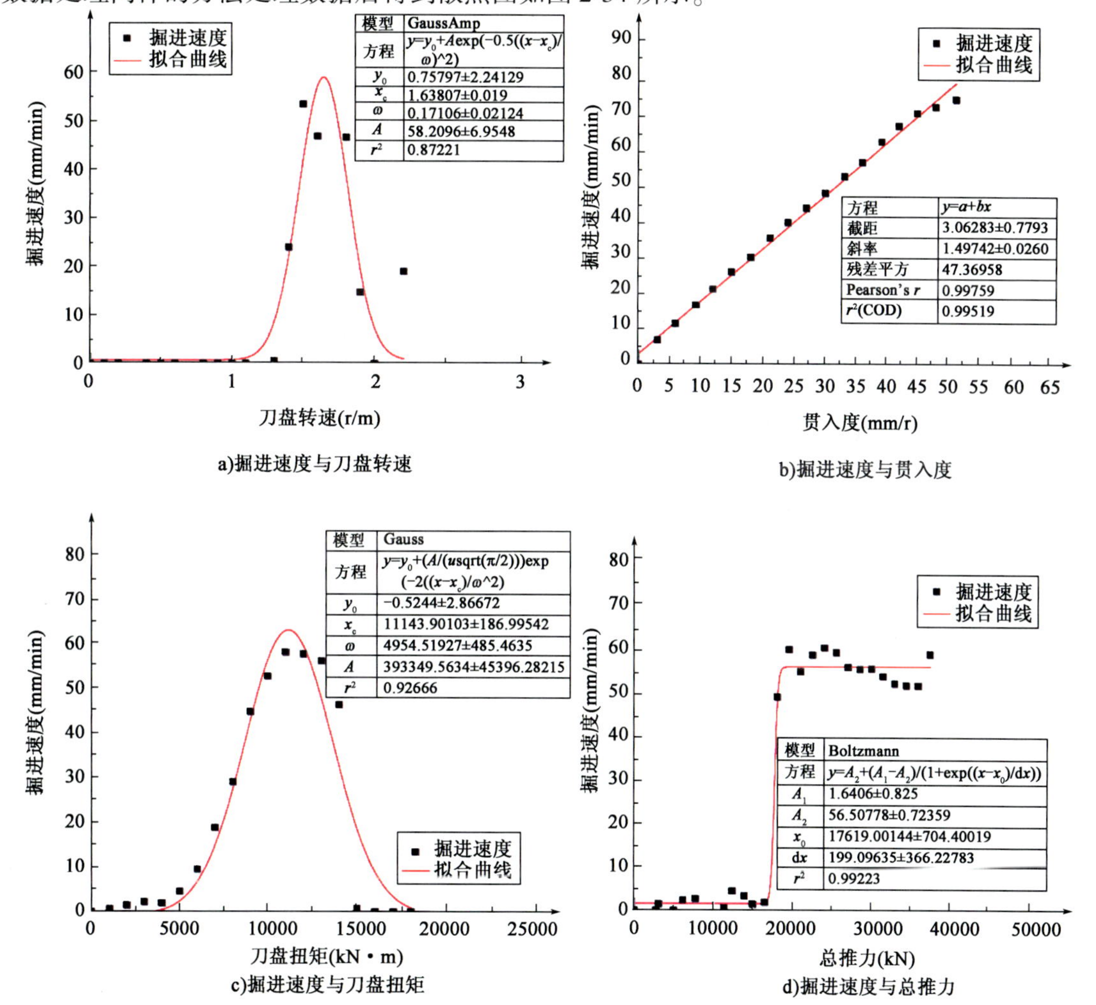

a)掘进速度与刀盘转速　b)掘进速度与贯入度

c)掘进速度与刀盘扭矩　d)掘进速度与总推力

图 2-34

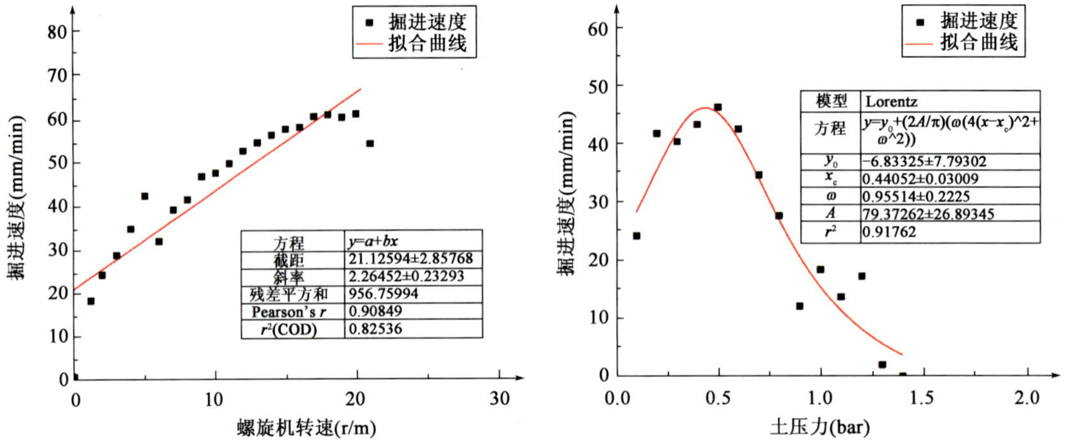

e)掘进速度与螺旋机转速　　f)掘进速度与土压力

图 2-34　整理后的各参数与掘进速度

从图中可以看出,在以砂卵石地层为主的试验段 2 中,盾构掘进时的掘进速度与贯入度、螺旋机转速呈良好的线性关系且为正相关关系,而与刀盘转速、刀盘扭矩、总推力、土压力的线性关系较弱,因此采用非线性函数进行拟合后发现拟合效果较好。从图中可知,掘进速度在刀盘转速、刀盘扭矩、土压力达到某个值后达到峰值,随后开始下降。然而,当总推力达到一定强度后继续增强,掘进速度基本无变化,由此认为在此种地层中刀盘转速、刀盘扭矩、总推力、土压力有最优区间,达到这个区间时掘进速度最大。

(3)建立掘进速度模型

①试验段 1。

采用与建立砂土层掘进速度控制模型同样的方法,首先选取模型自变量,由于贯入度本身就是通过掘进速度得到的,不应将其放入控制模型当中,同时剩余各参数均与掘进速度呈非线性关系,因此以刀盘转速、刀盘扭矩、总推力、螺旋机转速、土压力为掘进速度模型自变量,符号及单位见表 2-27,并构造多元非线性模型。

回归模型参数选取　　表 2-27

自　变　量	刀 盘 转 速	刀 盘 扭 矩	总　推　力	螺旋机转速	土　压　力
符号	ω_1	T	F	ω_2	p
单位	r/min	kN · m	kN	r/min	bar

令回归模型为:

$$v = a_1\omega_1 + a_2T + a_3F + a_4\omega_2 + a_5p + a_6\omega_1^2 + a_7T_2 + a_8F_2 + a_9\omega_2^2 + a_{10}p_2 + a_{11}\omega_1T + a_{12}\omega_1F + \cdots + e$$

采用 SPSS 软件计算得到模型回归参数(表 2-28),根据计算结果,r^2 为 0.876,说明该回归方程与样本值拟合效果较好。根据方差分析可知统计量 $F = 14240$,在 0.05 水平下拟合效果显著。根据 t 值绝对值大小可知自变量的影响主次顺序为:总推力 > 刀盘扭矩 > 螺旋机转速 > 刀盘转速 > 土压力,说明在砂土-卵石地层中控制掘进速度时应首先考虑总推力,其次是刀盘扭矩和刀盘转速,最后还需要关注土压力。将计算结果代入到回归模型中即可得到适用于该合同段盾构施工时掘进速度的计算模型:

$$
\begin{aligned}
v = & -18.395\omega_1 + 0.003T + 0.003F - 2.298\omega_2 + 2.768p + 6.966\omega_1^2 - \\
& (1.777\times10^{-7})\,T^2 - (6.700\times10^{-8})\,F^2 - 2.692\,p^2 + 0.001\omega_1 T - \\
& 0.001\omega_1 F + 1.676\omega_1\omega_2 + 3.805\omega_1 p + (1.534\times10^{-5})T\omega_2 + \\
& (7.944\times10^{-8})TF - (3.09\times10^{-4})Tp - (4.39\times10^{-4})Fp - \\
& (1.726\times10^{-5})F\omega_2 + 1.546\omega_2 p - 4.102
\end{aligned}
\tag{2-25}
$$

模型多元回归参数结果 表2-28

变 量	未标准化系数		标准化系数	t	显 著 性
	回 归 系 数	标 准 误 差	Beta		
(常量)	-4.102	0.899		-4.560	0.000
$\omega_1 T$	0.001	0.000	0.204	13.535	0.000
$\omega_1\omega_2$	1.676	0.059	0.528	28.402	0.000
$F\omega_2$	-1.726×10^{-5}	0.000	-0.086	-7.971	0.000
Fp	-4.39×10^{-4}	0.000	-0.178	-16.096	0.000
F^2	-6.700×10^{-8}	0.000	-1.191	-99.734	0.000
F	0.003	0.000	1.714	60.253	0.000
ω_1	-18.395	0.929	-0.384	-19.794	0.000
TF	7.944×10^{-8}	0.000	0.468	29.932	0.000
T^2	-1.777×10^{-7}	0.000	-0.399	-33.626	0.000
T	0.003	0.000	0.409	24.593	0.000
ω_2	-2.298	0.111	-0.427	-20.615	0.000
$\omega_2 p$	1.546	0.082	0.233	18.962	0.000
$\omega_1 F$	-0.001	0.000	-0.476	-18.082	0.000
ω_1^2	6.966	0.395	0.289	17.655	0.000
$\omega_1 p$	3.805	0.595	0.079	6.396	0.000
p^2	-2.692	0.704	-0.036	-3.826	0.000
Tp	-3.09×10^{-4}	0.000	-0.043	-3.554	0.000
$T\omega_2$	1.534×10^{-5}	0.000	0.032	2.286	0.022
p	2.768	1.377	0.026	2.010	0.044

左线第85环～第185环的施工数据对上述掘进速度模型进行验证图2-35所示,相关系数为0.88,从图中可以看出此模型拟合数据总体低于实际测量值,但基本能够较好地拟合左线实际施工中的掘进速度变化趋势,表示该模型适用于砂土-砂卵石地层中的盾构掘进速度,所建立的模型可作为砂土-砂卵石地层中盾构掘进中参数优化的依据。

②试验段2。

试验段2与试验段1相比,其卵石含量较高,因此考虑到卵石含量不同时各掘进参数对掘进速度产生的影响会不同,也需要对试验段2建立掘进速度模型进行分析。同样以刀盘转速、刀盘扭矩、总推力、螺旋机转速、土压力为掘进速度模型自变量,符号及单位见表2-29。

回归模型参数选取 表2-29

自 变 量	刀 盘 转 速	刀 盘 扭 矩	总 推 力	螺旋机转速	土 压 力
符号	ω_1	T	F	ω_2	p
单位	r/min	kN · m	kN	r/min	bar

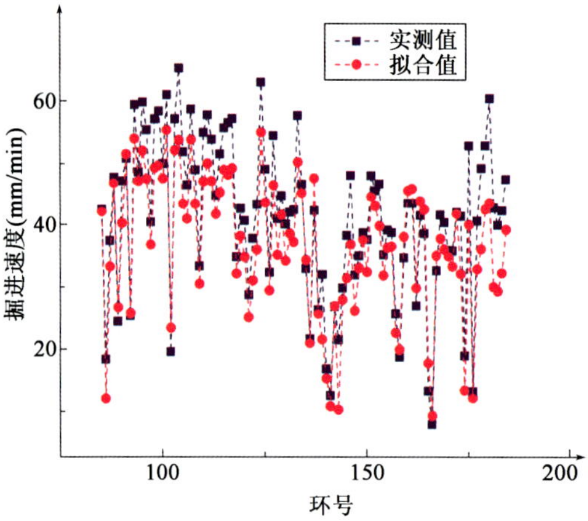

图 2-35　模型计算与实测数据对比

采用 SPSS 方法对实测数据进行计算后得到模型回归参数，见表 2-30。根据回归计算结果，相关系数 r^2 为 0.906，说明该回归方程与样本值拟合效果较好。根据方差分析可知统计量 $F=16866$，在 0.05 水平下拟合效果显著。根据 t 值绝对值大小可知自变量的影响主次顺序为：总推力 > 刀盘扭矩 > 刀盘转速 > 土压力 > 螺旋机转速，表示在砂卵石地层中控制掘进速度

模型多元回归参数结果　　表 2-30

变　量	未标准化系数		标准化系数	t	显 著 性
	回 归 系 数	标 准 误 差	Beta		
（常量）	-9.268	0.458		-20.257	0.000
$F\omega_2$	2.199×10^{-5}	0.000	0.166	15.074	0.000
$\omega_1 p$	-2.304	0.789	-0.026	-2.920	0.003
$\omega_1 F$	0.001	0.000	0.585	16.227	0.000
F^2	-8.010×10^{-8}	0.000	-1.170	-82.226	0.000
TF	1.288×10^{-7}	0.000	0.768	56.223	0.000
T^2	-1.596×10^{-7}	0.000	-0.371	-28.127	0.000
T	0.003	0.000	0.462	28.897	0.000
Tp	-0.001	0.000	-0.120	-11.414	0.000
$\omega_1\omega_2$	0.246	0.044	0.100	5.593	0.000
F	0.001	0.000	0.593	14.937	0.000
Fp	-0.001	0.000	-0.152	-11.460	0.000
p^2	9.748	0.867	0.056	11.247	0.000
$\omega_2 p$	0.723	0.089	0.104	8.139	0.000
$T\omega_2$	-1.057×10^{-5}	0.000	-0.034	-2.311	0.021
ω_2	-0.168	0.080	-0.044	-2.097	0.036
ω_1^2	4.112	0.562	0.124	7.313	0.000
ω_1	-6.008	1.044	-0.103	-5.752	0.000

首先考虑总推力、刀盘扭矩，其次考虑刀盘转速，再考虑土压力及螺旋机转速。

将计算结果代入到上述模型当中即可得到适用于该合同段（砂卵石占比较高）盾构施工时掘进速度的控制模型：

$$
\begin{aligned}
v = & -6.008\omega_1 + 0.003T + 0.001F - 0.168\omega_2 + 4.112\omega_1^2 - \\
& (1.596 \times 10^{-7})T^2 - (8.010 \times 10^{-8})F_2 + 9.748p^2 + \\
& 0.001\omega_1 F + 0.246\omega_1\omega_2 - 2.304\omega_1 p - (1.057 \times 10^{-5})T\omega_2 + \\
& (1.288 \times 10^{-7})TF - 0.001Tp + (2.199 \times 10^{-5})F\omega_2 - \\
& 0.001Fp + 0.723\omega_2 p - 9.268
\end{aligned}
\qquad (2\text{-}26)
$$

采用左线第260环～第360环的施工数据对上述掘进速度模型进行验证，图2-36所示，相关系数为0.815。从图中可以看出该模型总体来看略低于实际控制值，但基本能够拟合左线实际施工中的掘进速度变化趋势，表示该模型适用于砂卵石地层中的盾构掘进速度控制，所建立的模型可作为砂卵石地层中盾构掘进中参数优化的依据。

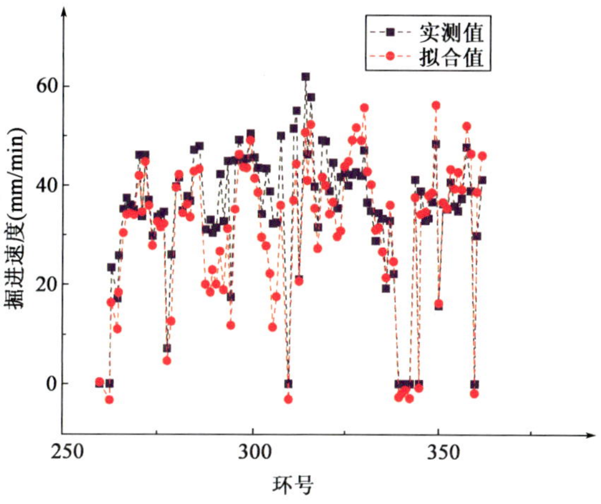

图2-36 模型计算与实测数据对比

2.1.3.4 砂土地层与砂卵石地层结果对比分析

砂土层试验段与砂卵石层试验段1与试验段2推进过程中，盾构施工参数具有明显的区别：盾构推力与掘进速度，试验段2大于试验段1；刀盘扭矩与贯入度，试验段1大于试验段2；所拟合的掘进速度控制模型的主次要影响因素也不同，主要参数对比见表2-31。

砂土层与砂卵石地层施工参数对比 表2-31

项目		砂土层	砂卵石层	
			试验段1	试验段2
基本参数	主要穿越地层	黏土、粉质黏土和砂土	粉土、粉细砂、砂卵石	粉土、粉细砂、砂卵石（卵石占比较高）
	隧道埋深(m)	9～13	10～12	14～16
	试验段范围	第100环～第200环	第85环～第185环	第260环～第360环

续上表

项目		砂土层	砂卵石层	
			试验段 1	试验段 2
盾构施工参数	土压力(bar)	0.6	0.5	0.4
	掘进速度(mm/min)	110	60	70
	盾构推力(kN)	20000	24000	26000
	刀盘转速(r/m)	1.4	1.7	1.6
	刀盘扭矩(kN·m)	7000	11000	12000
	贯入度(mm/r)	82	35	44
	螺旋机转速(r/m)	18	9	15
掘进速度预测模型	r^2	0.917	0.876	0.906
	主次要影响因素	螺旋机转速 > 刀盘扭矩 > 总推力 > 刀盘转速 > 土压力	总推力 > 刀盘扭矩 > 螺旋机转速 > 刀盘转速 > 土压力	总推力 > 刀盘扭矩 > 刀盘转速 > 土压力 > 螺旋机转速

分析掘进参数差异的原因主要有以下几点：

(1)砂土层中土压力控制较高，这是因为在砂土层中隧道埋深相对较浅，不考虑成拱问题，因此所需土压力较高，而砂卵石地层中隧道埋深较深，考虑成拱效应后所需土压力较低，同时砂卵石地层土压力较难控制，导致砂卵石层总体土压控制较低。

(2)相较于砂土地层，砂卵石地层开挖难度明显增大，因此砂卵石层中盾构推力、刀盘转速、刀盘扭矩都更大，而贯入度和螺旋机转速却更小，其中试验段 1 与试验段 2 的参数控制也有些许差异。对于砂卵石地层，试验段 1 与试验段 2 地质情况存在些许差异，试验段 2 埋深有所加深，穿越地层中砂卵石地层占比明显增大，导致盾构开挖难度更大。

(3)试验段 2 施工过程中尝试提高盾构掘进速度，因此盾构推力有所增加，在提高掘进速度的前提下，盾构刀盘转速基本维持不变，贯入度增加导致刀盘扭矩有所增加。

(4)采用多元回归模型构建掘进速度控制模型的拟合效果基本都比较好，同时也能与单个参数和掘进速度之间的关系有所对应。

(5)对于砂土层地层来说，控制掘进速度首先考虑的因素是螺旋机转速，因为在此种地层中提高掘进速度主要是通过单位时间内尽可能多地出土的方式来对掘进速度进行控制，因此可以通过保持较高的螺旋机转速来控制盾构掘进速度。

(6)对砂卵石地层的掘进速度模型进行多元回归分析后发现主要影响盾构掘进时掘进速度的参数是总推力和刀盘扭矩，而不是螺旋机转速，这是由于砂卵石地层中出土密度低，即使提高螺旋机转速也并不能很明显地提高掘进速度，因此就需要通过增加推力的方式来提高掘进速度，而刀盘扭矩在推力增加的同时也会提高。

2.1.3.5 小结

本节通过对砂土层、砂卵石地层中快速掘进的掘进参数进行整理分析，通过多元回归分析的方法建立一套综合考虑刀盘转速、刀盘扭矩、总推力、螺旋机转速以及土压力的掘进速度控制模型，并对不同地层情况分别进行拟合对比，对掘进速度控制模型进行验证，得到如下结论：

(1)在实际施工中盾构进行快速掘进施工前应设置试验段进行参数分析，以作为建模分析的数据支撑，采用多元回归分析方法建立一个综合模型，确定最优参数后，可用于快速掘进的指导。

(2)在砂土层地层中根据掘进速度控制模型可知，首先考虑提高螺旋机转速来提高贯入度，进而提高掘进速度的方法，结合永兴河站—磁各庄站区间试验段快速掘进参数分析结果，建议在确保开挖面稳定的前提下采用高螺旋机转速、低刀盘转速、高贯入度的施工方法进行快速掘进施工。

(3)在砂卵石地层中由于出土密度低，提高螺旋机转速并不能有效提升掘进速度，还有可能导致土压力过低进而造成地表沉降过大，根据掘进速度控制模型分析可知，应首先考虑增加推力和刀盘扭矩的方法，结合对2号风井—3号风井试验段快速掘进参数的分析结果，建议以高推力、高刀盘转速、低贯入度的施工方法进行快速掘进施工。

2.2　盾构快速掘进土体改良技术

2.2.1　概述

盾构施工土体改良就是通过向刀盘前方、土仓内或螺旋输送机内注水、泡沫、膨润土、高分子聚合物等添加剂，利用刀盘旋转、舱内搅拌棒搅拌、螺旋输送机旋转等使添加剂与渣土混合，使渣土具有良好的流塑性、合适的稠度、较低的透水性和较小的摩阻力，如图2-37所示。

图2-37　刀盘的泡沫出口

目前常用的土体改良材料及使用功能见表2-32、图2-38。

具体地说，在土体改良材料中，膨润土能补充土体的微细粒成分，减小土体内摩擦角，提高和易性。泡沫是典型的气-液二相系，90%以上是空气，不足10%为泡沫剂溶液；高吸水性树脂润滑土体，提高流动性和止水性，防止黏附，减小摩擦。水溶性树脂吸水而不溶于水，可防止高水压地层的地下水喷出，使土体变为凝胶状态，黏稠性的高分子类水溶性聚合物，可以把砂颗粒间隙中的自由水挤走，增大土体黏性。

土体改良常用的材料及功能　　表 2-32

种类				使用功能
单一添加剂	膨润土			提高和易性（补充细粒成分）
	高分子类聚合物	不溶性聚合物	丙烯类（树脂）	吸收自由水，提高止水性
			淀粉类	
		水溶性聚合物	纤维类（CMC 纸浆渣）	增黏（黏结流体化、减少分离）
			多糖类	
			负离子类乳胶（硅胶类）	防止喷发，增黏强化，防止黏附
	泡沫			润滑土体，提高流动性，止水性，防止黏附
混合添加剂	膨润土 + 泡沫			综合提高渣土流动性、止水性，润滑和较小摩阻力
	泡沫 + 高分子聚合物			

图 2-38　常用的土体改良剂

国内外对土体改良的研究主要可从盾构模拟系统的研制、添加剂材料、土体改良剂与土体的适用性、砂卵石地层土压平衡盾构土体塑流化技术的基本理论、改良剂改善土体流动性的微观机理、土体改良的评价体系等六方面进行介绍。

从目前的研究成果来看,业界对土体改良的评价主要从其塑性流动状态进行判别。一般认为,从土力学的角度分析,这种塑性流动状态主要包括的含义有:①土体不易固结排水;②土体处于流塑状态;③土体具有较低的透水率;④土体具有较低的内摩擦角。其力学指标主要包括:①渗透系数 k;②内摩擦角(φ)和内聚力(c);③坍落度 T(流动度);④压缩系数(a)。现场施工一般通过土仓内的土压、盾构负荷、螺旋输送机的排土效率和排土性状测量(坍落度试验)来进行塑流性状态的评价和管理。土体快速改良指标评价具体如图 2-39 所示。

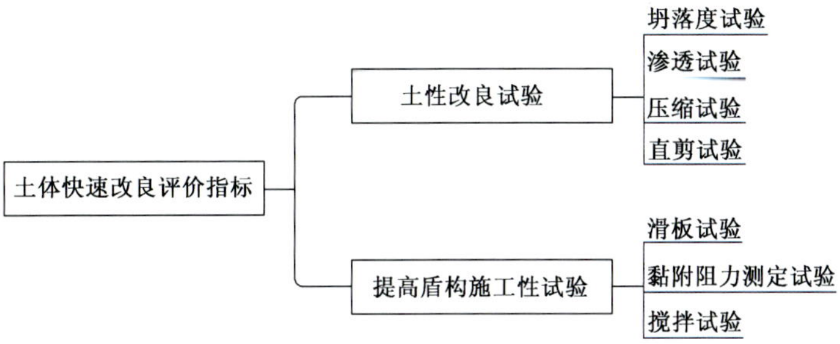

图 2-39 土体快速改良指标评价

2.2.2 渣土改良室内试验

进行渣土改良试验时,设计了多种改良方式,分别为单独使用膨润土改良、单独使用高分子聚合物改良、膨润土加泡沫组合改良。对原状土进行改良后,再进行坍落度试验和黏附性试验,评定改良后土体的黏附性、流动性以及和易性变化。评定土体的和易性和黏附性分别采用坍落度试验和黏附性试验,其黏附性试验装置自主研制,示意图如图 2-40 所示。

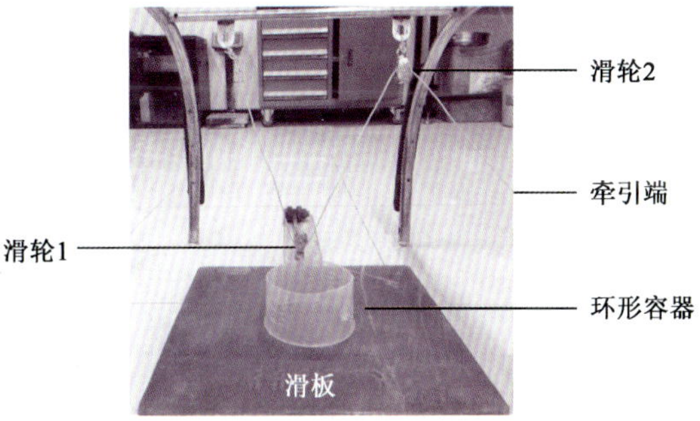

图 2-40 黏附性试验装置图

进行坍落度试验以后,称取一定量土体,放入环形容器内,使得土体直接与置物板接触,然后缓缓拉动绳子,置物板缓缓上升,土体发生向下滑动时,记录置物板最高点的高度,即为黏附性试验指标。

1)单独使用膨润土改良

单独使用膨润土改良时,选用的膨润土浓度为 8%,膨化时间为 24h,通过改变膨润土的体积分数(6%、8%、10%、12%、14%),得到不同配比后土体的和易性以及黏附性,将坍落度试验和黏附性试验所得结果绘制成曲线,如图 2-41 所示。

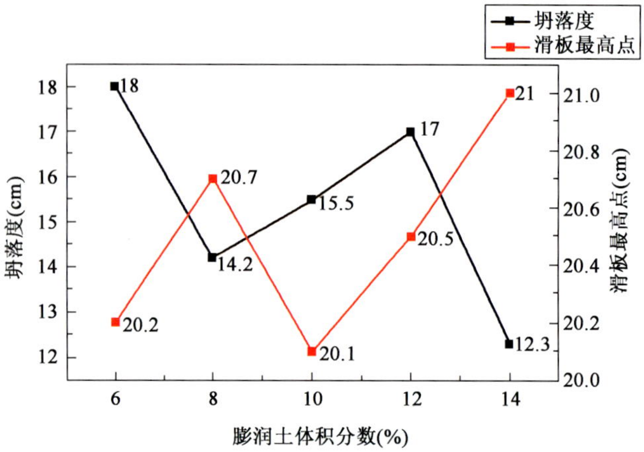

图 2-41　膨润土改良坍落度试验及黏附性试验曲线图

从图中可以看出:单独使用膨润土进行改良时,随着膨润土体积分数的不断增加,黏附性试验过程中滑板的最高点变化不大,说明土体的黏附性已基本稳定,并不会随着膨润土体积分数的变化而发生剧烈变化。随着膨润土体积分数的不断增加,坍落度变化较大,从 6% 到 8%,坍落度发生了骤降,说明土体的流动性变差,而后又缓慢变大。在膨润土体积分数为 12% 时,达到了一个最高点。随着体积分数继续增大,坍落度又变小。综上所述,单独使用膨润土改良时,应选用浓度为 8%、体积分数为 12% 的改良方式,效果最好。

2)单独使用高分子聚合物

单独使用高分子聚合物进行改良时,选用的混合物浓度为 0.8%(992mL 的纯净水加入 8g 的高分子聚合物)。通过改变高分子聚合物混合溶液所占混合物的体积分数(8%、10%、12.5%、14%),得到不同配比后混合物的和易性以及黏附性,将坍落度试验和黏附性试验所得结果绘制成曲线,如图 2-42 所示。

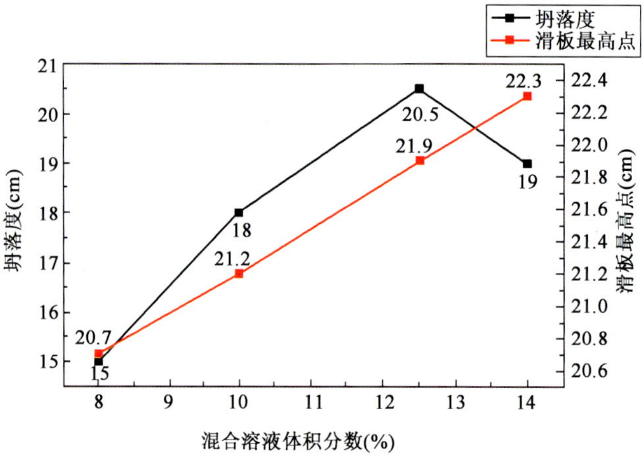

图 2-42　高分子聚合物改良坍落度试验及黏附性试验曲线图

从图中可以看出：单独使用高分子聚合物进行改良时，随着混合溶液在混合物中体积分数的不断增加，黏附性试验过程中滑板的最高点持续增大，说明土体的黏附性在持续增大。随着膨润土体积分数的不断增加，坍落度也在持续增大，说明土体的流动性变佳。在混合溶液体积分数为12.5%时，达到了一个最高点。随着体积分数继续增大，坍落度又变小。综上所述，单独使用高分子聚合物改良时，应选用浓度为0.8%、体积分数为12.5%的改良方式，效果最好。

3）膨润土和泡沫组合改良

使用膨润土和泡沫组合改良土体时，膨润土浓度为8%，膨化时间为24h，泡沫原液浓度为5%，发泡倍率为25~30。首先控制膨润土体积分数为10%，加入泡沫的量分别为原状土体积的10%、20%、30%、40%和50%，得到不同配比后混合物的和易性以及黏附性，将坍落度试验和黏附性试验所得结果绘制成曲线，如图2-43所示。

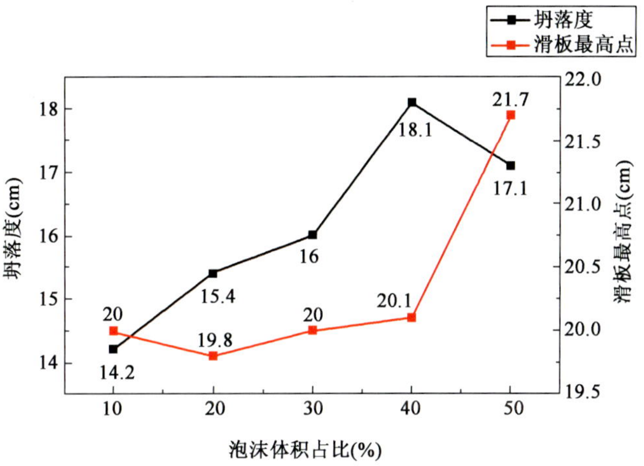

图2-43 膨润土和泡沫组合改良坍落度试验及黏附性试验曲线图

从图中可以看出：使用膨润土和泡沫组合改良土体时，膨润土浓度为8%，体积分数为10%，随着加入泡沫的量增大，黏附性试验过程中滑板的最高点持续增大，说明土体的黏附性在持续增大。随着泡沫体积占比从10%变化到40%，坍落度在持续增大，说明土体的流动性愈加良好，而后又突然变小。在泡沫体积占比为40%时，达到了一个最高点。

然后控制膨润土体积分数为12%，加入泡沫的量分别为原状土体积的10%、20%、30%、40%和50%，得到不同配比后混合物的和易性以及黏附性，将坍落度试验和黏附性试验所得结果绘制成曲线，如图2-44所示。

从图中可以看出：使用膨润土和泡沫组合改良土体时，膨润土浓度为8%，体积分数为12%，随着加入泡沫的量增大，黏附性试验过程中滑板的最高点持续增大，说明土体的黏附性在持续增大。随着泡沫体积占比从10%变化到40%，坍落度在持续增大，说明土体的流动性愈加良好，而后又突然变小。在泡沫体积占比为40%时，达到了一个最高点。试验结果与膨润土体积分数为10%时相似，但是土体的黏附性均增大，坍落度也基本相似。综上所述，进行膨润土和泡沫组合改良时，膨润土浓度为8%，体积分数为12%，泡沫原液浓度为5%、发泡倍率为20~25，体积占比为40%的改良组合为最佳组合。

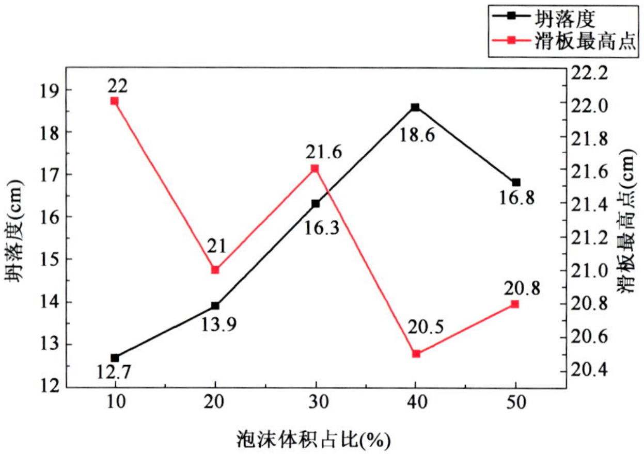

图 2-44 膨润土和泡沫组合改良坍落度试验及黏附性试验曲线图

2.2.3 黏土地层土体改良分析

永兴河站—磁各庄站区间土层主要包括粉土、粉质黏土和黏土，黏性较大，流动性小，属于北京地区典型的黏土地层。渣土改良主要是增强其流动性，便于排土，添加材料主要是水，粉土较多时可适当加入泡沫，每环加水的实际用量大概为 1.3m^3。

永兴河站—磁各庄站区间从 2018 年 4 月 16 日盾构开始推进，于 2018 年 8 月 8 日完成推进。从月进度统计(表 2-33)来看，第一个月共推进了 200 环，第二个月共推进了 735 环，充分说明了渣土改良的有效性，保证了盾构掘进进度。

永兴河站—磁各庄站区间月进度统计　　表 2-33

月份	1	2	3	4
环数	200	735	537	256

为了对快速改良的实际效果进行准确分析，现对试验段施工中的掘进参数进行分析。依托北京地铁盾构施工实时管理系统，主要研究参数为土压力、总推力、刀盘扭矩、掘进速度，通过比对北京地区其他同类地层施工，探究永兴河站—磁各庄站区间推进过程中是否实现了土体快速改良。

掘进速度可以直接体现土体快速改良的效果如何，如果效果较好，那么掘进速度会明显高于其他黏土层的工程。对第二个月即 2018 年 5 月 16 日到 2018 年 6 月 16 日的日掘进速度进行统计，绘图如图 2-45 所示。

与以往北京地铁各条线路盾构法施工情况对比，见表 2-34，北京大兴国际机场线平均掘进速度达到了 36.8m/d，说明土体改良技术有利于提高盾构掘进效率。

盾构机的额定扭矩为 12000kN · m，试验段 2 由于地层的变化，扭矩明显增大，扭矩最大值约 10000kN · m，仍在合理范围内，且扭矩随着盾构逐步推进保持了较好的稳定性，说明掘进顺利，土体快速改良有效，通过加入适量水，提高了土的流动性。

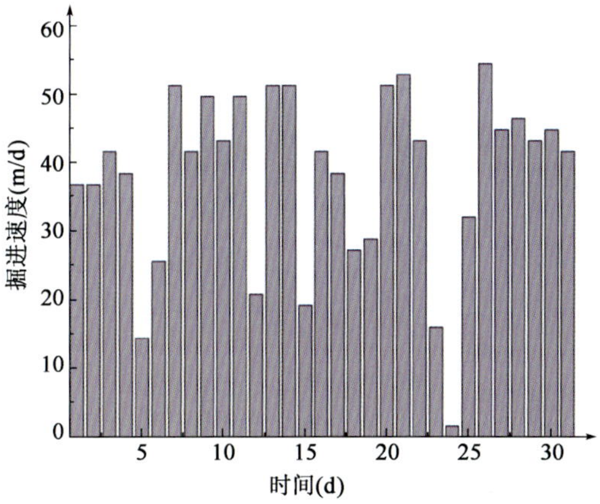

图 2-45 掘进速度月统计图

北京地铁各条线路盾构法施工的掘进速度 表 2-34

线路	盾构法	
	最大掘进速度(m/d)	平均掘进速度(m/d)
5 号线	36	9.78
4 号线	32.4	18
10 号线	44.4	11.09

在砂卵石地层盾构掘进过程中,60 ~ 80mm/min 是比较可靠的掘进速度。基于永兴河站—磁各庄站区间工程地质的实际情况,可以适当提高掘进速度,以便实现快速掘进。

04 合同段永兴河站—磁各庄站区间土层是北京大兴国际机场线推进过程中遇到的典型的黏土地层,添加材料主要是水,每环加水的实际用量为 1.3m^3。通过对实际现场试验过程中,月进度、土压力波动性、刀盘扭矩、推力的分析,和北京同类地层实际工程对照,证明了土体快速改良的有效性。通过土体改良,可以实现盾构安全、快速掘进。

2.2.4 砂卵石地层土体改良分析

北京大兴国际机场线 07 合同段 1 号风井—2 号风井区间土层主要包括无水砾石和卵石,渣土和易性差、流动性差、易结泥饼、刀具磨损严重,是北京地区典型的砂卵石地层。添加材料主要是膨润土 + 泡沫,粉土较多时可适当加入泡沫。

线路出盾构始发井后向南侧穿同华路(已废弃),下穿南五环路基段、南水北调干渠、凤河,后沿广平大街向南,终至广平大街与黄亦路交叉口北侧的 1 号风井兼盾构接收井。区间左线起点里程 K35 +329.347,终点里程 K33 +208.249,左线长度 2121.098m;区间右线起点里程 K35 +323.323,终点里程 K33 +205.015,右线长度 2118.308m;隧道覆土厚度在 12.2 ~26.9m 之间,最大坡度 20‰,最小转弯半径 3000m,隧道采用普通衬砌环形结构,由 8 块预制钢筋混凝土管片错缝拼装构成,钢筋混凝土管片采用 C50 混凝土,抗渗等级 P12。管片外径 8800mm,内径 7900mm,8 分块,环宽 1600mm,通用环双面楔形(38mm),错缝拼装,斜直螺栓连接(环向 16 颗、纵向 22 颗)。

1 号风井—2 号风井区间在推进过程中遇到了较长时间的停工，原因包括风井施工、盾构检修以及联络通道施工等。所以单从月进度统计来看是不准确的，因此选取两个典型施工试验段进行分析。

第一段从 2018 年 9 月 20 日开始，到 2018 年 10 月 4 日结束，膨润土注入量在 4 ~ 8m^3/环，注入 3% 的泡沫溶液约为 2.5m^3/环；第二段从 2018 年 11 月 7 日开始，到 2018 年 11 月 22 日结束，膨润土注入量在 8 ~ 10m^3/环，注入 3% 的泡沫溶液约为 2m^3/环。两试验段进度统计如图 2-46、图 2-47 所示。

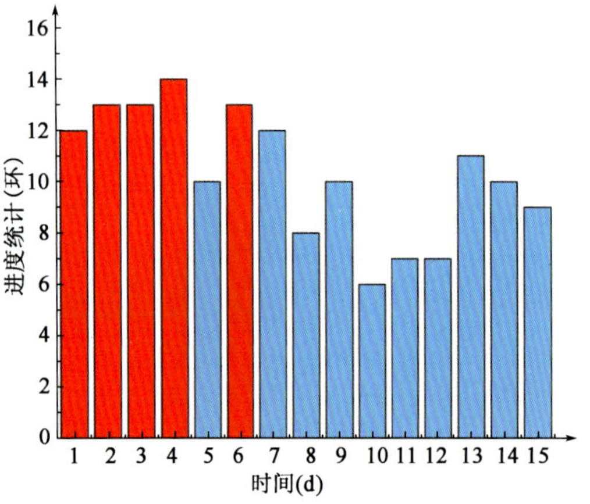

图 2-46　试验段 1 进度统计

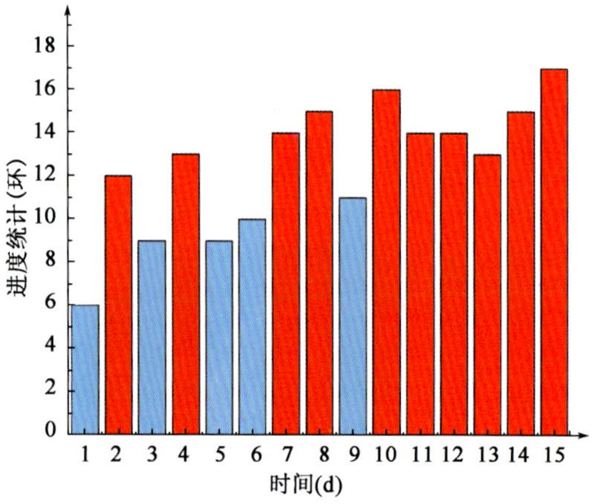

图 2-47　试验段 2 进度统计

在黏性土中，沉降在地层中沿竖直方向扩展的速度是均匀的，盾构周围的土层如同一块土体一样，是逐渐变形的，其成拱能力较差。结合实测经验知：在黏性土层中埋深超过(1.5 ~ 2)D 时，可认为隧道上覆地层具有成拱能力。结合 1 号风井—2 号风井区间的实际埋深，隧道上覆地层是具有成拱能力的，这为盾构的快速掘进提供了条件。

两试验段膨润土注入量统计如图 2-48、图 2-49 所示。

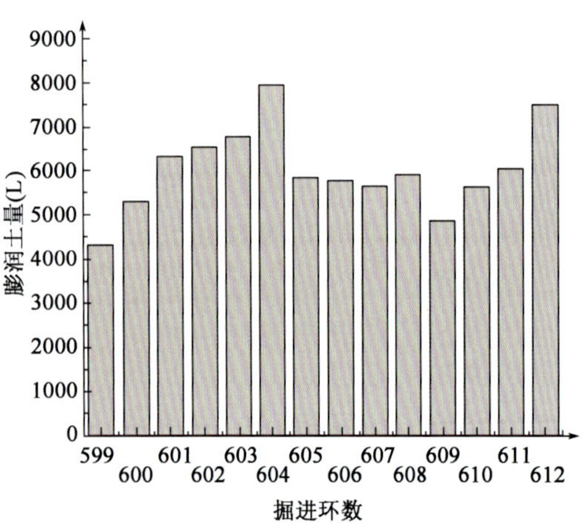

图 2-48　试验段 1 膨润土注入量统计

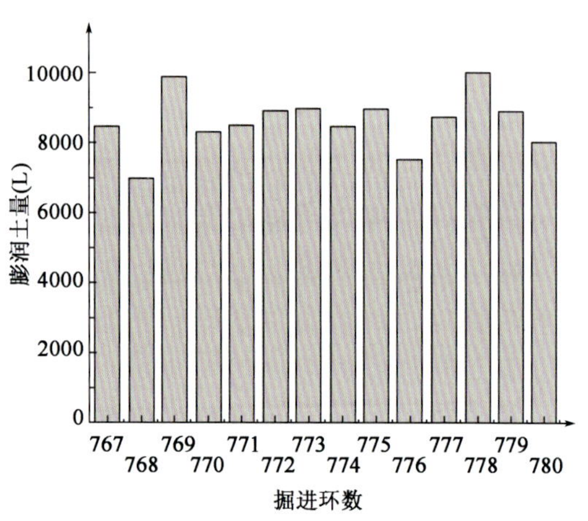

图 2-49　试验段 2 膨润土注入量统计

为了对快速改良的实际效果进行准确分析，现对试验段施工中的掘进参数进行分析。依托北京地铁盾构施工实时管理系统，主要研究参数为掘进速度、土压力、总推力、刀盘扭矩，通过比对北京地区其他同类地层施工，探究1号风井—2号风井区间推进过程中是否达到了土体快速改良。

掘进速度可以直接体现土体快速改良的效果如何，如果效果较好，那么掘进速度会明显高于其他砂卵石地层的工程。对两个试验段分别进行日掘进速度的统计，分析如下：

试验段1，日掘进速度最大为22.4m/d，最小为9.6m/d，该试验段平均掘进速度为16.5m/d；试验段2，日掘进速度最大为27.2m/d，最小为9.6m/d，该试验段平均掘进速度为20.4m/d。两个试验段相比，试验段2明显掘进得更快了，说明土体改良是有效的；参考北京地区部分区间日均掘进环数统计（表2-35），不难发现1号风井—2号风井区间平均掘进速度达到了远远超过其他线路的建设速度，说明土体实现了快速改良的预期效果。

北京地区部分区间盾构日均掘进环数统计 表2-35

线　路	合　同　段	区间	盾构直径(mm)	日掘进环数	掘进速度(mm/min)
7号线东延	01合同段	左线	6240	4.7	50
		右线	6140	7.7	06
	02合同段	左线	6250	6.3	60
	03合同段	左线	6180	7.8	80
		右线	6170	4.6	80
17号线	01合同段	左线	6640	6.3	85
		右线	6640	8.0	80

盾构土仓压力是土压平衡式盾构机掘进过程中的重要参数，是盾构掘进过程中保持开挖面稳定的重要指标。由于上土压力的变化最为敏感，所以土压中选择上土压力进行波动程度的分析。一般来说，土压力变化越小，说明开挖面稳定越好，掘进效果越好。两试验段随掘进时间土压变化情况如图2-50所示。

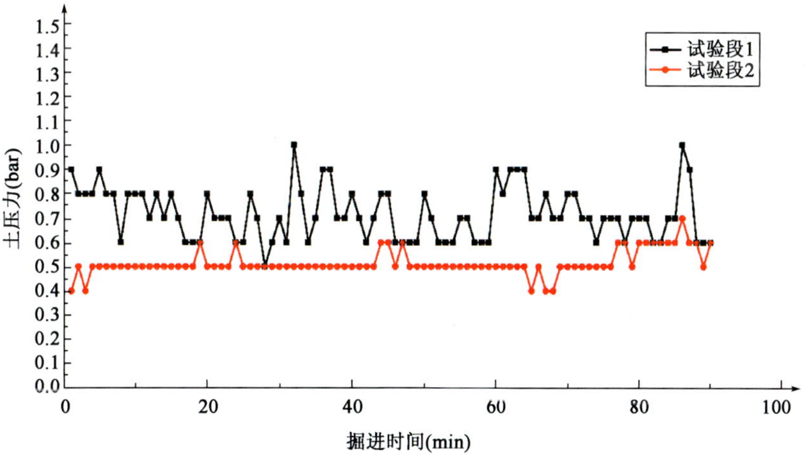

图2-50　土压力变化情况

由图明显看出，试验段2土压力波动程度很小，即开挖面稳定性很好，符合快速掘进的要求。从土压力上,分析证明了土体改良的有效性。

盾构机总推力由刀盘切削土体的推力、盾构正面阻力、盾构与土体的摩擦力以及后配套牵引力组成。盾构推进系统的最大推力设定为35000kN,总推力是盾构推进的直接动力。根据实际现场数据绘制两试验段总推力随推进时间变化图,如图2-51所示。两试验段盾构设定最大总推力均小于35000kN,说明盾构在掘进过程中没有遇到特殊情况,性能良好。

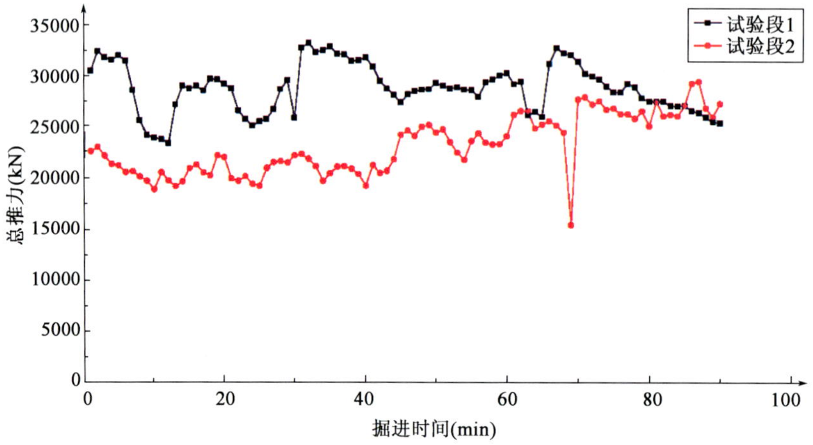

图2-51　总推力变化情况

结合试验段1、2的土仓压力数据,得出两试验段盾构在掘进过程中土仓压力与总推力相关关系曲线,如图2-52、图2-53所示。

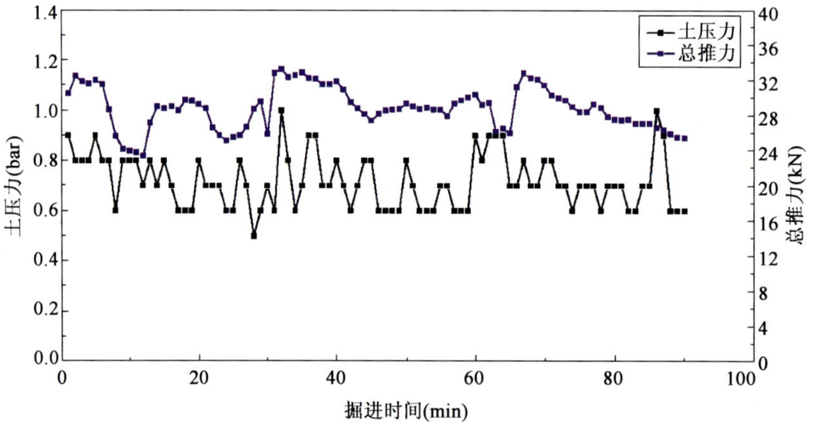

图2-52　试验段1土仓压力与总推力相关关系

掘进效果越好,土仓压力与总推力随着推进时间的变化就越能呈现出同步变化的趋势,换言之,盾构机土仓压力与总推力越能体现出相关性。试验段2能更好地体现土仓压力与总推力的相关关系,所以试验段2在土体改良之后,更适合快速掘进。

刀盘扭矩主要由刀盘正面、侧面与土体摩阻力扭矩、地层抗力扭矩和土体搅拌扭矩组成,扭矩是刀盘转速的主要影响因素。正常推进过程中,扭矩应当随着总推力增大而增大。图2-54为盾构机掘进过程中,两试验段刀盘扭矩随着盾构逐步掘进的变化情况。

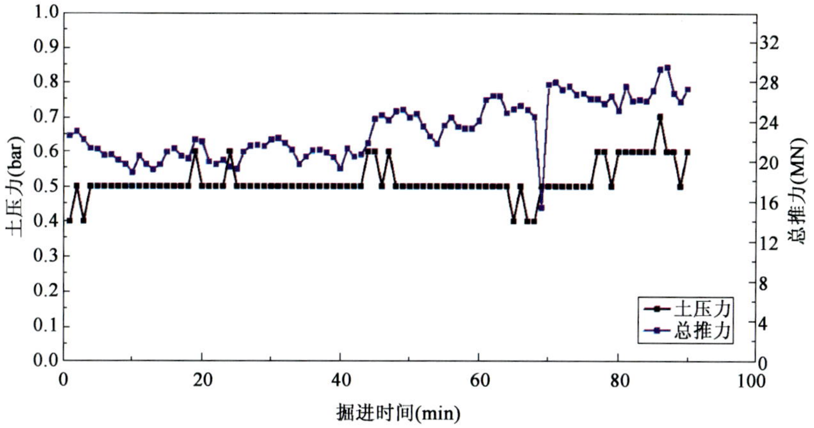

图 2-53　试验段 2 土仓压力与总推力相关关系

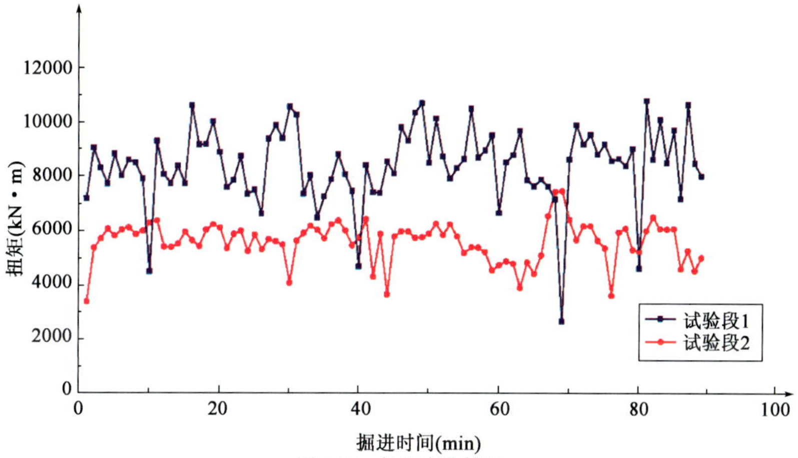

图 2-54　扭矩变化情况

掘进效果越好，盾构刀盘扭矩与总推力随着推进时间的变化就越能呈现出同步变化的趋势，换言之，盾构刀盘扭矩与总推力越能体现出相关性。试验段 2 能更好地体现刀盘扭矩与总推力变化的同步关系，所以试验段 2 在土体改良之后，更适合快速掘进。如图 2-55、图 2-56 所示。

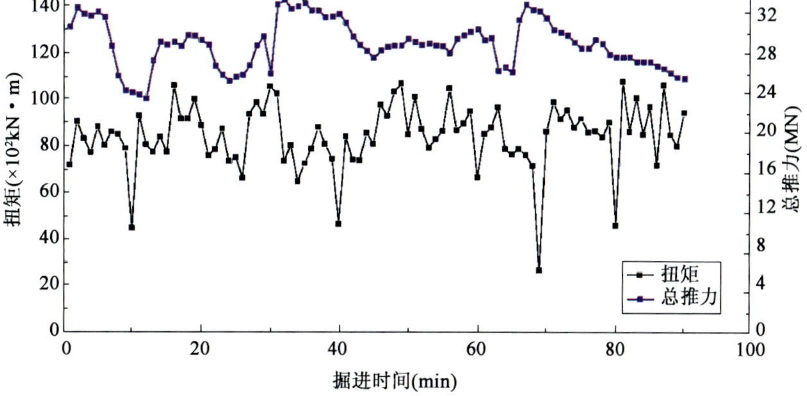

图 2-55　试验段 1 盾构刀盘扭矩与总推力相关关系

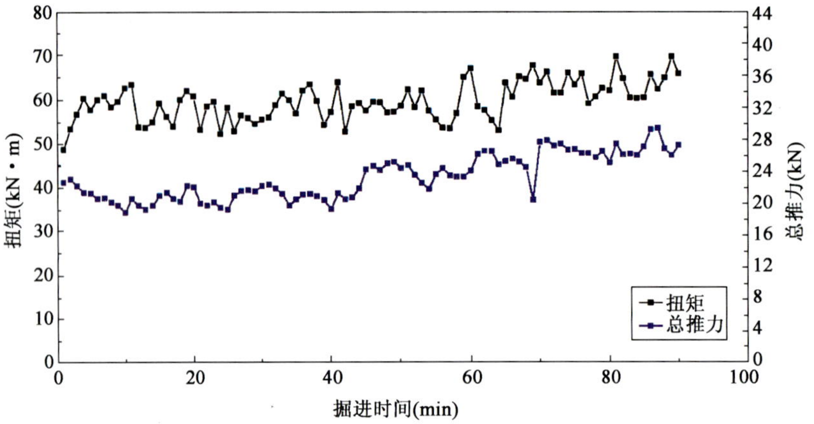

图 2-56　试验段 2 盾构刀盘扭矩与总推力相关关系

07 合同段 1 号风井—2 号风井区间土层是北京大兴国际机场线掘进过程中遇到的典型的砂卵石地层，现场添加材料主要是膨润土和泡沫。通过对实际现场试验过程中，日掘进速度、土压力波动性、刀盘扭矩、推力以及土压与总推力的相关关系、刀盘扭矩与总推力的相关关系分析，和北京同类地层实际工程对照，当每环膨润土用量为 8 ~ 10m^3，泡沫为 2 ~ 3m^3 时土体快速改良效果好。

2.3　结论与思考

本章通过结合北京大兴国际机场线各合同段实际工程，介绍了北京地区地铁盾构隧道安全风险组段划分方法，盾构主要施工参数的计算方法和盾构快速掘进过程中合理参数的设定及控制方法，并主要从施工参数入手，着重研究了施工参数对北京大兴国际机场线快速掘进施工技术的影响，得到以下结论：

(1)北京地铁盾构隧道安全组段划分方法根据北京地区的地层条件和盾构施工环境特点将北京地铁盾构隧道划分为 18 种安全风险组段，北京地铁任何一个盾构隧道都是由这 18 种组段中的一种或几种组成的。结合北京大兴国际机场线各合同段的实际运用情况，表明该方法划分合理，实际运用效果强，并且充分考虑了盾构隧道的围岩特性和施工环境风险条件，满足工程需要。确定了盾构隧道穿越各个组段内主要施工参数的合理控制范围，在施工过程中有效规避了安全风险。盾构隧道安全风险的划分方法需与该地区的地层情况相结合，在新的地区进行组段划分应结合该地区的工程地质情况对穿越地区的组段进行新的研究，并在盾构施工中依据该地区的实际工程情况进行相应的调整。

(2)通过结合参数计算和实际工程施工，对北京大兴国际机场线不同组段内的土压力、刀盘扭矩、推力、同步注浆压力、同步注浆量 5 个主要施工参数进行研究分析，提出了北京大兴国际机场线不同组段内 5 个主要施工参数的控制范围。对于砂土地层和砂卵石地层，如隧道上覆地层中存在较厚的自稳性良好的地层，则可采用太沙基松弛土压力理论来设定土压力，如隧道上覆地层自稳性较差，则应采取静止土压力理论或者朗肯主动土压力理论来设定土压力；对于刀盘扭矩，有诸多的影响因素(如刀盘的形式、地层情况、土仓压力、渣土改良情况等)，因此刀盘扭矩必须根据现场施工条件来设定一个合理的范围；盾构推力主要受盾构设备参数如刀盘直径、开口率、盾构长度等与地层参数开挖土体的重度、开挖土体与刀盘的摩擦系数等的影响。对于砂层和砂卵石层，开挖后易成拱，盾构推进过程中土压力较低，注浆管压力应根据土压力来设定，盾尾上部注浆管压力可设置在 $E_1+0.05\text{MPa} \sim E_1+0.1\text{MPa}$，盾尾下部注浆管压力可设置在$E_1+0.1\text{MPa} \sim E_1+0.15\text{MPa}$（$E_1$ 为土仓内上土压力）。

（3）在结合北京大兴国际机场线永兴河站—磁各庄站区间和 2 号风井—3 号风井区间现场掘进参数的实测数据后，建立了中型直径盾构掘进速度控制模型，考虑了单个参数与掘进速度之间的关系以及综合多个参数后对掘进速度的影响，建立了综合总推力、刀盘转速、螺旋机转速、土压力等参数在内的中型直径盾构掘进速度控制模型，以指导中型直径盾构快速施工。从模型建立结果分析可知，针对砂土层，盾构快速掘进时首先要考虑提高螺旋机转速进行快速掘进施工，结合永兴河站—磁各庄站区间数据监测结果得出对于砂土层，在确保开挖面稳定的前提下采用高螺旋机转速、低刀盘转速、高贯入度的施工方法进行快速掘进施工。针对砂卵石地层，由于该地层出土密度低，提高螺旋机转速并不能有效提升掘进速度，还有可能导致土压力过低进而造成地表沉降过大，由建立的掘进速度控制模型可知，在砂卵石地层中快速掘进时首先考虑增加推力和刀盘扭矩的方法，结合对 2 号风井—3 号风井区间试验段快速掘进参数的分析结果，建议以高推力、高刀盘转速、低贯入度的施工方法进行快速掘进施工。

（4）制约盾构施工速度的主要原因除了盾构掘进速度之外，还有管片的运输拼装、设备故障等因素。本章重点研究的是快速掘进施工中参数控制部分，而对于施工管理方面的研究仅限于现场管理情况的一个调研，未进行系统分析，可作为拓展部分进行研究。

（5）以 1 号风井—2 号风井区间为例，北京地区典型砂卵石地层土体快速改良可以通过添加膨润土和泡沫量来实现。当每环膨润土用量为 $8 \sim 10\text{m}^3$，泡沫为 $2 \sim 3\text{m}^3$ 时土体快速改良效果好。

第3章 出土量及盾尾间隙实时测量设备及系统的研发与应用

3.1 出土量实时测量设备与系统

3.1.1 系统研发背景及意义

出土量的测量与监控一直是盾构施工中一个急待解决的问题。出土量直接影响着地层损失,地层损失是检验施工质量的重要指标之一,它是指盾构施工实际开挖土体体积和竣工隧道体积之差。盾构施工过程中,地层损失必须控制在一定的范围内,过大的损失或负损失会造成地层的下陷或者隆起,同时,地层损失也直接关系到后期使用中地铁隧道的维护和安全运营。因此,需要一种实时监测与监控系统,同步反馈出盾构推进过程中每环掘进的出土量,以便及时调整盾构推进参数和渣土改良措施,更好地控制盾构施工对地层和周边环境的不良影响。

20世纪80年代末,随着电子技术的飞速发展,世界上一些发达国家制造的盾构已开始采用由传感器、仪表、PLC、计算机网络组成的盾构监控系统,实现了盾构信息化施工。连续皮带机出土运输系统作为一种经济高效的出土方式,不仅比传统的有轨运输和汽车运输出渣速度更快,还能通过皮带秤传感器测量出土量,是最适用于盾构的出土方式。连续皮带机设备的历史比较久远,早在英国工业革命时期便已经提出这个概念,最初多用于运输煤矿,凭借其高运输量、复杂多变的工作环境、强大的承载功能和超长的运输距离等优势,被广泛使用于我国大部分产煤地区。随着国家号召绿色施工力度越来越大,皮带机在施工工效及安全文明施工方面优势更加明显,皮带机开始应用于盾构施工,国内外学者及技术人员针对皮带机的出土量进行了探索与研究。

罗栋[1]通过给皮带机加装皮带称重装置,利用传感器获取实时出渣量动态信息,采用基于LabVIEW程序的定制专用面板,开发皮带出渣量动态监测系统远程控制、监测皮带出渣,以此反馈优化盾构掘进参数。夏俭[2]分析了盾构出土阵列式皮带秤和单梁双钩吊钩秤的技术特点,总结了研制土压平衡盾构出土计量装置的经验。周奇才[3]基于二维激光扫描、传感器阵列、数据融合等技术,使用二维激光扫描传感器、高精度电子皮带秤、科式质量流量计等传感器,实现对排土体积、质量、注浆量等对盾构施工地层损失影响重大的关键影响因素的实时监测。王延年[4]介绍了在土压平衡盾构出土计量过程中,隧道出土运输车、盾构出土皮带秤及隧道井口静态轨道秤之间数据的交互与处理技术。

国内绝大部分土压平衡盾构不具备出土量测量及监控功能，由于此功能的缺失导致的施工安全风险及风险事故时有发生。某地铁区间表发生塌陷事故如图3-1所示，22:48发现该区间第920环出土量急剧增大，达到206.5t。次日6:23盾构在掘进第923环时刀盘正上方地表发生塌陷，塌陷处回填约70m^3混凝土。盾构出土量直接反映出盾构掘进后地层的损失情况，出土量过大势必会造成周围地层的沉降，相反会导致盾构掘进阻力增加，甚至会发生地表的隆起。出土量也密切影响着盾构的掘进速度、总推力、刀盘扭矩等机械参数的控制。及时准确地掌握盾构的出土量，是盾构施工管理的重要任务，也是确保开挖面稳定和控制地表沉降的重要手段。

图3-1 出土量过大导致地表塌陷

目前已有的盾构出土量测量方法存在以下缺点：

(1)在通常的土压平衡盾构施工中，一般为人工统计渣斗数量确定出渣量，此经验方法并不能精确地获取出渣方量，或是在龙门吊上加装计量称重系统(图3-2)，此方法明显滞后，且在渣斗水平运输、垂直运输等工序中易造成渣土损耗，导致称重数据与实际不符。

(2)激光/超声断面扫描(图3-3)测量方法是对皮带上的物料进行全断面扫描，精确测量出物料的堆积体积。但是土体挖掘后体积变化幅度较大，难以控制，导致测量难以得到正确出土量，且该方法设备后期维护性差。

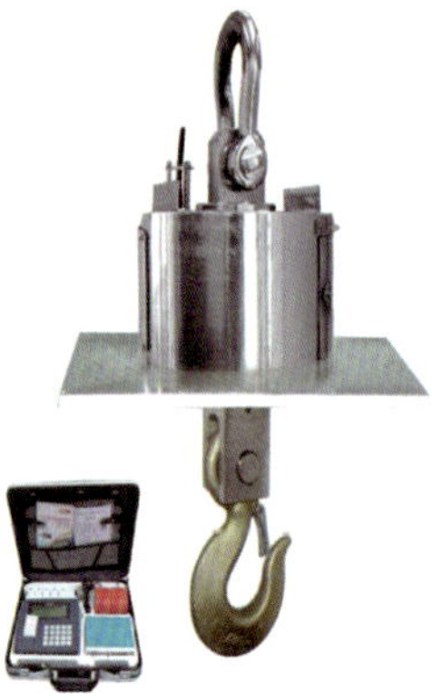

图3-2 龙门吊称重装置

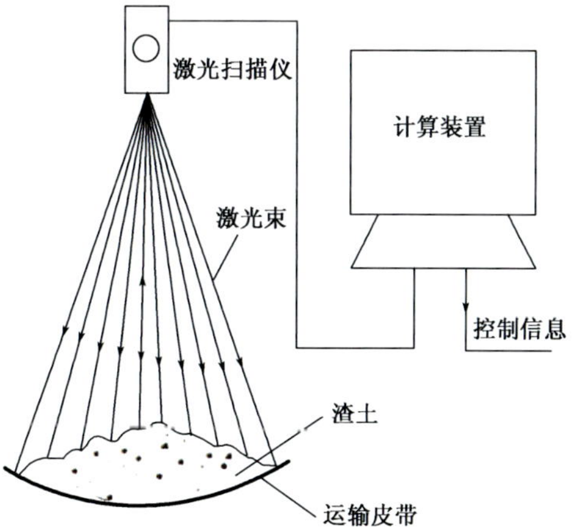

图3-3 激光/超声断面扫描装置

(3)核子秤(图3-4)利用物质吸收γ射线的原理而制成,核子秤的放射源CS137稳定地放射出γ射线,在秤体支架构成的平面内呈扇面照射,当物料从秤体支架中间穿过,γ射线一部分被物料吸收,其余部分穿透物料和皮带,穿透部分输出信号的大小反映出输送带物料的多少。该测量方法的不足是标定复杂,放射源不易申办。

综合来看,电子皮带秤是最适用于盾构出土的计量方式。电子皮带秤是皮带输送机输送固体散状物料过程中对物料进行连续称重的一种计量设备,可以在不中断物料流的情况下测量出皮带输送机上通过物料的瞬时流量和累计量,具有稳定性好,校准简单,测量过程快速、准确,维护方便的优点。皮带秤装置如图3-5所示。因此,皮带秤称重的方法逐渐成为出土量监控的重要方法,国内有关技术人员已经开发出土量相关的监控系统,但仍存在不足之处:

(1)皮带秤称重数据相对孤立,没有与盾构施工实时结合,在盾构施工实时监控系统上无法同步显示出土量数据。

(2)称重数据没有进行相关分析,反映施工状况不直观,不方便对不同的工况制定统一出土量控制标准。

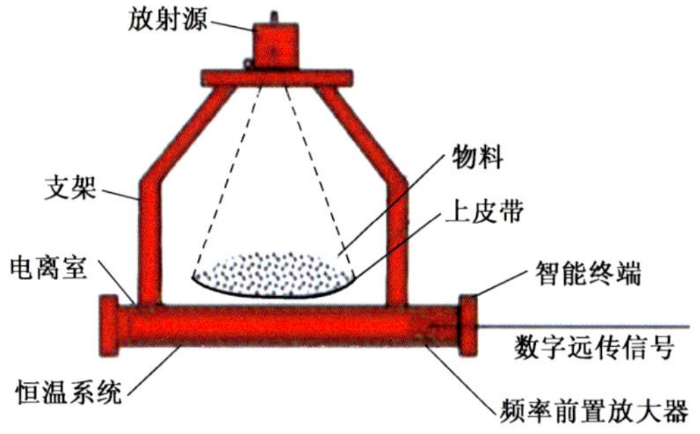

图3-4　核子秤装置

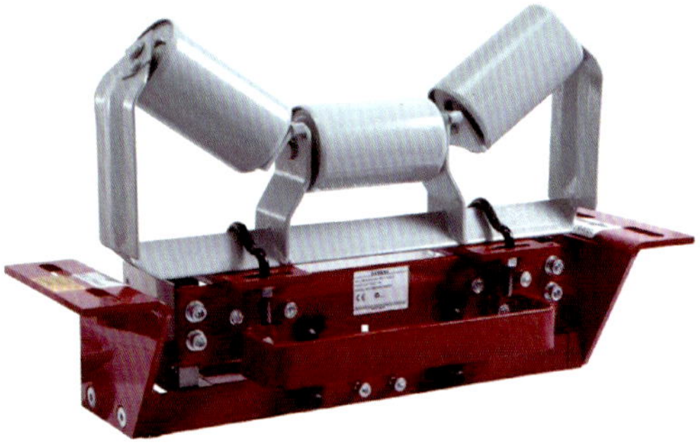

图3-5　皮带秤装置

出土量监控管理系统利用高精度电子皮带秤对盾构掘进中的出土量进行实时测量,其计量方式可靠,不需增加额外的设备空间,在皮带输土时自动精确计量渣土,并实时反馈,达到快速反映盾构机掘进安全状态,是当前较为经济、可靠的实时计量出土量的方法。

该系统可在一定程度上弥补目前盾构设备参数监控上的空白,保证施工中对出土量的监控,为施工技术人员在施工中对参数的控制提供依据,提高了盾构施工的安全性,降低了工程相关风险事故发生的概率,对于施工有着重要的指导意义。

3.1.2　出土量监控设备研发

出土量监控系统整体流程设计为:在盾构机皮带机上安装皮带秤,皮带秤包括称重传感器、速度传感器和积算仪。积算仪从称重传感器和速度传感器接收信号,通过积分运算得到出土瞬时流量值和累计质量值,数据写入盾构PLC内,再通过无线通信模块转为WiFi信号无线传输至现场的工业平板电脑,随后工业平板电脑再传输到云服务器,实现数据共享。该设备增添了盾构参数的显示功能,盾构PLC与无线通信模块连接,依靠PLC与出土量监控管理系统的通信协议,将数据传输并显示在系统界面中。如图3-6所示。

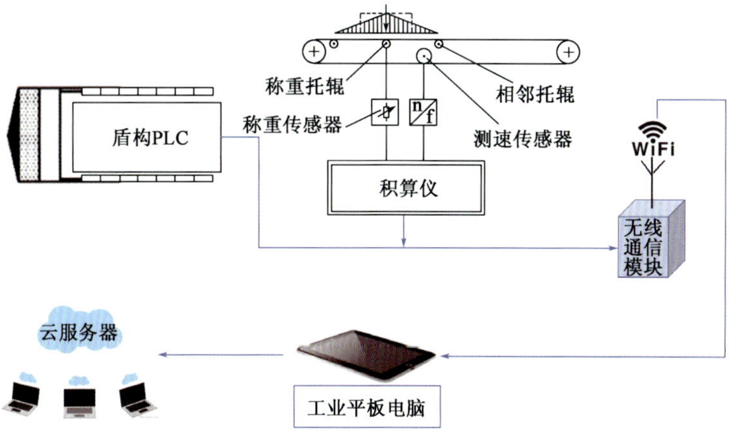

图 3-6　出土量监控系统流程图

出土量系统设备的安装流程为：在皮带机上安装皮带秤测量设备（电子皮带秤称重设备如图 3-7 所示）前须进行皮带机设备拆卸重组以适应现场施工状况，实施步骤如下：

(1)对输送皮带的整体测量，确定皮带秤架及仪表的安装空间和位置。

(2)按原始测量数据进行整体建立模型，加工制造（车间完成）。

(3)将原先的托辊架进行拆卸，并保留和调整防跑偏装置。

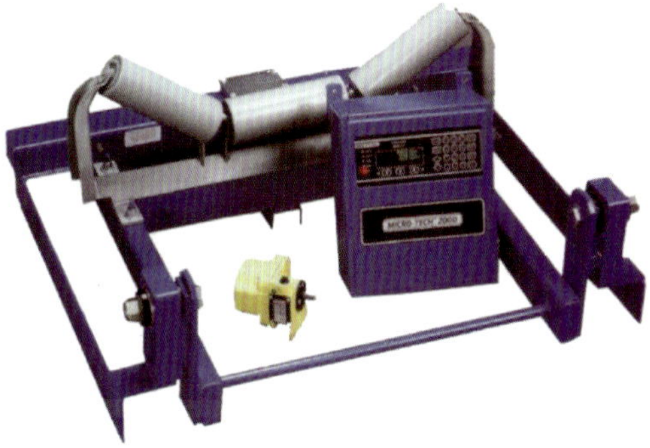

图 3-7　电子皮带秤称重设备

(4)进行开孔安装新托辊组以及称重机构。

(5)上下托辊调整。

(6)接线盒、仪表安装。

(7)布线、接线。

(8)传感器电子配平、标定。

(9)实物检验。

皮带秤工作原理为：物料经过称重区域时，计量托辊检测到皮带机上的物料质量，通过杠杆作用于称重传感器，产生一个正比于皮带荷载的电压信号，该信息需接入 AD 盒（高精度接线盒）。速度传感器直接连在中型直径测速滚筒上，提供一系列脉冲，每个脉冲表示一个皮带运动单元，脉冲的频率正比于皮带速度。称重仪表从称重传感器和速度传感器接收信号，通过积分运算得出一个瞬时流量值和累计质量值。称重系统硬件设计如图 3-8 所示。

皮带秤测量设备工作原理如下。

物料的瞬时流量计算公式为：

$$F = kvQ \tag{3-1}$$

式中：F——流量；

k——称量系数；

v——皮带速度；

Q——称量段负荷。

k 可通过实物标定获得，v、Q 可通过处理现场传送过来的信号得到。

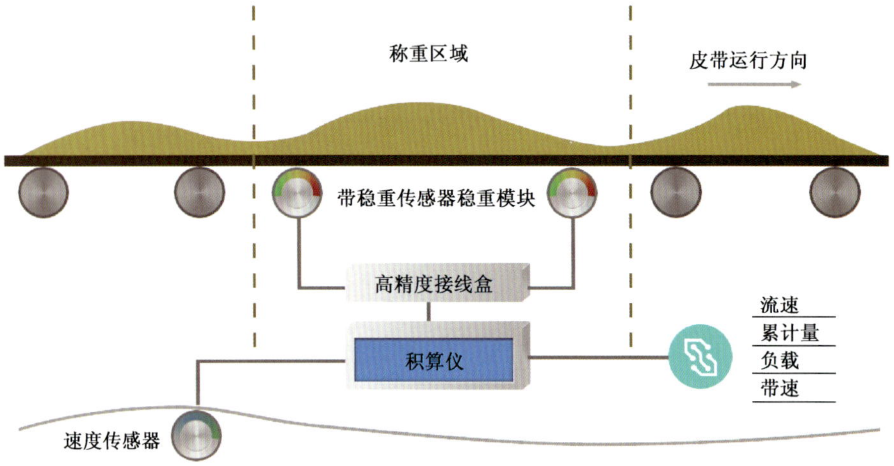

图 3-8　称重系统硬件设计

累计质量通过瞬时流量对时间的积分实现：

$$\sum M = \int F\mathrm{d}t \tag{3-2}$$

现场实物测试方案如下。

(1)在北京大兴国际机场线 07 合同段 2 号风井—3 号风井区间的盾构安装皮带秤，更换皮带运输机上的两个托辊，每个单独安装传感器。如图 3-9 所示。

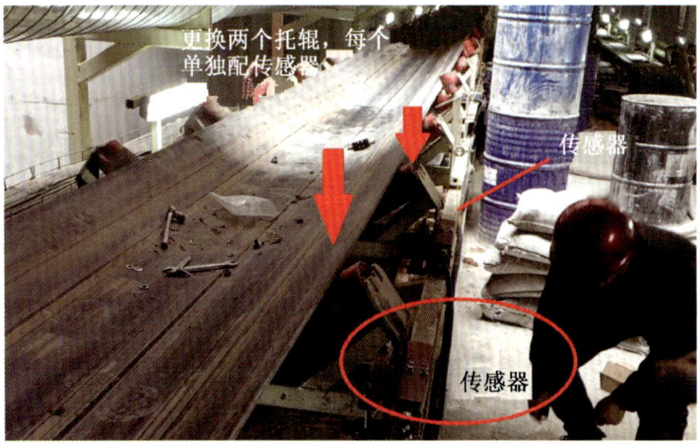

图 3-9　传感器安装现场图

相对于常规的皮带秤，该方案更换了 A、B 两个托辊，如图 3-10 所示，并使用固定压力传感器方式，现场施工方便。该方案的优点如下：

①标定简单。

②秤架模块不接受非垂直力的干扰，秤架安装简单，适合盾构的狭小安装空间。

③称重模块校准方便，适合坡度变化。

④皮带秤提供数据远程传输接口，便于采集与平台分析。

⑤称重模块精度高。

图 3-10　现场测量部位

(2)整套设备安装结束后，需要对称量区域的托辊拉准直度，保证渣土经过秤体是稳定的。

(3)皮带秤静态调试，将皮带上物料清理干净后，做静态零点标定；之后放置已经用高精度电子秤(分辨率为 1g)称量过的标准质量为 73.424kg 的重物放置在皮带秤受力区域进行标定。

(4)再用 50kg 与实际输送物料相同的物料，放置在皮带上反复测定低流量切除点，确保在低流量时的最大误差在可接受范围内。

(5)实物验证，用电子秤称量 240.5kg 的泥沙，通过皮带秤后两次显示的质量都为 244kg。结果说明仪表在小物料时的最大误差为 $(240.5-244)/240.5\times100\%=1.4\%$，且重复性十分稳定。现场标定测试如图 3-11 所示。

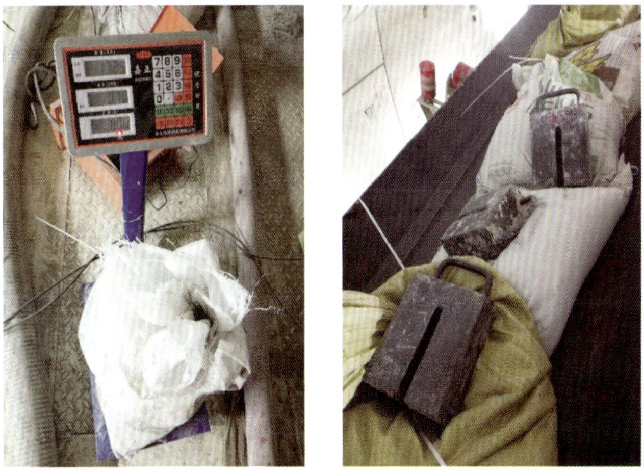

图 3-11　现场标定测试

3.1.3 出土量监控软件研发

该系统采用 Csharp 程序语言设计,能够兼容各盾构生产厂家的通信协议,基本兼容与所有常用盾构的通信。该系统在操作使用方面做了优化设计,基于扁平化设计更人性化,使用功能上更加完善:①用户可根据需要选择相应盾构厂家的通信协议;②自定义主界面显示的参数,提高了系统的灵活性。

出土量监控管理系统对盾构施工过程中出土量的数据信息及监控进行有效的管理,提供形象的显示界面和图形可视化的数据分析界面,对盾构掘进施工的全过程进行远程实时监控。出土量监控管理系统界面由实时出土量系数及推进速度实时曲线,瞬时出土量、累计出土量及当前出土状态,盾构参数,历史出土量分析等信息栏组成。其中推进速度、瞬时出土量、累计出土量、盾构参数属于信息显示栏,其主要功能是便于施工人员对出土量进行实时监控。出土量系数、出土状态、历史出土量分析属于数据分析栏,此种分析界面的主要功能是对盾构工作过程中出土量实时参数进行统计和分析并形成图形界面,以便施工人员进行查看、分析和管理生产之用。系统软件结构设计流程如图 3-12 所示。

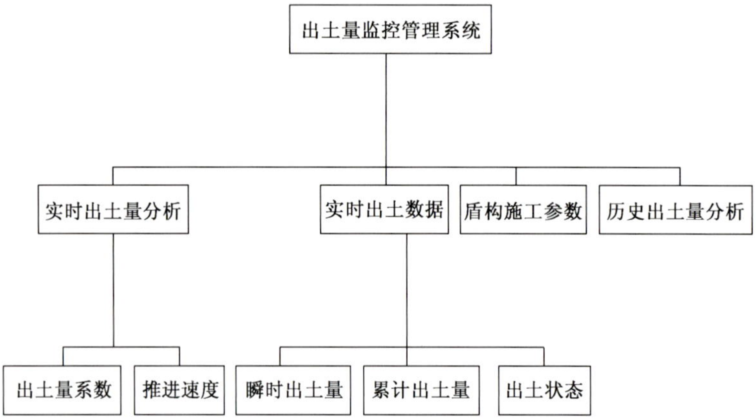

图 3-12 系统软件结构设计流程图

3.1.4 出土量实时测量系统整合及工业化设计

整合软件与硬件的研发成果,形成功能全面、界面优化的完备系统,终端显示主界面如图 3-13 所示。

(1)系统自动处理出土量数据,在同一曲线图中显示出土量系数及推进速度的变化情况,如图 3-14 所示,根据出土量系数和推进速度的关系调整出土状态。

(2)实时形象地显示皮带秤的瞬时出土量及累计出土量,如图 3-15 所示。累计出土量在柱状图中显示,随着推进过程,柱的高度不断增长。

(3)实时显示盾构施工参数(自定义)与出土量的实时对比,如图 3-16 所示,方便用户掌握即时信息,主要参数信息包括土压力、推进速度、刀盘扭矩、刀盘转速。

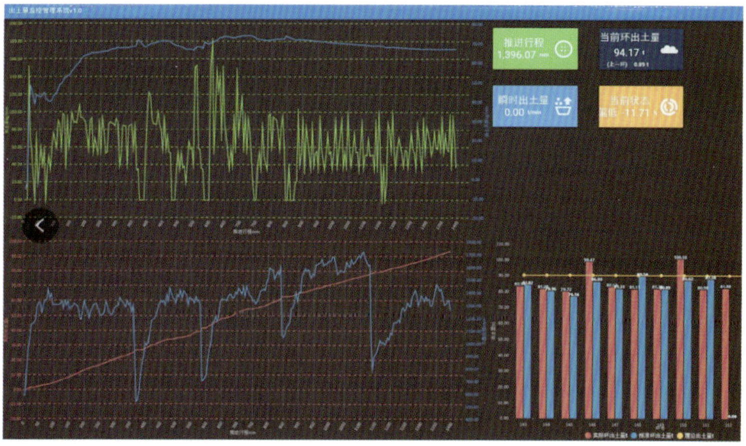

图 3-13　出土量监测管理系统界面

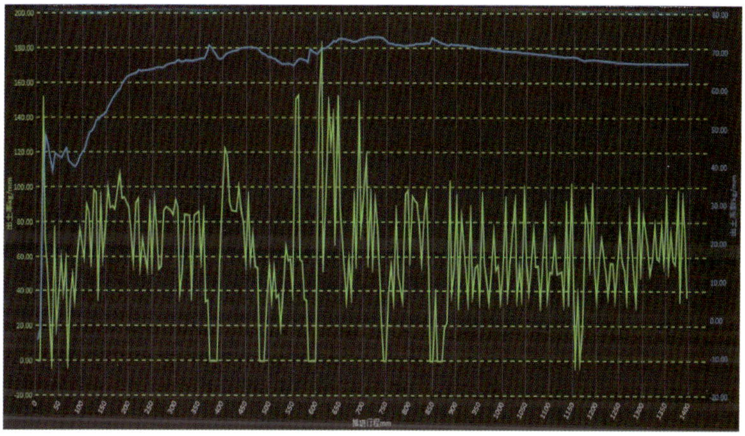

图 3-14　出土量系数-推进速度曲线

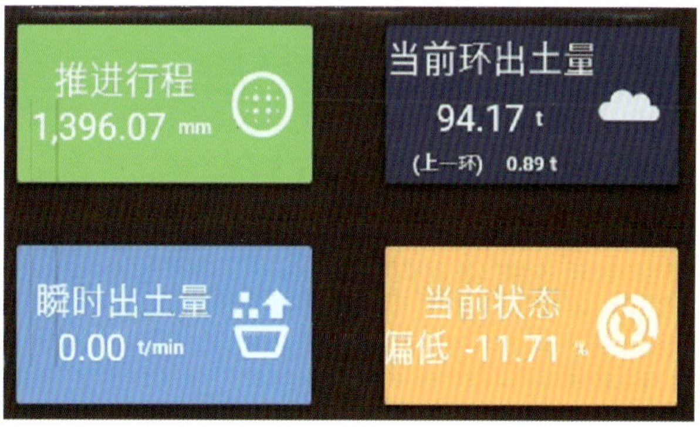

图 3-15　出土量信息

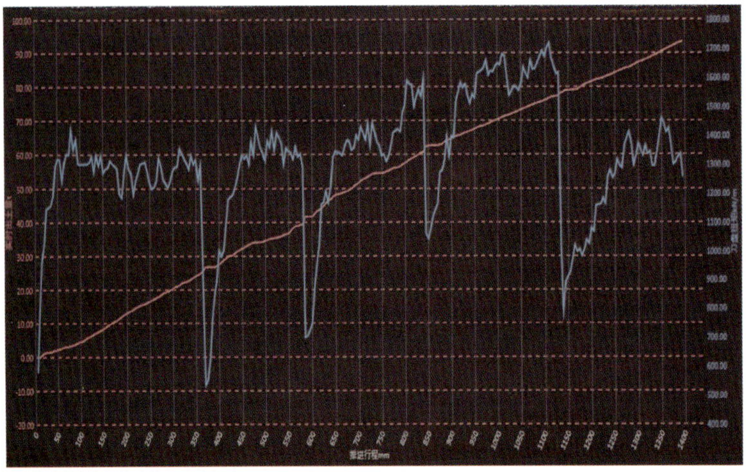

图 3-16　出土量与盾构参数关系图

(4)系统存储历史环实际出土量,图 3-17 中显示为柱状图中蓝色柱部分,柱状图中的曲线分别显示根据地质勘测报告计算的理论出土量及实际出土量换算成推进标准环环宽的折算出土量,对两个计算出土量进行比较,可以判断实际出土量是否合理,若折算的出土量大于理论出土量,则出土量过多。

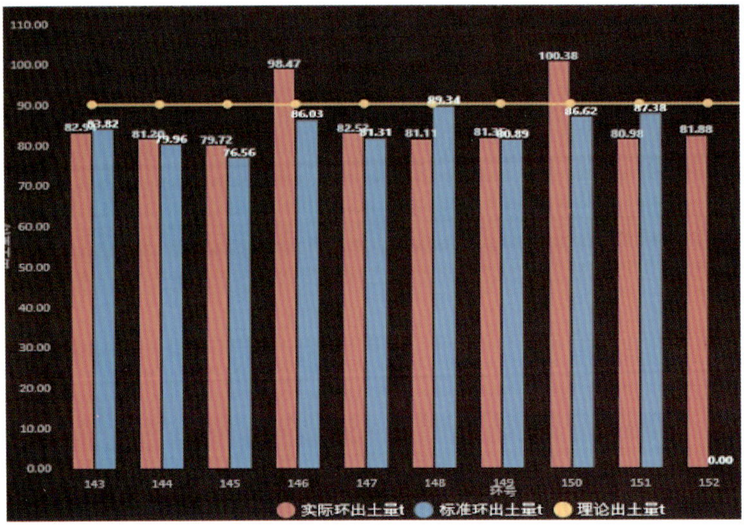

图 3-17　历史出土量信息

3.1.5　出土量实时测量系统设备应用及优化

实物测试完成后投入使用,盾构施工实时监控平台记录的北京大兴国际机场线某区间实时出土量显示如图 3-18 所示,数据准确、实时反映盾构出土量随推进过程的变化。

由于每一环的掘进量不完全一样,即掘进每环的推进油缸的伸长量有较大差别,必然会造成出土量差别。为了减少开挖进尺对出土量的影响,平台将每一环的土量统一折算成标准1.6m进尺的出土量,以减小误差,由图3-19可以看出,每一环的折算出土量基本维持在250t左右,折算出土量反映的是盾构推进单位距离的出土量,因此如果折算出土量产生较大波动,陡然增加或陡然降低,就表明盾构出土过多或过少,易导致地表沉降或隆起,需调整盾构掘进参数进行控制。

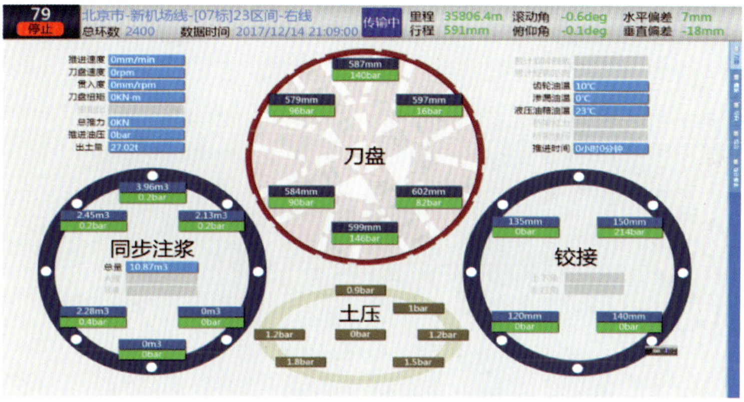

图3-18 盾构施工实时监控平台

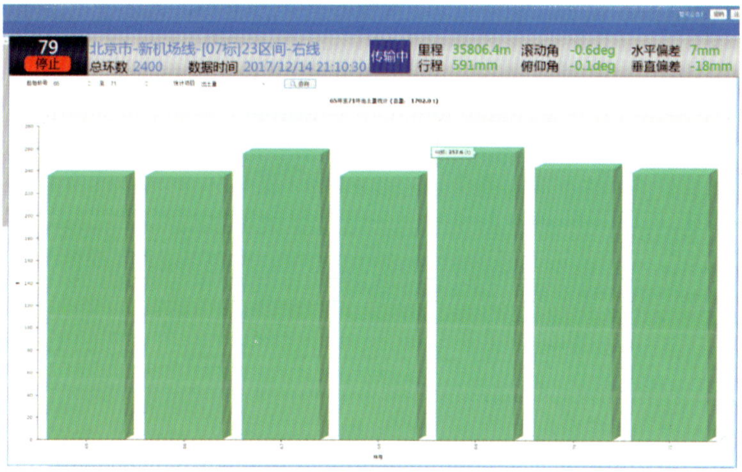

图3-19 折算出土量

对试验区间第1441环~第1913环进行出土量统计分析,首先计算区间的理论出土量。第1441环~第1913环为$E_{Ⅲ}$组段,组段地质条件为砂质粉土、黏质粉土层、粉细砂层及卵石圆砾层。勘测得到各类土体积为:砂质粉土、黏质粉土 9.34m^3;粉细砂 24.87m^3;卵石圆砾 71.32m^3。根据地质勘察报告可知各土层密度分别为:砂质粉土、黏质粉土层 1.96g/cm^3;粉细砂层 1.96g/cm^3;卵石圆砾层 2.05g/cm^3。理论出土量还须加上每环注入渣土中13~15m^3的膨润土质量,根据以上信息计算理论出土量:

$$W = 9.34m^3 \times 1960kg/m^3 + 24.87m^3 \times 1960kg/m^3 + 71.32m^3 \times 2050kg/m^3 + W_{膨润土}$$
$$= 234t$$

由此可知,该组段每环理论出土量约为234t。在出土量监控管理系统上可以设定每环理论出土量值,系统柱状曲线图上自动画出一条理论出土量的标准线,如图3-20中红线所示,现设定第1500环~第1505环理论出土量都为234t。该系统测量该组段的第1500环~第1505环的出土量,获取皮带秤实际称重结果数据作图,如图3-20紫色柱状所示(系统界面的柱状能够随推进过程不断升高)。

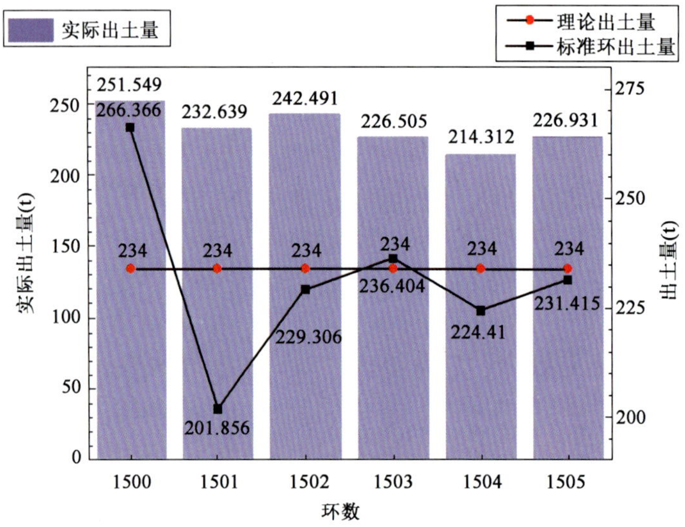

图3-20　第1500环~第1505环出土量结果统计分析

从出土量监控管理系统导出出土量数据,从以下两个方面进行分析:

(1)历史出土量的对比:实际出土量的大小不能和理论出土量直接进行比较,因为实际施工过程中每环盾构推进的距离并不是理论出土量计算中的标准环宽度,因此需要进行标准环的折算。计算每环的出土量,除以推进行程,得到该环每推进1mm盾构的出土质量,即单位行程出土量,用其再乘以标准环环宽,即能得到当前环推进行程折算成标准环环宽行程的出土量,图3-20中的黑色线显示的就是当前环的标准环出土量。例如,第1500环出土量为251.549t,推进行程为1511mm,单位行程的出土量为251.549t ÷ 1511mm = 0.1665t/mm,单位行程的出土量乘以标准环环宽得到当前环的标准环出土量:0.1665 × 1600 = 266.366t,与理论出土量(红色线)比较可以得出结论:该环出土量过大,超挖12%,近32t土。因此在第1501环,须减少盾构出土量,达到控制出土量的目的,后续推进过程中可以吸取经验将实际出土量控制在理论出土量附近。

(2)出土过程数据分析:皮带机出土过程中每10s获得一条出土信息,用盾构机每10s获得的盾构机皮带机出土速度除以推进行程(出土速度为当前出土量减10s前的出土量,即每10s盾构出土量),得到某时刻的出土量系数,出土量监控管理系统自动计算并实时显示出土量系数。例如,第1500环出土过程中的出土量系数曲线如图3-21所示,该图同步实时显示推进速度变化曲线。

出土量系数曲线不仅准确、真实地反映了盾构掘进过程中出土量的变化情况,还为出土量的控制提供了依据。出土量系数的定义为:出土量系数 = 出土速度/推进速度。若推进速度下降,要稳定出土量系数以控制出土,须降低出土速度,也就是减小螺旋机的转速;若推进速度上升,须提高出土速度,也就是加快螺旋输送机转速,保证出土速度与推进速度的相对平稳。通过现场实时地调整,保持了出土量系数的稳定,方便地控制出土量。

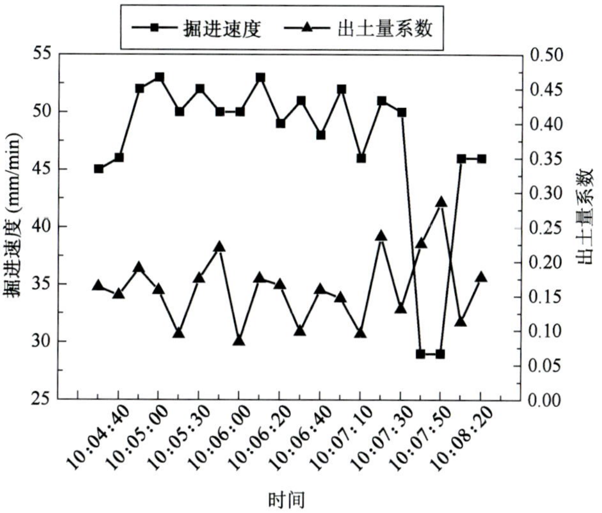

图 3-21　第 1500 环掘进速度-出土量系数变化曲线

实测结果表明,出土量监控管理系统皮带秤测量设备能够正常安装及使用,出土量数据实时且稳定,显示及数据分析功能正常,对盾构出土量进行了有效的监控管理。

3.2　盾尾间隙实时测量设备与系统

3.2.1　系统研发背景及意义

盾构法施工的隧道是由预制管片拼装而成,因此管片的成环姿态控制是决定施工质量的重要条件。对管片姿态的检测通常主要是通过对盾尾间隙的测量来推算出管片成环的位置与姿态。盾尾间隙是指管片外径与盾壳内径之间的间隙,造成盾尾间隙差异过大的因素有:①推力差异大;②推进千斤顶行程差过大;③姿态纠偏;④土体强度差异;⑤管片浮动。如果上述因素造成盾尾间隙差异过大,会造成盾尾密封的磨损加快,管片碎裂,还会出现管片在盾壳里"卡死"的现象。

在没有盾尾间隙测量系统的盾构施工过程中,盾尾间隙的测量往往是在掘进完成后人工实施,不但效率低,同时也无法掌握实时的数据;不同的测量人员往往测量不同的位置,加之个人的读数习惯,很难保证精度,对于大尺寸的盾构,工人往往难以触及上部管片,所以测量起来就更加困难。

为克服人为测量的不足,已有部分盾构厂家研制出盾尾间隙测量系统,目前在盾构中采用的盾尾间隙测量系统有 VMT 公司的 SLuM 系统、三菱和石川岛公司的测量系统。3 种测量系统的工作方式及存在的不足如下:

(1)SLuM 是一套光学测量系统,这套系统包括 5 个激光测量传感器,安装在拼装机的固定位置上,拼装机可以被移动到管片中要求的地方并对已拼好的管片的距离进行测量。接着拼装机继续向前移动,测量到盾尾的距离,此套系统在海瑞克盾构上普遍使用,但是由于其工作方式的限制,无法安装在装备盘式拼装机的盾构上。

(2)三菱公司的盾尾间隙测量系统是安装在千斤顶底板附近位置,依靠气阀组和倾角传感器工作,可使用操作面板上的触摸屏或便携式操作箱进行控制,但它的防护性较差,加之现场的工况条件恶劣,设备常会由于沾染到泥浆或是水之后发生故障而无法正常工作。

(3)石川岛公司的盾尾间隙测量系统和三菱公司的系统在结构、安装位置、工作方式等方面基本相同,但是其测量装置外形较大,给安装和使用带来较大的困难,且由于外形尺寸的限制该系统不适宜用于地铁盾构。

国内学者也对盾尾间隙测量上的不足进行了研究改善。孙连等研制开发了具有完全自主知识产权的 SRGD 盾尾间隙检测仪,SRGD 检测仪的硬件部分包括:①系统控制模块;②激光测距仪;③高精度旋转台;④步进电机及其驱动器,如图 3-22 所示。

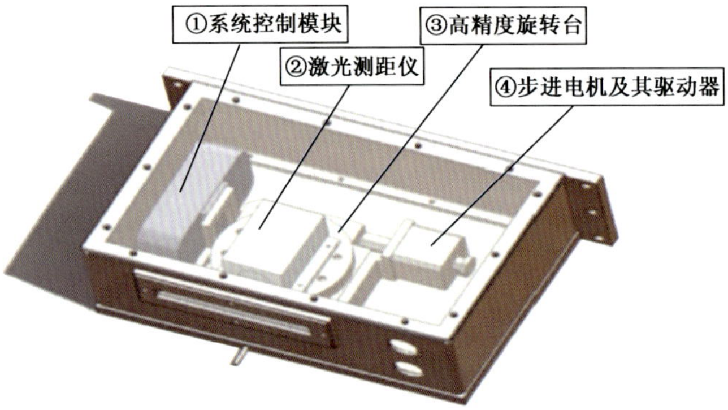

图 3-22 SRGD 检测仪结构示意图

SRGD 检测仪的工作原理如图 3-23 所示:检测仪安装在盾构支撑环上,检测仪旋转台的旋转平面通过盾构机轴线;激光测距仪用于测量管片前端面到检测仪的距离,检测仪工作时沿盾构机径向连续测量管片端面上不同位置到检测仪的距离;当测得的距离发生突变时,则认为找到了管片边缘,记录此时检测装置位置,计算得到管片和盾壳之间的间隙。具体工作流程如下:开始检测时测出管片端面到测距仪的垂直距离 L,计算机控制旋转台向盾构机中心方向旋转,同时检测管片端面到测距仪的距离 L_t;当 L_t 发生突变时记录此时旋转台转过的角度,并利用下式计算出盾尾间隙 D。

$$D = P + L \times \tan\alpha - W \tag{3-3}$$

式中:P——SRGD 检测仪旋转中心到盾壳的距离;

W——管片厚度。

夏翼自主研制了一套盾尾间隙测量系统,应用了视觉技术,通过非接触式的测量方法,对盾尾间隙进行测量、控制,建立了一套数据采集、实时传输、智能分析的盾尾间隙测量系统,系统结构如图 3-24 所示。

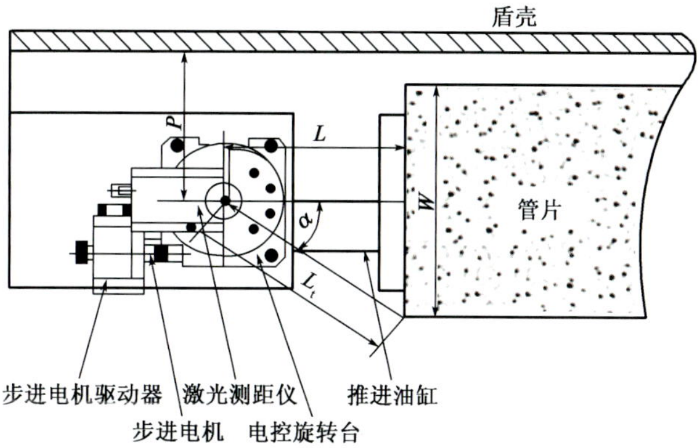

图 3-23 SRGD 检测仪原理示意图

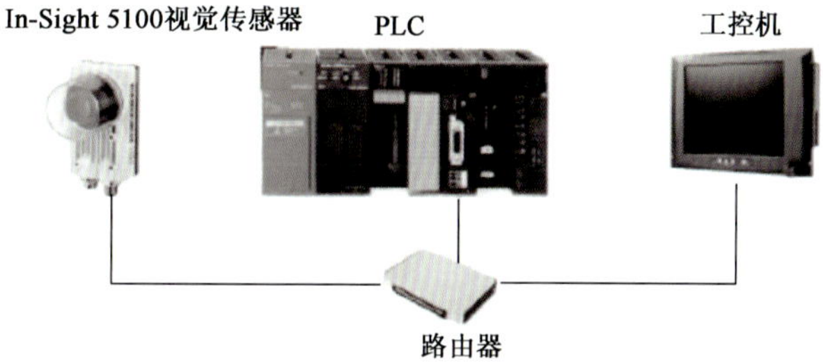

图 3-24 系统结构图

该系统的工作原理是通过视觉技术的运用，精确地测量盾尾间隙。视觉技术就是利用机器代替人眼来进行测量和判断，通过成像元件(即图像摄取装置)将被摄取目标转换为图像信号，并传输给专用的图像处理系统，根据像素分布、颜色、亮度等信息转化成为数字信号，图像处理系统再对这些信号进行各种运算来获取目标的特征(即盾尾间隙的实际距离)。

具体测量方法为：在推进千斤顶顶块上安装 In-Sight5100 视觉传感器(In-Sight5100 是一款工业级功能标准的视觉传感器)，盾构在完成一环管片的拼装之后，In-Sight5100 视觉传感器摄取管片拼装之后的图像，系统利用视觉技术首先检测出照片中管片的边界，然后自动选取一个点作为盾尾间隙测量基准之一。因系统无法直接找到盾尾相应的边界，需要设置一个参考边界作为测量基准，由于盾尾间隙测量系统的测量距离和位置是大致固定的，所以在系统第一次使用前需人工测量选取盾尾参考边界来作为基准之一，视频传感器摄取的图像如图 3-25 所示。

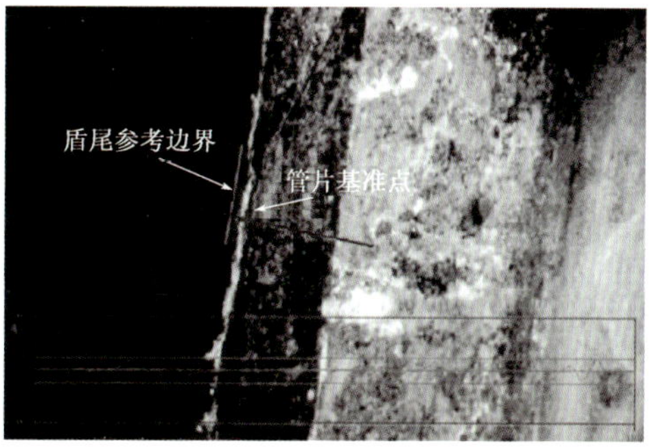

图 3-25 视频传感器摄取的图像

但是盾尾间隙的测量仍然有待研究与发展，孙连等人研制开发的 SRGD 新型盾尾间隙检测仪装置在测量盾尾间隙时，须保持检测仪旋转台的旋转平面通过盾构机轴线，并且检测仪上的激光测距仪正对管片，计算得出的盾尾间隙大小才是准确的，这样的要求在盾构施工过程中是很难满足的，盾构与管片的相对位置发生变化，测量的结果会产生较大误差。夏翼研制的盾尾间隙测量系统选择固定的盾壳参考边界，即默认安装在推进千斤顶顶块上的视觉传感器到管片的距离是固定的。但是在盾构实际推进过程中，每环千斤顶向前推进的行程不是固定的，可能大于环宽也可能小于环宽，这就决定了视觉传感器到管片的距离不是固定的，会有或大或小的偏差。

因此现有盾构间隙测量系统并未得到广泛应用，为控制管片成环姿态，保证隧道质量，需要研制一套新的盾尾间隙实时测量系统，用于实时测量盾尾间隙的大小，以判断管片与盾尾之间的相对位置，将得到的姿态信息与其他盾构机推进参数结合，达到综合控制盾构机姿态的目的。

3.2.2 盾尾间隙监控设备研发

该系统的测量原理是以计算机为载体运用数字图像处理技术，用激光测距模块标定管片至摄像头的距离，基于数字图像相关法，对盾尾间隙及管片的照片进行计算处理，得到盾尾间隙距离。

主要设备采用的是基于 ARM 的 A9 系列高速处理器，运用机器视觉的方法，实时采集、识别盾尾间隙并对其进行测量。在 ARM 平台下控制高分相机，采集间隙图像，并计算缝隙宽度，识别的计算结果连同间隙图像通过网络传输线传输到终端服务器，操作人员也可以随时进行修正，测量结果可以无缝接入到盾构施工监控平台。测量系统的流程如图 3-26 所示。

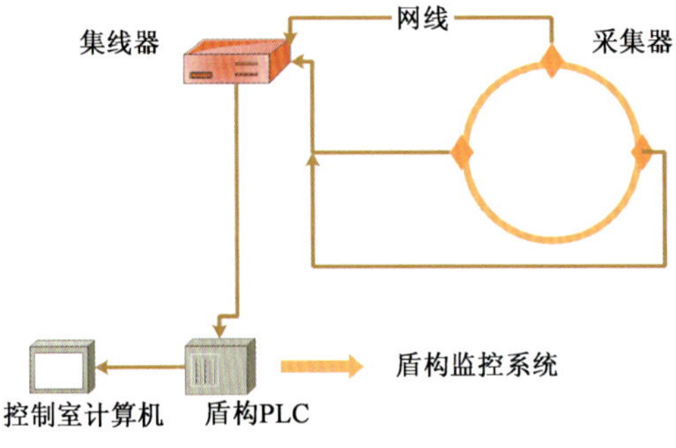

图 3-26　盾尾间隙实时测量系统流程图

采集器设计图如图 3-27 所示。

主要设备参数如下。

红外灯板尺寸：55mm × 92mm × 20mm。

整机尺寸：200mm × 80mm × 120mm（含红外灯板尺寸）。

供电：DV12V。

相机分辨率：30 万像素。

功率：≤18W。

红外补光灯：850nm。

激光测距精度：±2mm。

通信方式：有线局域网。

判缝精度：±3mm。

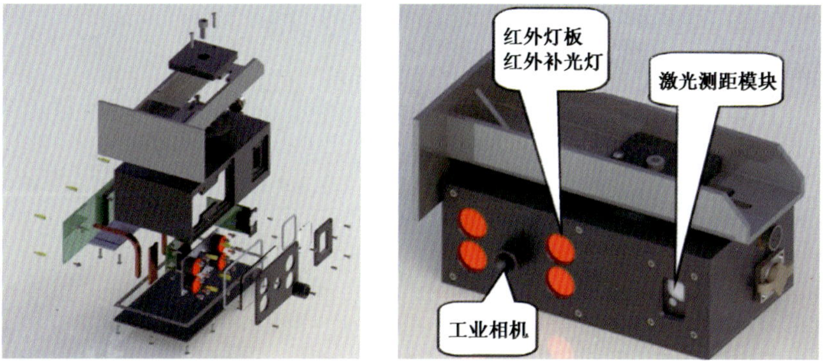

图 3-27　盾尾间隙采集器装置组成图

3.2.3　盾尾间隙监控软件研发

该系统自动识别盾壳管片断面上盾壳外轮廓以及管片外边界的位置，系统根据内置刻度尺测量并自动读取盾尾间隙值。如图 3-28 所示。

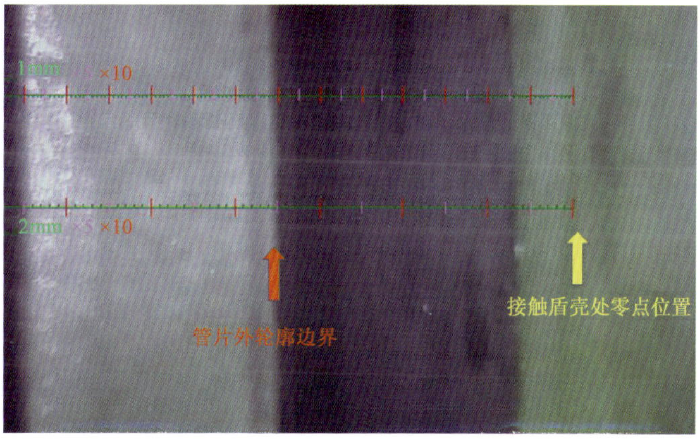

图 3-28　装置测量盾尾间隙界面

系统操作界面如图 3-29 所示。

3.2.4　盾尾间隙实时测量系统整合及工业化设计

选取北京大兴国际机场线为测试线路对盾尾间隙实时测量系统进行测试，方案见表 3-1。

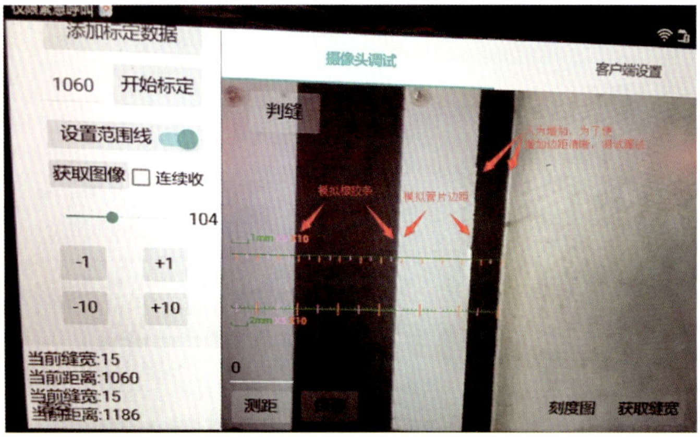

图 3-29　现场测试图

现 场 测 试 方 案　　　表 3-1

时　　间	2018 年 1 月 24—27 日
地点	北京大兴国际机场线 07 合同段 2 号风井—3 号风井盾构区间左线盾构
内容	对盾尾间隙实时测量装置进行现场测试,验证其对间隙的识别与测量精度

将采集器装置安装于左下侧推进油缸的底部,如图 3-30 所示,可以实时摄取间隙的图像;装置有两个基本功能,其一为图像获取,通过工业相机完成;其二为测距功能,通过激光测距模块完成,如图 3-30 所示。

图 3-30　盾尾间隙测量装置的安装情况

首先进行盾尾间隙系统的标定,盾构推进全过程中,相机采集盾尾间隙图像,并对实际零位、像素阈值和测量距离进行标定,每标定一次距离对应不同的盾尾间隙图像,也就是不同的像素阈值、零位像素(即盾壳位置),根据图像中的阈值信息确定盾尾间隙大小。标定流程如图 3-31 所示。

专门为该装置定制一个标定板,如图 3-32 所示,从而模拟在间隙为零的情况下,管片由近至远的过程,从而提取在不同位置的像素阈值、零位像素。

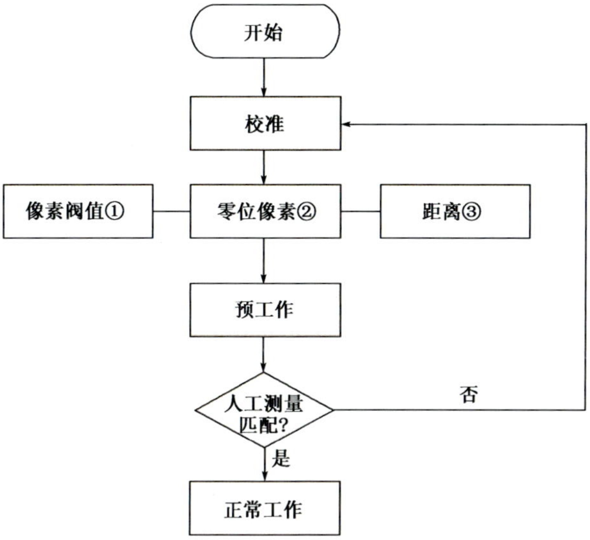

图 3-31 间隙测量装置标定流程

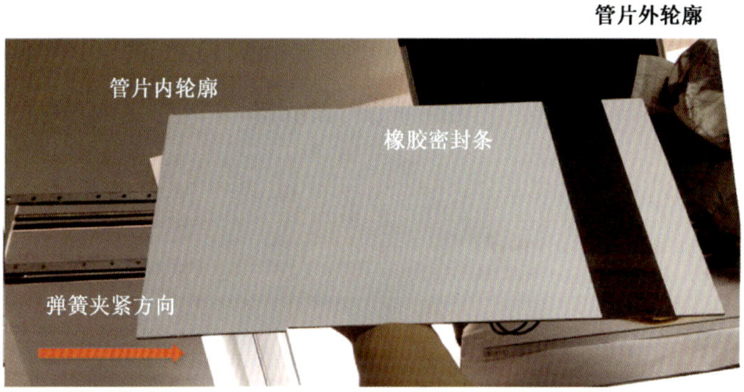

图 3-32 现场标定板

通过将标定板固定在上环管片断面上，在正常掘进一环过程中，相机可以由近至远全程记录标定板的图像信息，而由于夹紧装置，标定板的外轮廓可以一直紧贴盾壳，过程中可以人工介入识别间隙装置与标定管片外轮廓的位置，当一个流程完成以后可以得到基础的标定数据，如图 3-33 所示。

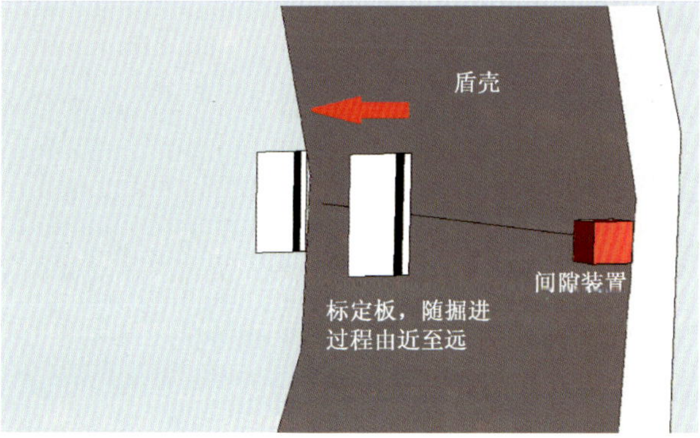

图 3-33 标定示意图

盾构推进过程获取实际管片与盾壳的图像,根据图像处理的结果,可以自动识别并测量特征轮廓边界在图片中的位置,来计算间隙的大小。盾尾间隙采集器获取盾尾间隙图像如图 3-34 所示。

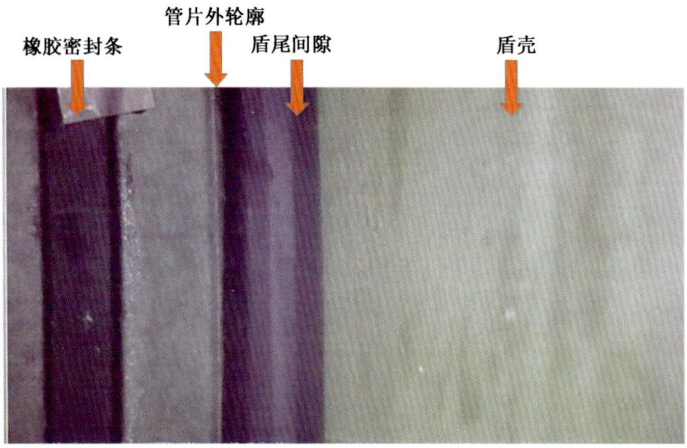

图 3-34　装置拍摄盾尾间隙现场图片(盾构左侧观察方向面向盾尾)

3.2.5　盾尾间隙实时测量系统设备应用及优化

进一步优化盾尾间隙测量系统,为了更方便系统应用于施工,将管片与盾壳的相对位置关系显示在系统界面中。如图 3-35 所示。

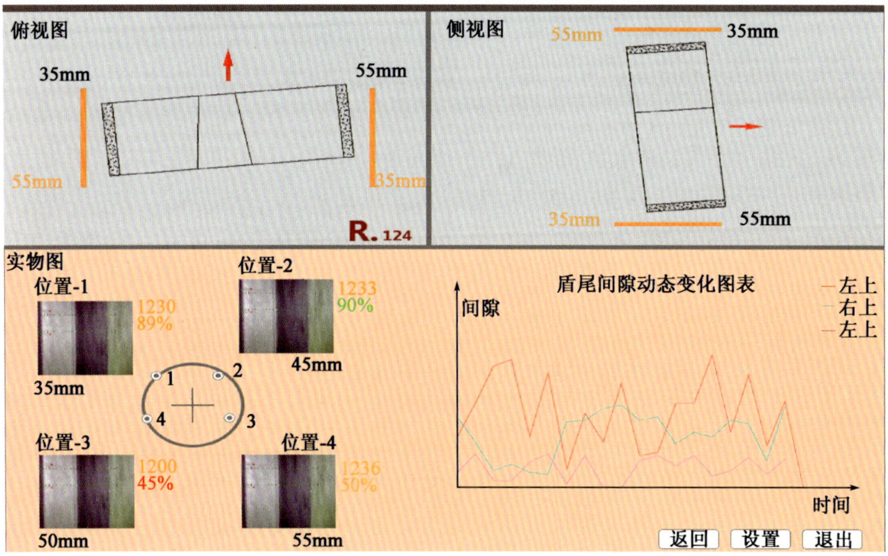

图 3-35　盾尾间隙测量系统界面

盾尾间隙实时测量系统的左上角自动画出盾构外壳与管片的相对位置关系俯视图,右上角画出盾构外壳与管片的相对位置关系侧视图。从图中可以看出,管片位置为相对于盾构轴线位置的偏左上方向。右下角的间隙变化曲线图方便观察以及改正盾构推进过程中的管片与盾构的相对位置变化情况。

该盾尾间隙实时测量系统的优点如下：

(1)自动化程度高，不需要人为介入，保证测量位置一致。

(2)采集频率高，高于5次/s。

(3)测量精度高，取决于相机分辨率，小于3mm。

(4)信息化程度，可以与其他平台无缝对接。

3.3 结论与思考

系统取得的关键成果主要有以下几个：

(1)研发了新型皮带秤称重设备，适用于盾构施工。

(2)研发了一套中文操作界面的出土量监控管理系统，既能对出土量施工全过程进行实时监控，形象、实时地显示盾构出土状态，还能提供可视化图形数据分析界面，对盾构施工中出土量进行评价分析，便于分析盾构施工可能出现的出土问题，实现对盾构施工安全和质量的控制。

(3)研发了出土量监控管理系统——盾构施工风险实时监控系统服务器数据实时传输系统，实现了出土量数据能够实时传输至监控中心服务器，保证了盾构施工风险实时监控系统能够实时地对出土全过程进行远程监控和分析。

第4章　砂卵石地层长距离快速掘进刀盘刀具配置及检修换刀技术

4.1　砂卵石地层对盾构施工的影响

砂卵石地层是一种咬合不稳定地层,粒径不均,卵石粒径大、石英含量高、内摩擦角大,不适用普通切削,受扰动后极易自行崩塌,稳定性低于多裂隙岩层。地层自然磨损系数大,易造成刀盘、刀具及螺旋输送机严重磨损,且刀具硬质合金易受卵石冲击崩裂破坏,导致刀具正常磨损和非正常失效均非常严重;砂卵石地层通常为中粗砂填充,黏土颗粒少,渣土流塑性差,改良要求高。掘进控制有一定难度,对施工水平和经验要求高,合理的刀盘选型与成熟的施工技术相结合可达到绝佳的施工效果,否则掘进速度慢,掘进参数不协调,进尺不稳定;地层保气性差,盾构开仓换刀作业困难,风险高。在北京、沈阳、成都和南京广泛分布的砂卵石地层中进行隧道施工时,盾构常常出现刀盘刀具设计与地层条件不适应的情况,选型不当会导致严重的工程后果。

由于北京大兴国际机场线各个区间盾构穿越的地层各不相同,但是可以发现每个地层的砂卵石含量主要是由卵石⑤、卵石⑦和卵石⑨组成。个别区间含有粉质黏土、粉土和粉细砂。根据每个区间的检修井数量和换刀时间对5个区间的盾构穿越地层进行对比分析,见表4-1。

各区间穿越地层表　　表4-1

区间	永兴河站—磁各庄站区间	磁各庄站—1号风井区间	1号风井—2号风井区间	2号风井—3号风井区间	3号风井—草桥站区间
长度(m)	2783	2852	2108	3825	3189
穿越地层	穿越地层为粉质黏土④、粉质黏土⑥、粉土$⑥_2$	穿越地层为粉细砂$⑥_3$、卵石圆砾⑤、卵石圆砾⑦	隧道拱部和边墙为卵石圆砾⑤、卵石圆砾⑦;隧道底为卵石圆砾⑨	隧道拱部为粉土$④_2$;边墙为卵石圆砾⑤;隧道底为卵石圆砾⑦	粉细砂$④_3$、卵石圆砾⑤、卵石圆砾⑦、粉质黏土⑧、粉细砂$⑧_3$、卵石圆砾⑨
检修井个数	2	2	3	6	5
换刀消耗时间(d)	20(开仓检查)	40	60	120	100
设备厂家	中铁装备	中铁装备	辽宁三三	铁建重工	铁建重工

永兴河站—磁各庄站区间实际施工过程中在左右线中点处各设置了一个检修井,该区间盾构穿越地层主要为粉质黏土和粉土,查阅相关文献得知,在粉土和粉质黏土地层中磨损量较

小,故未进行换刀;1 号风井—2 号风井区间总长 2108m,左线选取 2 个换刀检修位置,1 号检修井距离始发井 948m,2 号检修井距离始发井 1232m;2 号风井—3 号风井区间总长 3825m,左右线分别掘进 759m、1666m、2494m 后采用人工挖孔桩进行刀具的检查及更换。换刀段盾构穿越主要地层为卵石圆砾⑤、卵石圆砾⑦。而后穿越地层中含有较多粉土,故第三个检修井距离接收井距离较长。该区间换刀次数最多,换刀消耗时间最长,所以会以该区间的砂卵石地层做重点分析。磨损性试验也会重点分析 2 号风井—3 号风井区间的砂卵石磨损特性。

4.2 地层磨蚀性及刀盘刀具研究现状

4.2.1 地层磨蚀性与刀具选型研究

地层的磨蚀特性关乎刀盘、刀具的磨损情况,因此进行盾构刀盘、刀具选型方面的研究很有必要。目前,在地层磨蚀性方面,王正庭[5]详细介绍了目前主流的4 种渣土磨损性的试验方法,即 LCPC 岩石磨损性试验、Penn 州立大学土体磨损性试验、SAT 土体磨损性试验、SGAT 土体磨损性试验,并对其作出评述,提出渣土磨损性的清晰判断,对盾构刀具的选择、损耗以及施工成本预测有很大的帮助。李潮[6]依据 LCPC 磨损性试验确定了砂卵石的磨损性,并对砂卵石地层的磨损性等级进行了分类,同时建立 LAC 值与刀具磨损间的关系,为施工过程中掌握换刀时机提供了理论依据。

在刀盘、刀具的选型方面,江华[7]等以北京地铁 9 号线盾构工程为背景,开展大粒径卵砾石地层土压平衡盾构开挖原型试验,对盾构掘进效能、盾构关键参数、地层适应性及刀具磨损情况进行了对比研究。贾科[8]从刀盘结构、材质、面板分配、开口率、开口尺寸、刀具的布置、刀盘的保护这几个方面分析了大粒径卵石地层刀盘选型的关键点。王佳宁[9]以北京地铁 10 号线莲花桥站—六里桥站盾构区间为背景,通过分析砂卵石特性及刀盘选型,选择辐条 + 幅板式刀盘,使得盾构在推进过程中取得良好的施工效果。宋云[10]通过研究刀盘形式、开口率、支承形式、转速和扭矩配置等因素,分析得出了刀盘形式和开口率对盾构刀盘选型具有重要参考价值的结论。周刘刚[11]以大连地铁某工程为背景,在初装刀盘适应性不足且刀具异常磨损严重的条件下,通过合理的刀盘更换,解决了复合岩层盾构掘进问题,并总结出特殊地质条件下盾构刀盘选型与刀具配置技术。彭钧[12]在详细调研国内外相关理论研究成果和工程实例的基础上,利用现场量测、理论分析及数值模拟等手段,指出了刀盘、刀具形式及刀具的排列布置与各种土层的适用关系。刘文华[13]将盾构刀具组合、参数分析、刀具组合布置规律、地层识别技术作为拟解决的关键问题,建立了不同组合方式下切刀组合切削土壤的受力预测模型,得到了较优的切刀组合方式。

4.2.2 刀具磨损规律及预测研究

1) 刀具磨损预测模型

目前国外对 TBM 滚刀磨损预测的模型主要有 3 种[14~17]。科罗拉多矿业学院基于滚刀切削破岩的室内试验数据库,经过多次改进,考虑刀具形式、尺寸、间距、岩体力学性质、滚刀贯入度等,建立了 CSM 模型。挪威科技大学以 TBM 现场实际掘进数据为基础,考虑了岩层的孔隙率、可钻性指数及节理裂隙的间距、方向等,建立了 NTNU 模型,预测了滚刀磨损、掘进速度以及 TBM 使用率。但这种模型所采用的岩土磨蚀性试验还没得到统一的认可,况且实际地质情况千差万别,尤其在 TBM 应用技术持续进步的形势下,该模型的应用受到了较大限制。2006 年在首尔 ITA 世贸大会上首次提出岩体可掘性指数 RME 预测滚刀磨损,而后在 2007 年的多伦多 RETEC 会议上提出了一些修改。2009 年有学者对 RME 的应用进行了重要创新,即用于刀具的磨损估算。根据实际施工中获得的与刀具磨损(单位开挖量的刀具损坏数)相关的技术资料,结合磨蚀性和可钻性测试结果,即 CAI 值和 DRI 值,采用统计分析方法推导刀具磨损与岩体可掘性指数(RME)、Cerchar 磨蚀性指数(CAI)之间的关联性,并以公式或图表的形式表达出来,进而预测类似工程中的刀具磨损。

2)国内滚刀磨损预测方法

(1)直接判定法

单把滚刀磨损量受施工工法、土质、滑动距离、刀具形状、刀具材质、掘进速度、刀盘转速等因素影响,其直接判定法通常采用下列公式预测[18]。

$$\delta = K\pi DNL/v \tag{4-1}$$

$$\delta = K\pi DL/a \tag{4-2}$$

式中:K——磨损系数,mm/km;

D——切削轨迹直径,m;

N——刀盘转速,r/min;

L——推进距离,km;

v——掘进速度,m/min;

a——盾构刀盘每转掘进长度,m。

(2)间接判定法

随着刀具的磨损,在推力不变的情况下,掘进速度一般会降低,扭矩增加,据此可根据掘进参数的变化预测刀具的磨损状况,进而判定换刀的时机。具体可按下式粗略估计刀具磨损情况。

$$v = \frac{n}{K_1^2} \times \frac{(T_t - T_0)^2}{(W_t - W_0)^2} \tag{4-3}$$

式中:W_t、T_0——盾构掘进过程所受的摩擦力及扭矩;

W_0、T_t——总推力、总扭矩;

v——掘进速度;

n——刀盘转速;

K_1——常数。

4.3　北京大兴国际机场线砂卵石地层特性及刀盘刀具配置

4.3.1　砂卵石地层磨损性试验及渣土改良试验

1)试验目的

为了得到北京大兴国际机场线砂卵石地层土体的磨损性大小,设计砂卵石地层磨损性试验。得到原状土磨损性大小以后,再进行渣土改良试验,从摩擦性、流动性以及和易性等方面说明土体的磨损性变小,从而应用于实际工程。

2)磨损性试验对比选取

经过磨损性试验的不断改进与发展,国内外学者发明了许多岩土磨损性试验方法,如洛杉矶磨损性试验、NDAT磨损性试验、Turin磨损性试验、北欧球磨机磨损性试验。目前国内外广泛采用的方法有LCPC岩石磨损性试验、Penn州立大学土体磨损性试验、SAT土体磨损性试验和SGAT土体磨损性试验。由于SAT土体磨损性试验舍弃了粒径大于4mm的土体颗粒,而砂卵石地层大部分土体颗粒大于4mm,所以SAT土体磨损性试验不适合作砂卵石的磨损性试验。SGAT土体磨损性试验是专门针对软土磨损性的试验方法,因此也不适合作砂卵石的磨损性试验。经过对测定砂卵石磨损性的试验方法的初步优选后,还需要对LCPC岩石磨损性试验和Penn州立大学土体磨损性试验作进一步对比分析,从两种试验的试验装置、试验步骤、试验结果处理和试验的优缺点进行对比分析。LCPC试验装置如图4-1所示。

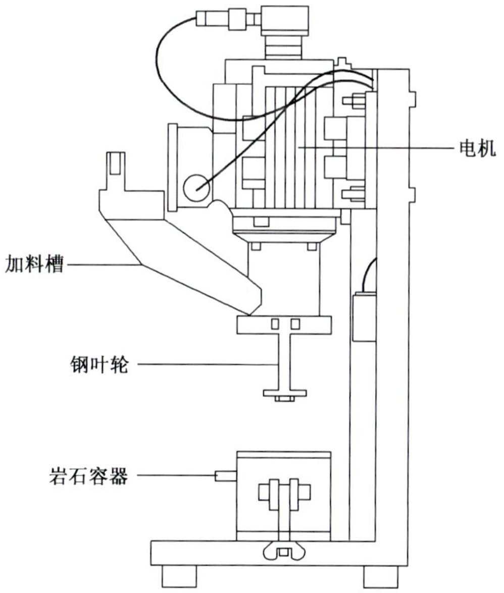

图4-1　LCPC磨损试验装置图

图 4-2　Penn 州立大学磨损性试验装置图

Penn 州立大学磨损性试验方法的试验装置(图 4-2)总体上和 LCPC 岩石磨损性试验方法的试验装置类似。试验装置包括有一个直径 350mm、深 450mm 大圆柱形容器。采用较大圆柱形容器的目的是可以直接将粒度较大的土体装入装置中进行磨损性试验,而不是像 LCPC 试验方法一样要将较大粒度的岩石进行破碎,从而破坏了原土体本身的特性。钢片及其支座安装在驱动轴上,它可以在 5 马力❶的驱动装置带动下以不大于 60r/min 的任意速度旋转。速度可以调节的目的在于测量土体对不同速度钢片的磨损性,从而找到试验装置的快速试验方法。钢片(图 4-3)半径为 150mm,分三瓣 120°方向均匀设置,叶轮的倾角为 10°,设置 10°倾角是因为在此状态下土体的磨损性大,可以减少试验的时间。钢片前面安装有可以拆卸的耐磨小块,可拆卸小块设置的目的在于小块的制作方便,制作精度高,因此称重的精度也高,更换成本低。圆柱形容器设计可以承受 10bar 压力,可以往其中加水、压缩空气或其他的气体或流体介质,以方便装置测量土体在加入流体介质后,在高压状态下的土体磨损特性。导轨的作用是为了可以方便地调节叶轮及其支座在容器中的位置。

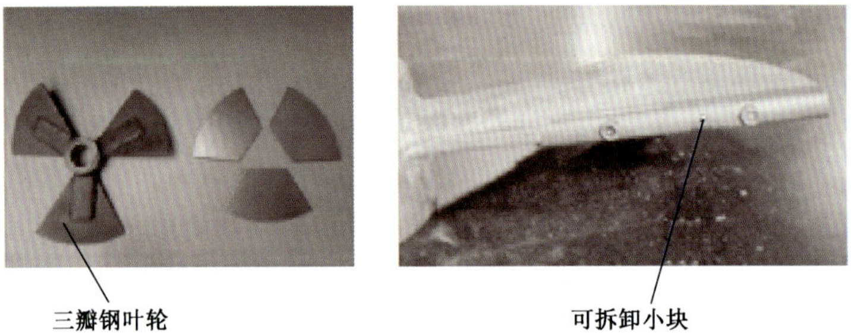

图 4-3　Penn 州立大学土体磨损性试验钢片

在对两个试验进行对比分析时,从试验步骤、试验结果分析以及试验的优缺点等方面综合考虑,最终选取适合北京大兴国际机场线工程砂卵石地层的渣土磨损试验方法。对比分析结果见表 4-2。

磨损试验对比分析表　　表 4-2

试验名称	试验步骤	试验结果分析	试验特点
LCPC	电机带动钢片伸入岩石容器中以高速旋转 5min。测量钢片试验前后质量并按公式计算,就求得代表岩石磨损性的 LAC 指数值	$LAC=\frac{m_0-m}{M}$ 式中:m_0——钢片试验前的质量,g; m——钢片试验后的质量,g; M——试验土体样品质量(500g)	优点:试验装置简单,成本较低。试验时间短,可较快得到结果。 缺点:岩石粒度存在局限性。试验样品和实际工况中的开挖土体差异较大

❶ 1 马力 = 735.499W,下同。

续上表

试验名称	试 验 步 骤	试验结果分析	试 验 特 点
Penn	土体风干后和适量水搅拌混合，放入圆柱形容器中。将钢片放置容器中进行各种试验。试验前后耐磨小块质量差值表示了磨损的程度	$W = AT^b$ 式中：W——耐磨小块的磨损量，g； T——时间，min； A、b——常数	优点：试验仿真度高，可信度大。 缺点：试验成本高，试验时间长，结果处理烦琐

LCPC 岩石磨损性试验步骤为：

(1)750W 的电机带动安装在电机轴上的钢片伸入装有标准规定粒度的岩石容器中以 4500r/min 高速旋转 5min。

(2)钢片是 50mm×25mm×5mm 长方体标准钢块。

(3)容器中的岩石粒度是 0.25～10mm，岩石质量是 500g±2g。钢片由于和岩石相互摩擦，钢片的质量会减少。

(4)卸下钢片称重并按公式计算，就求得代表岩石磨损性的 LAC 指数值。

LCPC 岩石磨损性试验优点为：

(1)试验装置简单，对样品进行试验时成本较低。

(2)用试验装置对样品进行试验的时间短，可以较快得到结果。

试验缺点为：

(1)岩石粒度仅仅局限于 0.25～10mm。

(2)试验采用样品是风干样品，和盾构刀盘前面加入添加剂的土体不一致。

(3)试验样品在大气压下进行，与实际情况盾构在压力平衡状态下掘进不符。

(4)试验样品经过破碎，颗粒形状和原石有很大不同。

(5)装置转速很大，而实际工况中盾构旋转很慢。盾构中刀具受到的冲击小于试验中的冲击。

Penn 州立大学土体磨损性试验步骤为：

(1)初始土体风干后和适量水搅拌混合，放入圆柱形容器中。

(2)将钢片及其支座放置到容器中距圆柱形容器底部 150mm 深左右的位置进行各种试验。

(3)试验前后耐磨小块质量差别的大小代表了磨损性的大小。回归分析后得到 A 和 b，可以推算任何时间的磨损量。土体进行 60min 磨损试验后得到的结果或者按公式计算得到的 60min 后的磨损结果，将其规定为土体磨损性指数。

Penn 州立大学土体磨损性试验优点为：

(1)可以较真实模拟盾构施工过程中土体调节后土体磨损性大小，结果可信度高。

(2)试验装置可以处理较大粒径土体，可不破坏原石。

(3)可以模拟高压环境，最高可达 10bar。

(4)结果采用磨损性指数进行评估，可信度高。

试验缺点为：

(1)钢片固定，没有相对运动。

(2)试验需要土体量大,工作量大,成本高。

北京大兴国际机场线穿越地层多为砂卵石,仅部分区间含有少量的粉土和粉质黏土,因此刀具磨损较大,对渣土改良的要求较高。而进行磨损试验的目的在于得到原状土的磨损性大小,所以通过对两个试验的试验装置、试验步骤、试验结果分析以及试验的优缺点进行对比后,发现 LCPC 岩石磨损性试验对试验样品的处理虽然和实际工程相比存在很多差异,但是 LCPC 磨损性试验可以定量得到样品的 LAC 值,对照 LCPC 试验样品的磨损性分级表(表 4-3)可以得到原状土的磨损性大小。Penn 州立大学土体磨损性试验虽然可以模拟各种盾构施工环境,但是对试验结果的处理需要进行回归分析,不能直接得到试验样品的磨损性大小,此过程也不可避免地出现一定的误差。LCPC 磨损性试验装置简单,可操纵性强,试验时间短,可以短时间内得到样品的磨损性大小。综合考虑以上因素,最终选取 LCPC 岩石磨损性试验。

LCPC 试验样品的磨损性分级表 表 4-3

LAC(g/t)	磨 损 性
0 ~ 50	无磨损
50 ~ 100	轻微磨损
100 ~ 250	稍有磨损
250 ~ 500	中等磨损
500 ~ 1250	强磨损
1250 ~ 2000	极磨损

3)试验设备

(1)LCPC 磨损处理仪

本章中磨损性试验采用 LCPC 试验磨损处理仪(图 4-4),相关试验钢片储备 200 片,可以保证试验正常开展。

(2)高精度天平

目前实验室普遍采用称重设备精度为 1g/0.1g,精度较低。LCPC 试验得出的磨损参数单位为 g/t,即每吨土体材料造成的钢片磨损质量损失。根据 LCPC 试验标准,土体试样的质量为 500g,通常土体试样的磨损系数为 0 ~ 2000g/t,可推算钢片的质量损失为 0 ~ 1g,为保证试验结果的精确性,称重天平的精度要求达到 1/10000g,才能保证磨损系数的计算精度。所以特别采用高精度分析天平(图 4-5)对钢片的试验前后质量进行测量。

该仪器具有以下优点:感应直观,配置校准,具有去皮感应技术。采用一键校准技术的电磁力补偿量单元可提供连续可靠的结果,内置过载保护功能有助于天平保持较长的使用寿命。电磁力高精传感器准确采集精细物品的质量变化,大幅提升分析天平的分辨率准确度和稳定性能,提升精密称重的效率和质量,轻松处理数据。支持打印机和计算机链接,实现轻松数据处理,还可简化数据传输流程。

(3)超声波清洗机和电热鼓风干燥箱

为了确保试验结果的准确性,需要保证粗颗粒上没有黏土附着,所以在制备试样之前需要进行超声波清洗。试验采用的超声波清洗机(图 4-6)产品尺寸为 530mm × 325mm × 325mm,内槽尺寸为 500mm × 300mm × 200mm,频率高达 40kHz,最大容量 30L,清洗时间为 1 ~ 30min。

清洗后进行烘干,烘干仪器为电热鼓风干燥箱(图4-7)。

图4-4　LCPC试验磨损处理仪

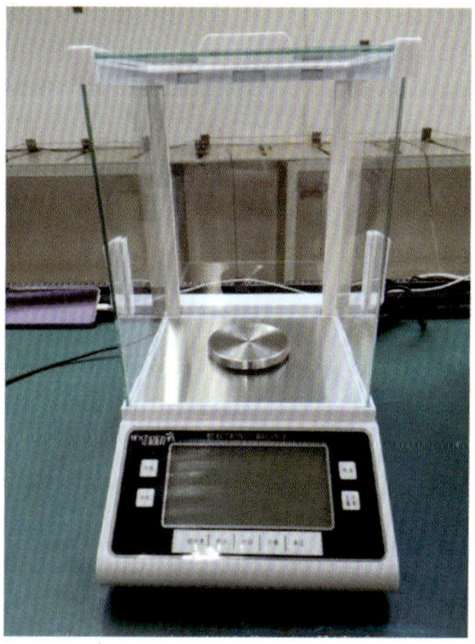

图4-5　高精度分析天平

该仪器具有以下优点:采用TP100传感器,感温灵敏。采用耐高温硅橡胶密封条,确保工作室的密封性。

4)LCPC磨损性试验

(1)试样选取及制备

表4-1分别列出了各个区间盾构穿越的地层情况,从表中可以看出,2号风井—3号风井区间盾构穿越的地层有黏土、卵石⑤和卵石⑦,包含粗颗粒和细颗粒,是典型的北京地区地质状况。所以试验选取颗粒来源为北京大兴国际机场线2号风井—3号风井区间暗挖段的土体。2号风井—3号风井区间的原状土体如图4-8所示。

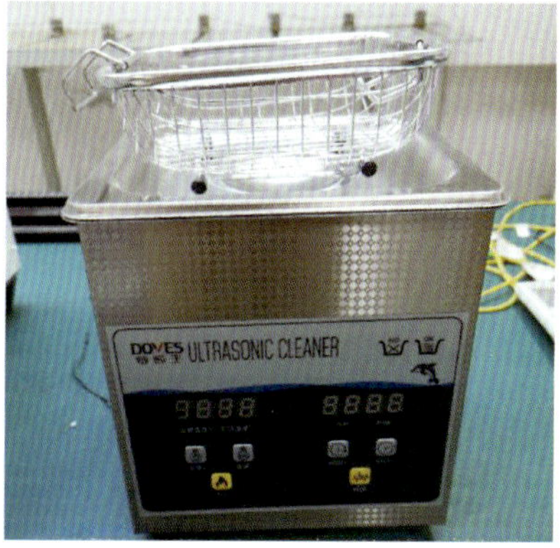

图4-6　超声波清洗机图

由于LCPC试验每次所用的土体总重为500g,所以选取500g原状土采取筛分法将粒径分组,并测量每组质量分数,绘制成颗粒级配曲线(图4-9)。

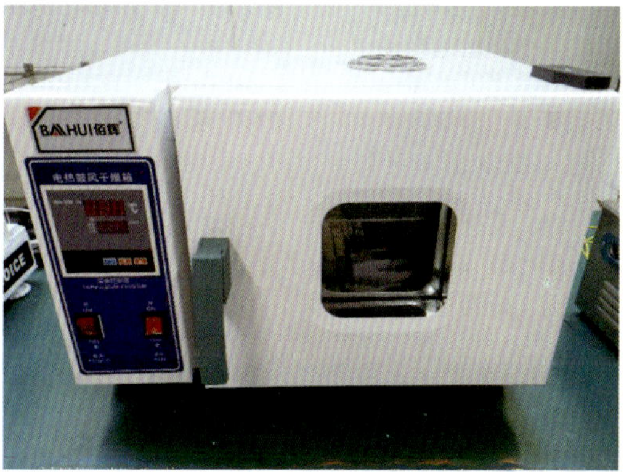

图4-7　电热鼓风干燥箱

图4-8　2号风井—3号风井区间原状土

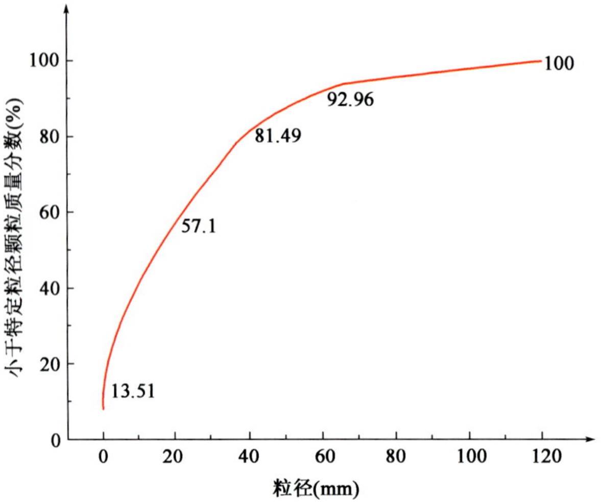

图 4-9　2 号风井—3 号风井区间原状土颗粒级配曲线

从颗粒级配曲线可以看出,北京大兴国际机场线盾构穿越地层的土体主要由卵砾石组成,含有少量砂土和黏土。由上述颗粒级配曲线可以得到砂卵石的粒度范围 d、平均粒径 d_{50}、有效粒径 d_{10}、连续粒径 d_{30}和控制粒径 d_{60},从而得到该地质的不均匀系数 C_u和曲率系数 C_c,其计算公式如下:

$$\left.\begin{aligned} C_u &= \frac{d_{60}}{d_{10}} \\ C_c &= \frac{d_{30}^2}{d_{10} \cdot d_{60}} \end{aligned}\right\} \tag{4-4}$$

2 号风井—3 号风井区间原状土级配参数见表 4-4。

2 号风井—3 号风井区间原状土级配参数　　表 4-4

有效粒径 d_{10}(mm)	连续粒径 d_{30}(mm)	控制粒径 d_{60}(mm)	不均匀系数 C_u	曲率系数 C_c
0.5	5	40	80	1.25

不均匀系数 C_u是反映组成土的颗粒均匀程度的一个指标。不均匀系数一般大于 1,越接近于 1,表明土越均匀。$C_u < 5$ 的土称为匀粒土,级配不良,C_u越大表示粒组分布越广,$C_u > 10$ 的土级配良好,但 C_u过大,表示可能缺失中间粒径,属于不连续级配,故同时需要曲率系数来评价。曲率系数 C_c是描述级配曲线平滑程度的指标,与不均匀系数配合可确定粗粒土级配的好坏。当不均匀系数大于或等于 5,曲率系数在 1 ~ 3 之间时为良好级配;不同时满足上述两条件为不良级配。上述不均匀系数 C_u结果表明,2 号风井—3 号风井区间原状土属于不均匀土,其粗粒土分布较广。而曲率系数 C_c为 1.25,表明级配良好。由于试验仪器对土体粒径有严格要求,所以将大于 10mm 的颗粒用 8 ~ 10mm 的颗粒替代作为原状土进行试验。

(2)试验过程

LCPC 试验要求无水环境下进行,所以要确保土体试样的干燥和钢片的干燥,必要时需要对土体试样也进行烘干再进行称重。试验过程如图 4-10 所示。

试验前先将钢片放置在超声波清洗机中清洗2min,然后放在鼓风干燥箱中待完全干燥后取出进行称重、安装。同时,按照原状土的颗粒级配制备500g土体试样,将10mm以上的颗粒用8~10mm颗粒替代,固定好容器后,开始试验。5min后磨损仪自动停止,拆下钢片后同样进行清洗、干燥、称重,方法同上。试验前后刀片对比情况如图4-11所示。

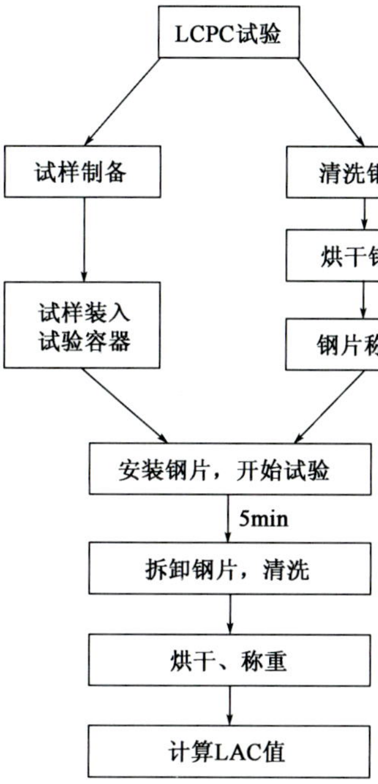

图4-10 LCPC试验流程图

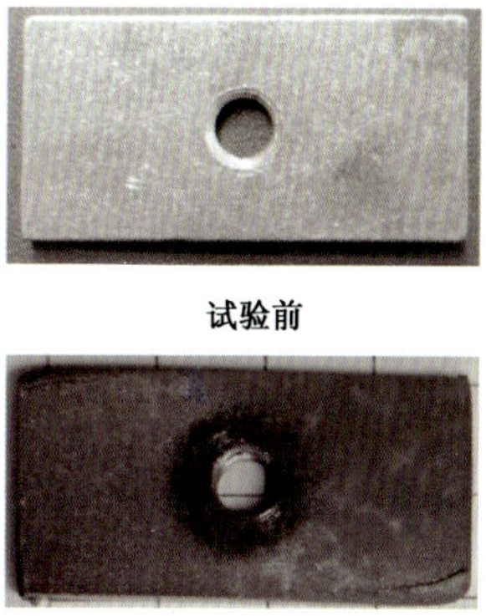

图4-11 试验前后钢片对比情况图

(3)试验结果及分析

按照上述要求,记录每次试验钢片的 m_0、m 和 M,然后计算每次试验的磨损量,最终计算LAC值。进行三组平行试验,以得到最优试验结果,试验结果见表4-5。

LCPC试验记录表

表4-5

试样编号	m_0(g)	m(g)	M(g)	试验时间(min)	磨损量(g)	LAC(g/t)
1	47.1393	46.6879	500	5	0.4514	902.8
2	47.1775	46.6522	500	5	0.5253	1050.6
3	46.4847	46.0143	500	5	0.4704	940.7

对照表4-3磨损性分级表可以发现,2号风井—3号风井区间盾构穿越地层通过LCPC试验反映出的磨损级别为强磨损。从颗粒级配曲线可以看出,2号风井—3号风井区间地层大颗粒含量较大,多为卵石⑤和卵石⑦,且为无水地层,能较为典型地代表北京砂卵石地区的地层概况,以这种磨损性较大的地层作为研究对象展开渣土改良试验更加直观、有效,通过渣土改良后土体的各项性能变化说明土体的磨损性变小。

5)试验总结

通过LCPC试验,根据土体的LAC值发现以2号风井—3号风井区间为代表的北京大兴国际机场线地层为强磨损性地层。同时结合第2.2节的一系列渣土改良试验发现,膨润土和泡沫在改变土体的黏附性方面效果不明显,而在改善土体的和易性方面作用很大。单独使用膨润土时最佳的改良方式为选用膨化时间24h,浓度为8%,体积分数为12%的膨润土。而泡沫则是在体积占比40%时能发挥最大作用。高分子聚合物在加大土体的黏附性和改善土体的和易性方面,效果都非常明显,最佳改良方式为浓度为0.8%,体积分数为12.5%的高分子聚合物混合溶液。通过渣土改良的最佳配比,在改善渣土和易性的同时,其润滑作用还可以减少刀具磨损。

4.3.2 刀盘选型及刀具布置

1)研究背景

盾构在我国隧道工程建设中得到广泛应用的同时也暴露出了很多问题,砂卵石地层盾构掘进刀盘刀具严重磨损,导致频繁换刀即为突出问题之一,这直接影响了工程工期和工程经济性。而如何优选刀盘结构形式实现长距离掘进以充分发挥盾构优势亦成为当前急需解决的重大工程难题。国内的施工经验仅仅只能提供借鉴,这给北京大兴国际机场线的盾构施工带来了极大的挑战,而盾构刀盘的合理选型和刀具的合理布置就显得至关重要。

大粒径卵砾石地层是北京地铁修建过程中开挖难度最大的地层之一,给土压平衡盾构施工造成了一系列的难题。刀盘是土压平衡盾构的重要构件之一,合理的刀盘结构形式是大粒径卵砾石地层土压平衡盾构高效、可靠运行的前提[19~21]。在详细分析了北京大兴国际机场线下穿地区地质特性,并结合隧道设计情况后,进行盾构刀盘选型和设计研究,在充分考虑土层特性基础上,采用合理的刀具布置,成功地完成了隧道的掘进。因此,盾构刀盘选型对于隧道施工准备尤为重要。

2)刀盘选型研究内容

(1)根据盾构刀盘选型及刀具布置问题分析北京大兴国际机场线下穿地区地质特征,对土质现场取样、分类,进行粒度分析、磨蚀性测定工作。

(2)总结盾构穿越的地质情况,结合地下水位、周围环境、经济效益等影响因素确定最终刀盘选型。

(3)从安全适用性、技术合理性、经济最优性等方面综合考虑,根据不同刀盘掘进过程中各项参数的控制情况,进行刀盘比选和刀具选取,最终选取合适的刀盘和刀具。

3)刀盘选型技术路线

刀盘选型技术路线如图4-12所示。

4)刀盘选型原则

刀盘选型应从安全适应性、技术先进性、经济合理性等方面综合衡量,在安全可靠的前提下考虑技术先进和经济合理。一般原则如下:

(1)刀盘的设计先进,性能良好,技术参数有一定裕度,保证安全可靠。还应考虑到对整个隧道项目沿线地质条件变化的适应性。

(2)刀盘的设计和制造必须保证刀盘有足够的强度和刚度,用以应对掘进时各个方向上的巨大受力,同时也得保证刀盘足以高效地将切削下来的渣土收集进土仓。

(3)刀盘的设计适应周围环境条件,能够满足不同地质条件地铁隧道施工以及穿越建

(构)筑物施工的需要,即要求盾构能够有效控制地表沉降,并具有良好的操作性能。

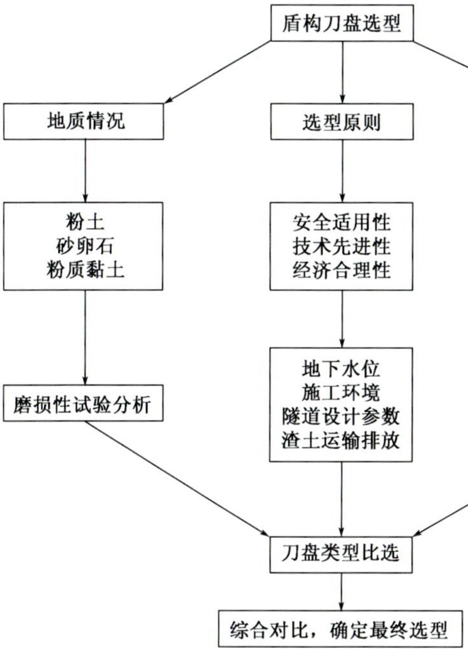

图4-12 技术路线图

5)刀盘选型依据

刀盘选型应以工程地质、水文地质为主要依据,综合考虑开口率、刀盘土仓构造、开挖面稳定、土压平衡控制、砂土的流动性、刀盘负荷、障碍物的处置、地层适应性等方面,同时考虑工期、环保等因素,并参考国内外已有盾构工程实例及相关的技术规范、施工规范及相关标准进行研究,主要依据如下:

(1)地层条件

包括隧道穿越地层的颗粒级配及粒度分布、抗压/抗拉强度、压缩性能、渗透系数、黏聚力、内摩擦角、孔隙水压,以及地下水情况(水位、流速、流向、有无侵蚀性)等。

(2)开口率

由于砂卵石的工程特性,导致在施工过程中,经常出现土压无法建立,推力、扭矩过大等现象,刀盘开口率对盾构施工过程中各个参数的影响是十分重要的,因此对于刀盘开口率的研究是十分必要的。面板式刀盘开口率较小,大多小于45%,盾构在大粒径卵砾石地层掘进时,由于刀盘开口率的限制,不仅刀盘前方的大粒径卵砾石很难快速进入土仓,并顺畅通过螺旋输送机排出,而且滞留在刀盘前方和土仓内的大粒径卵砾石会和刀盘、刀具及搅拌装置发生2次或多次摩擦,大大增加盾构掘进负荷的同时,显著降低了盾构掘进开挖效率。

(3)上土压力控制

上土压力是指土仓顶部压力传感器记录的土压力值,由于上土压力对开挖面稳定性和地表变形最为敏感,因此常被用于研究。采用面板式刀盘时,盾构上土压力控制值偏小、波动范围大,易出现地表沉降超限和地面塌方等事故;相反,采用辐条式刀盘时,盾构上土压力控制得更为稳定,更有利于开挖面稳定及地表沉降控制。

(4)盾构总推力控制

盾构正常推进过程中,采用面板式刀盘时,盾构总推力较小。

(5)刀盘扭矩控制

刀盘扭矩是表征土压平衡盾构掘进效能的一个综合性指标,刀盘扭矩控制的合理与否,对大粒径卵砾石地层盾构适应性至关重要。不管采用辐条式刀盘还是面板式刀盘,盾构在大粒径卵砾石地层掘进时设备总体负荷偏大,掘进效能较低。采用面板式刀盘时,刀盘扭矩波动范围较大,辐条式刀盘的扭矩控制更为合理,浮动较小。

6)刀盘类型比选

盾构刀盘形式按照工程地质条件和施工控制要求,大致可分为面板式和辐条式(复合式刀盘由这两种形式派生而出)两种。针对北京的地质条件以及目前地铁隧道埋深不超过25m的情况,采用什么形式的刀盘,将直接影响盾构的掘进效果,而且造价相差为盾构造价的4%～8%。因此针对两种形式的刀盘,从开挖面水土压力控制情况、砂土以及卵石的适应性、刀盘扭矩、更换刀具安全性等方面综合考虑进行比较。

刀盘特性对比见表4-6。

刀盘特性对比表 表4-6

刀盘形式	面板式	幅条式	备注
开挖面水土压力控制	一般存在3个压力。 P_1:开挖面—面板; P_2:面板开口—出口; P_3:面板—密封舱。 其中,P_2受面板开口影响不易确定,而$P_3=P_1-P_2$,开挖面压力不易控制,同时控制压力实际低于开挖面压力	只有一个压力P,密封舱内土压计压力与开挖面的压力相等,因而平衡压力易于控制	
砂、土适应性(粒径<15cm)	由于开挖面土体受面板开口影响,进入密封舱内不顺畅,易黏结,易堵塞	仅有几根幅条,同时幅条后均设有搅拌叶片,土、砂流动顺畅,不易堵塞	地层粒径分布:北京西三环—东四环
砂卵石适应性(粒径>15cm)	适应性强,可加滚刀,破岩能力强;渣土进入土仓不顺畅,特别是大粒径卵石,增大盾构磨损,施工效率较低	刀具形式及数量较少,破岩能力差;渣土进入土仓顺畅,盾构磨损小,施工效率高	
刀盘扭矩	刀盘扭矩阻力大,需增加设备能力,造价高	刀盘扭矩阻力小,设备造价低	
隧道内刀具更换安全性	由于有面板,开仓换刀时在隧道内更换刀头安全、可靠	安全性差,加固土体费用高	

7)刀具布置一般形式

从优化设计考虑,盾构刀具按一定的力学和几何学规律分散布置在刀盘上,从而达到布局、结构和负载的合理性[22]。切削刀具主要按阿基米德螺旋线和同心圆的几何规律在刀盘上布置,目前采用最多的是阿基米德螺旋线布置法,如图4-13所示。

阿基米德螺旋线极坐标表达式为：

$$\rho = \rho_0 + \alpha\theta \tag{4-5}$$

式中：ρ——极径；

ρ_0——极径初始值；

α——常因数；

θ——极角。

假设盾构中心刀最大切削直径为 d_3，刀盘上切削刀具宽度为 b_1（图 4-14），则：

$$\rho_0 = \frac{d_3}{2} + \frac{b_1}{2} - c \tag{4-6}$$

式中：c——初始切削刀与中心刀的重叠量，计算如下

$$c = b_1 \times \Delta N \tag{4-7}$$

其中：ΔN——切削刀的布置数目 N' 取余，假设盾构外径为 d_1，刀盘切削外径为 d_2，周边刮刀宽度为 b_2，则

$$N' = \frac{\dfrac{d_2}{2} - \dfrac{d_3}{2} - b_2}{b_1 - \Delta b} \tag{4-8}$$

其中：N'——一般取整，

Δb——刀具切削轨迹之间搭接重叠量，若无重叠量，则 $\Delta b = 0$。

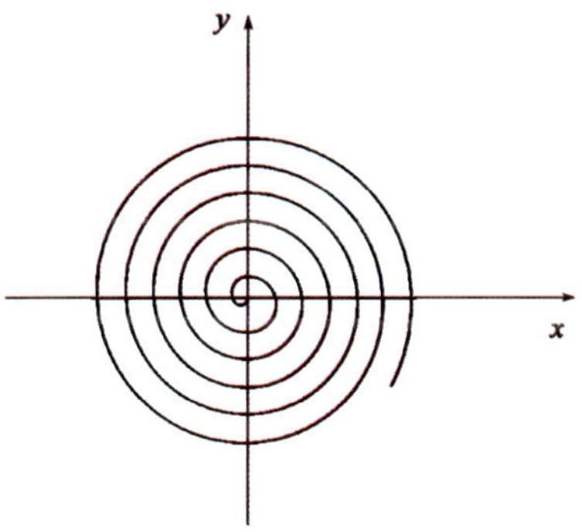

图 4-13 阿基米德螺旋线

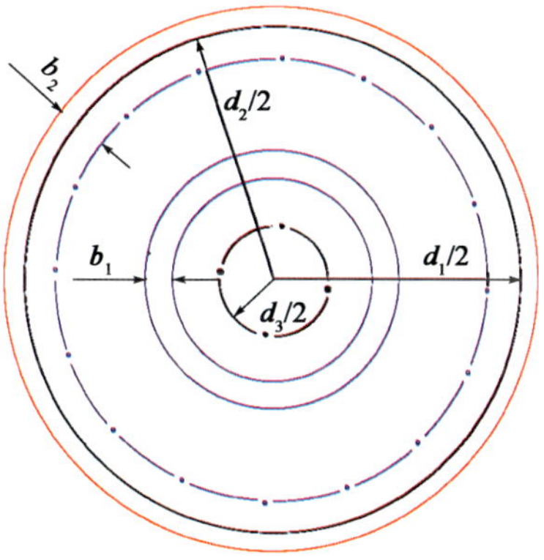

图 4-14 刀盘尺寸及刀具开挖半径示意

先行刀一般安装在辐条中间的刀箱中，采用背装式，可从土仓进行更换。先行刀超前切刀布置，使先行刀超前先切削地层，从而保护切刀，并避免其先切削刀砾石或块石地层。先行刀主要有 3 种形式：贝壳刀、齿刀和撕裂刀。先行刀在切刀接触地层之前，特别是较硬的地层之前先松动地层，一般切削宽度较窄，从而使先行刀在砾石地层等较硬的地层中有更高的切削效率。先行撕裂刀除先行将致密的土层松动外，同时还起着击碎砂卵石的作用，先行刀还能起到延长切刀寿命的作用。先行刀按刀盘双向转动设计，齿刀和撕裂刀可安装在一个特殊设计的刀箱中，允许根据刀盘的转动方向做适当的微动，这种设计主要用来减少先行刀侧面的

磨损。

切削刀一般布置在刀盘辐条或者刀盘面板边缘,用来切削未固结的土壤,并把切削土刮入土仓中,刀具的形状和位置按便于切削地层和便于将土刮入土仓来设计,在同一轨迹上一般有多把切刀同时开挖。切刀的宽度使每把刀的切削轨迹之间有一定的重叠。由于盾构刀盘的正反转,切削刀应成正负对称布置。而且,同一刀盘上切削刀的运行距离与其分布半径成正比,即相同运行时间内,外周切削刀比内周切削刀的运行距离较长,其磨损较大。按照等磨损布置原则,外周切削刀布置间距一般小于内周切削刀的布置间距[23]。比如在切削直径1/2圆周内采用单螺线布置,其余外周采用双螺线布置,如图4-15所示。这种以切削刀布置为主,辅以中心鱼尾刀、周边刮刀和超挖刀的刀具布置形式在国外盾构上较常见,适用于黏土、砂土等软土地层。

周边刮刀也称铲刀,安装在刀盘的外圈,用于清除边缘部分的开挖渣土,防止渣土沉积,确保刀盘的开挖直径,防止刀盘外缘的间接磨损。该刀的切削面上设有一排连续的碳钙合金齿和一个双排碳钨合金柱齿,用于增强刀具的耐磨性,确保即使在掘进几公里之后,刀盘仍然有一个正确的开挖直径。周边刮刀采用背装式,可从土仓内进行更换。对周边刮刀而言,单排连续碳钨合金刀齿是足够的,因为周边刮刀仅其端部切削地层,而切刀在整个宽度范围内切削地层。

8)砂卵石地层刀具布置

北京、成都及沈阳等城市地铁隧道区间和南京过江隧道均为典型的砂卵石地层,卵石粒径大,石英含量高,刀具的磨损及冲击崩裂严重,依靠切削刀单一切削模式不能满足工程需要,故使用贝壳先行开挖刀,并在胶结型砂卵石地层使用滚刀。刀具切削按原理分为4种:①流水型切削;②剪切型切削;③断裂型切削;④剥落型切削,如图4-16所示。砂卵石地层对应的切削模式为剥落型切削。

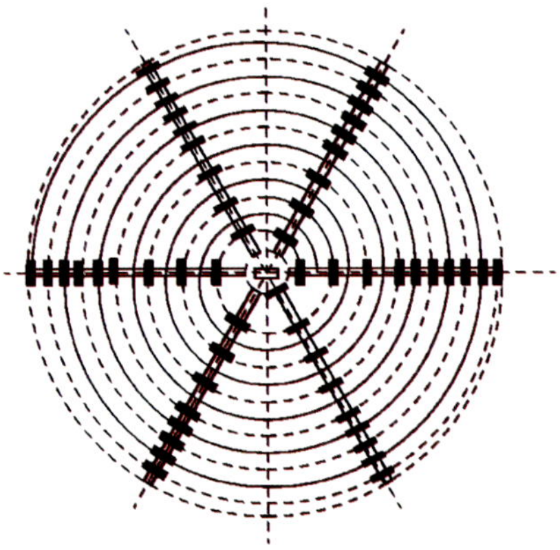

图4-15 刀盘切削刀布置示意图

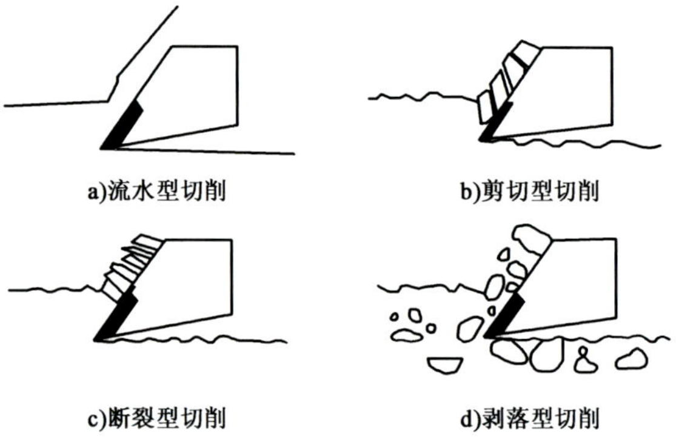

图4-16 四种不同切削形式

目前在砂卵石地层中,盾构刀盘主要有3类刀具配置方式[24]:①正面刮刀+周边刮刀组合,在北京地铁和沈阳地铁工程中被采用;②正面刮刀+周边刮刀+滚刀组合,广泛应用于成都地铁,北京地铁也有应用;③正面刮刀+周边贝壳刀+先行刀或正面刮刀+周边贝壳刀+中心鱼尾刀+先行刀组合,在北京地铁应用较多。工程应用表明,第①类及第②类刀具配置方式工程效果较差,刀具磨损严重。因此,在松散砂卵石地层中,配置贝壳先行刀成为盾构刀具配置的重要参考。对于卵砾石地层,刀盘刀具设计与地层条件不适应是导致严重工程后果的主要因素,刀盘或刀具改造后的工程效果表明:因刀具过度磨损导致的严重工程事故问题完全可以依靠合理的刀盘设计和刀具配置避免。

工程应用表明:对于卵砾石地层,采用正面刮刀(切削刀)和贝壳先行刀的组合方式,再辅以其他周边刀具,如中心鱼尾刀、周边刀,是刀具布置的较好选择。在刀具布置方面,除了考虑刀具布置的几何对称性,还要考虑刀具的等磨损原则,同时注意不同刀具之间的协同切削。

4.3.3 区间地层适应性分析及刀具选择和布置

北京大兴国际机场线划分为4个合同段、5个区间,每个区间盾构的刀盘和刀具存在差异,其主要原因是每个区间盾构下穿的地层不尽相同。对每个区间的盾构下穿地层、检修井个数、换刀消耗时间和设备厂家进行统计,并对3个不同厂家设计的盾构主要参数进行对比,结果见表4-7。

盾构参数对比表 表4-7

设备厂家	开挖直径(mm)	开口率(%)	主要刀具配置	额定推力(t)	额定扭矩(kN·m)
中铁装备	9040	60	先行刀+刮刀	8380	21580
辽宁三三	9114	55	先行刀+刮刀	9520	23971
铁建重工	9150	60	先行刀+刮刀	8185	17960

永兴河站—磁各庄站区间总长2783m,盾构穿越地层主要为粉质黏土和粉土,实际施工过程中,在区间中点布置一个检修井。磁各庄站—1号风井区间总长2852m,左右线各选取1个换刀检修位置,两个区间使用的盾构设备厂家均为中铁装备。以永兴河站—磁各庄站区间为例说明单盘技术参数和刀具布置形式。1号风井—2号风井区间总长2108m,左线选取2个换刀检修位置,1号检修井距离始发井948m,2号检修井距离始发井1232m;使用的盾构设备厂家为辽宁三三,所以单独说明刀盘技术参数和刀具的布置形式。2号风井—3号风井区间总长3847m,左右线分别于掘进759m、1666m、2494m后采用人工挖孔桩进行刀具的检查及更换。换刀段盾构穿越主要地层为卵石圆砾⑤、卵石圆砾⑦。而后来穿越地层中含有粉土,所以第三个检修井距离接收井距离较长。该区间换刀次数最多,换刀消耗时间最长。3号风井—草桥站区间的检修井个数相比2号风井—3号风井区间少了一个,对比两个区间的盾构穿越主要地层可以发现,3号风井—草桥站区间的卵石种类和2号风井—3号风井区间的相同,不同的是此区间含有更多的粉细砂,从而佐证了该区间检修井数量减少的原因。两个区间使用的盾构设备厂家都是铁建重工,盾构的开口率相同,且刀具的布置形式也基本相同,所以以2号风井—3号风井区间为例说明刀盘技术参数和刀具的布置形式。

1)永兴河站—磁各庄站区间刀盘选择及刀具布置

针对地质条件,采用辐条式刀盘能够满足施工掘进、沉降控制等要求。该工程采用的盾构刀盘结构图如图4-17所示,采用六牛腿,6主梁+6副梁结构形式,刀盘开挖直径9040mm,刀盘开口整个盘面均匀分布,盾构刀盘开口率为60%,刀盘刀具技术参数见表4-8。

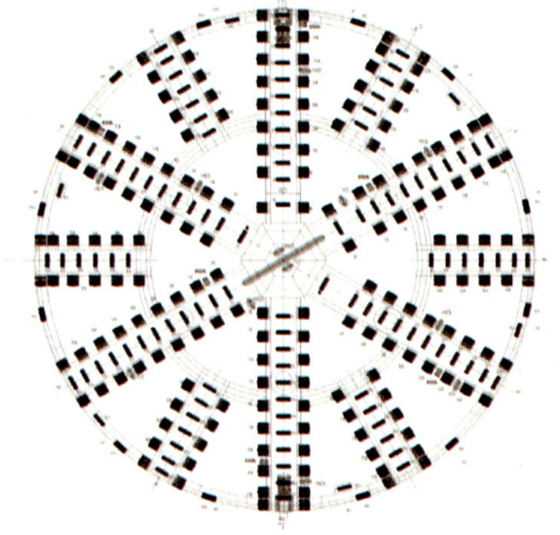

图 4-17 永兴河站—磁各庄站区间刀盘结构图

永兴河站—磁各庄站区间刀盘技术参数表 表 4-8

结构形式	辐条
开口率	60%
质量(不含刀具)	约 90t(不含刀具)
中心刀(数量/高度)	1 把/450mm
边刮刀 1(数量/高度)	12 把/120mm
边刮刀 2(数量/高度)	12 把/140mm
切刀 1(数量/高度)	96 把/140mm
切刀 2(数量/高度)	54 把/120mm
焊接撕裂刀 240(数量/高度)	2 把/240mm
焊接撕裂刀 175(数量/高度)	67 把/175mm
焊接撕裂刀 145(数量/高度)	47 把/145mm
保径刀 1(数量/高度)	9 把/175mm
保径刀 2(数量/高度)	3 把/145mm
超挖刀(数量/行程/超挖量)	2 把/150mm/100mm

随着盾构掘进地层的不同,刀具的布置也应不同,即刀具布置的地层适应性需要在施工中验证[25]。下面结合北京大兴国际机场线隧道盾构刀具磨损情况,对刀具的优化布置进行探讨。

针对区间地质条件为粉质黏土、粉土,刀盘采用 6 主梁 +6 副梁结构形式,整体开口率为 60%,开口均匀分布;刀盘刀具具体配置为中心刀 1 把、边刮刀 24 把、切刀 150 把、焊接撕裂刀 116 把、保径刀 12 把、超挖刀 2 把。切刀的主要作用是将先行刀具切削下来的渣土及时收集到土仓内,降低刀盘面板磨损,保护先行刀具的刀座。切刀采用 200mm 宽,钛合金设计,侧面堆焊耐磨合金条,及时收集渣土的同时又可有效防止切刀表面形成刀盘泥饼。切刀刀座设计包括保护块,表面堆焊耐磨网络,以提高刀具的抗冲击性。边缘刮刀是主要作用清理外围开挖渣土,防止刀盘外圆直接磨损。刀刃采用4排大尺寸耐磨硬质合金设计,边缘刮刀采用分体式双排高强度螺栓设计,刀座设计同样增加有保护块,提高刀具的抗冲击性。保径刀的主要作用是保护开挖直径,减少大圆环的磨损。保径刀采用大尺寸耐磨硬质合金设计,刀具厚度为100mm,外表面堆焊耐磨层,增强刀具耐磨性,保径刀数量为12把,布置在切口环位置。耐磨合金块厚60mm,宽120mm,基体材料一般采用Q345B,在基体中间隔开钎焊合金块,合金硬度为86~88HRA。耐磨合金块整体贴焊在大圆环外侧,在掘进过程中会发生磨损,严重时需要更换。将合金块基体与大圆环母材刨除,打磨清理干净后,焊接新的耐磨合金块。

2)1号风井—2号风井区间刀盘选择及刀具布置

针对该区间项目,并结合类似项目经验,设计了满足该项目砂卵石与粉质黏土地质的刀盘,如图4-18所示。该刀盘设计用于复合地层条件下的掘进,刀盘综合开口率为55%,中心区域开口率达到60%。撕裂刀、刮刀、安装在刀盘面上的6主6副共计12个轮辐上。刀盘主体结构的高强度、高刚性设计可以保证刀盘能在该工程施工期间不变形、不损坏,适宜大扭矩和大推力的作业工况。在刀盘面和轮缘上,共计10个独立操作渣土改良注射口。在刀盘舱内装有渣土改良注射口和土压传感器。刀具具有两套磨损探测系统。由于刀盘旋转时,中间部位线速度小,在黏土地层极易形成泥饼。防止中间黏结的措施是该刀盘设计中的一大特点,中间的开口率较高,从而使中间部位的渣土极易进入土仓,同时使得刀盘中心部分的压力时刻可以被控制。刀盘上布置有重型撕裂刀、重型刮刀等主要切削刀具。撕裂刀采用焊接形式焊接在刀盘辐条上,刀间距为89mm,重型撕裂刀刀具高差分层布置,刀高为175mm/145mm,重型刮刀分层布置,采用螺栓连接方式固定在刮刀座上,便于土仓内更换,刮刀刀高为110mm/90mm。

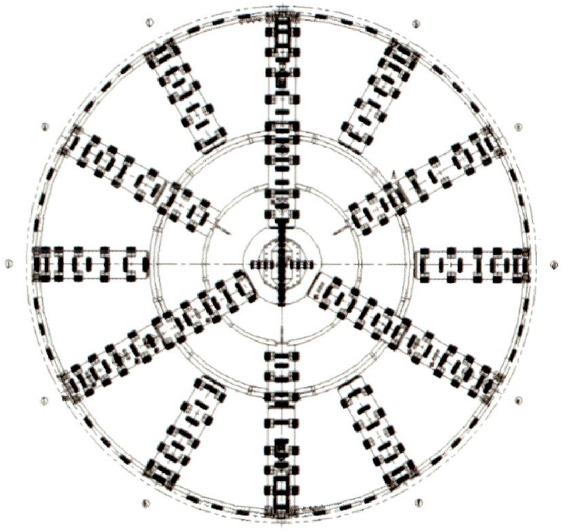

图4-18 1号风井—2号风井区间刀盘结构图

刀盘表面和开口部位焊接有耐磨层,外周焊接40mm厚的三三工业特种耐磨合金及硬质合金耐磨条,如图4-19所示。

刀具技术参数见表4-9。

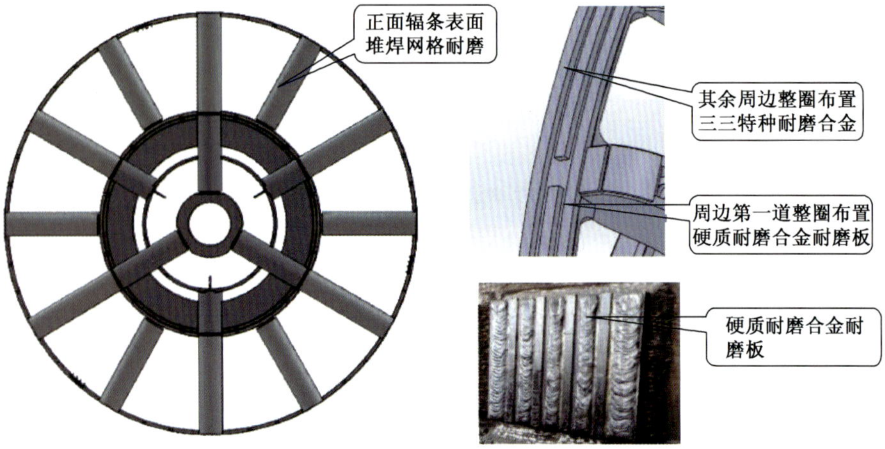

图 4-19　耐磨设计图

1 号风井—2 号风井区间刀盘刀具统计表　　表 4-9

刀 具 名 称	数量(把)	备　注
切刀	108	刀高 140mm
切刀	80	刀高 110mm
保径切刀	24	刀高 140mm
高先行刀	74	刀高 175mm
低先行刀	50	刀高 145mm
圆弧先行刀(保径)	24	刀高 175mm
圆弧先行刀(保径)	12	刀高 145mm
超挖刀	2	最大超挖量 100mm
鱼尾中心刀	1	刀高 450mm
泡沫保护刀	9	刀高 60mm

切刀布置在刀盘开口槽的两侧,用螺栓连接,拆装方便,其切削原理为盾构向前推进的同时,切刀随刀盘旋转对开挖面土体产生轴向(沿隧道前进方向)剪切力和径向(刀盘旋转切线方向)切削力,在刀盘的转动下,刀刃和刀头部分插入地层内部,不断将开挖面前方土体切削下来。切刀一般适用于粒径小于 400mm 的砂卵石、黏土等松散体地层,对该工程地层有较好的适应性。切刀刀高布置分为两层,其中刀高 140mm 的 108 把,刀高 110mm 的 80 把,刀间距为 120mm。在直径 1760 ~ 3200mm 范围内,每个轨迹布置刀高 140mm 切刀 1 对;在直径 3200 ~ 5120mm 范围内,每个轨迹布置刀高 140mm 切刀 2 对;在直径 5120 ~ 8480mm 范围内,每个轨迹布置刀高 140mm 切刀 2 对和刀高 110mm 切刀 1 对;在直径 8480 ~ 8720mm 范围内,轨迹布置刀高 140mm 切刀 3 对和刀高 110mm 切刀 3 对。先行刀是先行切削土体的刀具,超前切刀布

置。先行刀在设计中主要考虑与其他刀具组合协同工作。先行刀在切刀切削土体之前先行切削土体,将土体切割分块,为切刀创造良好的切削条件。先行刀的切削宽度一般比切刀窄,切削效率较高。采用先行刀,可显著增加切削土体的流动性,大大降低切刀的扭矩,提高切刀的切削效率,减少切刀的磨耗。在松散体地层,尤其是砂卵石地层,先行刀的使用效果十分明显。先行刀分为两种,其中刀高145mm的50把,刀高175mm的74把,高低差配置,刀间距为85mm。在直径1590~2950mm范围内,每个轨迹布置刀高175mm先行刀1把;在直径2950~4650mm范围内,每个轨迹布置刀高175mm/145mm先行刀各1把;在直径4650~7200mm范围内,每个轨迹布置刀高175mm先行刀2把和刀高145mm先行刀1把;在直径7200~8560mm范围内,每个轨迹布置刀高175mm/145mm先行刀各2把;在直径8560~8730mm范围内,每个轨迹布置刀高175mm/145mm先行刀各3把。弧形先行刀布置36把,用于切削外周的土体,保证开挖面的直径,其中刀高145mm的12把,刀高175mm的24把,高低差配置。中心鱼尾刀布置1把,刀高450mm,刀盘旋转时随鱼尾刀切削下来的土体,在径向和切向运动的基础上,又增加一项翻转运动,这样既可以解决中心土体的切削问题又可以改善切削土体的流动性及搅拌效果,大大提高了盾构的整体掘进效果。超挖刀布置在刀盘辐条内部共2把,最大超挖量100mm,盾构在曲线段推进或转弯、纠偏时,通过超挖刀切削土体所创造的空间,保证盾构在超挖少,对周边土体干扰小的条件下,实现了曲线推进和顺利转弯、纠偏。超挖刀布置如图4-20所示。

图4-20　超挖刀布置

3)2号风井—3号风井区间刀盘选择及刀具布置

刀盘表面和开口部位焊接有耐磨层,外周焊接25mm厚的复合耐磨钢板。盾构刀盘由钢结构件焊接而成,刀盘主体结构的高强度、高刚性设计可以保证刀盘在该工程施工期间不变形、不损坏,适宜大扭矩和大推力的作业工况[26,27]。盾构刀盘类型为辐条式刀盘,主要由轮缘、辐条和布设在辐条上的刀具组成。6根辐臂支撑的厚壁法兰连接主驱动装置并且作为刀盘辐臂的基座,以传递足够的扭矩和推力,刀盘可以双向旋转。为了保证刀盘的整体结构强度和刚度,刀盘的中心部位采用整体铸钢铸造,刀盘正面堆焊耐磨网格,刀盘上切刀为螺栓连接,可以实现刀具更换。刀盘上设有搅拌棒,可以随着刀盘一起转动,辅以土仓壁上的固定搅拌棒可起到搅拌渣土的功能,对土仓中的废弃土体进行强制搅拌,使注入开挖面上或土仓中的添加材料(加泥、水、气泡)与切削下来的土体在土仓中进行充分的搅拌,提高土体的塑性流动性,使在滞留土仓中的废弃土体具有良好的流动性和止水性。

2号风井—3号风井区间刀盘结构图如图4-21所示。

刀盘直径为9150mm,刀盘的开口率约为60%,正面装配有贝壳刀,刀盘的中心部分开口率大,有利于中心部分渣土的流动并进入土仓,可以有效地防止中心泥饼的产生。刀具技术参数见表4-10。

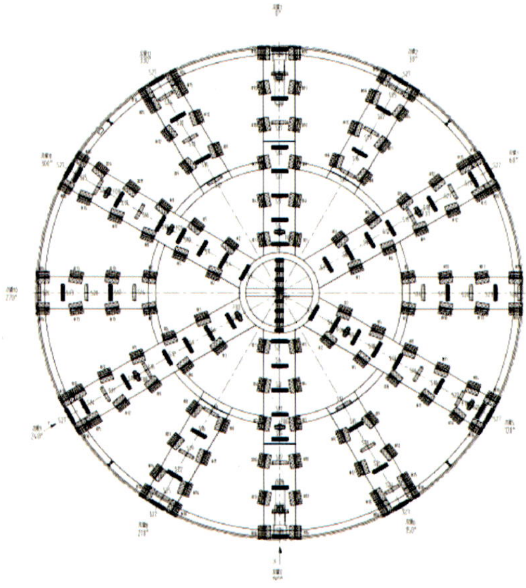

图4-21　2号风井—3号风井区间刀盘结构图

2号风井—3号风井区间刀具统计表　　表4-10

刀具名称	数量(把)	备　注
切刀	120	刀高125mm
高贝壳刀	75	刀高175mm
低贝壳刀	51	刀高145mm
保径刀	66	
超挖刀	2	最大超挖量50mm
鱼尾中心刀	1	刀高450mm

切刀布置在刀盘开口槽的两侧,用螺栓连接,拆装方便,其切削原理为盾构向前推进的同时,切刀随刀盘旋转对开挖面土体产生轴向(沿隧道前进方向)剪切力和径向(刀盘旋转切线方向)切削力,在刀盘的转动下,刀刃和刀头部分插入地层内部,不断将开挖面前方土体切削下来。切刀一般适用于粒径小于400mm的砂卵石、黏土等松散体地层,对该工程地层有较好的适应性。贝壳刀分为两种,其中刀高145mm的51把,刀高175mm的75把,高低差配置,由于该工程中卵石圆砾层分布长3825m,占该区段总长的100%。盾构穿越砂卵石地层,特别是含较大粒径砂卵石地层,因土体松散,将其布置在刀盘前端面,专用于切削砂卵石。保径刀布置66把,用于切削外周的土体,保证开挖面的直径,如图4-22所示。

中心鱼尾刀布置1把,刀高450mm,刀盘旋转时随鱼尾刀切削下来的土体,在径向和切向运动的基础上,又增加一项翻转运动,这样既可以解决中心土体的切削问题,又可以改善切削土体的流动性及搅拌效果,大大提高盾构的整体掘进效率。超挖刀布置在刀盘的边缘上,共2把,最大超挖量50mm,盾构在曲线段推进或转弯、纠偏时,通过超挖刀切削土体所创造的空间,保证盾构在超挖少,对周边土体干扰小的条件下,实现曲线推进和顺利转弯、纠偏。超挖刀布置如图4-23所示。

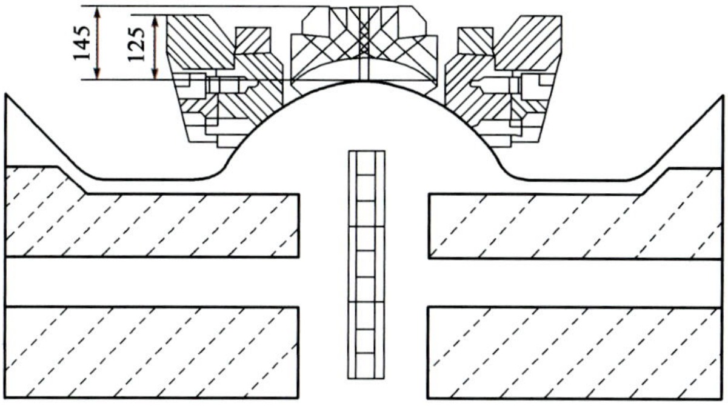

图 4-22　保径刀布置(尺寸单位:mm)

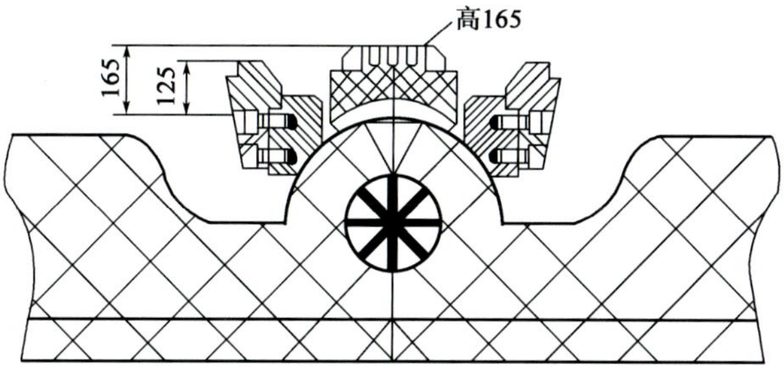

图 4-23　超挖刀布置(尺寸单位:mm)

4)刀具布置情况总结

由于上述 3 个区间的盾构下穿地层存在差异,所以每个区间的盾构刀具种类选择和刀具配置存在不同。对 3 个区间的刀具种类和刀具配置进行统计对比分析,结果见表 4-11。

刀具种类及高差表　　表 4-11

施工区间	刀具情况	
	刀具种类	刀具高差
永兴河站—磁各庄站区间	切刀 边刮刀 先行刀(撕裂刀) 保径刀 超挖刀 中心刀	140mm/120mm,高差 20mm; 140mm/120mm,高差 20mm; 240mm/175mm/145mm,高差 30mm 和 65mm; 175mm/145mm,高差 30mm; 150mm/100mm,高差 50mm
1 号风井—2 号风井区间	切刀 重型刮刀 先行刀(撕裂刀,高、低先行刀,圆弧先行刀) 超挖刀(单层布置) 泡沫保护刀	140mm/110mm,高差 30mm; 110mm/90mm,高差 20mm; 175mm/145mm,高差 30mm
2 号风井—3 号风井区间	切刀 先行刀(高、低贝壳刀) 保径刀 超挖刀 中心刀	125mm; 175mm/145mm,高差 30mm; 其余刀具均为单层布置

刀具布置时,要根据地质对刀具的影响,找到可以更好降低刀具磨损的布置形式。刀具高度是指刀具高出刀盘面的距离,刀具高度的布置既影响开挖效率,又关系着刀具的失效[28,29]。例如,在黏度较大、硬度较低的土层,刀具高度过低时会出现对土层的切削深度不足,不能达到去除的效果,从而降低掘进效率;刀具过高时可能会断刀。刀具配置的高差不仅影响到盾构开挖的效率,还会影响盾构掘进时的渣土排放效率。永兴河站—磁各庄站区间由于盾构下穿地层主要为粉土和粉质黏土,先行刀高度最大达到240mm,这种设计是为了提高掘进效率,高差对比其他两个区间最大,是为了防止粉土和粉质黏土不能充分进入土仓,从而导致刀盘结泥饼情况的发生,进一步提高渣土排放效率。所有的刀具都分层布置,方便施工过程中进行换刀。1号风井—2号风井区间由于盾构下穿地层全都是砂卵石,所以相比其他两个区间多布置了两层的重型撕裂刀和重型刮刀,这样布置可以充分保证对地层的开挖,同时换刀也更加方便。合理的盾构刀具选型和布置过程对于地铁的开挖十分重要。

4.4 盾构刀具磨损预测、控制及主动换刀技术

4.4.1 刀具磨损的影响因素

盾构刀具损坏的主要形式分为正常磨损和非正常磕碰崩齿两种[30]。在粉砂、细砂及含砾中粗砂地层中,刀具损坏形式以前者为主;在卵石圆砾地层中,刀具损坏形式以后者为主。

盾构刀具的磨损与地质条件、刀具材质及其在刀盘上的安装位置有关,刀具磨损量随着盾构掘进距离的增长而增大[31]。布置在刀盘周边的刀具由于线速度大、切削路线长,因而磨损快、易折断、寿命短。盾构刀具磨损的主要影响因素及原因分析见表4-12。

刀具磨损主要影响因素及原因分析　　表4-12

主要影响因素	磨损原因
地质情况	块状卵石、砾石堆积到刀盘底部,相互挤压发生二次摩擦。一方面造成刀具承受的侧向力增大,促使刀刃崩裂脱落损坏;另一方面边缘刀一直高速运转,在无规律的多次磨损下,致使刀具机体的合金齿快速崩裂脱落,造成刀具异常磨损
刀具结构、材质及加工工艺	刀刃合金颗粒太尖、太薄易导致刮刀形成崩齿现象,撕裂刀形呈脱落现象。刀刃焊接工艺过差或刀槽设计深度过浅都会导致刀具损坏
盾构掘进参数	当贯入度过大时,刀具将直接在掌子面上磨损。当刀盘转速过大时,冲击断裂成为刀具的主要损坏形式
渣土改良	渣土在开挖面的改良影响刀具磨损,在土仓的改良效果会影响出渣流畅性,因而渣土改良可以减少渣土对刀具的二次磨损伤害

在盾构推力作用下,刀具对开挖面土体产生一定压力。随着刀盘的旋转,刀具与土砂磨料摩擦,从而产生磨损。刀具损坏的主要形式有刀具的磨耗和脱落。刀具的磨耗受刀具材质、硬度、刀具作用推力以及地质条件(砾石粒径、密度)和刀具切入深度、速度、时间的影响;刀具脱落主要与安装方法(焊接或螺栓连接)有关,施工时也受刀柄的磨耗和砾石、障碍物的影响。

盾构在掘进中会遇到各种地层，从淤泥、黏土、砂层、砂卵石层到软岩及硬岩等，开挖过程中刀具受力过程复杂，工作环境恶劣，刀具的磨损与施工地层密切相关。淤泥质黏土、粉质黏土、黏质粉土等地层对刀具的磨损很小，而砂土、砂卵石、砾石地层对刀具的磨损十分严重，甚至使刀具折断，而本工程所属区间以砾石卵石地层为主，因此有必要进行刀具磨损分析。

4.4.2　刀具磨损预测方法

目前，对于盾构刀具磨损预测的方法主要有经验法、JTS 公式法等[32]。经验法即根据相关地质情况及类似工程的换刀距离，对磨损量进行归纳总结，得出一定的规律之后，预测在建过程的磨损量。而 JTS 公式法则是根据在掘进过程中的参数，如掘进速度、刀盘转速、刀盘直径等对刀具磨损量进行理论计算和预测。JTS 公式法的主要优势在于有足够的理论依据，计算结果较为精确，能根据已有的参数，确定换刀距离，从而提前设置换刀位置，节约工期。

JTS 公式是日本根据大量的工程实例进行分析，再对工程中的统计资料进行模拟，归纳总结得出的一套关于盾构刀具磨损量预测的公式。该公式对盾构的刀具磨损进行预测之后，得出掘进距离与刀具的磨损规律，从而确定实际的换刀位置，保证盾构的安全准确换刀，取得最优的经济效益。

1）磨损控制标准

刀具磨损在不同的地质情况下具有不同的控制标准，当然换刀控制的最终标准即在不影响正常施工的情况下，保证经济效益最大化。图 4-24 是撕裂刀的模型图。

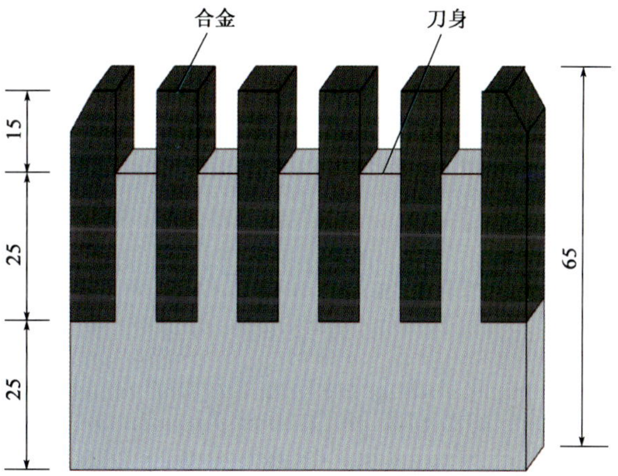

图 4-24　撕裂刀模型图（尺寸单位：mm）

从图可以看出，撕裂刀由两部分组成，上部为耐磨合金刀，下部是刀身，两者镶嵌其中。在掘进过程中，主要承受磨损的是合金部分，当然在刀身中还有一部分的合金，所以在实际的掘进过程中，虽然控制标准是 15mm，但考虑到经济因素、换刀距离的最大承受能力，磨损量最大值可扩大至 40mm。因此，在实际的工程计算中，首先要严格采用的控制标准为 15mm 磨损量，而在最后一段的换刀距离可考虑 40mm 合金的磨损标准，这样可减少换刀次数，缩短工期，节约资金。

北京地铁砂卵石地层盾构施工确定的刀盘、刀具磨损的控制标准为：

(1)周边切削刀耐磨块磨损超过15mm即需要更换。

(2)周边切削刀的刀座受损现象严重即需要补焊。

(3)刀盘硬质合金保护层磨损严重即需要堆焊。

(4)齿刀磨损超过10mm即需要更换。

2)刀具磨损量计算方法

理论研究表明,在盾构的掘进过程中,刀盘最外圈的刀具处于线速度最大的不利位置,磨损最为严重;当外圈刀具磨损严重或失效后,盾构的推力和刀盘扭矩将增大,在砂卵石地层中很可能会由于推力和扭矩的增加而使得推进速度变慢,增加刀具磨损并降低推进效率。

盾构掘进过程中的刀具受力条件复杂,目前还没有一套能够完全模拟刀具工作状态并计算刀具寿命的公式或软件。以下公式是日本根据大量的统计资料模拟的一套切削刀具的磨损公式。刀盘最外圈的刀具磨损量的推测值可按式(4-4)计算:

$$\delta = \frac{1}{10} \times \frac{K \times \pi \times D \times N \times L}{v} \tag{4-9}$$

式中:δ——刀具磨损量,mm;

K——磨损系数,mm/km,根据工程经验,不同的地层可取的取值见表4-13;

D——盾构外径,m;

N——刀盘转速,r/min;

L——刀具切削长度,m;

v——掘进速度,cm/min。

磨损系数 K 取值 表4-13

土　　层	黏　　土	砂	砂砾/卵砾	不同刀头材质
磨损系数 K ($\times 10^{-3}$mm/km)	4	15~25	25~45	E5级
	2~7.5	7.5~12.5	12.5~22.5	E3级
	1.37~5.17	5.17~8.6	8.6~15.5	E2级

3)换刀距离的确定

为了确定刀具磨损达到限定磨耗量时的推进距离,从而确定刀具的换刀距离 L,可对JTS公式进行变换,如式(4-5)所示。

$$L = \frac{10}{\pi D} \cdot \frac{\delta}{K} \cdot \frac{v}{N} \tag{4-10}$$

令 $P_e = \frac{v}{N}, \lambda = \frac{\delta}{K} = \frac{t}{K}, D = 2R$,可得到:

$$L = \frac{10}{2\pi R} \cdot \lambda \cdot P_e = \frac{5P_e\lambda}{\pi R} \tag{4-11}$$

式中:P_e——刀具的切入量,即刀具每转的切入深度,cm/r;

λ——刀具转动距离寿命,即达到刀具限定磨损量时,边掘削开挖面边转动的可能距离(m);

t——限定磨损量,即刀具磨损量 δ 的最大限定值,mm;

R——刀具中容易磨损的最外周刀具安装半径,m。

4.4.3　换刀距离计算

根据相关文献及工程施工经验描述，砂卵石地层对于盾构刀具的磨损程度远大于黏土地层，故全区间砂卵石地层的换刀次数应该明显多于其他地层，根据表4-1的地层对比，2号风井—3号风井区间的地质情况以全断面的无水砂卵石地层为主，因此本节主要选择2号风井—3号风井区间的刀具磨损情况进行分析，计算其相应的换刀距离，并与实际施工情况进行对比，探讨利用JTS公式对磨损量进行预测的准确性，最终确定检修井的设置位置的可行性。

1）计算原理

JTS公式是日本根据工程实践总结出来的一个关于刀具磨损预测的公式。对JTS公式进行适当的变换之后，可以得到一个关于切削长度的计算公式，即 $L=f(\delta,v,K,D,N)$，该公式可以依据工程中得到的关键参数，然后参照公式，得到在磨损量达到工程的控制标准时刀具的切削长度，即盾构的换刀距离。当然，预测得出的换刀距离还要考虑到实际工程中的地质情况，从而相应地在这个基础上进行改良。

2）计算及分析过程

因为北京地铁砂卵石地层盾构施工确定的刀盘、刀具磨损的控制标准为周边切削刀耐磨块磨损超过15mm即需要更换，故需要求出当刀具磨损量等于15mm时的预测距离，再根据该处的地层情况调整最终的换刀距离，磨损系数 K 的取值取决于地层情况，具体地计算流程如图4-25所示。

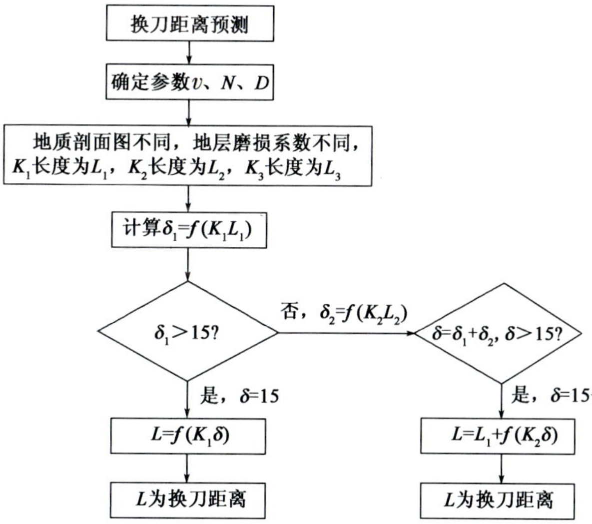

图4-25　换刀距离计算流程图

（1）设计参数

设计单位采取经验法来估算换刀距离，即根据相关地层的施工经验并考虑其他影响因素后给出实际工程的换刀距离，而北京大兴国际机场线工程也是依据设计单位给出的结果而进行检修井的提前开挖及设计。本节采取JTS公式法进行预测，根据公式和2号风井—3号风井区间的工程设计参数计算得出换刀距离。设计的盾构相关参数见表 4-14。

各区间设计参数 表 4-14

区间	永兴河站—磁各庄站	1 号风井—2 号风井	2 号风井—3 号风井	3 号风井—草桥站	磁各庄站—1 号风井
外径 D(m)	9.04	9.114	9.15	9.15	9.04
转速 N(r/min)	1.0	1.0	1.0	1.0	1.0
掘进速度 v(cm/min)	5	5	5	5	5

根据 2 号风井—3 号风井区间的地质剖面图，可以看出隧道穿越了不同的地层，所以相应的磨损系数 K 也就不同。查阅表 4-13，得出粉细砂 K_1 为 0.023mm/km，卵石圆砾 K_2 为 0.04mm/km，然后根据图 4-26 可得相应的地层长度，粉细砂 L_4 为 300m，卵石圆砾 L_5 为 700m。

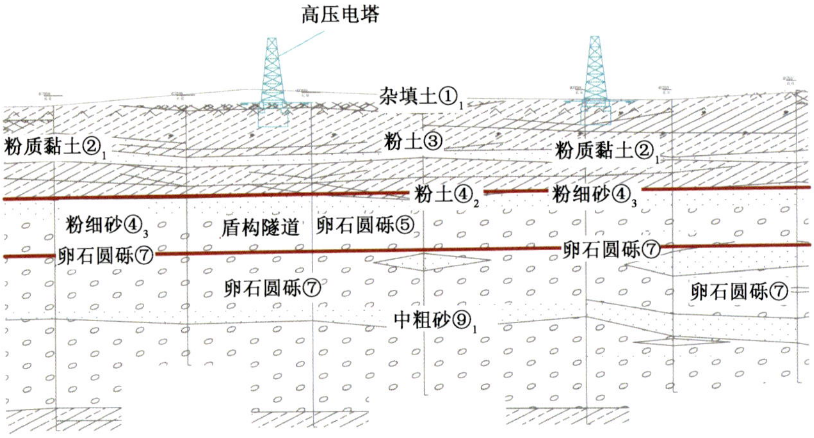

图 4-26 2 号风井—3 号风井区间地质剖面图

接下来，根据图 4-25 进行计算。

第一个检修井的换刀距离 L_1，根据式(4-4)计算可得：

$$\delta_1 = 4(\text{mm}), \delta_2 = 16(\text{mm}), \delta = 15 - \delta_1 = 11(\text{mm}),$$

$$L = L_1 + \frac{10}{\pi D} \cdot \frac{\delta}{K_2} \cdot \frac{v}{N} = 778(\text{m})$$

第二个检修井的换刀距离 L_2，根据式(4-4)计算可得：

$$\delta_1 = 5(\text{mm}), \delta_2 = 8(\text{mm}), \delta_3 = 4.5(\text{mm}), \delta = 15 - \delta_1 = 2(\text{mm}),$$

$$L = L_6 + L_7 + \frac{10}{\pi D} \cdot \frac{\delta}{K_2} \cdot \frac{v}{N} = 909(\text{m})$$

第三个检修井的换刀距离 L_3，根据式(4-4)计算可得：

$$\delta_1 = 2.6(\text{mm}), \delta_2 = 5.3(\text{mm}), \delta = 18(\text{mm}), \delta = 15 - \delta_1 = 7.1(\text{mm}),$$

$$L = L_9 + L_{10} + \frac{10}{\pi D} \cdot \frac{\delta}{K_2} \cdot \frac{v}{N} = 822(\text{m})$$

(2)刀盘实际磨损量

考虑地质因素和实际的工程情况，对于磨损量的验证，选取 2 号风井—3 号风井区间左线最后一段检修井至接收端的磨损情况进行分析，利用式(4-4)对刀具进行计算并得出刀具的实际磨损量，再与工程中测出来的磨损量进行对比，最后讨论 JTS 公式用于刀具磨损量预测的适用情况。

2 号风井—3 号风井区间左线盾构刀盘的布置情况如图 4-27 所示，为了便于计算及数据处理，特将刀具分为 3 段，即内部、中部和外侧 3 个区域，并选取各段磨损量的平均值作为实际工程的磨损量，各刀具的磨损情况如图 4-28 所示。

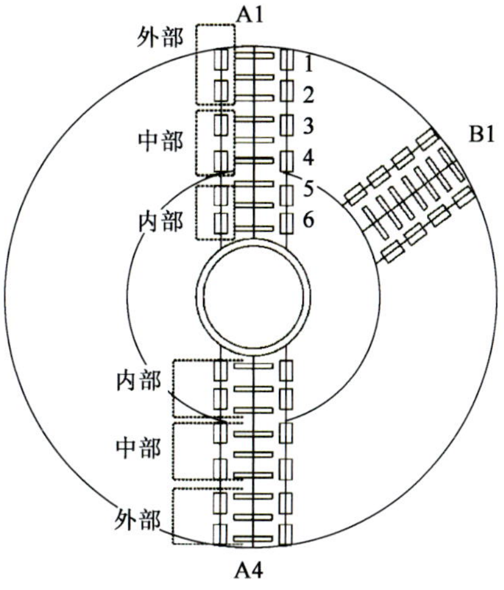

图 4-27 刀具示意图

根据图 4-28，撕裂刀的外圈磨损量在 30 ~ 58mm 之间，撕裂刀在刀盘中心由内向外的磨损量呈增加趋势，这印证了外环刀具在切削过程中的线速度更大的实际情况。同时，撕裂刀的平均磨损量比刮刀磨损量大 20mm，这是因为在刀盘旋转过程中，撕裂刀(即先行刀)最先接触掌子面且起着敲碎大直径卵石的作用，而刮刀(即切刀)起刮落和搅拌作用，也间接说明了刮刀的平均磨损量小于撕裂刀的缘故。如图 4-29 所示，对不同刀盘位置的磨损量进行统计及分析发现，从刀盘外边缘向中心方向的刀具磨损量均趋于减小，且撕裂刀的刀具磨

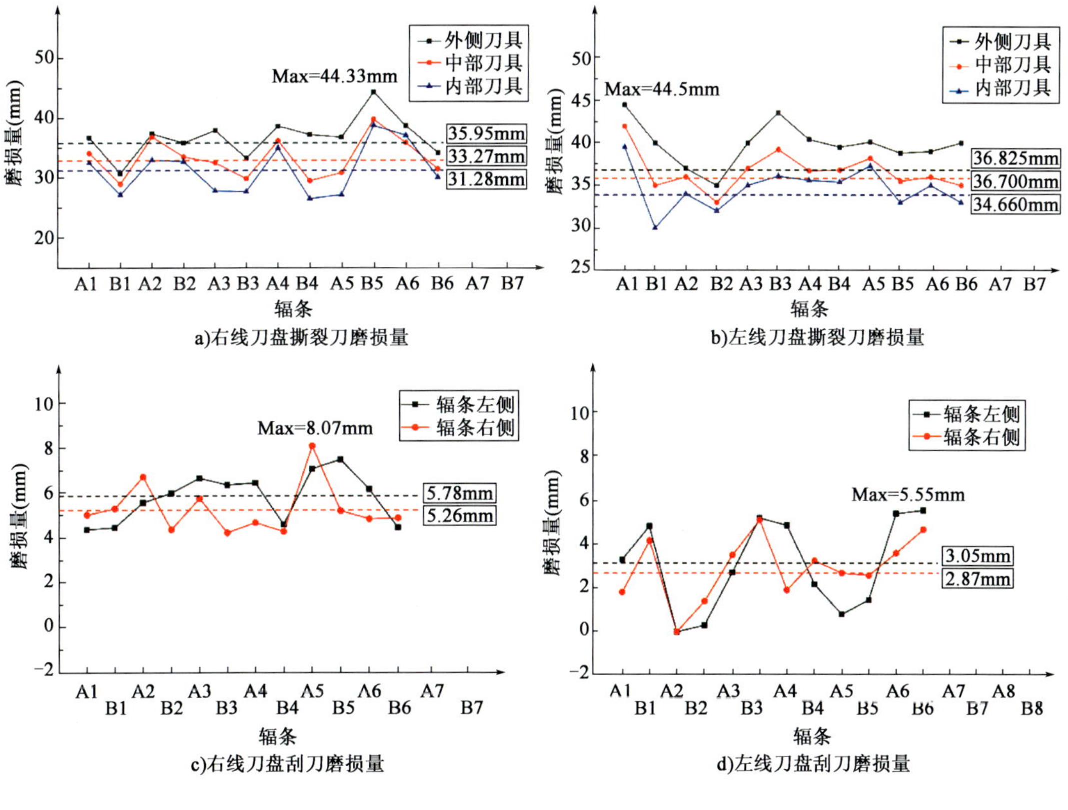

图 4-28 撕裂刀、刮刀磨损量统计图

损量明显大于刮刀的磨损量,在符合工程实际的基础上,这也可以作为充分证实刀具外边缘的线位移大于内侧,从而导致其磨损量更大的理论依据。

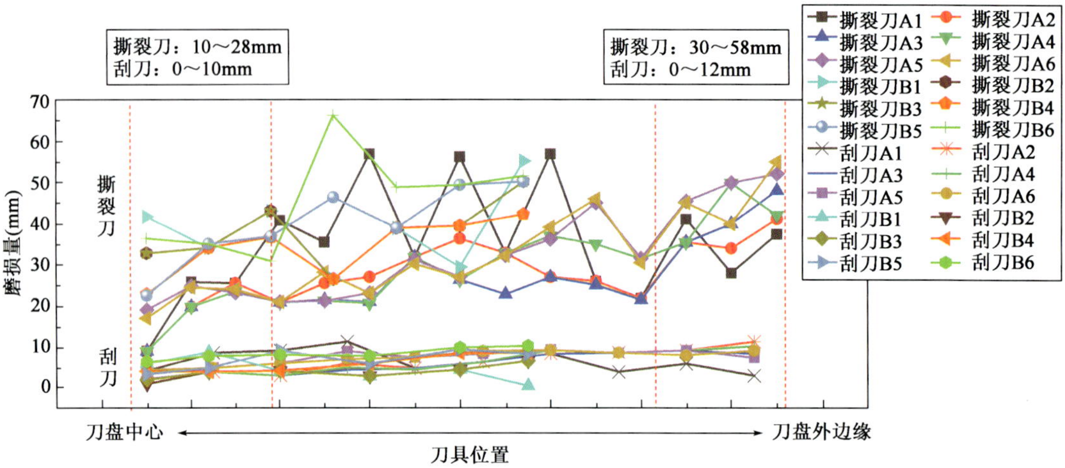

图 4-29　刀具磨损量与位置关系

(3)工程实际施工参数

JTS 公式法的基础即将实际的施工参数与地层因素相结合来预测刀具的磨损量,因而,要证明 JTS 公式对于该工程刀具磨损情况预测的准确性,首先要确定地层因素,再结合实际施工参数计算出刀具的预测磨损量与最终现场测得的磨损量对比,从而判断 JTS 公式计算的准确情况。限于实际工程的区间长度问题,这里选取 2 号风井—3 号风井区间最后一段检修井至接收端的刀盘转速和掘进速度两个参数进行分析,整理结果如图 4-30 所示。

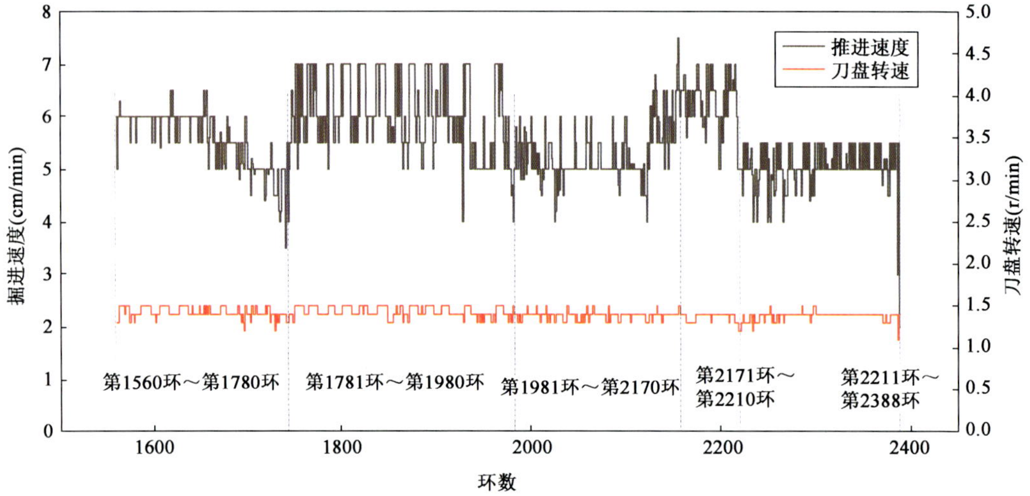

图 4-30　3 号检修井至接收端参数

3)计算结果

根据实际施工参数,结合 JTS 公式对 3 号检修井至接收端的刀具磨损情况进行计算,同时根据参数的波动情况,将该段分成 5 段分别进行计算,结果见表 4-15。

实际施工参数 JTS 公式计算结果 表 4-15

环　数	N(r/min)	L(m)	v(cm/min)	δ(mm)	$\delta_{总}$(mm)
第 1560 环～第 1780 环	1.4	350	6	9.38	35.71
第 1781 环～第 1980 环	1.5	320	7	7.88	
第 1981 环～第 2170 环	1.4	304	6	8.15	
第 2171 环～第 2210 环	1.4	88	7	2.0	
第 2211 环～第 2388 环	1.4	284	5.5	8.3	

通过计算得到表 4-15，根据上述图表所示，得到最终的总磨损量为 35.71mm，与实际工程中的磨损量基本相同，可见 JTS 公式适用于实际工程。

从表 4-15 可以看出，经过 JTS 公式拟合计算的刀具磨损量与实际的刀具损耗量误差在 3% 以内，说明该工程所依靠的地质因素、施工方法、设备配置等情况计算的磨损量可以较准确地运用 JTS 公式拟合。所以，再考虑设计参数情况，运用 JTS 公式计算整个 2 号风井—3 号风井区间的换刀距离，结果见表 4-16，计算结果与设计单位在经验上取得的换到距离比较一致，因此可以再次说明 JTS 公式对于整个北京大兴国际机场线工程的适用性。

北京大兴国际机场线 2 号风井—3 号风井区间左线换刀距离对比 表 4-16

根据 JTS 公式计算的距离(m)	实际换刀距离(m)	距离误差(%)
778	759.15	1.23
909	907.36	0.09
822	828.31	0.38

4.4.4 主动换刀技术

1）主动换刀技术简介

主动换刀是指根据盾构刀具的磨损规律，结合地面施工环境等情况，每隔一定距离预先确定换刀位置，并提前对盾构换刀工作进行筹划、施工占地，施作换刀竖井或对换刀位置地层进行加固，待盾构到达预定位置后立即进行换刀[33,34]。其技术特点为提前预测换刀距离，确定检修井的位置，节约时间，同时风险较小。

2）主动换刀技术优势

主动换刀的优点是对工期影响较小，且换刀过程风险较小。其关键是合理确定换刀距离。换刀距离近会过多地施作换刀竖井或采取地层加固措施，造成工程成本的增加；换刀距离远，盾构可能未到达预定位置刀具就已经发生严重磨损，无法继续掘进，施作的换刀竖井或采取的地层加固措施无法起到作用，同样造成工程成本的增加，且无法实现主动换刀的意图，只能在盾构停机位置进行换刀，造成工期的延误且增大换刀施工的安全风险。

被动换刀是指盾构掘进过程中出现刀具磨损严重等异常情况，无法正常掘进，必须就地进行换刀。被动换刀盾构停机位置不确定，如停机位置现场施工环境复杂，不具备从地面施作换刀井或采取地层加固措施的条件，则只能从隧道内采取地层加固措施，或者进行带压换刀，导致换刀技术难度增大,增加换刀施工的安全风险,且延误工期,也势必造成工程成本的增加。

3)主动换刀关键步骤

盾构将要抵达计划换刀位置前的掘进采用慢速推进和慢转刀盘的方式掘进,以减小盾构机对隧道工作面土体的扰动。同时采用初凝时间短的浆液进行同步注浆,并利用吊装螺栓孔对连接桥附近的成形隧道进行二次补注浆,以增加盾尾附近成型隧道的稳定性。采用转动刀盘和敲击盾壳的方式防止注浆浆液与盾尾固结在一起。开仓换刀的关键步骤如图 4-31 所示。

图 4-31　换刀关键步骤

4.5　盾构检修换刀井合理设置及开挖步序技术

4.5.1　装配式检修井简介

1)装配式检修井工艺

装配式检修井由腰梁、波纹板及钢支撑组成,腰梁及钢支撑作为受力构件,承受周边土体的侧向荷载[35]。波纹板作为挡土及传力构件,将土体的侧向荷载传递到装配式检修井在盾构检修中的应用腰梁及钢支撑上[36]。根据工程经验类比并结合现场工程地质环境,分别对断面工况进行施工阶段承载能力极限状态计算。

整个检修井分为常规段、加强段和盾构段,如图 4-32 所示。自竖井井口以下至 14.3m 部分为常规段,常规段为闭合圆环,起支护稳定作用,整个施工过程中结构形式不发生变化;盾构中心线下方 1m 至盾构顶以上 0.5m 范围为盾构段,盾构段结构总深度为盾构半径 +1.5m,在换撑回填时会拆除迎盾构侧的支护结构。常规段与盾构段间设置加强环来加强整体结构刚度,减小盾构顶进时对上方检修井部分造成的影响,加强段深度为 1.12m,腰梁与腰梁间使用波纹板作为挡土构件,波纹与腰梁采用螺栓连接。常规段腰梁采用型号为 120mm × 120mm、厚度为 6mm 的拼装式空心方钢,盾构段腰梁采用型号为 140mm × 140mm、厚度为 8mm 的空心方钢,全断面钢支撑为 H 型钢,拼装过程中间隔 0.5m 布置 1 道腰梁及钢支撑。

装配式检修井分两次回填,第一次回填为盾构段换撑回填,每拆除 1 榀支护结构,回填相同厚度的土体并分层夯实,压实系数不小于 0.94,直至回填至盾构机顶 3m 处,确保检修井结构稳定;第二次回填为检修井拆除及回填,盾构刀盘检修完成后,从下至上逐层回收所有支护结构,跟进回填,按 1 榀支护结构的厚度分层夯实土体,压实系数不小于 0.94,确保检修井周围土体稳定,直至拆除所有钢结构。图 4-33 为装配式检修井与传统检修井的内部情况。

2)装配式检修井优势及特点

装配式检修井的优点:竖井开挖时间较短;循环施工较为简便;竖井支护材料可循环利用,较为经济;竖井开挖面支护及时性良好。

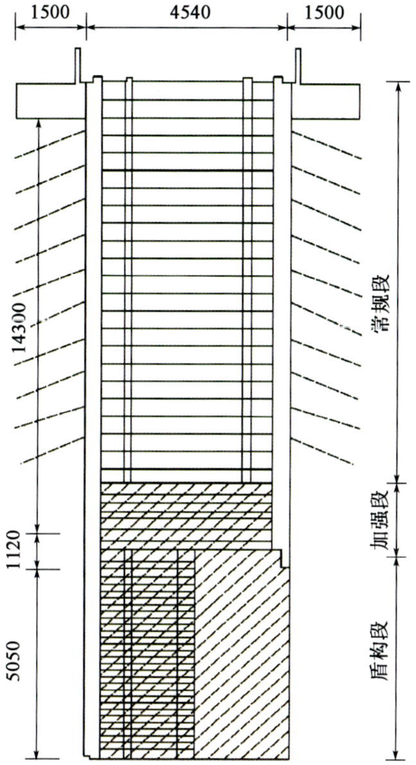

图4-32 装配式检修井剖面图(尺寸单位:mm)

a)装配式检修井内部情况

b)传统检修井内部情况

图4-33 装配式检修井与传统检修井对比

装配式检修井的缺点:支护体系稳定性欠佳,刀盘检修时转动,对支护结构影响较大;波纹板后空隙填充无法保证,易导致周围掌子面失稳;检修井尺寸较小,导致刀具检修难度增加;无法提前施作完成,导致盾构停机时间较长。

施工技术工艺对比见表4-17。

施工技术工艺对比 表4-17

序号	项目	传统检修井	装配式检修井
1	安全	初期支护时间长； 喷混材料强度增长需要一定时间，且质量不易保障； 被动支护； 如有个别拆除钢筋混凝土留在回填土中，会给盾构刀盘带来巨大伤害	随挖随护，封闭支护时间短； 预制结构工厂化定做，材料尺寸等加工精度高； 施加预应力主动支护； 整个检修井结构全部回收，不会给盾构刀盘造成伤害
2	工期	一榀(50cm)6～7h (开挖3h，钢格栅2～3h，喷料1h)	一榀(50cm)3.5～4h (开挖3h，预制构件安装0.5～1h)
3	场地	场地面积需求大；需要布设砂石料仓、搅拌系统、空压机等设备	场地面积需求小，只需堆放钢预制构件
4	环保	喷料扬尘大； 初期支护拆除量大，产生大量建筑垃圾； 盾构顶上方检修井初支不拆除	无扬尘，全部冷作业(螺栓连接)； 钢结构拆除后可重复利用； 原位原状土恢复

4.5.2 装配式检修井的设置

通过对沿线地质情况的分析，充分考虑到无气压换刀和气压换刀方式的适用条件，尽量避免在围岩含水量大和需带压作业地段进行换刀作业[63]，根据检查情况确定是否需要对刀盘进行维护、更换磨损的刀具及进行清除泥饼作业。所选检查及换刀的检修井应具备以下条件：

(1)检查及换刀地段的隧道围岩较均匀，力学性质好，自稳性强。

(2)检查及换刀地段隧道埋深合适，且覆盖层无不良岩层。

换刀作业前，根据盾构机的运转情况，对其进行部件检修、维护，确保盾构机的正常运转。在盾构机掘进过程中如发生刀具必须更换且必须在加压条件下作业时，按照加压换刀操作规程作业。

根据JTS公式计算得到的换刀距离，结合实际工程得到的检修井设置情况见表4-18。

北京大兴国际机场线共计5个盾构区间，其中4个盾构区间在施工过程中进行了换刀作业。表4-18是北京大兴国际机场线各个区间的换刀井位置。

各区间检修井位置 表4-18

合同段	区间	左/右线	区间总长度(m)	换刀次数	始发至第一次换刀掘进距离(m)	第一次换刀至第二次换刀掘进距离(m)	第二次换刀至第三次换刀掘进距离(m)	最后一次换刀至接收掘进距离(m)
06合同段	磁各庄站—1号风井	左线	2816.35	1	2278.35	—	—	538.00
		右线	2813.35	1	2191.35	—	—	622.00

续上表

合同段	区间	左/右线	区间总长度(m)	换刀次数	始发至第一次换刀掘进距离(m)	第一次换刀至第二次换刀掘进距离(m)	第二次换刀至第三次换刀掘进距离(m)	最后一次换刀至接收掘进距离(m)
07合同段	1号风井—2号风井	左线	2160.10	2	948.44	284.11	—	927.54
		右线	2157.31	1	1267.14	—	—	890.17
	2号风井—3号风井	左线	3857.01	3	759.15	907.36	828.31	1362.20
		右线	3847.44	3	769.74	895.91	837.61	1344.18
08合同段	3号风井—草桥站	左线	3064.99	3	1508.24	652.00	904.00	904.75
		右线	3060.61	3	608.08	909.18	635.00	908.34

4.5.3 装配式检修井的开挖步序

盾构检修井采用装配式技术施工,开挖尺寸为类椭圆形,长轴长6.34m,短轴长4.64m,护壁采用钢腰梁+波纹板+内支撑的形式。

盾构施工检修井施工前,先进行施工围挡,解决水电问题,随后施作装配式锁口圈;锁口圈完成后进行井口护栏安装,材料机具设备进场,一切准备就绪后开始检修井开挖,检修井分步开挖并安装腰梁、挂波纹板,预紧后进行紧固。将一层腰梁加上一层波纹板作为一榀支护结构,常规段每榀结构高度为0.55m,每隔一榀在波纹板腹部打设长2m的DN32,$t=2.75$mm的锁脚锚管与水平向成30°,盾构段每榀结构高0.55m,开挖至设计深度,拼装施工钢封底。一次回填,每架设一层钢支撑,拆除一榀的洞口处装配式支护结构,并跟进回填,洞口结构拆至盾构顶以上0.5m,一次回填土方至盾构顶以上3m。盾构进洞,并开挖土方至基坑底部,进行刀盘检修。检修完成后逐层拆除支护结构,跟进回填,待全部回填完成后盾构继续掘进。

1)主要设计

施工流程如图4-34所示。

2)检修井施工

(1)锁口圈施工

锁口圈梁截面尺寸为1.5m×1.0m(高),圈梁为整体浇筑,圈梁底为C20、厚10cm的混凝土垫层,如图4-35所示。锁口圈梁及挡墙内外侧钢筋保护层均为30mm。

在圈梁上安装工程预制的波纹板护栏,波纹板护栏与圈梁间采用法兰螺栓连接,在两者拼装处采用防水密封胶封闭,波纹板护栏高1.2m,便于挡水、挡土。

锁口圈施工流程如图4-36所示。

(2)井身施工

挖土由人工从上到下逐层用镐、锹进行,遇坚硬土层用锤、钎破碎,挖土次序为先挖四周土体后挖中间土体,开挖断面尺寸为4.64m×6.34m,允许尺寸误差为3cm。每榀开挖深度为0.55mm,弃土装入吊斗内。垂直运输采用25t汽车吊提升出渣,渣土吊至地面渣土临时堆放区。

挖土次序为先挖四周土体后挖中间土体。遵从对角开挖原则,先挖边角处土,再向井中央开挖。每榀开挖深度为0.55m,深度相当于一环腰梁加一环波纹板尺寸。

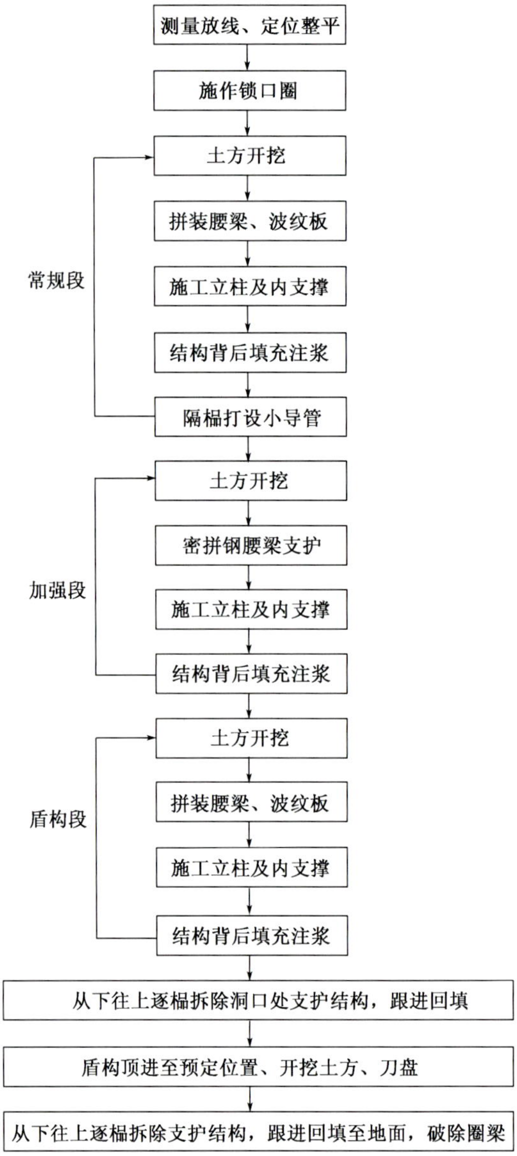

图 4-34　施工流程图

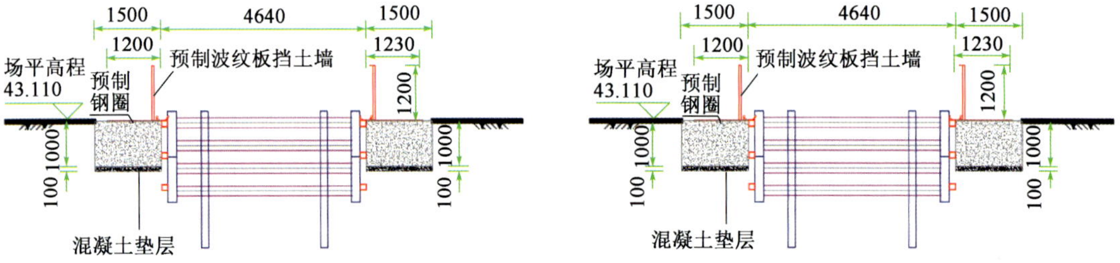

a)　　b)

图 4-35　检修井圈梁支撑体系图(尺寸单位:mm;高程单位:m)

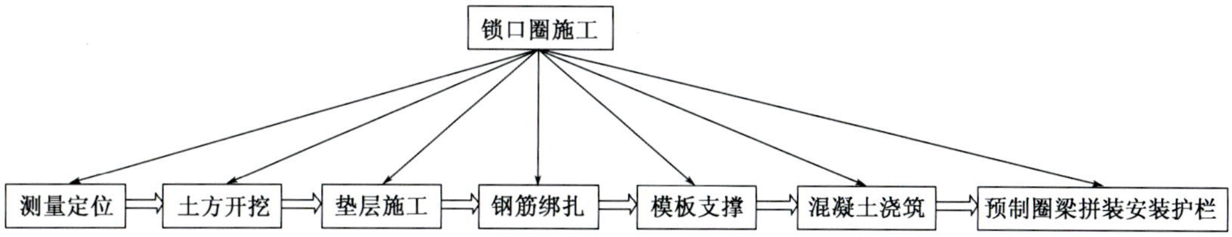

图4-36 锁口圈施工流程图

图4-37为检修井的开挖步序图,步骤为:

①按照设计步距要求,先开挖四周土体。

②及时架设钢腰梁及波纹板支护,封闭成环。

③支护完毕后开挖中间土体,依次类推,进行检修井施工。

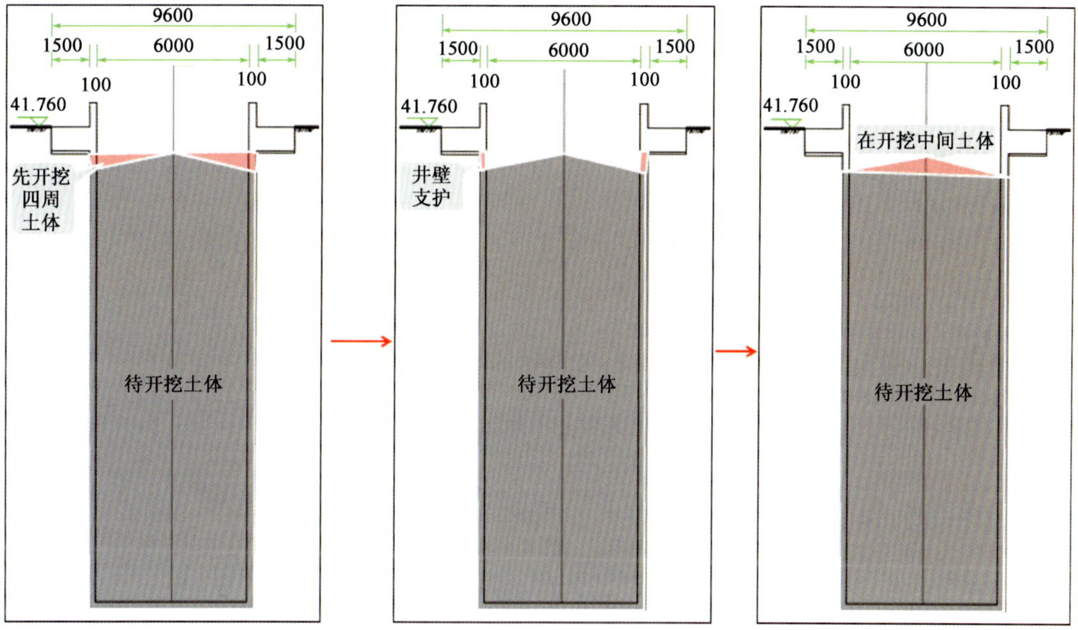

图4-37 检修井开挖步序图(尺寸单位:mm;高程单位:m)

(3)井壁施工

圈梁浇筑完成后,拼装装配式预制圈梁及护栏。进行土方开挖后架设第一道腰梁,用连接件将腰梁与预制圈梁进行连接,腰梁封闭成环,并将腰梁与预制圈梁用螺栓紧固连接。架设第一层腰梁后,开挖土体,每榀开挖深度为0.55m,及时架设一榀波纹板,将其与第一道钢腰梁连接紧固。拼装第二道钢腰梁,并将其与上部拼装完成的波纹板连接,波纹板封闭成环,第二道腰梁与第一道腰梁的拼装缝要错开,波纹板同样要采用错缝拼装。及时架设内支撑。

随后的施工过程重复上面的步骤。

(4)波纹板背后注浆

每隔3m在波纹板背后注入一次水泥浆,以填充波纹板背后空隙。在单环波纹板的6个波纹板块上各预留一个注浆孔,或者采用现场打孔的方式,注浆管采用DN32小导管,长度

1m。波纹板注浆流程如图 4-38 所示。

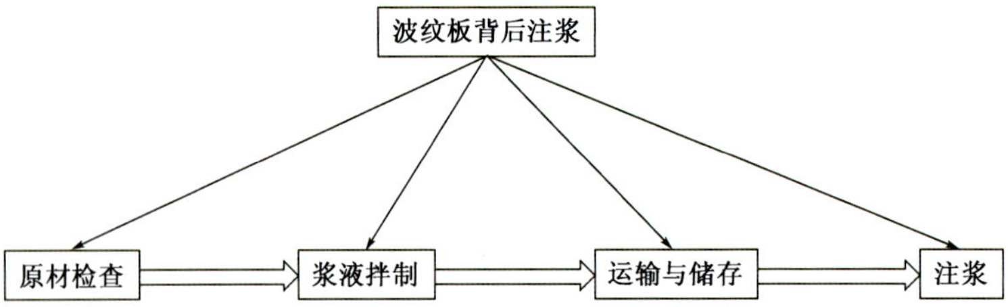

图 4-38　波纹板注浆流程图

注浆结束标准：①注浆量达到设计注浆量；②根据监测情况判断是否需要继续注浆；③当注浆压力达到设计压力的 80% 时即可完成注浆（0.1MPa）。

4.5.4　1 号风井、风道施工

1 号风井位于广平大街西侧，为明挖地下三层框架结构，南侧通过暗挖二层风道与区间正线连接，风道为地下二层直墙拱形结构；1 号风井南侧兼作盾构接收井，施工期间需为盾构右线侧接收提供条件；同时，广平大街西侧设置独立盾构井，负责施工期间盾构左线侧接收；1 号风井结构外包尺寸（长 × 宽 × 高）为 58.0m × 17.0m × 23.75m（26.25m）（括号内数值为盾构加深段结构高度，58.0m 包含加深段长度 18.1m），西侧盾构接收井结构外包尺寸（长 × 宽 × 高）为 22.0m × 15.5m × 27.15m，覆土厚度约为 2.903m。施工竖井结构内净空尺寸为 4.6m × 6.9m，井深 17.13m。横通道宽 4m，高 8.33m，长 40.47m，剖面图如图 4-39 所示。

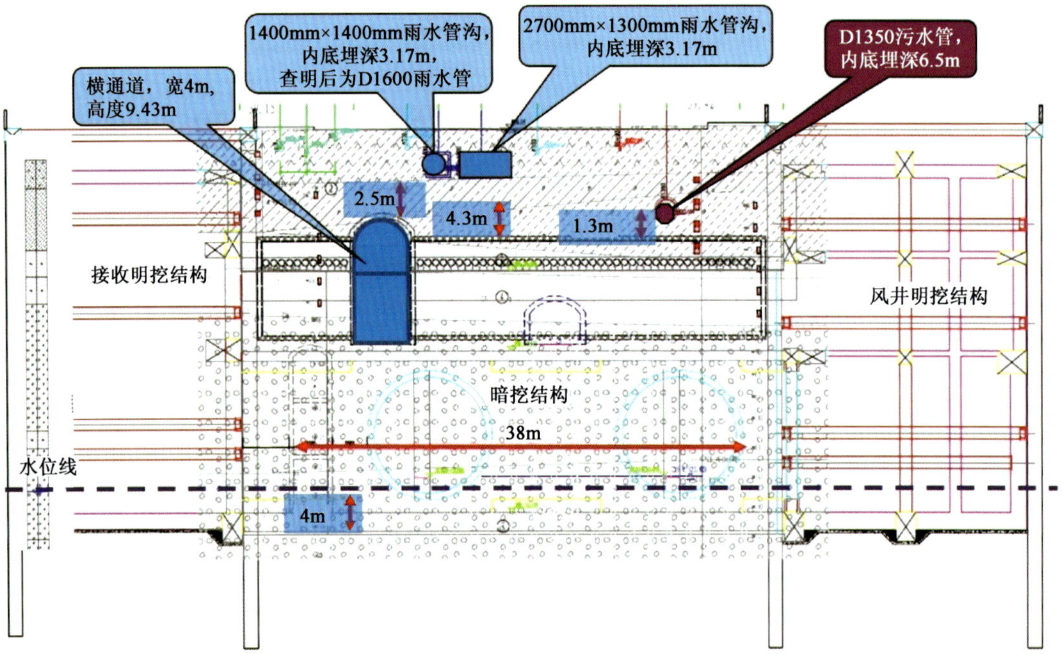

图 4-39　1 号区间风井结构剖面图

1)项目难点

经过工程整体外部建设条件的梳理分析,该工程主要矛盾凸显在暗挖段,具有以下难点及特点:

(1)工期紧

北京大兴国际机场线为机场配套工程,需随北京大兴国际机场在 2019 年 10 月一并投入使用,工程总工期不可延误。

根据总工期倒排,该工程绝对工期仅剩 10 个月。

(2)暗挖大跨

为实现对 8.8m 盾构的接收,暗挖单跨净跨度达到 14m,致使暗挖工程开挖风险大、工期长。(14m 单跨暗挖断面在北京少有工程建设先例)

(3)小净距下穿大直径、有水有压管线

暗挖大断面小净距下穿 1400mm × 1400mm、2700mm × 1300mm 雨水方沟,D1350 污水管、DN300 上水、DN200 中水等,工程建设对于变形控制要求高。

(4)地层及地下水复杂

暗挖大断面拱部位于粉细砂地层中,开挖过程中宜坍塌,同时沉降难以控制,为大断面的开挖提供了不良的地质基础。

同时结构底部进入富水砂卵石地层,工程地下水处理难度大。

2)棚盖暗做法施工

整体施工顺序,先施工竖井及横通道,为暗挖结构提供施工条件,两端明挖结构同时施工,明挖结构完成后作为暗挖结构。施工步序如图 4-40 所示,具体施工步序为:

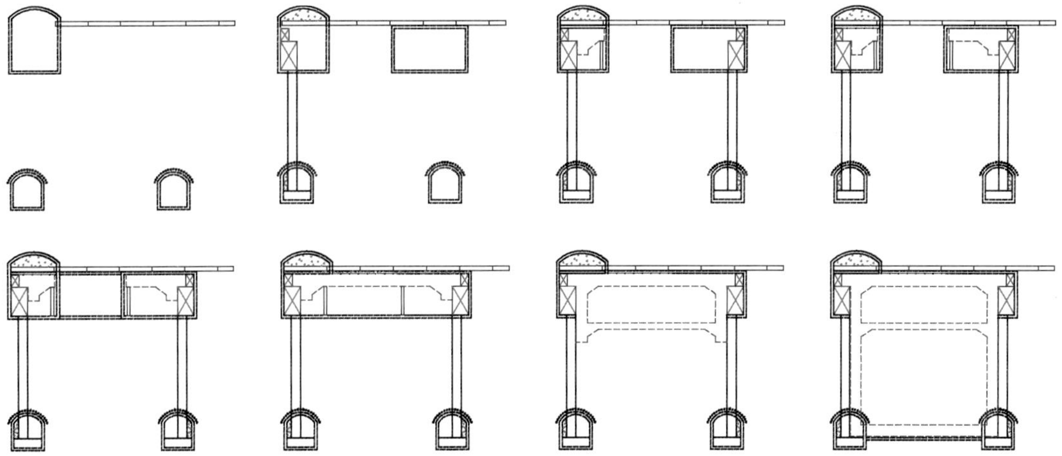

图 4-40 开挖步序图

(1)导洞拱部地层超前加固,开挖先行导洞及下导洞,相邻导洞开挖面互相错开 8 ~ 10m。先导洞通洞后施作管幕。

(2)下导洞施作条基,先行边导洞施作边桩、桩顶纵梁;跟随管幕施工,错后 3m 同步开挖后行边导洞。

(3)先行边导洞接长管幕,拱部回填,施作地下一层顶板,并架设竖撑;后行边导洞施作边桩、桩顶纵梁。

(4)后行导洞施作地下一层顶板,并架设临时竖撑结构。

(5)两侧边导洞二次衬砌施工完成后,开挖中导洞,并施作初期支护与临时支护。

(6)破除边导洞竖向临时支护结构,施工地下一层剩余顶板结构,桩、梁、管幕、顶盖结构的管幕棚盖体系形成。

(7)拆除二次衬砌临时竖撑与导洞临时支护结构,向下开挖至中板底,土模施工中板及地下一层侧墙。

(8)向下开挖,施作洞内隔离止水措施,开挖至基底后,顺做法施工地下二层结构。

4.6 结论与思考

以北京大兴国际机场线地区为主的砂卵石地层具有颗粒孔隙大、摩擦小等不良特性,盾构刀盘旋转切削时,地层非常容易坍塌,且易产生较大的围岩扰动。因此,合理的盾构刀盘刀具选型非常重要。同时,盾构在砂卵石中掘进时,地层对盾构刀具的磨损较为严重,为了保证盾构刀具的正常使用,刀具的合理选型及配置可以大大减少换刀时间,从而大大提高施工效率。首先,对砂卵石地层的研究从 LCPC 磨损性试验入手,通过试验得到北京砂卵石地层土体的耐磨程度。将实际施工的渣土改良配比进行试验再现,通过改变泡沫剂膨润土的浓度,得出渣土改良的最佳配比,从而将渣土各项性能延伸至土体的磨损性变化情况。利用 JTS 公式对实际换刀距离进行预测,同时选取最后一个区间换刀距离与刀具实际磨损量进行对比,两者最小误差仅 0.09%,说明利用 JTS 公式选取合适的施工参数可以较准确地预测刀具磨损。此外,还给出了北京大兴国际机场线砂卵石地层中地层损失系数 K 的合理取值,为今后邻近地层或相似地层施工提供参考。最后,介绍了主动换刀技术与装配式检修井的开挖。

本章的主要结论如下:

(1)通过 JTS 公式对磨损量进行计算,并将计算结果与实际工程中的测量结果进行对比。从对比结果可以看出,在北京大兴国际机场线砂卵石地层中采用 JTS 公式对盾构刀具的磨损量进行预测是比较准确的。

(2)JTS 公式的优势在于,可以提前利用已知的参数,计算得出换刀距离。这样可以提前修建检修井,既节约了工期,又最大限度地取得了良好的经济效益。当然,最重要的是,这样更加安全、可靠。

(3)目前利用 JTS 公式还有不足之处,因为地质情况的不确定性,导致了计算结果可能会有些许偏差,仍需要后期通过大量的工程实践来对这个公式进行完善,同时,现场测得的参数也会受到许多诸如仪器准确性等的影响。当然,不可否认,JTS 公式在目前的情况下,是一种预测刀具磨损、确定换刀距离的可靠且比较准确的方法。

(4)通过 LCPC 试验验证了北京大兴国际机场线砂卵石地层属于高耐磨性地层,依据实际工程的渣土改良配比,得出了该地层的土体改量最佳泡沫、膨润土与高分子聚合物浓度,将试验的渣土性能与土体对刀具的磨损情况联系起来,说明了本工程中渣土改良方案对减小刀具磨损具有一定作用。

(5)综合考虑工期、经济性、适应性、盾构施工参数等因素,北京大兴国际机场线盾构较好的选型为开口率50%~60%的辐条式土压平衡盾构,开口率较大的盾构可以充分保证渣土的排放率,间接缩短工期。

(6)JTS公式可以较准确地预测北京大兴国际机场线地层刀具的磨损情况,经过与实际工况中刀具的磨损量对比,确定出了符合该地层的地层损失系数K的范围。

第5章 盾构长距离快速掘进辅助工法及管理

5.1 盾构快速掘进施工组织技术

盾构施工现场管理是地铁施工中重要的管理活动之一[37]。盾构隧道施工组织是编制轨道交通全线工程筹划的基础,也是土建施工标段、监理监测标段划分的依据,合理性与可实施性得到广泛重视[38]。盾构施工规范化管理,是根据盾构施工全过程顺利开展的需要,从盾构施工场地布设、临建施工、盾构施工、设备管理、监测管理、安全文明施工等方面着手,合理制定统一的基本制度、工作流程、工作标准及要求,形成规范、稳定的管理体系,并在实施过程中加以完善和改进,确保盾构施工顺利、安全、高效开展[39]。

地铁建设总工期一般为4~5年,主要包括设计周期、招投标、土建施工、铺轨、机电设备安装及调试、建筑装修、全线联调及试运行等,其中土建工期为3~3.5年[40]。城市发展引导型线路,由于拆迁少,管线迁改及交通疏解容易,车站施工速度快,周期短,需要时具备提前开工的条件,土建工期可以压缩,全线总工期4~4.5年为宜[41]。相反,交通疏导型线路穿越城市中心区特别是交通繁忙的城市主干道,由于车站风亭、出入口因拆迁布置困难,设计施工方案多有反复,加之管线迁改与交通疏解困难,车站施工需要多次翻交甚至需要采用全盖挖或半盖挖工法,另外还要考虑合适的盾构始发场地,往往是盾构施工和全线工期目标的制约区段,总工期5年左右为宜[42]。在总工期和土建工期较为紧张的情况下,传统意义上合理的盾构施工组织已不适用,采取措施进行合理地施工组织管理已成为盾构长距离快速掘进的保障。

5.1.1 班组安排

5.1.1.1 班组配置及分工

1)管理人员配置及职责

为安全、优质、按期完成施工任务,本着“精干高效”的原则,组建责、权、利相统一的项目经理部,按项目法全面负责合同段的施工,选派具有国家一级建造师资质、政治觉悟高、管理能力强,挑选施工经验丰富,年富力强,责任心强的人员作为该项目的骨干力量,安排长期从事城市地铁施工的熟练队伍进行施工。设立项目经理部,下设项目经理、总工程师、总会计师、安全副经理、生产副经理、商务副经理、盾构副经理等，经理部下设工程部、安全部、质检部、物资部、财务部、计划部、前期部、土建工区、盾构工区、测量队、实验室、综合办公室等职能部门。现场组织机构如图 5-1 所示。

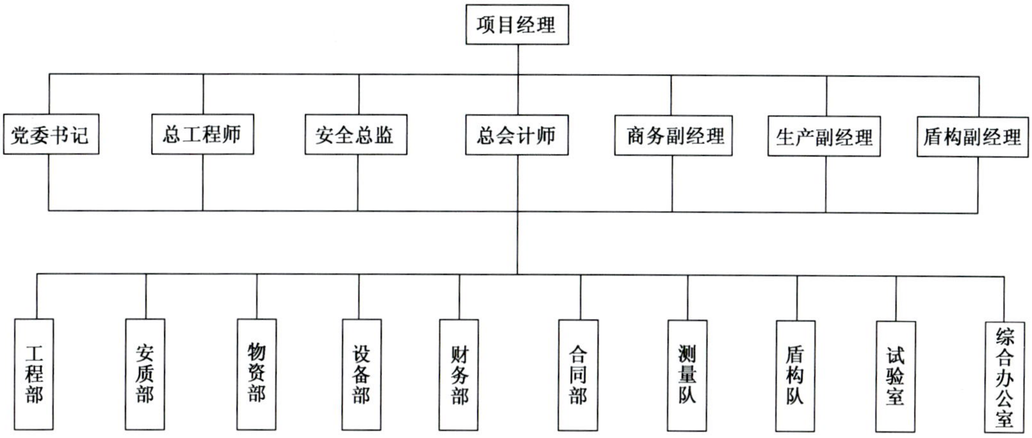

图 5-1 现场组织机构图

北京大兴国际机场线工程设计标准高，对工程施工管理人员的项目管理水平以及操作工人的技术水平、熟练程度要求较高。为此，需要选用素质较高、有类似工程施工经验的项目管理人员及劳动力，并通过进场的培训不断提高施工人员的综合素质。盾构施工管理人员配置及岗位职责如表 5-1 所示。

盾构施工管理人员配置表 表 5-1

岗　　位	总 配 置	岗 位 职 责
盾构经理	1	统筹管理盾构施工
左线经理	1	统筹管理左线盾构设备、掘进施工
右线经理	1	统筹管理右线盾构设备、掘进施工
技术主管	1	负责盾构施工参数设定、修正、方案编制
设备主管	2	负责盾构设备管理
资料主管	1	负责盾构施工资料收集、整理归档
主机长	4	统筹管理盾构掘进施工
机长助理	4	辅助主机长管理工作
机电领班	4	负责盾构机日常管理、维护保养
机电领班助理	4	辅助机电领班设备日常管理
地面主管	2	统筹管理地面所有工作，确保掘进施工正常顺利进行
地面机电领班	1	负责地面设备日常管理、维护保养
机电领班助理	2	辅助地面机电领班日常管理工作

2）施工人员班组划分

施工人员组织作为保证工程顺利开展的重要因素，对工程施工进度、安全有着重要影响。班组划分影响施工任务的开展，合理的班组划分是盾构实现快速掘进的必要条件之一。大兴国际机场线04标段依据不同施工作业区域进行班组划分，分为盾构前段、后段、地面以及机电4个大组，再根据工作岗位需求进行班组细分；大兴国际机场线07标2号风井—3号风井盾构区间依据不同施工工区进行班组划分，划分为3个大班组，分别为区间风井工区、盾构施工工区、项目部直管队伍，再将每个工区按作业任务划分小班组。04合同段、07合同段2号风井—3号风井盾构区间施工班组划分表见表5-2。04标永兴河站—磁各庄站盾构区间施工班组划分表见表5-3。

07合同段2号风井—3号风井盾构区间施工班组划分表 表5-2

施工组织单位	工班名称	承担任务
区间风井工区	围护结构工班	负责区间风井围护结构钻孔灌注桩等施工任务
	开挖工班	负责区间风井任务中的开挖任务
	结构主体队伍	负责区间风井任务中的所有钢筋加工、安装任务
		负责区间风井任务中的所有基坑防护、模板支撑及混凝土浇筑任务
2号风井—3号区间风井盾构工区	盾构掘进工班	负责区间盾构始发、掘进、到达以及管片的运输、安装等施工任务
	开挖支护工班	负责区间联络通道的注浆、开挖支护作业
	钢筋作业工班	负责区间联络通道钢筋加工、安装任务
	模板混凝土工班	负责区间联络通道模板支撑及混凝土浇筑任务
项目部直管队	中心试验室	负责本标段工程的试验联系、试件留置、现场试验、材料自检等任务
	机械运输队	负责本标段工程所有材料、物资、设备及土、石方等的运输任务
	测量队	负责本标段的监控量测，施工测量放线、控制测量、联系测量、贯通测量等施工任务
	专业防水队	负责本标段工程的所有防水施工任务
	装修作业队	负责本标段工程的所有装修施工任务

04标永兴河站—磁各庄站盾构区间施工班组划分表 表5-3

工作区域	工种
前段	盾构操作及管片拼装
	管片吊装工
	紧螺栓工
	看土工
后段	电瓶车司机
	井下司索工
	电焊工

续上表

工作区域	工种
地面综合	龙门吊司机
	井上司索工
	砂浆拌和站
	管片黏条工
机电保证	机修工
	电工

5.1.1.2 倒班制度安排

通过对施工项目管理的整个过程的思考发现,真正能够适应施工现场,高效、持续、稳定的实施现场管理,保证作业人员的人身安全、保证工程质量、顺利按照进度计划完成项目施工的关键环节,正是施工班组的管理。各不同工种或相同工种不同作业班组由于作业地点相对集中、作业过程中协作性强、业务技术差异小,组成人员相对稳定,具备了以班组为单元的施工现场管理模式,提高了班组管理的水平与能力,不仅能有效地提高本班组作业人员的安全性,而且稳定的队伍和业务技术水平对于工程质量和进度都是有好处的。

北京大兴国际机场线 06 标、07 标 1 号风井—2 号风井盾构区间、07 标 2 号风井—3 号风井盾构区间、08 标合同段的盾构司机、电瓶车司机、龙门吊司机、拼装手、同步注浆工、管片装卸工、电工等主要岗位均采用两班倒的倒班制度,管片拼装手、拼装辅助等岗位劳动强度较大,07 标 1 号风井—2 号风井盾构区间、07 标 2 号风井—3 号风井盾构区间及 08 标采用四班两倒制度,06 标管片拼装手、盾构司机采用两班两倒制度,工作强度更大。04 标则采用三班倒的倒班制度,三班倒的施工组织方式,每班施工时间较短,施工人员工作强度较低,施工效率较高,施工安全性较高。在对工期要求较高的工程中,采用三班倒的组织方式可更加高效、安全地完成工程建设。各盾构区间班组配置见表 5-4、表 5-5。

06 标磁各庄站—1 号风井盾构区间班组配置 表 5-4

岗位	每班人数	班组数	合计
盾构司机	4	2	8
电瓶车司机	4	2	8
注浆	4	2	8
千斤顶操作	4	2	8
看土	2	2	4
管片安装工	6	2	12
井下挂钩	4	2	8
二次注浆	10	2	20
龙门吊司机	3	2	6
管片装卸	4	2	8

续上表

岗 位	每班人数	班组数	合 计
吊土配合	4	2	8
制浆操作工	10	2	20
制泥操作	4	2	8
电工	4	2	8
机械工	6	2	12
蓄电池充电工	4	1	4
轨道整修工	4	2	8
杂工	8	1	8
测量工	8	1	8
工人管理员	4	2	8

04 标永兴河站—磁各庄站盾构区间班组配置 表 5-5

工 种	单班配置	班 组	总 配 置
盾构操作及管片拼装	4	4	16
管片吊装工	4	4	16
紧螺栓工	4	4	16
看土工	4	4	16
电瓶车司机	4	4	16
井下司索工	4	4	16
电焊工	4	4	16
龙门吊司机	2	4	8
井上司索工	4	4	16
砂浆拌和站	4	4	16
管片黏条工	12	3	36
机修工	8	3	24
电工	4	4	16

为了说明合理的施工组织对施工进度的影响，选取 04 标段永兴河站—磁各庄站区间、06 标段磁各庄站—1 号风井区间的数据进行分析，两区间盾构设备为同一厂家生产，尽量选取两区间地质条件相似的区段进行分析。选取两区间第 200 ~ 500 环进行分析，两区间地层情况相似，均为粉细砂与粉土复合地层。两区间段地质剖面图如图 5-2、图 5-3 所示。

对两区间稳定推进阶段的第 310 ~ 350 环施工过程中各个时间进行统计，如图 5-4、图 5-5 所示。

其中 04 标推进时间占总施工时间的 45%，06 标推进时间占总施工时间的 31%。将两段盾构施工时间与推进环数数据进行拟合，推进环数与施工时间近似线性相关，两者之间的比例系数即为该区间段盾构日推进环数近似值。如图 5-6 所示，黑色点线图代表 04 标，红色点线图代表06标。结果显示在盾构设备、地质条件相似的情况下，两者日掘进环数差别较大，04标日掘进进度14.4环，06标段日掘进进度10.0环。其中04标最大日掘进进度29环，06标段最大日掘进进度18环。可见合理的施工组织能够较大地提高盾构施工效率，在工期较为紧张的工程中应合理地进行劳动力安排，保证高效施工。

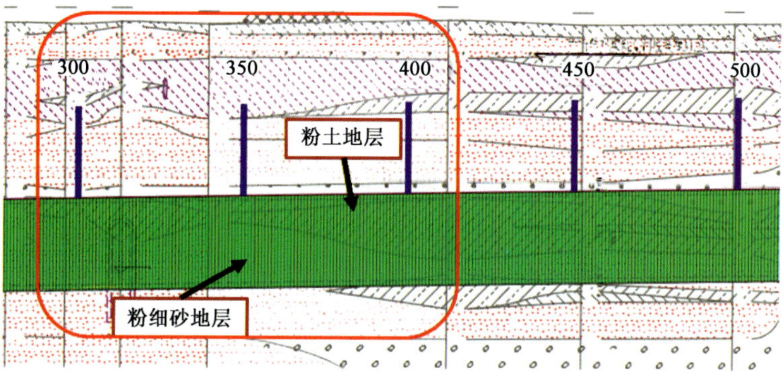

图5-2　04标永兴河站—磁各庄站盾构区间第200～500环段地质剖面图

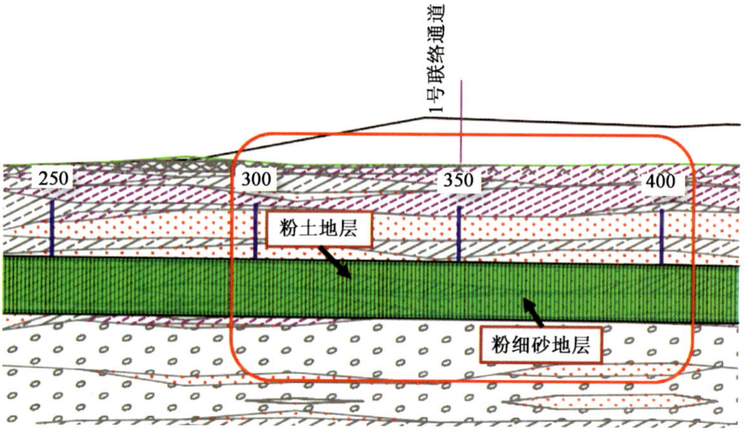

图5-3　06标磁各庄站—1号风井盾构区间第200～500环段地质剖面图

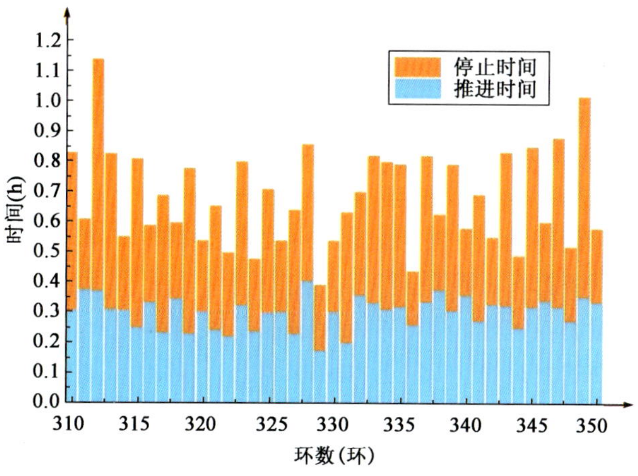

图5-4　04标段永兴河站—磁各庄站盾构区间时间统计

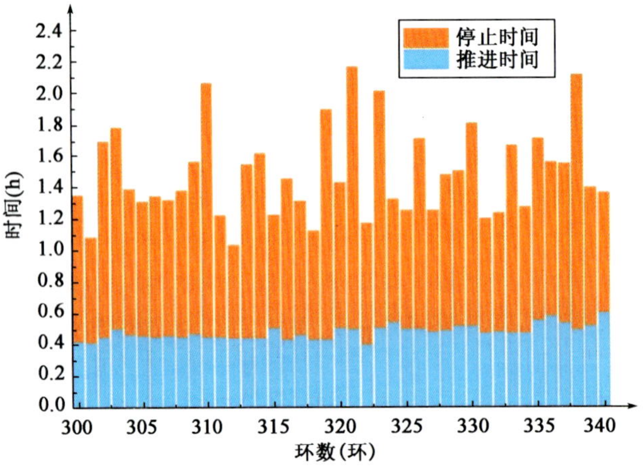

图 5-5　06 标段磁各庄站—1 号风井盾构区间时间统计

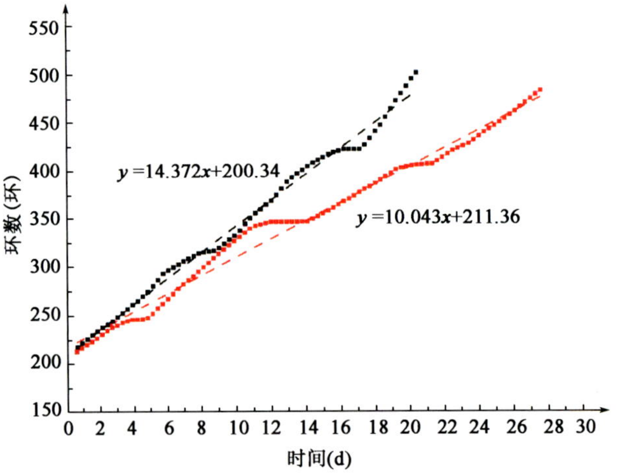

图 5-6　两区间段盾构进度图

5.1.2　物料储备及运输

5.1.2.1　场地布置

1)施工总平面布置的原则

(1)在满足施工要求的前提下,少占地,不挤占交通道路。

(2)主要施工机械设备的布置满足施工需求。

(3)最大限度地压缩场内运输距离,尽可能避免二次搬运。

(4)在满足施工需要的前提下,临时工程越小越好,以降低临时工程费。

(5)充分考虑劳动保护、环境保护、技术安全、消防要求等。

(6)遵守主管部门和建设单位关于施工现场安全文明施工的相关规定。

2）施工总平面布置内容

（1）绘制拟建建（构）筑物、确定施工现场区域。

（2）设置围墙、出入口，引入场外交通道路；对施工现场区域按现场办公区、临时生活区、现场生产区进行划分。

（3）现场生产区布置（施工阶段不同结构施工布置要求会有所不同，以上部结构施工为例）：

①主要机械设备的布置。

②布置内部运输道路。

③布置加工场、搅拌站（先考虑钢筋加工场）。

④布置生产区临时设施（如仓库、钢筋棚、木工棚、门卫室、蓄水池、洗车池等）。

⑤材料、加工半成品、构件的堆场。

（4）现场办公区及临时生活区布置。

（5）布置临时水电管网、排水系统等。

3）北京大兴国际机场线各盾构区间标段平面布置情况

北京大兴国际机场线土建04标永兴河站—磁各庄站区间盾构始发井施工围挡内，在场地东侧设置项目部办公区、会议室及餐厅，场地西侧设置部分办公室及宿舍生活区。管片堆放场地设置于盾构始发井东侧；搅拌站采用自动计量设备，设置在场地西侧；地面设150t、32t龙门吊1台，分别用于下放管片及材料，出渣土池设置在已完成回填作业的顶板上方。场地布置图如图5-7所示，设有容量分别为$2800m^3$、$1500m^3$的渣土坑，可存放50环管片的管片存放区，以及其他物料堆放区和仓库，布置区域临近场区东大门，方便运输调配。现场集土坑作为临时

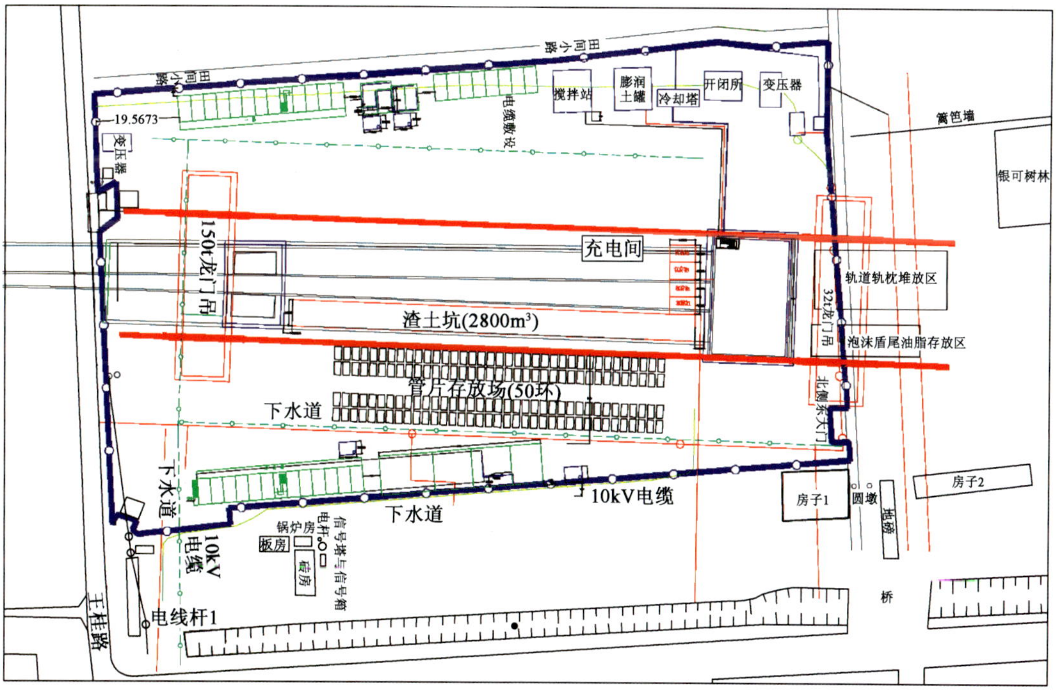

图5-7　04标永兴河站—磁各庄站盾构区间场地布置平面图

存放隧道掘进出土的设施，必须满足隧道出土与土车外运平衡的要求，同时方便隧道出土和土车外运。每台盾构机每天掘进均值近15环，每环出土量为102.6m^3，根据资料及经验值膨胀系数以1.15计算，每环需要运输的计算土方量为$102.6\times1.15=118m^3$。始发井设置2个集土坑，长×宽×高$=93\times6\times5=2790m^3$及长×宽×高$=50\times6\times5=1500m^3$。计算可得渣土池可存放日掘进36环的出渣量，故能满足要求。

北京大兴国际机场线土建06标磁各庄站—1号风井盾构区间线路盾构井位于磁各庄站北，现场共设置2个大门，布置10m宽的道路以满足设备、材料进出场，设置2台100t和1台50t龙门吊进行盾构垂直运输作业，布置浆液站、电瓶充电区、渣土坑、监控室等配套设施。为满足日常出土量的需要，现场共计设置两个容量约3000m^3的集土坑，渣土池可存放日掘进50环的出渣量。钢筋混凝土集土坑长75m，宽8m，深5m（地上3m，地下2m），并设有钢结构的挖掘机专用走廊。渣土坑如图5-8所示。

图5-8　钢筋混凝土集土坑

北京大兴国际机场线土建07标1号风井—2号风井盾构区间工区场地位于北京市大兴区西红门镇第四村，施工场地临时占地面积为21411.116m^2，其中围挡范围内所占地面积为16949.577m^2。2号南向盾构始发井盾构区间施工期间，围挡范围内布置3台50t龙门吊（始发井段布置1台东西走向、跨径25.4m的龙门吊，用于管片及材料垂直运输；沿主体结构挡土墙南北向布置1台跨径28m的龙门吊，用于左线渣土吊运；项目部北侧东西向布置1台跨径22.4m的龙门吊，用于右线渣土吊运）；南侧始发井东西侧龙门吊跨度范围内为管片存放区，设置2个渣土池分别位于轨排井南侧主体结构上方及项目部北侧，单个渣土池储存放量约为3500m^3，渣土池可存放日掘进58环的出渣量；在基坑西侧工人生活区南侧布置同步砂浆拌和站及储料仓，采用双机组联动设计。场地布置图如图5-9所示。

北京大兴国际机场线土建07标2号风井—3号风井盾构区间工区盾构始发井基本平行隧洞方向设1台吊重45t、1台30t且主跨度为32.4m的龙门吊，满足材料吊运要求。可在渣土池至始发井、管片堆场范围内通行，可覆盖部分材料堆场，对龙门吊不能覆盖到的材料堆场，现场使用叉车运输。沉淀池设于渣土池旁边，与场内洗车槽、排水沟连通，经沉淀，待水质符合市政规定后排入排水道。洗车槽设于靠近现场大门的场地通车道路处，规格为$5m\times3m\times0.3m$，配置自动洗车机，用于清洗车辆车轮。生产用房在现场内搭设，内分隔存放涂料、小型机具、机电零配件等日杂用品，要求分隔存放、标识清楚。严格按场地平面布置图划定的位置堆放整齐。管片及轨道材料堆场设在场地靠近井口部位的北及东侧，并处在龙门吊主、副钩覆盖范围内。场地内可存放52环以上管片。在始发井结构上方区域位置设置一个9450m^3（尺寸为$70m\times27m\times5m$）的渣土坑。渣土池侧墙为风井结构挡墙，钢筋网均为双层布置，侧墙为C30混凝土。渣土池区域顶板防水完成后浇筑20cm厚的C20混凝土保护结构防水层。盾构施工场地布置图如图5-10所示。

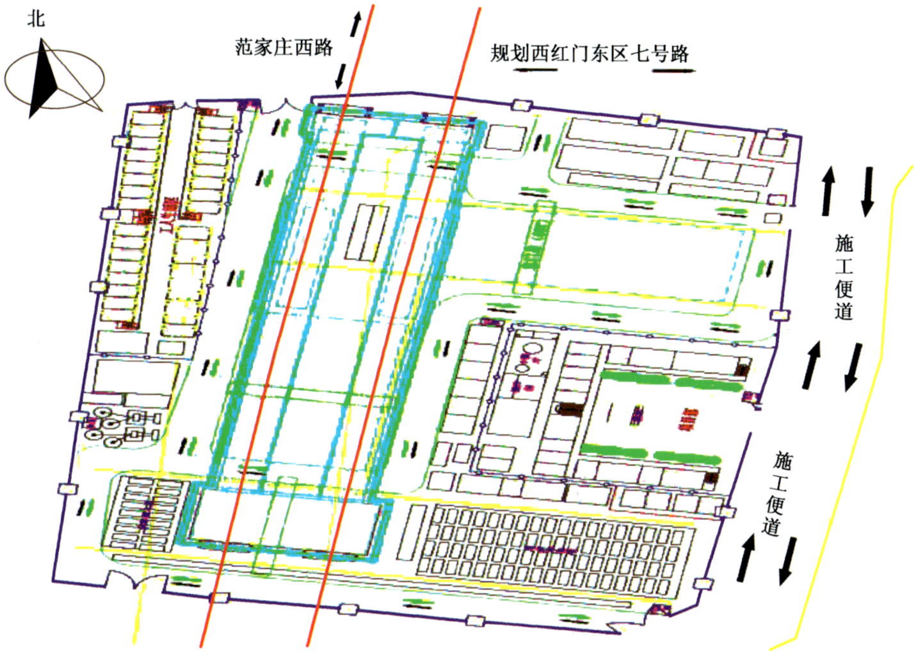

图 5-9 07 标 1 号风井—2 号风井盾构区间场地布置平面示意图

北京大兴国际机场线土建 08 标 3 号风井—草桥站盾构区间工区，为满足盾构施工要求，安装 1 台 60t、1 台 32t 门式起重机。龙门吊轨道平行于盾构线路方向；轨道基础安装在场地硬化道路上，标准段基坑边距离轨道梁中心为 3.9m，南侧加宽段基坑边距离轨道梁中心为 1.52m，硬化道路上轨道梁基础顶面与地面齐平，轨道梁基础浇筑完成后施工路面；主体结构施工过程中安装龙门吊；门吊轨道跨度 36.4m，轨道长 150m，北侧轨道端头设置 18m 的引轨供门吊安装使用；60t 门吊自重 186t、最大载重 60t，总重约 246t。在 3 号风井结构顶板设置长 24m、宽 53m、高 4m 的渣土池，渣土池最大存渣量为 3000m^3，盾构掘进每环产生 120m^{3}的渣土，可存 25 环盾构掘进渣土。平面图如图 5-11 所示。

5.1.2.2 物料运输

盾构施工所进行的物料运输包括施工所需物料和施工产生的弃渣，施工所需物料根据各标段生产进度计划制订每月的材料采购计划，按现场布置安排进行进场以及存放，施工弃渣的运出需要符合相关部门规定，按照规定时间运出场地。所涉及的物料运输如表 5-6 所示。

施工所需物料需根据隧道开挖延米或者管片拼装环数进行预算，特别是土方运输、管片运输等直接影响盾构施工的物料运输要提前做好运输规划，合理分配运输设备。各种物料运输所使用的运输设备如表 5-7 所示。

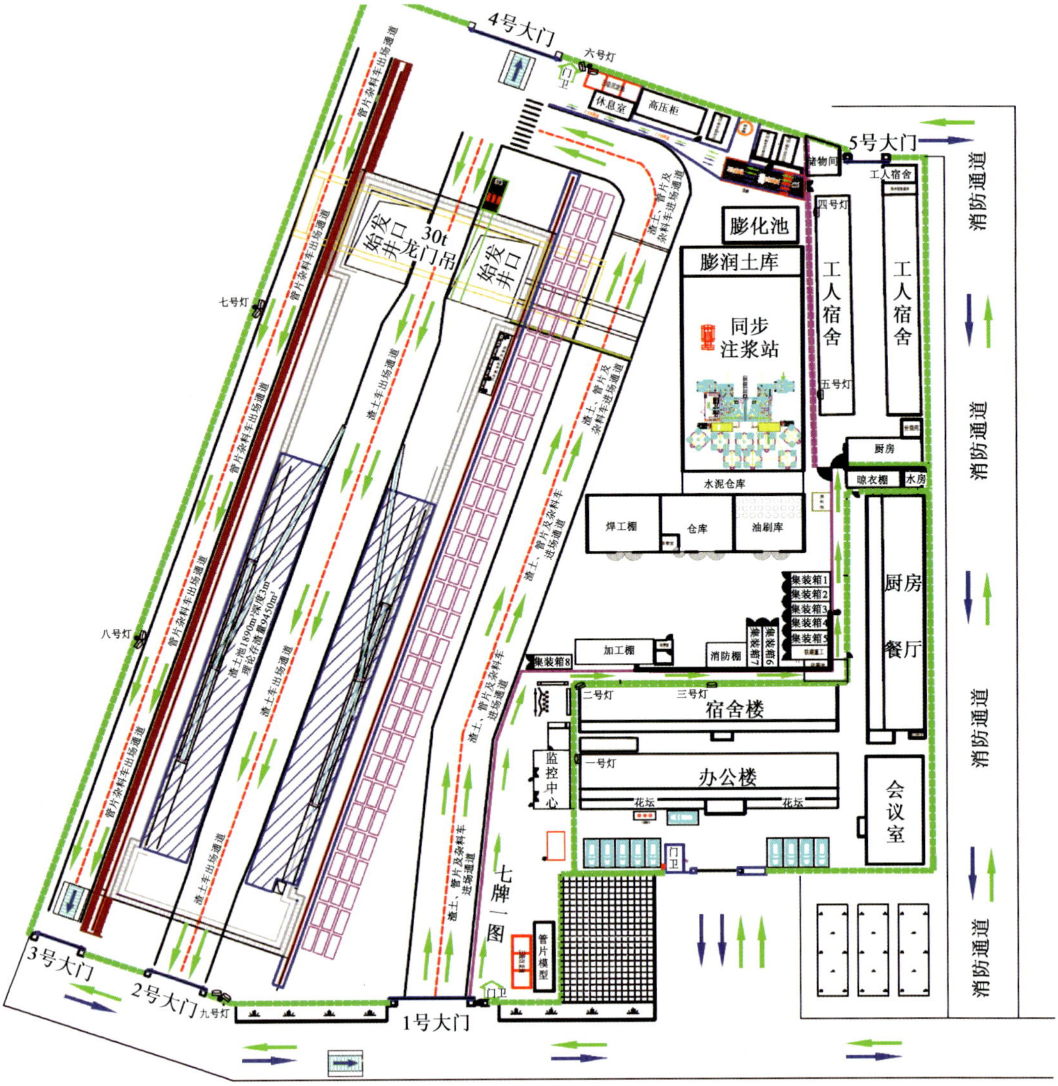

图 5-10　07 标 2 号风井—3 号风井盾构区间场地布置平面示意图

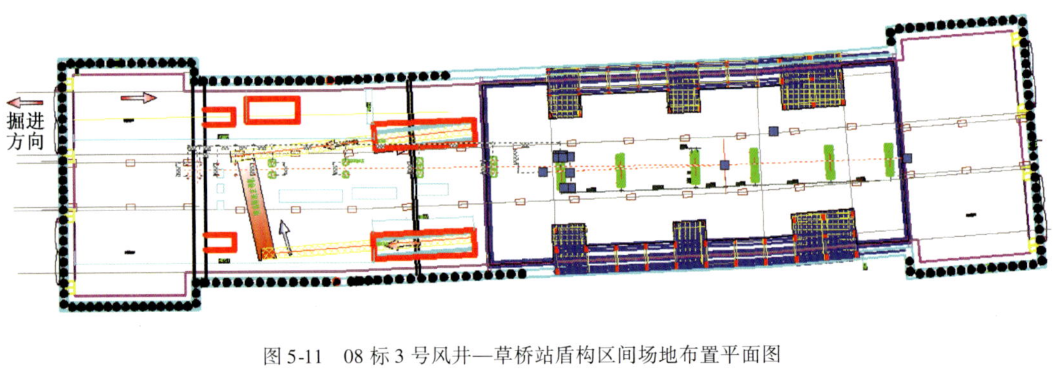

图 5-11　08 标 3 号风井—草桥站盾构区间场地布置平面图

施工主要材料运输表 表5-6

序号	材料名称	单位
1	土方	m^3
2	管片	环
3	固定道岔	套
4	移动式错车平台	套
5	轨道	m
6	镀锌水管	m
7	轨枕	根
8	走道板	m
9	管片螺栓	套
10	盾尾密封油脂	t
11	EP2 润滑油脂	t
12	HBW 密封油脂	t
13	泡沫	t
14	细砂	t
15	粉煤灰	t
16	水泥	t
17	膨润土	t

运输设备 表5-7

序号	设备名称	规格、型号	单位
1	龙门吊	35t/50t/100t	台
2	电瓶车	85t	辆
3	泥浆系统	$12m^3$	套
4	管片车	长3.3m,宽1.4m	节
5	挖掘机	330	台
6	浆液车	$12m^3$	台
7	渣土斗	$50m^3$	个
8	自卸汽车	$20m^3$	辆

5.1.3 盾构施工设备部署

5.1.3.1 盾构设备进场验收管理

1)盾构设备自适应性评估

(1)盾构设备进场至少3个月前,施工单位应根据盾构穿越隧道地层条件和施工环境条件，对盾构设备进行适应性自评估，编制盾构设备适应性自评估报告，评估报告应至少包括以下内容：

①盾构设备主要参数的合理性，包括：设备制造厂商名称及设备编号、生产日期、主要技术参数（如刀盘开口率、刀具布置、额定扭矩及脱困扭矩、同步注浆孔位置及注浆泵参数、土体改良系统注入口位置、螺旋输送机形式及最大允许通过粒径等）。

②盾构使用历史，主要包括：累计使用年限、累计施工隧道长度、设备产权单位、主要穿越地层情况及设备运行状况、有无出现过重大设备故障、有无进行重大设备改造等。

③刀盘形式和刀具布置与地层的适应性评价，计划换刀地点和换刀方案。

④同步注浆及二次补浆设备与盾构主体设备和地层的适应性评价。

⑤泡沫、膨润土等土体改良设备的性能、能力及其适应性评价。

⑥螺旋输送机的地层适应性评价。

⑦皮带输送机的相关特性及其适应性评价。

⑧润滑及密封系统的适应性评价。

⑨推力和刀盘扭矩的地层适应性评价。

⑩推进缸和铰接缸的功能、压力检测及评价，主要包括：推进缸行程、速度，铰接缸行程、电磁阀，推进缸和铰接缸内泄检查。

⑪导向系统功能检测及评价，主要包括：棱镜或激光靶安装位置是否合理、倾斜仪安装是否正确、读取铰接缸行程是否正确、导向系统显示界面是否正确。施工单位应出具设备制造商（或导向系统供应商）承诺的“导向系统资信服务承诺书”，确保一旦导向系统出现故障，设备制造商（或导向系统供应商）能够及时进行现场检修并恢复其功能。

（2）盾构主体设备使用年限超过 8 年或已累计施工隧道长度超过 10km（含）的盾构，盾构设备适应性自评估报告中需明确盾构主驱动及其密封的残余寿命。

（3）评估报告编制完成后，提交施工单位集团审查，审查通过后须由公司总工程师签发，加盖集团公司公章后，于进场前 3 个月提交监理单位。

2）监理审查

监理单位接收到施工单位自审通过后的评估报告和审查表后，于盾构设备进场 2 个月前，总监理工程师办公室应对评估报告逐条审查，并出具审查意见。审查合格后须经监理公司总工程师（或技术负责人）签字确认，并加盖监理公司公章；审查不合格时，施工单位应针对不合格项进行整改，并重新编制评估报告及履行后续审查程序。

3）专家会议审查

评估报告经监理单位审查通过后，由总监理工程师负责组织专家（盾构设备专家不少于 2 人）、施工标段项目经理、项目总工程师、工点设计负责人、项目管理单位相关人员，针对评估报告的合理性与适应性，进行逐条审查，并形成书面专家审查意见。专家审查结论为“不通过”时，施工单位应针对不合格项进行整改，并重新编制评估报告及履行后续审查程序。

4）盾构存储基地验收

（1）评估报告经专家会议审查通过后，总监理工程师负责组织专家（至少包含 1 位参加专家会议审查的盾构设备专家）、施工标段盾构副经理、项目管理单位相关人员前往盾构存储基地进行盾构验收，验收内容应为评估报告所涉及的全部内容，形成验收报表，重点评估内容包括：

①现场盾构设备与适应性评估报告中的盾构设备主要技术参数是否相符。

②非新生产盾构主驱动须拆卸进行检查验收，主要验收主驱动密封和大小齿圈是否完好。

③刀具安装和焊接是否完好，刀具高差是否满足适用性评估报告的要求，对于砂卵石地层，刀盘刀具是否具有耐磨层。

④螺旋输送机叶片焊接完成后是否进行过探伤（需提供探伤报告），对于砂卵石地层螺旋输送机筒壁与相关叶片是否具有耐磨层。

(2)当验收结论为“不合格”时，项目管理单位或公司视情况约谈施工、监理单位评估报告和审查意见的签发人并进行通报；施工单位应更换设备或针对不合格项进行整改，并重新编制评估报告及履行后续审查程序。

5）盾构吊装与下井组装

盾构设备进场后，须经监理单位确认该设备为盾构存储基地验收的盾构设备后，方可进行盾构吊装方案的论证，盾构设备组装前，监理单位应对吊装方案进行审核，审核通过后盾构方可下井组装。

6）盾构现场验收

盾构现场组装完成后，施工单位应对盾构设备进行验收，并形成验收报告。监理单位应对盾构设备及验收报告进行核验，核查合格后签字确认、备案后方可始发。

5.1.3.2 盾构机的维护

为了充分发挥盾构的性能，防患故障、延长盾构机的寿命，必须定期和随时对盾构设备进行日常维护、检查和维修。

1）日常检查、维护

(1)各部位的螺栓、螺母松动检查、拧紧。

(2)异常声音、发热检查。

(3)液压油、润滑油、润滑脂、水、空气的异常泄漏检查。

(4)各部位供油脂情况确认、检查、补充。

(5)工作油箱油位检查。

(6)电源电压正常确认。

(7)操作盘开关类、指示灯、仪表类正常动作确认。

(8)盾构本体与台车之间的软管、电线有无异常检查。

(9)安全阀设定压力检查。

(10)液压设备维护、过滤器清扫后的回路内排气确认。

2）定期维修、维护

(1)1个月维修、维护

①油箱排水。

②电动机类的精密检查（如轴承供油、绝缘电阻测量、滴水检查等）。

③控制盘和配电器具检查（如接点磨损状况，绝缘电阻测量、配线管、管道损伤等）。

(2)6个月检查、维护

启动油、润滑油定期检查(2次/年、工作油生产厂家检查)。

3)长期停止运行时的维护管理

长期停止运行时,必须实施下列作业:

(1)每个设备的空载运行(每隔 10 ~ 15d)。

(2)气缸头、阀槽等滑动面露出部分涂油。

(3)防止空间加热器引起的动力盘内结露。

5.1.3.3 盾构施工中的主要设备、工具及材料管理

在盾构施工中,除盾构机之外其他设备的选择管理合理与否同样影响施工进度。根据施工技术要求和施工作业条件确定设备选型,按照施工进度计划指标配置设备,生产能力要留有余地;同时考虑突发事件所需的工程抢险应急设备,为保证设备的能力,定期对机械设备进行维修保养。06 标磁各庄站—1 号风井盾构区间的设备、材料见表 5-8、表 5-9。

06 标磁各庄站—1 号风井盾构区间设备表 表 5-8

序号	设备名称	型号	数量
1	龙门吊	100t	2 台
2	龙门吊	50t	1 台
3	电瓶车	85t	4 辆
4	泥浆系统	$12m^3$	2 套
5	浆液站	$30m^3/h$	2 套
6	挖掘机	330	4 台
7	电焊机	便捷式 BX6.300	3 台
		ZX7.630	1 台
8	风机	110kW	2 台
9	渣土斗	$50m^3$	30 个
10	自卸汽车	$20m^3$	50 辆

06 标磁各庄站—1 号风井盾构区间材料表 表 5-9

序号	材料名称	规格型号	单位	数量
1	管片	1.6m	环	3584
2	洞门临时密封装置		套	4
3	管片螺栓		根	136192
4	螺栓孔密封圈		套	136192
5	管片弹性密封垫		环	3566
6	水泥	袋装 P.O.42.5	t	2674
7	水泥	散装 P.O.42.5	t	6918
8	砂	中砂	m^3	16142
9	粉煤灰		t	7610
10	膨润土		t	9380

续上表

序号	材料名称	规格型号	单位	数量
11	水管	ϕ100	m	24000
12	人行踏板		m	6345
13	高压电缆		m	6400
14	钢轨	43kg/m	m	13248
15	轨枕		套	7130

5.1.4 盾构施工进度控制

5.1.4.1 工程进度管理目标

为了确保项目进度目标的实现,需要对工程项目各建设阶段的工作内容、工作程序、衔接关系和持续时间等编制计划、实施、检查、协调及信息反馈,为有效进行进度控制,需对影响进度的因素进行分析,以便事先采取措施,尽量缩小实际进度与计划进度的偏差,实现项目的主动控制与协调。北京大兴国际机场线各盾构区间施工进度总计划如表5-10所示。

各盾构区间施工进度计划表 表5-10

标段	线路	线路总环数（环）	工程进度目标	
			开始时间	完成时间
04标永兴河站—磁各庄站区间	盾构左线	1739	2018/1/21	2018/6/16
	盾构右线	1739	2017/9/15	2018/4/17
06标磁各庄站—1号风井区间	盾构左线	1758	2018/2/28	2018/11/10
	盾构右线	1758	2018/1/30	2018/10/10
07标1号风井—2号风井区间	盾构左线	1353	2017/12/11	2018/9/30
	盾构右线	1349	2018/2/1	2018/11/5
07标2号风井—3号风井区间	盾构左线	2396	2017/10/15	2018/8/31
	盾构右线	2405	2017/9/15	2018/8/8
08标3号风井—草桥站区间	盾构左线	1921	2018/2/26	2018/11/15
	盾构右线	1921	2017/12/10	2018/10/30

工程进度计划的制订应细化到各分部分项工程的具体工期,隧道区间施工可分为隧道掘进施工和联络通道施工,隧道掘进按始发、掘进、接收三个阶段划分。联络通道作为盾构隧道的重要组成部分,对于盾构隧道的贯通有着重要的影响。大兴国际机场线盾构区间联络通道共计23处,根据入水深度不同加固方式主要分为注浆加固、冻结法施工。不同的联络通道施工方法需要不同的工期。注浆加固方式的联络通道从打设注浆孔至土方开挖完成共需60～70d。冻结法施工的联络通道自打设冻结孔至土方开挖完成共需约135d,采用冻结法施工约为普通注浆加固方式所用时间的两倍。大兴国际机场线07标1号风井—2号风井盾构区间分部分项工程见表5-11。

大兴国际机场线 07 标 1 号风井—2 号风井盾构区间分部分项工程 表 5-11

分部分项名称	线路名称	施工内容	工期	开始时间	完成时间
2 号南向盾构始发井—1 号风井盾构区间	左线	组装、调试	35	2017/12/11	2018/1/14
		掘进施工	212	2018/1/15	2018/8/15
		拆解、吊出	45	2018/8/16	2018/9/30
	右线	组装、调试	35	2018/2/1	2018/3/6
		掘进施工	197	2018/3/7	2018/9/20
		拆解、吊出	45	2018/9/21	2018/11/5
	附属工程	1 号联络通道	75	2018/8/16	2018/10/30
		2 号联络通道	75	2018/8/16	2018/10/30
		3 号联络通道兼泵房	75	2018/8/16	2018/10/30

5.1.4.2 工程进度管理效果

1) 大兴国际机场线盾构区间施工进度分析

大兴国际机场线各盾构区间施工进度如表 5-12 所示。

各标段施工进度及工期统计表 表 5-12

标段	线路	总环数	贯通日期	0 环拼装日期	施工天数(d)	日平均进度(m)
04 标段	左线	1739	2018/8/7	2018/4/16	113	15.4
	右线	1739	2018/3/2	2017/10/6	147	11.8
06 标段	左线	1758	2019/3/4	2018/4/13	325	5.4
	右线	1758	2019/2/16	2018/3/15	338	5.2
07 标 1~2 段	左线	1353	2019/2/20	2018/2/21	364	3.7
	右线	1349	2019/3/8	2018/4/19	323	4.2
7 标 2~3 段	左线	2396	2018/8/21	2017/12/8	256	9.4
	右线	2405	2018/8/21	2017/11/12	282	8.5
8 标段	左线	1921	2019/2/10	2018/3/10	337	5.7
	右线	1921	2019/2/24	2018/2/21	368	5.2

(1)04 标施工进度

北京大兴国际机场线 04 标永兴河站—磁各庄站盾构区间盾构施工始发阶段右线工期 37d,左线工期 22d;正常掘进阶段右线工期 89d,左线工期 85d;接收阶段右线工期 21d,左线工期 6d;施工过程中总停机时间右线 34d,左线 17d。施工进度图如图 5-12 和图 5-13 所示。

(2)06 标施工进度

北京大兴国际机场线 06 标磁各庄站—1 号风井盾构区间盾构施工始发阶段右线工期 29d,左线工期 29d;正常掘进阶段右线工期 274d,左线工期 252d;接收阶段右线工期 35d,左线工期 44d;施工过程中总停机时间右线 170d,左线 154d;右线刀具检修停机时间 170d,左线刀具检修停机时间 154d。施工进度图如图 5-14 和图 5-15 所示。

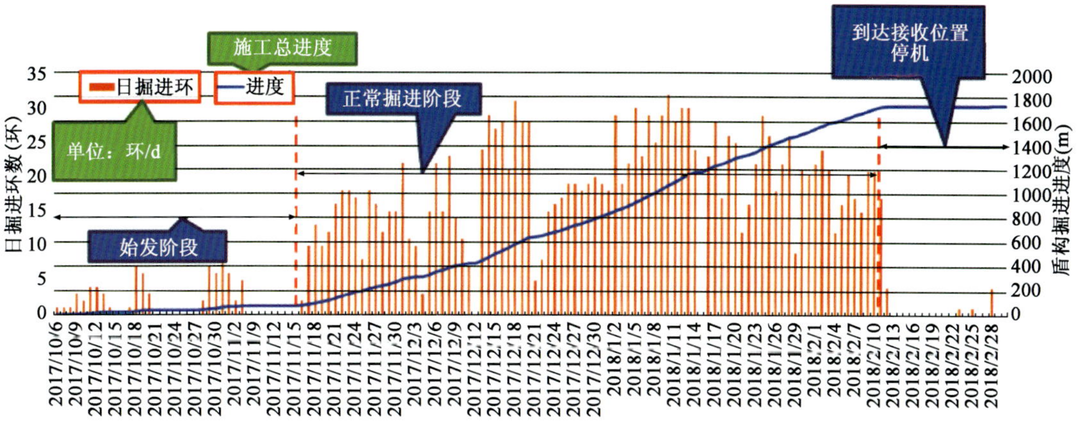

图 5-12 04 标永兴河站—磁各庄站盾构区间右线施工进度

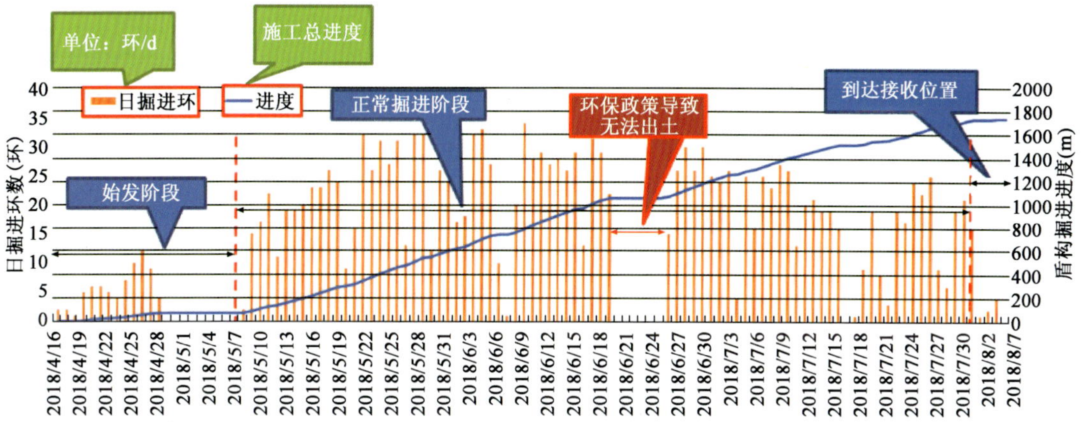

图 5-13 04 标永兴河站—磁各庄站盾构区间左线施工进度

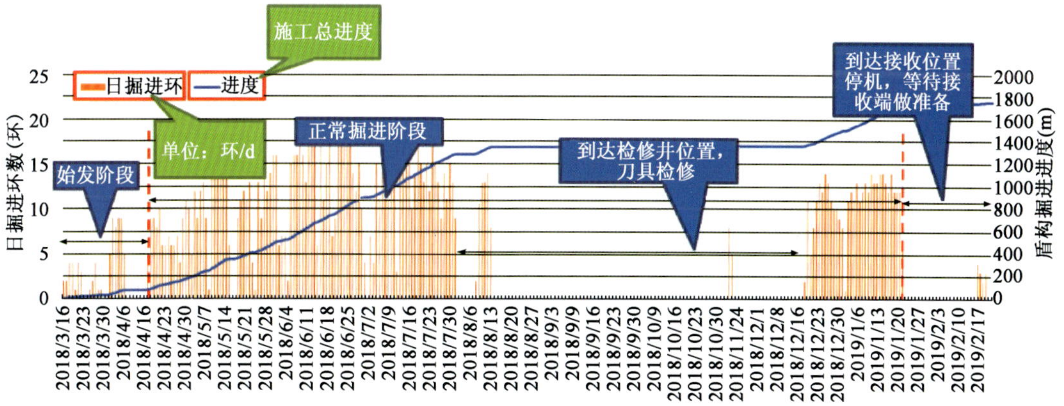

图 5-14 06 标磁各庄站—1 号风井盾构区间右线施工进度

(3)07 标 1 号风井—2 号风井盾构区间施工进度

北京大兴国际机场线 07 标 1 号风井—2 号风井盾构区间盾构施工始发阶段右线工期

21d,左线工期 17d;正常掘进阶段右线工期 145d,左线工期 307d;接收阶段右线工期 157d,左线工期 40d;施工过程中总停机时间右线 181d,左线 197d;右线刀具检修停机时间 24d,左线刀具检修停机时间 133d。施工进度图如图 5-16 和图 5-17 所示。

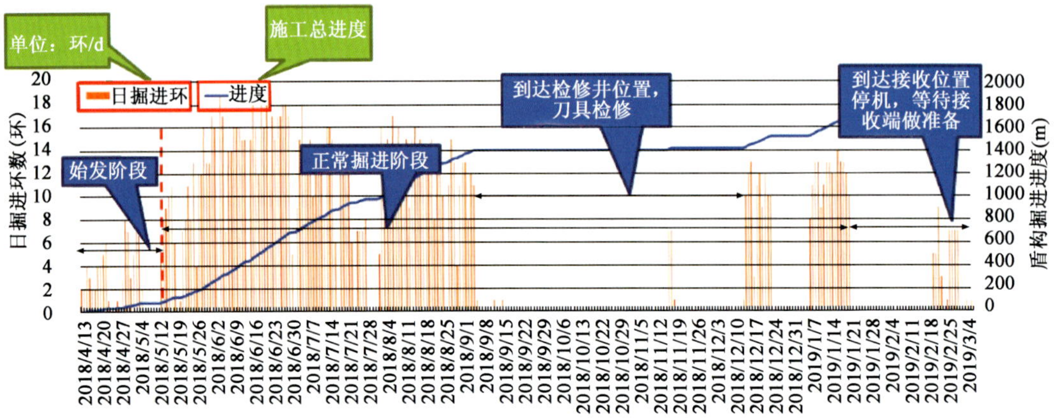

图 5-15　06 标磁各庄站—1 号风井盾构区间左线施工进度

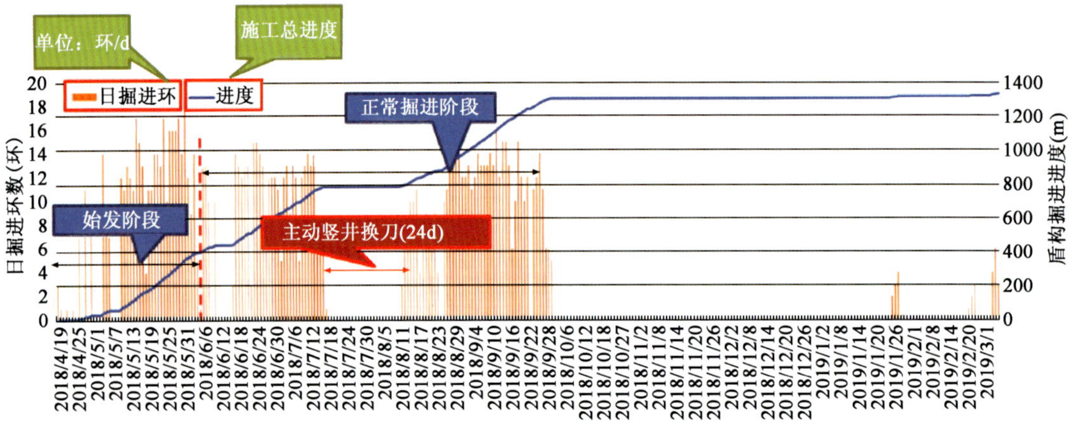

图 5-16　07 标 1 号风井—2 号风井盾构区间右线施工进度

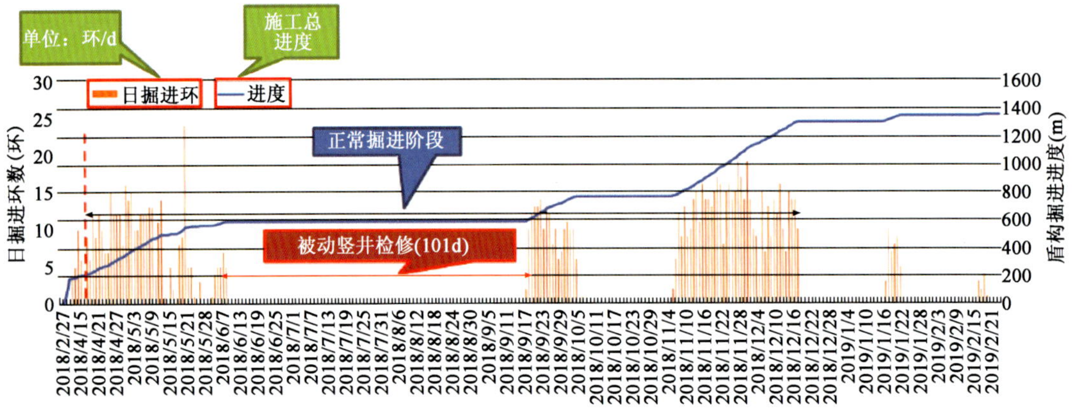

图 5-17　07 标 1 号风井—2 号风井盾构区间左线施工进度

(4)07 标 2 号风井—3 号风井盾构区间施工进度

北京大兴国际机场线 07 标 2 号风井—3 号风井盾构区间盾构施工始发阶段右线工期 32d,左线工期 28d;正常掘进阶段右线工期 241d,左线工期 222d;接收阶段右线工期 9d,左线工期 6d;施工过程中总停机时间右线 71d,左线 65d;右线刀具检修停机时间 45d,左线刀具检修停机时间 40d。施工进度图如图 5-18 和图 5-19 所示。

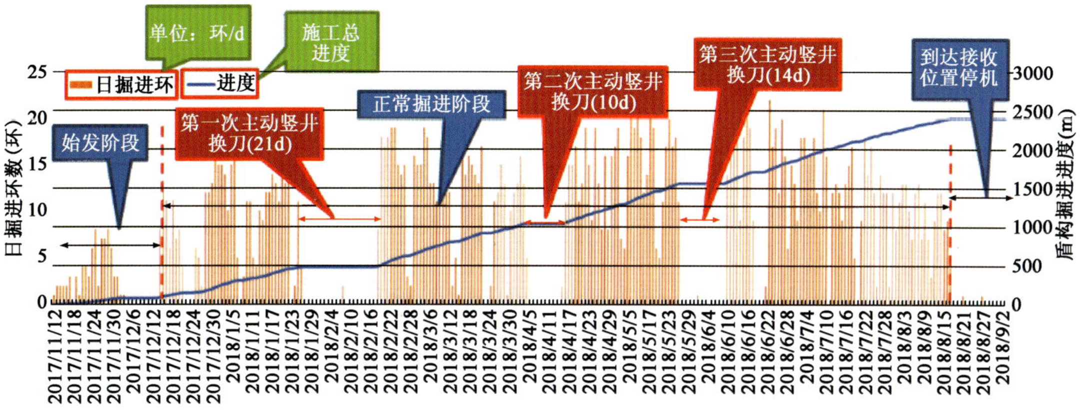

图 5-18　07 标 2 号风井—3 号风井盾构区间右线施工进度

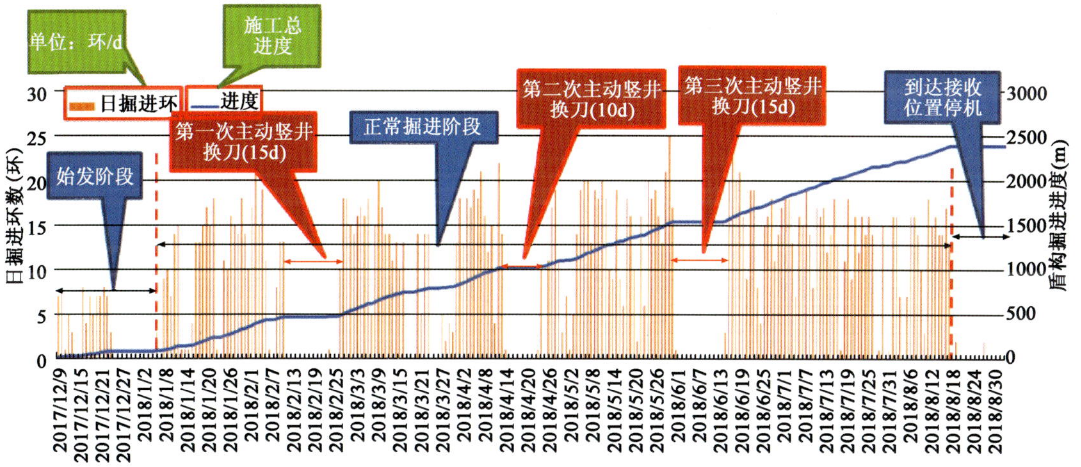

图 5-19　07 标 2 号风井—3 号风井盾构区间左线施工进度

(5)08 标施工进度

北京大兴国际机场线 08 标 3 号风井—草桥站盾构区间盾构施工始发阶段右线工期 22d,左线工期 18d;正常掘进阶段右线工期 340d,左线工期 305d;接收阶段右线工期 9d,左线工期 14d;施工过程中总停机时间右线 178d,左线 156d;右线刀具检修停机时间 84d,左线刀具检修停机时间 69d。施工进度图如图 5-20 和图 5-21 所示。

2)各标段进度对比分析

针对大兴国际机场线 10 台盾构对各阶段给出以下定义:始发阶段为盾构拼装 0 环至盾构

负环拆除完成恢复掘进;正常掘进阶段为盾构拆完负环恢复掘进后到盾构接收前 50 环;接收阶段为隧道最终 50 环掘进。

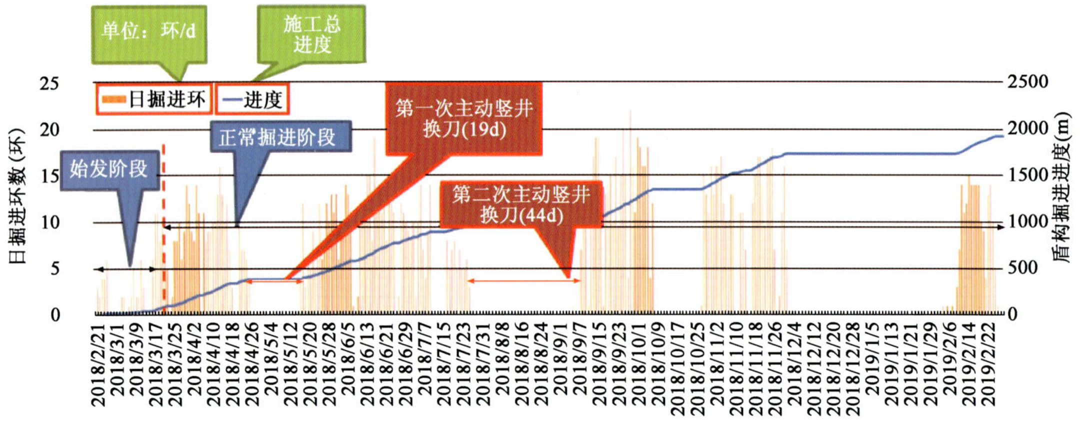

图 5-20　08 标 3 号风井—草桥站盾构区间右线施工进度

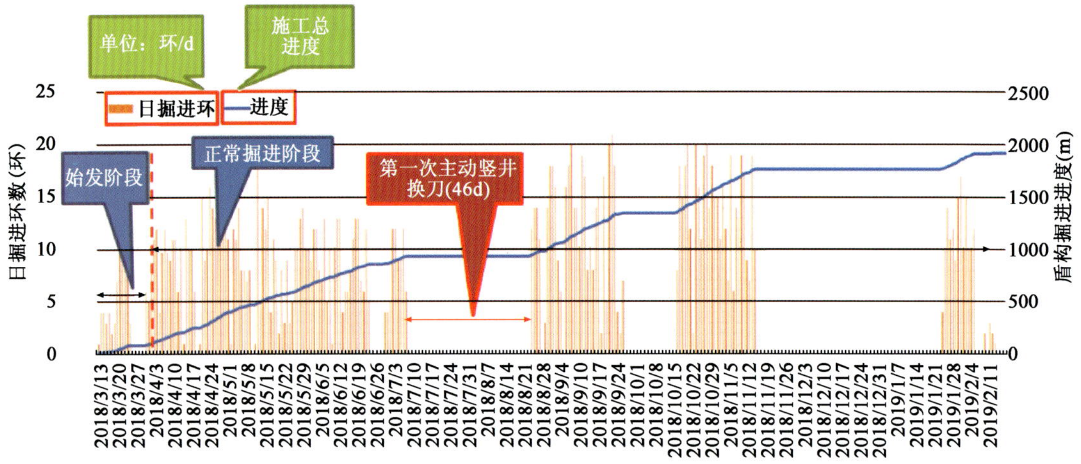

图 5-21　08 标 3 号风井—草桥站盾构区间左线施工进度

各台盾构不同阶段耗时如图 5-22 所示,大兴国际机场线盾构始发平均耗时 25.5d,不考虑 1 号风井处 4 台盾构由于风井施工原因导致接收时间较长,其他 6 台盾构接收平均耗时 11d。

各台盾构正常掘进阶段耗时占比如图 5-23 所示,常掘进阶段停机时间占比最高的为 07 标段 1 号风井—2 号风井区间右线,达到 53.7%;正常掘进阶段停机时间最长为 08 标段 3 号风井—草桥站区间,达到 167d。

如图 5-24 所示,10 台盾构盾构施工综合日进度约为 7.4 环/d,其中 04 标段左线综合日进度最大为 15.4 环/d,07 标 1 号区间—2 区间段最小为 3.7 环/d。刀具检修时间在盾构施工过程中一般是可控的,而其他诸如政策原因的停机时间是不可控的,因此剔除这部分不可控的原因,对长距离隧道的考虑检修时间的日平均进度进行分析可知:10 台盾构考虑检修时间的平均日进度约为 9.3 环/d。

为对盾构设备性能、施工组织等情况进行分析,剔除所有停机时间,仅考虑盾构纯掘进时间,盾构施工进度约为11.5环/d,各区间掘进进度见表5-13。

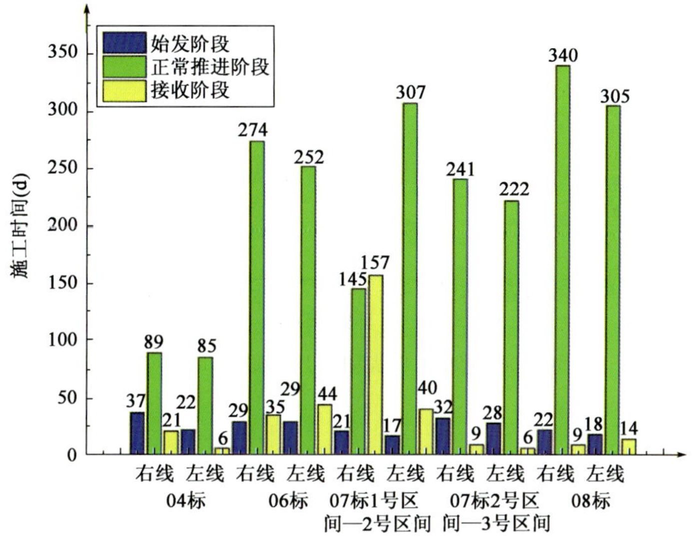

图5-22 各台盾构不同阶段耗时

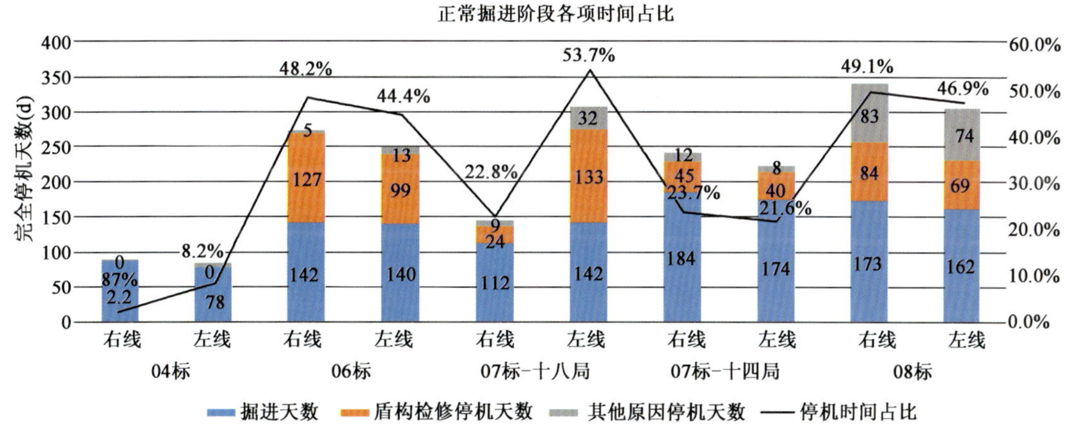

图5-23 各台盾构正常掘进阶段耗时占比

通过一系列的技术措施,对施工情况进行分析,有8条隧道到达了前期施工要求,盾构日掘进进度高于前期要求进度,满足了高效施工的要求。而未到达要求的区间,其日实际掘进进度与要求进度相差不大(1.5~3.6m)。

考虑除检修时间外的其他停机时间对实际日掘进进度进行总结,发现仅有3条隧道满足要求进度。盾构施工过程一些非必要的停机是影响工程工期的重要因素。

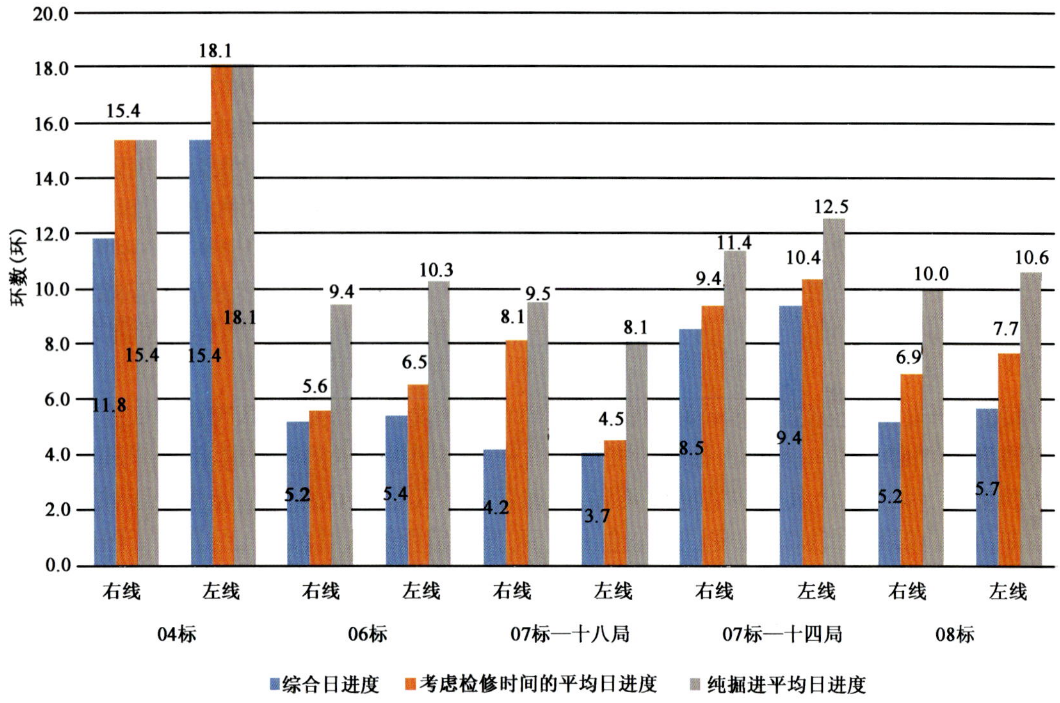

图 5-24 各台盾构进度对比

各区间掘进进度 表 5-13

标段	区间	盾构掘进工期(d)	日掘进进度预测(m/d)	日实际掘进进度(m/d)	考虑除检修时间外其他停机时间的日实际掘进进度(m/d)
04 标	左线	136	20.5	24.6	18.9
	右线	205	13.6	29	24.6
06 标	左线	211	14.7	15	13.3
	右线	208	15	16.4	12.4
07 标 1 号风井—2 号风井区间	左线	170	16.7	15.2	7.2
	右线	150	16.6	13	9.4
07 标 2 号风井—3 号风井区间	左线	362	12.7	18.2	16.2
	右线	372	12.3	20.1	17.7
08 标	左线	265	13.7	15.9	10.7
	右线	274	14.4	17	11.5

5.1.5 盾构施工质量管理

5.1.5.1 施工质量管理体系

施工过程的控制主要通过质量体系的正常运行进行控制，施工中对隐蔽工程和每道工序严格执行施工质量"三检制"和"联检制",坚持工班自检、质检人员专检、监理工程师终检的方法,在三检合格的情况下由项目部质检工程师将检验合格证呈交监理工程师,并在监理工程师指定的时间里,质检工程师、质检员与监理工程师一起,对申请验收的部位进行联检,在联检合格后,监理工程师在验收合格证上签字后方可进行下道工序的施工作业。实施工程质量全员、全方位、全过程、全要素的管理,实行主要领导对工程质量终身负责制。管理制度体系如图 5-25 所示。

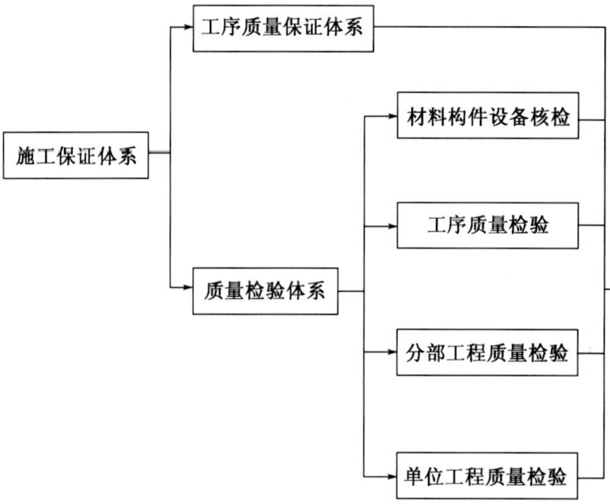

图 5-25　管理制度体系

5.1.5.2　施工质量保证措施

1)盾尾刷安装质量控制措施

(1)盾壳打磨要平滑、干净,宽度满足盾尾刷焊接宽度要求。

(2)盾尾刷与盾壳之间要焊透、焊饱满,不得有烧伤,焊接时注意保护盾尾刷钢丝。

(3)同一道相邻盾尾刷之间的间距不得大于 3mm,不同道的盾尾刷接缝要错开。

2)反力架安装质量控制措施

(1)反力架安装左右偏差控制在 ±10mm 之内,高程偏差控制在 ±5mm 之内。

(2)反力支撑要及时安装,利用龙门吊将反力支撑起吊并与反力架以及预埋钢板连接牢固。反力支撑尺寸要提前设计加工好,以加快支撑安装速度。

3)盾构始发质量控制措施

(1)为控制推进轴线、保护刀盘,推进速度不宜过快,使盾构缓慢稳步前进,推进速度控制在 5 ~ 10mm/min。

(2)负环掘进过程中,掘进速度值应尽量保持恒定,减少波动,以保证土仓压力的稳定和出土的畅通。

(3)盾构启动时,盾构司机必须检查千斤顶是否靠足,开始推进和结束推进之前速度不宜过快,每环掘进开始时,应逐步提高掘进速度,防止启动速度过大。

(4)推进速度的快慢必须满足每环掘进注浆量的要求,保证同步注浆系统始终处于良好工作状态。

（5）在调整掘进速度的过程中，应保持开挖面稳定。

（6）除特殊情况外，掘进过程中严禁盾构机后退。

4）盾构掘进质量保证措施

（1）正确使用盾构机所装备的高度现代化的自动实时监控测量指引系统。

（2）在盾构隧洞施工之前，要严格按要求建立起一套严密的人工测量和自动测量控制系统，根据自动测量的精度和工程的精度要求决定人工控制测量和复核的内容及频率。

（3）认真做好盾构机的操作控制，按"勤纠偏、小纠偏"的原则，通过严格的计算，合理选择和控制各千斤顶的行程量，从而使盾构和隧洞轴线在容许偏差范围内，切不可纠偏幅度过大，以控制隧洞平面与高程偏差而引起的隧洞轴线折角变化不超过0.4%。

（4）合理使用超挖刀和铰接千斤顶来控制盾构机的轴线，从而实现对隧洞轴线的线形控制。

5）壁后注浆质量控制措施

（1）在开工前制定详细的注浆作业指导书，并进行详细的浆材配比试验，选定合适的注浆材料及浆液配比。

（2）制订详细的注浆施工设计和工艺流程及注浆质量控制程序，严格按要求实施注浆、检查、记录、分析，及时作出 P（注浆压力）—Q（注浆量）—t（时间）曲线，分析注浆速度与掘进速度的关系，评价注浆效果，反馈信息指导下次注浆。

（3）注浆作业由富有经验的土木工程师负责现场注浆技术和管理工作，并由熟练工人进行操作。

（4）根据洞内管片衬砌变形和地面及周围建（构）筑物变形监测结果，及时进行信息反馈，修正注浆参数设计和施工方法，发现情况及时解决。

（5）做好注浆设备的维修保养、注浆材料供应工作，定时对注浆管路及设备进行清洗，保证注浆作业顺利连续不中断进行。

（6）环形间隙充填不够、结构与地层变形不能得到有效控制，或变形危及地面建（构）筑物安全时，或存在地下水渗漏区段，在必要时通过吊装孔对管片背后进行补充注浆。

（7）注浆的同时要观测盾尾密封效果，不能使浆液从盾构机与管片之间渗漏出来。若出现该问题时，一方面应加大盾尾油脂泵压力，另一方面应查看注浆压力是否过大。

（8）掘进过程坚决执行"掘进与注浆同步，不注浆不掘进"的原则。

6）盾构施工沉降控制措施

认真进行现场环境条件的调查，并结合线路的走向做好地面的监测工作。准备进行的与沉降有关的监测项目有：地表隆沉监测、地面建（构）筑物变形监测、地下管线变形监测、隧道结构变形监测。

7）盾构机到达前施工质量保证措施

（1）检查端头土体加固质量，确保加固质量满足设计要求。

（2）在洞口内侧准备好砂袋、水泵、水管、方木、风炮等应急物资和工具。

（3）准备洞内、洞外的通信联络工具和洞内的照明设备。

（4）增加地表沉降监测的频次，并及时反馈监测结果指导施工。

（5）橡胶帘布内侧涂抹油脂，避免刀盘刮破帘布而影响密封效果。

（6）在盾构机刀盘距洞门掌子面0.5m时应尽量出空土仓中的渣土，减小对洞门及端墙的挤压以保证洞门施工的安全。

(7)在盾构贯通后安装的几环管片,一定要保证注浆饱满密实,并且要及时拉紧,防止引起管片下沉、错台和漏水。

8)管片拼装质量保证措施

(1)邀请业主和监理到管片厂家检查并进行试拼装,进场需检查。

(2)开工前编制详细的"防水材料粘贴作业指导书"和"管片运输、安装作业指导书"。

(3)加强对拼装管片操作人员的培训,管片拼装装机操作人员应为熟练该操作的工人。

(4)严格检查进场的管片,检查合格的管片方可使用。

(5)止水条及软木衬垫粘贴前,应将管片进行彻底清洁,以确保其粘贴稳定、牢固,施工现场管片堆放区应有防雨淋设施。

(6)下井吊装管片和运送管片时应注意保护管片和止水条,避免损坏。

(7)管片拼装前应对管片拼装区、管片邻接面进行清理,同时还需要对所拼装的管片进行二次复检,重点对止水条、软木衬垫及管片有无运输破损进行检查,不符合要求的禁止使用。

(8)封顶块安装前,应对斜边止水条进行润滑处理以减小摩擦,避免止水条拉断或由于角部止水条严重挤压和拉伸而影响角部防水。

(9)严禁非管片安装位置的推进油缸与管片安装位置的推进油缸同时收缩。

(10)综合考虑隧洞线路要求及盾尾间隙、油缸形成要求。合理进行管片选型,确保管片错缝拼装。管片推出盾尾后要及时进行管片连接螺栓的复紧工作。

9)盾构隧道及管片轴线控制管理

(1)为保证推进方向的准确可靠,可以每50m进行一次人工测量,以校核自动导向系统的测量数据并复核盾构机的位置、姿态,确保盾构掘进方向的正确。

(2)施工时在搬站前一天(或15环)内对导向控制点进行复核,并将测量结果报监测单位和控制测量单位审核、备案。

(3)在衬砌环脱出盾尾且能通视时尽早对隧道结构位移、净空收敛进行监测,并将测量结果报监理和控制测量单位进行审核、备案。

10)隐蔽工程保证措施

隐蔽工程施工质量由项目部质量员负责,具体保证措施如下:

(1)充分发挥隐蔽工程检查小组的作用,制订隐蔽工程检查验收管理办法,实施对隐蔽工程的质量监控。

(2)隐蔽工程在通过检查验收,办理必要的签证手续后方可进行下道工序,否则将追究当事人的责任。

(3)对隐蔽工程检查中发现的问题要指定专人负责处理,并要进行复查,确认存在的问题得到处理后方可进行下道工序的施工。

(4)凡是隐蔽工程都要在质量计划中确定为关键工序,按照关键工序的管理程序质量监控。

5.1.5.3 材料进场质量保证措施

(1)对进场材料及时检验,各种合格证必须齐备才予验收。

(2)及时填写验收记录,注意保存,保证材料的可追溯性。

(3)对不合格品标明记号,单独存放,以免误用。

5.1.6 盾构施工安全管理

5.1.6.1 施工安全风险管理程序

1)管理模式

安全生产管理采用预防型管理模式,如图5-26所示。

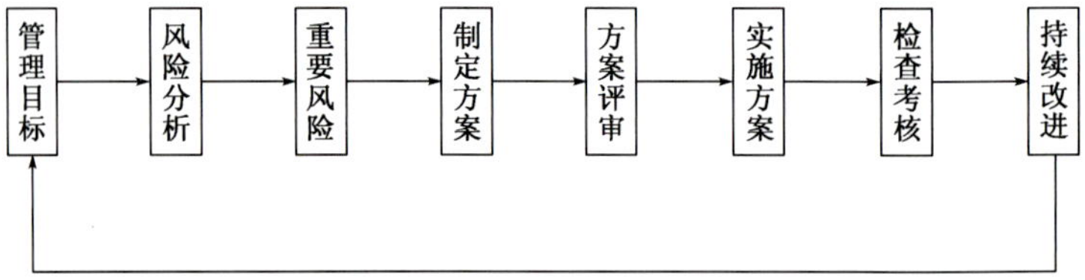

图5-26 预防型管理模式图

2)施工风险管理职责

(1)项目经理职责

全面负责本工程项目的施工风险管理工作,负责及时采取有效措施规避和预防各种施工风险,主持召开施工风险分析会并做出相应处理方案,尽可能地降低施工风险。

(2)专家顾问组职责

全面参与本标段的风险管理工作,负责提出施工风险管理的总体组织、管理方案、分析控制的重点,参与具体的风险分析及规避策划、解决风险管理中的具体难题。

(3)项目副经理职责

负责对风险管理组的管理,协调配合其他风险组的工作,组织各项风险预防措施、规避风险预案的实施,深入施工现场了解可能出现的施工风险问题,及时预防和消除。

(4)项目总工程师职责

负责对风险监测组、风险分析组、风险规避组的管理,配合项目经理与副经理做好风险管理工作;负责组织制订预防施工风险措施和规避风险预案,提交风险分析会讨论实施。

(5)风险监测组职责

负责进行地质预测预报和监控量测工作,负责采集地质预测预报和监控量测数据,对数据进行处理和分析,并及时将结果报风险分析组。

(6)风险分析组职责

负责收集各种施工风险的资料,包括施工进度、地质预测预报和监控量测结果;结合工程施工情况对其进行分析,提出风险预警报告。

(7)风险规避组职责

依据风险分析结果,及时制订相应的施工风险预防措施和规避风险的预案,规避各种施工风险。

(8)风险管理组职责

负责各项风险措施、规避风险预案以及发生施工风险后的紧急救援工作的实施。

3)施工过程中如发生量测数据突变的处理措施

(1)立即停止开挖,采取加强支护措施。

(2)由项目总工组织技术人员进行分析,制订相关措施,并将情况及时上报业主和监理、设计单位。

(3)对突变发生地表道路和建(构)筑物等实施24h监控。

(4)如涉及地表安全,立即请相关部门协助,采取疏解交通等有效措施。

(5)请业主组织设计、施工、监理等部门共同制订应对措施。

5.1.6.2　应急管理

应急预案处置流程图如图5-27所示。

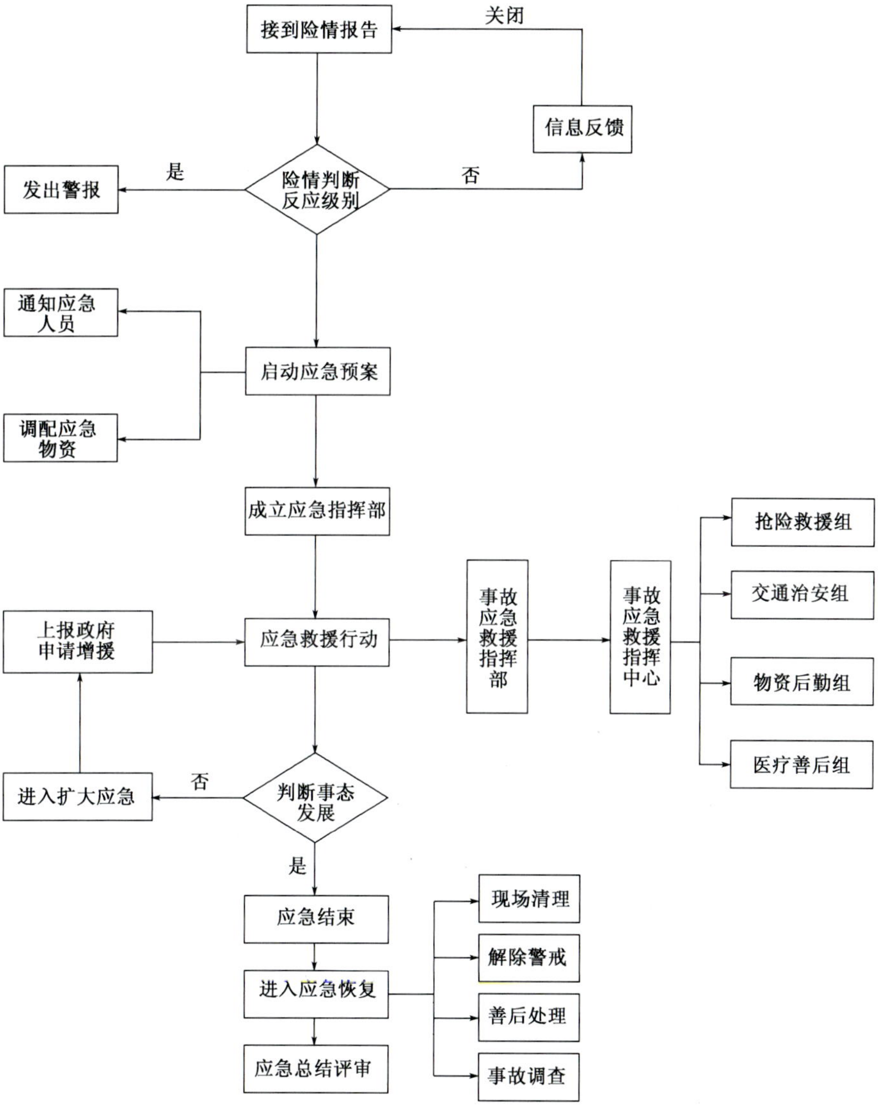

图5-27　应急预案处置流程图

5.2 盾构快速施工水平运输精细化管理

在盾构施工过程中，出渣及材料运输系统是制约盾构推进进度的重要因素，特别是在长距离盾构隧道施工过程中，隧道长度的延长会降低出渣以及物料运输的速度，水平运输的效率约束着盾构机快速掘进性能的发挥。在一般的盾构隧道施工中，水平运输方式主要包括：连续皮带机运输渣土；有轨电车运输渣土以及物料；胶轮车运输渣土以及物料。

5.2.1 盾构隧道内主要水平运输形式

北京大兴国际机场线 5 个盾构区间：永兴河站—磁各庄站区间长度为 2783m，磁各庄站—1 号风井区间长度为 2852m，1 号风井—2 号风井区间长度为 2108m，2 号风井—3 号风井区间长度为 3825m，3 号风井—草桥站区间长度为 3189m。基本包含了以上几种水平运输方式，其中区间长度最长的两区间：07 标 2 号风井—3 号风井盾构区间和 08 标 3 号风井—草桥站区间隧道内采用连续皮带机主要出渣、电瓶车辅助出渣的方式，在前期始发或皮带机故障时，可使用电瓶车渣斗进行应急出渣。连续皮带机由连续皮带、折返皮带机、横向转渣皮带机、地面转渣皮带机、移动布料皮带组成，储带仓可储存皮带，掘进一定距离后续接一次皮带。其余区间均采用有轨电车运输渣土。其他物料采用电瓶机车、管片车、砂浆车、材料车进行隧道内运输。

电瓶车运输渣土的工艺流程：盾构机主皮带→电瓶车渣斗→始发井口→龙门吊起吊→渣池。

连续皮带机输送工艺流程：盾构机主皮带→连续皮带机→转载皮带机→连续折返皮带机→横向转渣皮带机→地面转渣皮带机→移动皮带机→渣池。

5.2.2 有轨电车运输工艺

5.2.2.1 轨道铺设

电机车轨枕采用型钢 HW175 与 10mm 钢板组合，长度为 1710mm，轨道采用 43kg/m 轨；台车枕木采用型钢 H100 与 10mm 钢板组合，便于与电机车轨枕拼接，并与管片弧面相拟合，轨道采用 43kg/m 轨，盾构区间隧道轨道铺设图如图 5-28 所示。

1）始发轨道的铺设

电瓶车轨枕采用尺寸为 100mm × 50mm 的槽钢加工，通过打设膨胀螺栓的方式固定在底板上，电瓶车轨道采用标准 43kg/m 轨，双轨中心距 1200mm；台车轨枕采用 H300 型钢，与电瓶车轨枕焊接并连成一体，电瓶车轨道采用标准 43kg/m 轨，双轨中心距 3510mm，两侧设计辅助轮对轨道，辅助轮对轨道与台车轨道距离为 813mm。始发段轨道铺设断面图如图 5-29 所示。

2）区间正常段轨道的铺设

（1）隧道内轨道铺设

隧道内电瓶车轨枕采用 HW175 型钢，长度 1.7m，台车轨枕采用 20mm 钢板焊接轨枕，轨道为 6.25m 长的 43kg/m 的轻型钢轨。本工程轨道连接选用铁路常用扣件,用普通 M20 螺栓加防转垫圈代替螺栓旋道钉。扣件由 M24 螺栓、螺母、平垫圈、弹簧垫圈、扣板、铁座、绝缘缓冲垫板、衬垫等零件组成。隧道内轨道铺设断面图如图 5-30 所示。

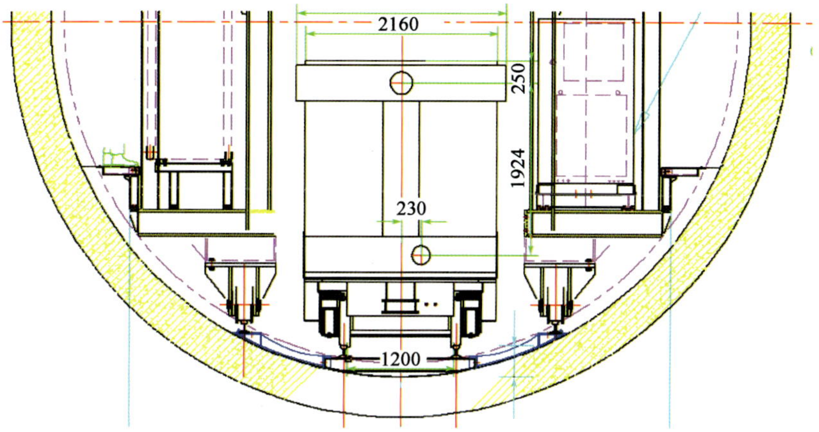

图 5-28　盾构区间隧道轨道铺设图(尺寸单位:mm)

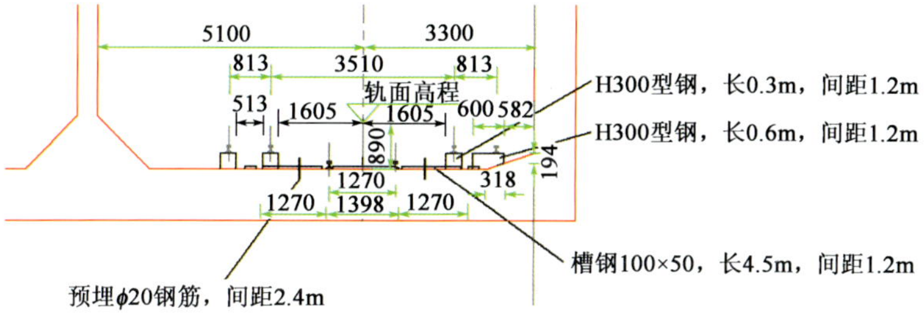

图 5-29　始发段轨道铺设断面图(尺寸单位:mm)

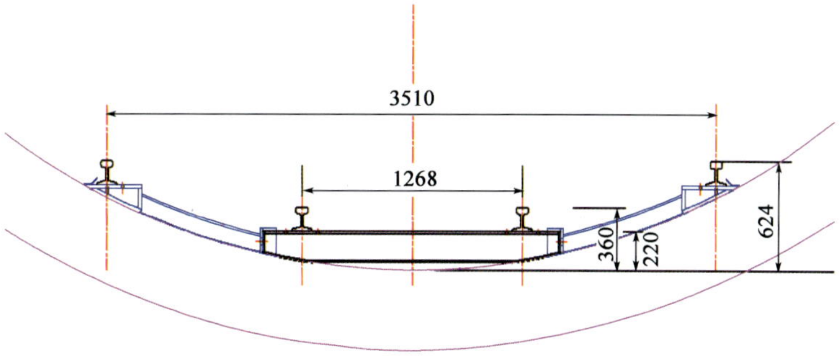

图 5-30　隧道内轨道铺设断面图(尺寸单位:mm)

(2)隧道外轨道铺设

隧道外铺设 4 列轨道,并安装 Y 形道岔满足双列电机车施工,隧道内外轨道坡度设置不宜超过 3%。

5.2.2.2 运输组织

盾构机施工主要的设备为渣土运输设备(包含电瓶机车、渣土车、管片车、砂浆车、材料车)和垂直提升设备(龙门吊)、电力设备、通风设备。在始发洞口、到达机尾及错车平台前分别设置电瓶机车运行的警示标志及减速标志。

1)电瓶车配置

根据本工程的特点和工程的实际投入,左、右线盾构盾构施工时期隧道内铺设单线轨制,单线制的轨距为900mm。随着隧道掘进距离的增加及运输效率的降低,需分四个阶段在隧道内增加固定式错车平台,满足多列编组运行要求。

第一阶段:左右线盾构试掘进120m期间,由于盾构机整体长度的影响,列车编组为1个电瓶机车+4节渣土车+2节管片车,轨道采用在2号南向盾构始发井主体结构铺设单线制轨道。

第二阶段:左右线试掘进完成拆除负环管片后,在始发洞门处向北侧主体结构内铺设固定道岔及四轨双线错车区域。投入两组列车编组(1节电瓶机车+4节渣土车+2节砂浆罐车+3节管片车)。

第三阶段:左右线盾构机正常掘进至900m时,在盾构机后配套8号台车尾部增加1组移动式错车平台,平台与8号台车连接,随盾构机向前掘进而移动,单线洞内列车编组数量增加至3列。

第四阶段:左右线盾构机正常掘进至1400m时,在隧道洞内距离始发端900m处增加1组固定式错车平台,单线洞内列车编组数量增加至4列。

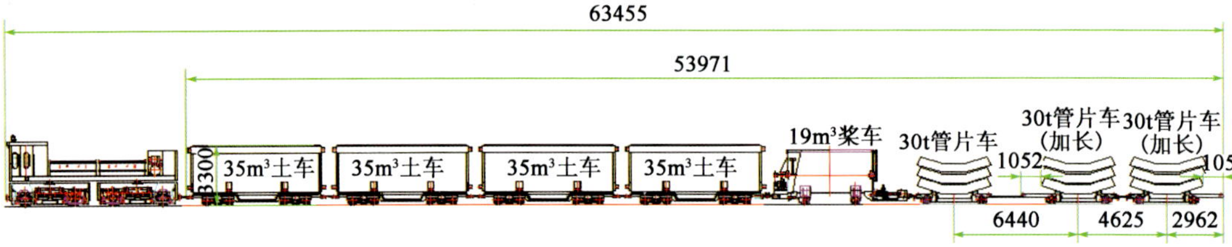

图5-31 电瓶车配置示意图(尺寸单位:mm)

2)隧道内管线及走道板布置

隧道掘进方向7点位置管片螺栓孔处安装水管支架,布置5根镀锌钢管,分别为1条膨润土管道、2条循环水管、1条污水管道;隧道掘进方向8点位置布置电缆,电缆采用管片侧边布置挂钩固定;隧道右侧布置走道板支架并铺设走道板。详细布置如图5-32所示。

3)渣土外置运输设备

渣土外置运输采用挖掘机、侧卸装载机及自卸汽车,根据场地条件和北京市有关规定,渣土在晚上车辆稀少时向外运输,盾构区间采用2台CAT320C挖掘机(斗容量为0.8m^3)和1台ZLC50C侧卸轮式装载机装车,30辆15t大型自卸汽车运输(自卸车数量按照渣土量和运输距离随时调整)进行本标段渣土外运。同时,为环境保护、文明施工,渣车采用封闭式,并在项目部门口派专人清洁车辆轮胎,防止渣土对城市路面造成污染。

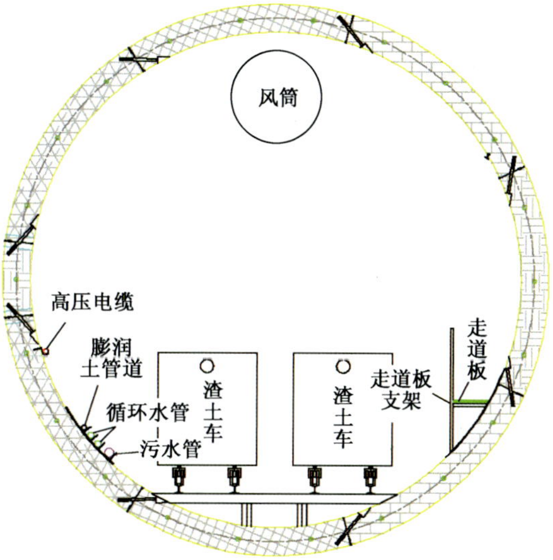

图 5-32 隧道内(错车平台处)管线布置图

5.2.3 连续皮带机水平运输工艺

皮带输送机一般为固定式输送设备,其属于循环输送机系列之一。皮带输送机具有极高的运行安全性且为可靠运行的运输系统,其经济适用性及生产性高,由于运行低能耗而具有环保优势。

5.2.3.1 皮带运输机的组成

皮带运输机主要由支撑结构、输送机滚筒、传动装置和皮带张紧装置、传动滚轮、轴承、传动装置和电动机、托辊、下皮带辊、导向轮、输送皮带、卸料漏斗、清扫器、牵引绳、转速监测器、偏离监测器、控制装置几部分组成。其主要结构示意图、断面图如图 5-33、图 5-34 所示。

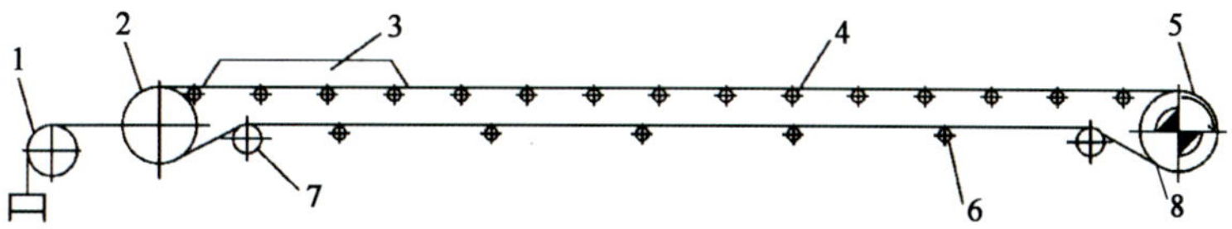

图 5-33 皮带运输机的组成

1-皮带张紧工位(重量负载,作为主轴皮带张紧工位或带电气/液压驱动的皮带张紧装置);2-改向滚筒;3-作业地点;4-上回行段托辊;5-传动滚筒;6-下回行段托辊;7-偏转滚筒/压力滚筒/改向滚筒;8-由主清扫器或预清扫器组成的清扫器

5.2.3.2 皮带机安装

1)施工前准备

安装连续皮带机前,在结构施工时埋设连续皮带机支座基础,采用钢板与钢筋制作,与主

体结构焊接在一起以保证预埋件的牢固性。

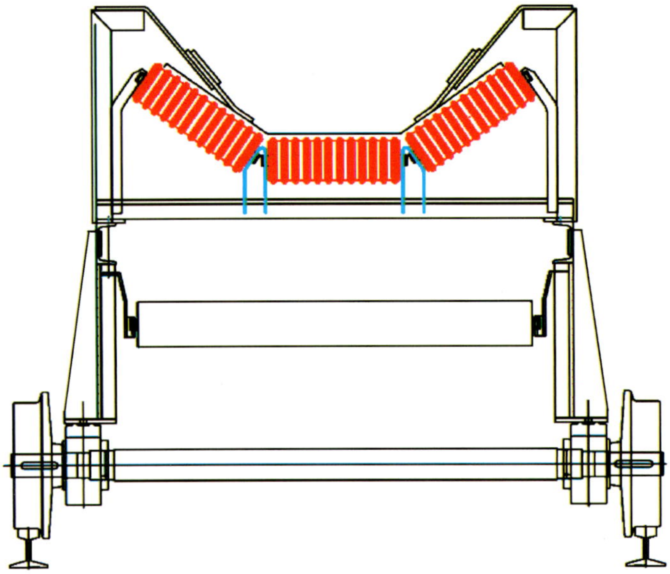

图 5-34　连续皮带机横断面图

(1)施工人员应熟悉施工图纸,掌握有关设计、施工规范和甲方要求。相关技术人员在施工前应对施工人员进行技术交底,并制订施工流程;甲方对施工人员进行安全及施工要求培训。

(2)设备送达现场后,应会同甲方、制造厂家、施工单位进行验收,其规格、型号应符合设计要求。

(3)设备有铭牌、产品合格证、图纸资料等。并对照随机设备清单和技术资料,核对设备规格型号应符合要求;外观检查无损伤及变形,表面完好无损。经清点过的零部件应妥善保管,以防丢失。

(4)基础施工图纸及技术资料齐全。做好与土建的基础交接,现场做好基础复测,因为这将直接影响设备的安装精度。与设备有关的钢结构、建(构)筑物的建筑工程质量应符合相关标准。

(5)在施工前影响安装的建(构)筑物、施工设施及杂物清理干净,并有足够的安装用地。乙方有权对不符合国家相关标准的设备基础和结构、建(构)筑物提出拒绝施工要求,一切后果由责任方承担。

(6)运输及吊装工具:根据现场条件,可选用龙门吊、汽车吊、行车、滚杠、吊索、手拉葫芦等。吊装时应控制吊绳的长度,确保有足够的净空高度。设备在吊装和运输中,捆绑牢固,以防掉落。

(7)在施工中所需工具要提前准备好,需另外加工的工机件应提前加工好,以免影响工期进度,在施工中所需各种材料、物品、工器具等要准备充足。

(8)根据现场施工要求,如需动用火作业,要做好消防措施,灭火器到位。

2)设备安装要点

(1)中心标点和高程点

重要设备的安装,为了方便对基础检测和数据的复查及检修,在其重要的轴向中心和纵向中心(正交)位置要标注高程点和中心标点,在不影响皮带机安装即基础的两端标注高程点和中心标点。

中心标点和高程点标注后,以土建给的高程和中心为基准点,以设备安装基础图为准,在纵横中心线上设置线架,在安装基础上分别用 ϕ0.35mm 钢丝线以中心线为基准拉上中心线和正交线,设备安装时按照施工蓝图以钢丝线为基准从而确定各组成部件的位置度,并用细线挂上专用线锤,线锤尖部正对中心线。

按照复测后的皮带机头部中心和高程,安装皮带机机头部分;基础有偏差时应做一定调整后再固定,高程有负偏差时应用垫板垫到设计高程再固定,垫板铺设的要求按照规范执行。其中,重点检查传动装置、储带装置、拉紧装置等基础尺寸是否与实际到货设备连接尺寸相符。

(2)机尾部分安装

先根据现场情况,整改台车至图纸尺寸以便安装机尾部分。机尾部分包括与皮带机有安装位置要求的相关台车。

(3)机头部分安装

机头部分包括传动装置,头部转向架,改向装置,放带机,硫化平台,张紧装置架,变频自动拉紧装置,卸载机架,安装平台,上、下托辊组,中间架及支腿,各清扫器等。

机头部分的安装:按照总图布置校核各安装部件基础是否与图纸一致,先复测机头部分钢结构的尺寸是否与到货设备安装尺寸相符,如不相符,请尽快整改至图纸尺寸。按图纸要求校核传动装置、硫化平台等基础是否正确。校核完毕,按连续皮带机安装顺序进行安装。

在现场情况允许下,可将能组装的部件先组装成体,再吊装运输到图纸位置。不具备组装的零部件单独吊装。配齐所需连接件,置于方便取用的位置。

(4)机身部分安装

始发时,随着盾构机的掘进,逐步安装始发段支腿,待盾构机的机尾和安装窗口部分完全进入管片后,安装正常管片机身部分。

机身部分包括上下托辊组、中间架、三角支撑、连接座、胶带。

根据现场情况,在拼装管片时,每间隔 3.6m 距离,先将管片连接杆中的上、下两个连接板安装在管片上,然后顺序安装三角支撑架→中间架→上托辊门架→下托辊架→下托辊→上托辊组。

(5)胶带安装

先检验胶带型号和长度与供货明细是否相符。根据现场情况确定胶带的使用量,穿胶带、硫化接头。将胶带铺设于已安装好的机头平台上,用牵引车通过钢丝绳向机尾方向拉伸胶带,直至将所需胶带铺设完成。

3)连续皮带机安装

在皮带机输送系统中,连续皮带机连接盾构主机皮带机及转载皮带机,在整个输送系统中起着至关重要的作用。

连续皮带机的主要部件组成:连续带式输送机由固定部分、非固定部分、胶带以及电控部分组成,固定部分由机头部分(含传动装置、储带装置、张紧装置、放带装置等)组成,非固定部分由三角支撑机身、机尾等组成。

安装顺序:施工准备→设备基础检查验收→标注中心标点和高程点→安装皮带机机尾部分(与台车一起安装)→安装皮带机驱动、张紧、储带仓部分→安装皮带机机头卸载部分→安装皮带机机身部分→安装皮带机上、下托辊→安装胶带→硫化接头→调整→试车→验收。

连续皮带机安装在中板两侧并与底板盾构机尾部连接,清理预埋件,用于主驱动、放带装置、储带装置、张紧装置、硫化装置、转向滚筒架等的焊接固定。依据图纸,经纬仪放线找点定位,红外线辅助找垂直线与水平线,用于精准定位各装置位置。储带装置是用来存储胶带的装置,由储带转向架、储带仓架、托带小车、改向滚筒和张紧车等组成。储带转向架、储带仓架主要为焊接结构,各架体之间彼此用螺栓连接。在储带转向架内装有改向滚筒,与张紧车上的改向滚筒一起供胶带在储带装置中往复导向。架子的上部安装槽形托辊和下托辊,以支撑胶带,在储带仓架内有角钢焊成的轨道,供支撑小车和张紧车行走。

放带装置用于盾构机向前掘进至一定的距离后放皮带,在硫化平台处硫化。主驱动吊至中板后用叉车转运至主驱动预埋钢板处,用手拉葫芦调整位置焊接加固。中板南端墙转向架用于皮带转向连接至底板盾构机尾部转向架。

4)皮带机支架稳定性分析

皮带支架采用三角形布置,对于结构整体来说,宽高比是影响其破坏形式的关键因素。宽高比越大水平面抗弯刚度越大,抗扭刚度也随之增大,则稳定承载能力越大。该工程横梁宽度 b 为 2.02m,高度 h 为 1.76m,则宽高比 $b/h=1.15$,同理得出另外两个宽高比分别为 1.08 和 1.25。通过查阅资料可知,当三角支架宽高比在 0.4~1.5 范围内时,随着宽高比的增大,抗弯刚度增大;当宽高比继续增大时,可以提高结构的抗扭刚度,但可能会导致整体性变差,极限承载能力反而降低,甚至导致整体失稳。因此,采用的支架在满足荷载的同时也要符合稳定性要求。综上所述,皮带支架使用的等角边钢承受荷载能力远远大于皮带支架、弃渣和皮带自身的重力,并且膨胀螺栓的抗拉强度可以满足等边角钢的固定强度要求,皮带自身所能承受的破坏力和拉伸力亦满足标准,且稳定性方面达到了规范要求。因此,皮带支架在材料和受力各方面都可以满足施工要求。

5.2.3.3 皮带硫化

待每条皮带机皮带安装到位后分别进行皮带接头硫化。具体硫化步骤如下:

(1)松开皮带机端头的张紧螺栓,使用手拉葫芦将输送带张紧,在每个接头位置安装止退装置,然后安装硫化机。安放硫化机下机架,使端部对齐,机架的中心与钢芯输送带的中心对齐,然后安装水压板、传压板及下硫化板。硫化板的摆放以其工作面的中心线为基准,并与钢芯皮带的中心线对齐。

(2)将输送带每个接头的网丝全部割开,并刮去表面的附胶,把钢丝绳根部的钢芯输送带用刀割成斜坡,每根钢丝绳长度约为 750mm,再沿斜坡向外打磨 50mm,去除钢芯输送带表面胶皮并打磨粗糙,使用 120 号汽油或稀料将钢丝及打磨面清洗干净。

(3)在下硫化板的表面铺设一层干净的塑料薄膜,再铺设一层胶料(3.7mm 下盖胶),使胶料与两端接头的斜面吻合。

(4)依次摆放上硫化板、水压板及隔热板,最后安放上机架。要求其工作面的中心线与钢芯输送带中心线对齐。安装连接螺栓,并逐个上紧。

(5)待螺栓紧固完成后,分别安装高压水管及增压水泵、电缆接头。

(6)以上工作完成后对各部件进行仔细检查,确认无误后,便开始送电硫化。加热电源温度设定为140~150℃。开始硫化时,水压加至1MPa。当硫化温度加热至100℃时,继续加压至1.4MPa。当温度加热至140~150℃时开始保温20min,保温时间结束即硫化结束。待温度自然冷却至60℃时,拆除硫化设备。张紧皮带运行。

5.2.3.4 皮带机调试与检查验收

1)皮带机调试

装配负责人员在调试前必须熟知带式输送机的正确安放操作。负责调试的专业监管人员应确保所有安全装置和监测装置均可运转,且在调试时无人员在危险区域停留。

(1)调试前准备

调试前应进行调试检查,主要包括以下工作:清除装配辅助工具的脏污和异物;检查安全装置、监测装置和防护装置的功能正常性;检查传动装置、联轴器和所有轴承专用润滑油和润滑脂量、质量和状态;调整传动和改向滚筒、托辊和输送带机架以及安装的输送带。

(2)运行且调整带式输送机系统

输送带缩回前注意以下几点:输送带承重面和传送面应注意承重面位于上回行段的上方;所有滚筒和滚轮应直角对准输送带的运行方向,托辊位于托辊工位的中间位置;将可调整的托辊机架安装至水平位置;通过止回器进行传动时,输送带仅可通过滚筒在输送方向运行。必要时必须在首次调试时对制动器进行通风;根据输送带运行规划,将拉紧输送带的钢丝绳安装至支承结构中,卷扬机根据绳拉力和绳索长度调整至符合输送带重量和带式输送机的运行要求;输送带在开始拉入时,由专业人员全程陪同监督,在拉入过程中至少应与卷扬机的操作人员交流;皮带张紧工位中拉紧滚筒的合理位置应为:在后期运行中具有足够的拉长度,既可拉紧也可松开输送带。在硫化胶合输送带时,应在拉长度开始时安装拉紧滚筒,以最大化利用拉长度。

输送带缩回后,需要正确调整输送带运行走向以确保无故障运行。要进行以下工作:应清除输送带中的所有异物,例如工具、木材、金属、包装材料等,并从支承结构中移除;输送带必须在无负载状态下进行预先拉紧,此外在干净传动滚筒和输送带中不得出现滑动,在负载的输送带中应重复此步骤,在带有配重的设备中应逐级起动;应尤其注意垂直和水平曲线范围,不同的负载情况所产生的输送带走向不同;在可调整的机架中,调整倾斜度直至输送带在无负载及负载状态下都能安全地在托辊上运行;在无负载状态下运行并调整输送带。输送量默认为装载量的30%,随后逐渐增加至100%,根据装载量的增加频率调整输送带走向,为检查输送带在无负载状态下的调整,必须再调整;在可逆的设备中,必须格外小心谨慎地检查输送带走向的调整,因为校正输送带可能对另一方向具有反作用力。因此,应在两个方向检查可逆运行带式输送机的调整情况,检查过程中空运行输送带,将重量提高至额定重量更为理想。同时应确保输送带纺织牵引绳的拉长度足够。

(3)运行检查

调试期间应持续观察运行情况直至达到最大输送性能。此外应持续检查输送带的输送情况。

(4)输送带错边原因和排除

输送带错边存在多种原因。输送带错边可能导致输送带和支承结构的重大损坏。此情况下应查明原因并排除故障。

输送带必须在上回行段和下回行段中尽可能地在正中间运行。通过调整相应滚筒和滚轮将输送带倾斜至相应方向。改变输送带走向后,应首先观察该方向的影响,随后再进行进一步调整。必须沿着输送方向进行调整。因此,输送带的上回行段调整总是沿着换向方向,而下回行段调整总是沿着卸料方向。输送带错边和转弯运行时需要调整输送带卷出的侧边托辊。

(5)调试后停机

设备完全停机后应进行以下检查并采取相应措施:

检查清扫器和输送带改向装置中的细磨粒,并在必要时移除。必要时调整清扫器并重新校准。仅可由以下操作人员操作带式输送机:受负责监管人员的委托、经过带式输送机操作指导、受过安全和监测装置工作原理培训并熟知该装置的信号表示。

输送机设备停机后必须在重新运行前确保所有造成紧急停机关闭的原因均已排除。仅当所有安全装置可重新正常运行时方可再次启动设备。若由于输送系统遇到障碍物而需停止运转,则应注意输送带是否处于张紧状态。移除障碍物时设备可能释放储存的能量并导致工作人员受伤。带式输送机运行过程中不得移除障碍物或材料堆积。若需运行输送机用于输送材料,则必须在运行现场控制维护位置。维护作业时请确保与设备操作员保持交流。

2)检查验收

大型运转输送设备在安装时对其基础的处理和安装十分重要。好的基础对于皮带机的正常运行起至关重要的作用。对于设备基础的检查和验收应以土建单位为主,会同设计、安装和监理单位,共同进行并做好记录。

在设备基础检查和验收过程中应遵循以下几条要点:

(1)首先在皮带机设备基础检查验收中,对各部分的尺寸检查和核对应以设备安装蓝图为准。

(2)根据土建提供的基础图纸,对基础的表面状况、外形尺寸、高程、纵横中心线,特别是预埋地脚螺栓的间距和铅垂度进行复核测量,其地脚螺栓和各个中心线的距离误差应在±5mm之内。

(3)皮带机的基础必须是坚固的钢筋混凝土,混凝土强度等级应满足设计要求,基础的底面积和体积应满足设计要求。

(4)设备基础必须在施工完毕、养护期完成后,强度达到设计要求,并且已拆除全部模板。设备基础表面和地脚螺栓的油污、碎石、泥土、积水等均应清理干净。预埋地脚螺栓的螺纹和螺母应保护完好。

连续皮带输送机安装控制标准见表5-14。

连续皮带输送机安装控制标准 表5-14

序号	部位	项目名称	允许偏差(mm)
1	位置	输送机的纵向中心线与基础实际轴线距离的允许偏差	±20
2	支架	各机架中心线与输送机纵向中心线的允许偏差	3

续上表

序号	部位	项 目 名 称	允许偏差(mm)
2	支架	在任意25m内机架中心线直线度的偏差	≤5
		在垂直于机架纵向中心线的平面内,机架横截面两对角线长度之差	≤3/1000
		机架支腿对建(构)筑物地面的垂直度偏差	≤2/1000
		中间架的间距允许偏差	±1.5
		中间架的高低差	≤2/1000(间距)
		机架接头处的左右偏移量和高低差	≤1
3	滚筒	滚筒横向中心线和输送机纵向中心线的水平位置偏差	≤3
		滚筒轴线与输送机纵向中心线的垂直度偏差	≤2/1000(滚筒轴线长度)
		滚筒轴线的水平度	≤2/1000(滚筒轴线长度)
4	托辊	托辊横向中心线与输送机纵向中心线的水平位置偏差	≤3
		相邻三组托辊上表面母线的相对高程差(托辊上表面母线应位于同一平面上或同一半径的弧面上)	≤2

5.2.3.5 皮带机运行问题及处理措施

区间TBM施工段运输距离长,连续皮带在运行过程中不可避免会出现一些问题,因此需要采取针对性的处理措施。

(1)分渣器气动改液压。分渣器最初设计为气动方式,在分渣器旁放置一个1.5m^3的空压机作为动力,通过电动机控制电磁阀活动,从而带动8个SC80×400气缸伸缩,推动翻板左右翻动,让渣进入相应的溜槽内出料。实际运行过程中,容易出现气管内含水不足导致气缸失灵,气缸动力不足导致翻版仅推开一半而引起堵料,使用频率较高导致气管接头及电磁阀更换频繁等问题。经过大胆尝试,将气动改为液压模式,由液压泵+手动阀+液压缸代替原来的空压机+电磁阀+气缸的模式推动翻板进行控制,有效解决了上述问题。

(2)皮带卷入滚筒。硫化前皮带仓留存皮带较多,皮带仓张紧后滑车滑出皮带仓约30cm,张紧、启动后皮带正常运转,但停机再启动时,皮带太松,滑车跳到急停后,皮带受惯性作用,滚筒缓慢停止过程中主驱右侧滚筒内夹入2层皮带,导致滚筒、皮带同时卡死。要解决这一问题,首先应取出变速箱内防逆行锁片,然后调正电机转向,手动转动滚筒,夹入滚筒内部的2层皮带将自动掉落,待防逆行锁片安装后,卷扬机张紧皮带,调整托辊组,皮带即恢复正常。为避免上述问题,硫化皮带前,必须计算皮带仓内的皮带是否到达极限位置,确保皮带仓内能够置放新皮带加留存皮带的长度。

(3)移动尾端改造。连续皮带机无法完美对接现有 TBM，导致移动尾端无法安装，进而造成延伸支架时停机等待，并且在对接位置距离支架较远时经常出现出料皮带倾斜掉渣的情况，而距离较近时又因渣料太重吊起皮带延伸支架困难，故出料槽形托辊支架变形严重。减缓了施工进度，根据现场情况，在 TBM 对接架下部加设一个 ϕ300mm × 1320mm 的滚筒，紧固在底部支架上。之后在上部继续安装一个带 ϕ300mm × 1320mm 滚筒的支架，作为回程皮带支架。在支架旁边，再焊固一个支架，将门型支架及槽型托辊组支架焊固在上部，作为槽型出料皮带支架。经过改造后，实现了不停机安装延伸支架的目的。

(4)皮带纵向撕裂。皮带运行过程中，皮带支架安装倾斜引起皮带跑偏，边部皮带夹入 S 形卡扣，引起皮带纵向撕裂，极易造成重大经济损失。对于距离较短的中部纵向撕裂皮带，可采用硫化胶枪夹入中垫胶 + 修补条双面粘贴的方式进行修补；对于边部纵向撕裂较窄的皮带，可采用角磨机将其割除，并将错台处进行打磨，防止该处再跑偏至支架或 S 形卡扣处发生二次损伤事故。此外，购置皮带纵向撕裂开关安装在皮带滚筒刮板附近，一旦出现皮带中部纵向撕裂，即传递信号至启动柜，自动启动急停程序，可有效防止皮带纵向撕裂引发重大损失；在关键部位的皮带，如土压平衡盾构桥架皮带及转渣皮带，采用高强度的网格皮带，增大耐磨和耐冲击强度，可以避免纵向撕裂事故的发生。

5.2.4 水平运输适用性分析

5.2.4.1 概述

传统出渣方式主要是指以有轨电车为代表的有轨运输和以胶轮车为代表的无轨运输。连续皮带机出土不仅解决了传统的有轨运输和胶轮车运输出渣土速度慢的缺点，还在优化隧道空间利用等方面显现出明显优势。采取主皮带运输机与若干移动皮带运输机接力运输的出土方式是长距离盾构施工出土的前沿技术与发展方向，在国内外均有实施。连续皮带机在长距离硬岩隧道中应用广泛，但在城市地铁盾构隧道工程中应用非常少。主要原因是城市地铁隧道长度较短(一般为 1 ~ 2km)，连续皮带机出土与有轨电车出土相比优势无法发挥，而且盾构渣土坑都设置在地面，垂直运输的问题也不好解决，因此城市地铁盾构隧道一般均采用有轨电车出土的运输方式。

近年来，盾构法施工逐渐成为隧道工程的主要工法，特别是在城市核心区域的地铁、公路等隧道工程的建设中。土压平衡盾构作为盾构法施工的主要设备，凭借良好的地层适应性及高性价比，在城市盾构隧道施工中得到广泛应用。一些研究人员对盾构施工采取连续皮带机运输的出渣方式进行了研究与讨论。齐梦学[43]说明只有当盾构配套设备的生产能力大于盾构的生产能力时，才可以将盾构机快速掘进的优势充分展现出来。顾伟红等[44]在铁路隧道工程 TBM 施工定额编制研究中指出隧道施工使用皮带机运输相较于传统出渣方式具有长期效益，尤其是随着隧道的延长，皮带机运输更加经济、高效。陈永辉等[45]比较研究了关角隧道传统出渣方式与皮带运输机出渣方式的特点，总结出连续皮带机出渣效率高、适用性强等优点。

文献[46]研究了负载稳定的气垫带式输送机的气膜形成行为，提出了负载稳定的气垫带式输送机气膜形成行为模式，在综合能耗的基础上为气垫带式输送机的优化设计提供了依据。齐梦学[47]应用皮带机出渣使盾构掘进与二次衬砌同步施作，促进工期。张军伟等[48]比较了连续皮带机运输系统与有轨运输，皮带机运输能使隧道获得较高的利用率，输送能力强，对环境友好，施工安全，使盾构后配套系统设计更轻、更短。Lech Gładysiewicz 等[49]得出了更准确地测量大容量带式输送机托辊组支撑受力的测量方法，特别是轴向力的测量。李国良等[50]结合兰渝铁路西秦岭特长隧道总结了皮带运输系统与有轨矿车运输相比具有运输线路适用性强、装卸料灵活、可靠性及安全性高、费用低、无污染等优点。P. V. Boslovyak 等[51]建立了带悬吊式输送机线性截面金属结构的数学模型，对输送机金属结构的设计可优化整个输送机的重量和尺寸。张忠东等[52]以秦岭隧洞 TBM 施工段岭南工程出渣系统为背景，讨论了皮带机选型时带宽、带速对皮带机稳定性的影响。Peter Kaššay 等[53]研究了使用气动挠性轴联轴器调谐机械系统的周期性交变负载扭矩处于稳定状态，根据瞬态条件（启动和制动）的负载扭矩来考虑联轴器的适用性，分析气动挠性轴联轴器在这类机械系统中的应用。杨木高[54]讨论在兰渝铁路应用连续皮带机出渣、TBM 掘进与衬砌的同步施工技术可很大程度缩短工期。韩广有等[55]对比分析了皮带机出渣与有轨出渣的优缺点。黄民等[56]提出一种新型分布式计算机在线监测系统对钢绳芯带式输送机实时监控，提高了皮带机的安全性。

5.2.4.2 连续皮带机适用性分析

区间隧道长是大兴国际机场线盾构区间的重要特点，在长距离掘进过程中，盾构出土及管片的运输是限制盾构施工进程的一个基本参数。为了提高盾构施工效率，大兴国际机场线 07 标段 2 号风井—3 号风井区间、08 标段 3 号风井—草桥站前盾构接收井区间在盾构施工过程中采用了连续皮带机出土，连续皮带机出土方式可很大程度地提高土方运输效率。现分别以施工中使用了连续皮带机出土的 2 号风井—3 号风井区间及使用土斗出土的永兴河站—磁各庄站区间为依托，对皮带机应用效果进行分析，日平均进度图如图 5-35 ~ 图 5-38 所示。

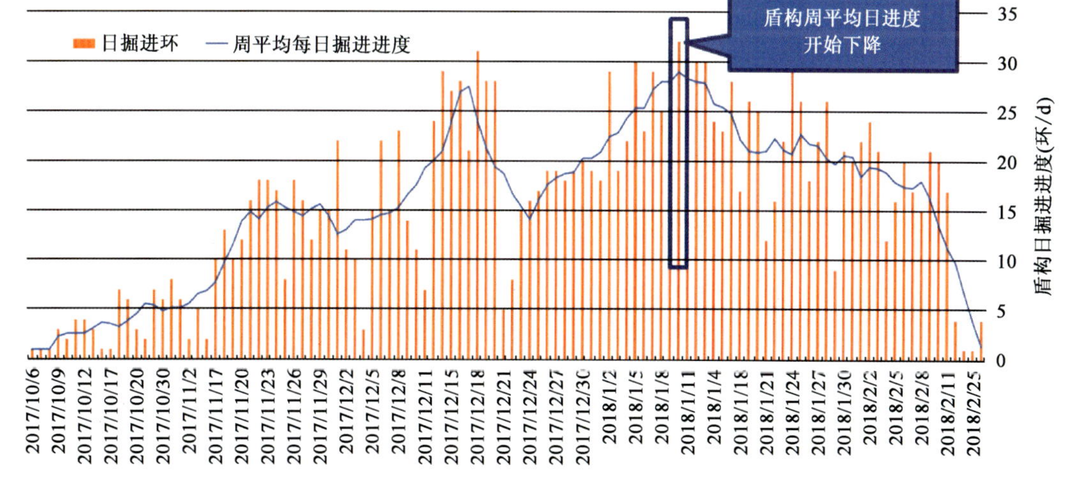

图 5-35　04 标永兴河站—磁各庄站盾构区间右线日平均进度图

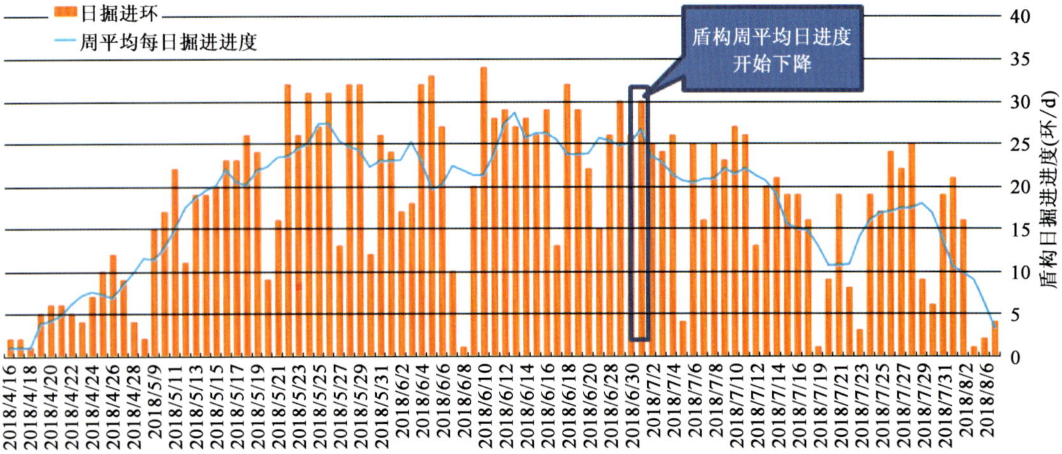

图 5-36　04 标永兴河站—磁各庄站盾构区间左线日平均进度图

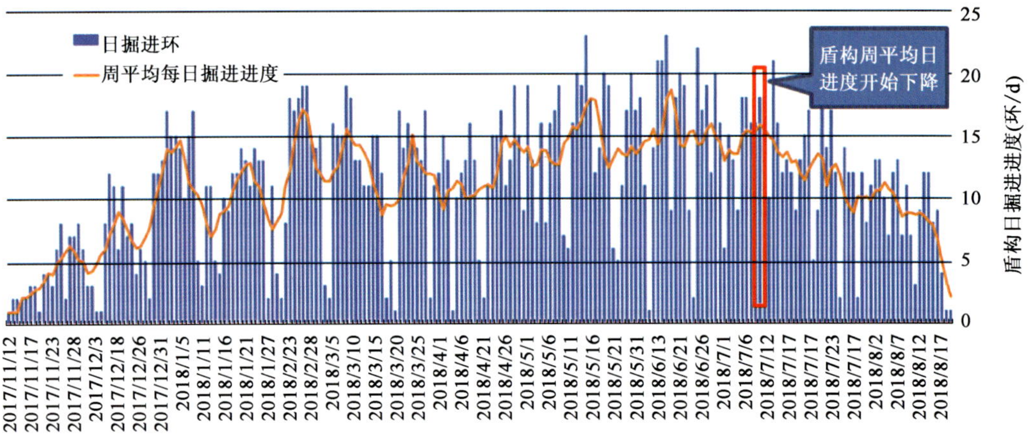

图 5-37　07 标 2 号风井—3 号风井盾构区间右线日平均进度图

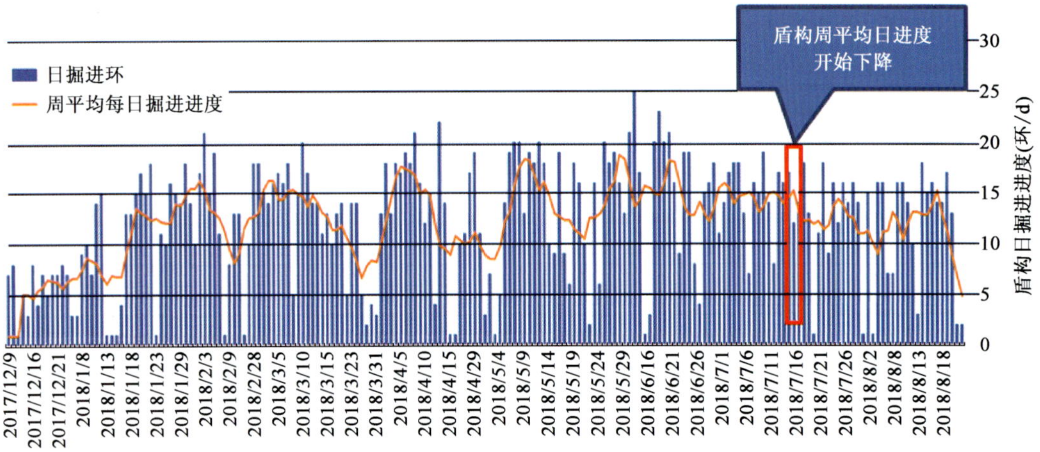

图 5-38　07 标 2 号风井—3 号风井盾构区间左线日平均进度图

永兴河站—磁各庄站盾构区间右线盾构施工日进度及周平均日进度,1月10日开始周平均日进度发生下降,此时盾构推进至1073环(隧道掘进长度为1716.8m),周平均日进度为29环/d。永兴河站—磁各庄站盾构区间左线盾构施工日进度及周平均日进度,如图5-36所示,7月1日开始周平均日进度发生下降,此时盾构推进至1187环(隧道掘进长度为1899.2m),周平均日进度为26.7环/d。

2号风井—3号风井盾构区间右线盾构施工日进度及周平均日进度,7月6日开始周平均日进度开始发生下降,此时盾构推进至1950环(隧道掘进长度为3120m),周平均日进度为15.9环/d。2号风井—3号风井盾构区间左线盾构施工日进度及周平均日进度,如图5-38所示,7月15日开始周平均日进度发生下降,此时盾构推进至1986环(隧道掘进长度为3177.6m),周平均日进度为15.3环/d。

根据对施工数据的总结发现,在未使用皮带机的情况下,盾构施工长度约在1800m时,日掘进速度将发生下降;在使用连续皮带机情况下,日掘进进度发生下降的施工长度提升至3150m。连续皮带出土器的应用使得盾构高效率施工的距离提升了1350m,提升比例达到75%。

综上所述,2号风井—3号风井盾构区间盾构推进速度随着隧道的延长基本维持稳定,而采取有轨电车出土的永兴河站—磁各庄站盾构区间盾构推进速度随着隧道长度的增加明显下降,其主要约束因素是有轨电车的出土能力在长距离隧道中严重降低。由此可见,后配套连续皮带机运输系统能够满足盾构机推进速度快的特点,充分激发盾构机的性能,从而促进工程进度。在盾构隧道长度大于1800m时,可考虑使用连续皮带出土器,用来提升长距离盾构施工效率。

5.3 盾构施工物料垂直提升技术

5.3.1 概述

近年来,随着城市基础建设的迅速发展,国内许多大城市(如上海、北京、广州、武汉、重庆、南京等)都在发展地铁轨道交通运输系统。城市地铁隧道普遍采用盾构法施工,通常采用龙门吊提升矿斗出渣,车站或者竖井深度较小时不会影响盾构的施工效率,但提升高度较大时会严重制约盾构的施工效率[84]。大倾角皮带机具有连续高效提升渣土的优势,并且可大幅度减少龙门吊工作负荷,从而降低龙门吊故障率。但土压平衡盾构的渣土黏度相对较大、含水量高,胶带清理不彻底问题较为突出,会影响设备的正常运行;折返皮带机结构简单,但对场地条件(如井的深度、长度等)的要求比较苛刻,占用空间较大,当不能满足渣土的动安息角要求时,无法实现有效地输送;渣土含水量较大时,容易在皮带机尾部产生渣水后溢,不同程度地影响输送效率和现场文明施工。

垂直提升连续运输技术是一种适应性强、提升效率高的物料输送技术,具有运量大、连续运输、安全性好、设备占用面积小等特点,特别适合于如地铁隧道施工现场受空间、时间、环保等条件限制的市政工程等项目[85]。

区间隧道长是大兴国际机场线盾构区间的重要特点，在长距离掘进过程中，盾构出土及管片的运输是限制盾构施工进程的一个基本参数。为了提高盾构施工效率，北京大兴国际机场线07标2号风井—3号风井区间、08标3号风井—草桥站前盾构接收井区间在盾构施工过程中采用了皮带机出土，其他区间采用有轨运输辅以龙门吊提升卸渣。

国外皮带机的研制和应用较早，在20世纪60年代初，西德Scholtz公司即研制成功波状挡边带式输送机。20世纪90年代以来逐渐在地下采矿和地下建筑工程竖井施工中得到应用，并获得非常好的效果。为了满足市场对大型皮带机的需求，随着技术的不断进步，其提升能力也不断增强，提升高度越来越高，其综合成本低、效率高的优点也越发凸显，并获得了越来越广泛的应用。在美国、德国和日本等发达国家的市政工程建设中已大量采用了波纹挡边带式输送机，如纽约的城市下水管道工程、芝加哥的TAPP工程的竖井均采用了该输送机运输渣料，德国也有很多类似案例。

我国在20世纪90年代末从国外引进带式输送机并应用于采矿行业，其自主性研究起步较晚，综合技术能力与国外差距较大。近年来随着我国社会经济发展和科技进步，在市场需求的推动下，皮带输送机的技术水平也有了很大提高，但是在功能多元化、自动化控制与集成、长距离、大运量、可靠性等核心技术方面与国外先进水平仍有较大差距。

目前在采矿和一些难度较大的地下建筑工程施工领域，或者采用传统的斜井施工成本过于高昂的领域，竖井垂直皮带机提升物料的方式正逐步得到应用。

5.3.2 地下工程常用垂直运输形式

5.3.2.1 龙门吊

龙门吊是地铁施工中最为常见且目前使用最为广泛的出渣方式，技术成熟。由提升门吊、固定在行车的翻转倒渣装置、门吊轨线、地面渣坑等组成垂直运输系统[86]。包括渣土的垂直运输及管片、材料垂直运输。龙门吊的生产系列化使得制造和维护成本低。龙门吊垂直运输方式的优点是适用性强，能把从泥浆(指的是含水较多的渣土)到砂砾和卵石等各种类型的渣土运出，把管片、背衬浆料及各种材料运进。能适应各种区间隧道长度，系统本身采用的工业技术及产品也极为成熟可靠。绝大部分采用盾构机及TBM施工的地铁隧道均通过龙门吊完成弃渣和材料垂直运输。龙门吊示意图如图5-39所示。

5.3.2.2 箕斗

箕斗(图5-40)主要应用于采矿、采煤领域，用来提升矿石、废石或煤炭，分斜井用和立井用两种。根据箕斗具体工作形式不同，容量一般为3～30t，西德的大型箕斗在20世纪七八十年代已经达到40t以上。随着技术的不断进步，其提升能力得到很大提高，并获得进一步推广应用。当一个矿山须装设两套提升设备时，主井一般采用箕斗提升，副井则用罐笼提升。

箕斗同罐笼一样，设备配置成本高，安装工作量大，建成后使用时间长，不适合用于城市地铁盾构施工。

图5-39　龙门吊示意图

图5-40　箕斗

5.3.2.3　吊桶提升

吊桶（图5-41）提升在竖井及平巷施工中也得到了一定的应用，但是其与罐笼提升相比，存在占用设备多、人员进出桶时间长、材料运输不方便等缺点，多用于工程量小、时间短、日开凿量不大的情况。

图5-41　吊桶

吊桶运输效率太低，用于盾构施工会严重制约盾构施工速度，不具备配合盾构施工的能力。

5.3.2.4　皮带机

1）大倾角皮带机

大倾角皮带机采用特殊的胶带结构，可以与水平面呈大倾角甚至直角安装运行，布置倾角一般为70°～90°。

大倾角皮带机由于其独特的结构设计，既能保证渣土的提升，又适用于小空间。因此，大倾角皮带机可用于场地条件无法满足折返皮带机安装运行的情况。从胶带结构形式上来说，大倾角皮带机通常有两种形式：波状挡边皮带机、斗式提升皮带机。

(1)波状挡边皮带机

波状挡边皮带机的胶带是由1条平面基带、2条平行排列的波状挡边条和隔板组成，三者形成了容纳物料的框斗，如图5-42所示。

a)　　b)

图5-42　波状挡边皮带机

波状挡边皮带机的工作原理：驱动滚筒通过摩擦力带动承载物料的波状挡边输送带做闭环运动，经过机头转向时利用物料的重力和离心力将物料从输送带的框斗中抛离。波状挡边皮带机主要适用于散装(无黏性)物料的输送。

(2)斗式提升皮带机

斗式提升皮带机与波状挡边皮带机的差异在于前者的输送带是由2条平行的平面基带和若干个固定于其上的框斗组成，各个独立的框斗是输送物料的容器，如图5-43所示。

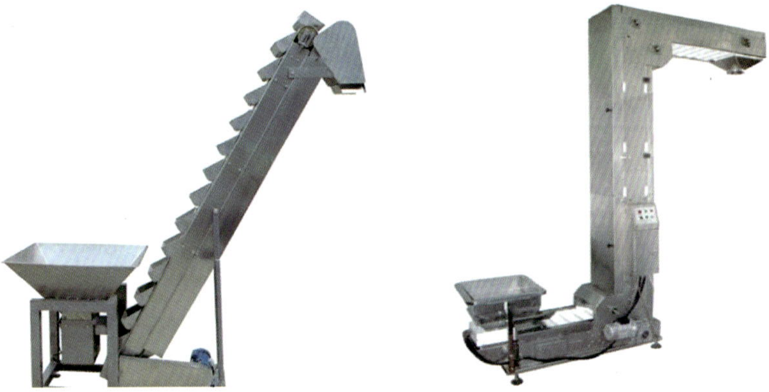

a)　　b)

图5-43　斗式提升皮带机

斗式提升皮带机的工作原理与波状挡边皮带机类似，输送带在机头传动滚筒折返处卸渣。适用范围同波状挡边皮带机。

对于波状挡边皮带机和斗式皮带机,在输送的渣土通过卸渣段时,若渣土的重力和离心力不足以克服渣土的内摩擦力及与框斗的黏附力,部分渣土则黏附在输送带的框斗中;残留的渣土随输送带进入回程区域,运行过程中沿途撒落、损伤胶带、损坏托辊甚至滚筒,特别是现有的框斗残渣清除措施效果较差,加剧了落渣及对胶带、托辊、滚筒的损伤。据统计,带回到井底的渣土可达到总输送量的20%以上。因此,当这两类皮带机应用于输送土压平衡盾构机施工的渣土时,生产效率大大降低。

2)折返皮带机

折返皮带机(图5-44)输渣方式是从井底到地面由若干条相互搭接、与水平面成一定倾角布置的普通皮带机组合而成的输渣系统。折返皮带机结构简单,但对场地条件(如井的深度、长度等)的要求比较苛刻,占用空间较大,当不能满足渣土的动安息角要求时,无法实现有效地输送;渣土含水量较大时,容易在皮带机尾部产生渣水后溢,不同程度地影响输送效率和现场文明施工。采用折返皮带机输渣系统进行土压平衡盾构施工时,应尽量减小每一条皮带机的布置倾角。

图5-44 折返皮带机

5.3.3 连续皮带机垂直运输管理

5.3.3.1 连续皮带机垂直运输工艺

工艺流程为:盾构机主机皮带机→连续皮带机→1号转载皮带机→2号转载皮带机→3号转载皮带机→移动皮带机→渣池。连续皮带输送机整体布置图如图5-45所示,顶板布置图如图5-46所示。

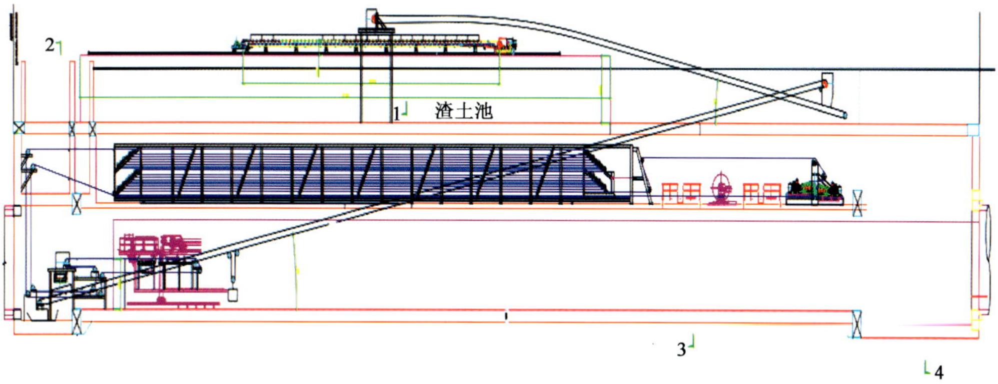

图5-45 连续皮带输送机整机布置图

图 5-46　连续皮带输送机顶板布置图

5.3.3.2　皮带机安装与维护

1)移动皮带机

移动皮带机(图 5-47)安装顺序:施工准备→洞壁三角支撑基础检查验收→标注中心标点和高程点→安装洞壁三角支撑→铺设移动皮带机轨道→安装皮带机机头部分→安装皮带机机身部分→安装皮带机机尾部分→安装皮带机上下托辊→安装胶带→硫化接头→调整→空载试车→重载试车→验收。

图 5-47　移动布料皮带机

2)连续皮带机

在本输送系统中,连续皮带机连接盾构主机皮带机及 1 号转载皮带机,在整个输送系统中起着至关重要的作用。

连续皮带机的主要部件组成:连续带式输送机由固定部分、非固定部分、胶带以及电控部分组成,固定部分由机头部分(含传动装置、储带装置、张紧装置、放带装置等)组成,非固定部分由三角支撑机身、机尾(图 5-48)等组成。

连续皮带机安装顺序:施工准备→设备基础检查验收→标注中心标点和高程点→安装皮带机机尾部分(与台车一起安装)→安装皮带机驱动、张紧、储带仓部分→安装皮带机机头卸载部分→安装皮带机机身部分→安装皮带机上下托辊→安装胶带→硫化接头→调整→试车→验收。

图 5-48　连续皮带机尾部

3)转载皮带机

1 号转载皮带机位于盾构机尾部井口处,首先定位固定头部和尾部滚筒架,安装中间支腿和连接中间架,头部和尾部连接完成后,穿皮带(1 号皮带机皮带长度较短,安装前已硫化完成),将皮带上部用葫芦拉起,吊车的吊头部电动滚筒与手拉葫芦配合放置安装在头部支架上。依次安装头部漏斗及挡泥板,皮带下部缓冲托辊及上部托辊支架和托辊,水清洗装置,调试完成后安装漏斗护罩。安装上部导料槽的同时拉紧皮带,尾部滚筒可调整水平位置,用于拉紧皮带。1 号皮带安装完成后可硫化放储带仓皮带。

2 号转载皮带机从底板中跨南端贯穿中板延伸至顶板中跨北端,尾部只有一个转向滚筒,滚筒驱动在头部。高支腿全部和预埋钢板焊接,中间架用于连接高支腿和上支架,先安装焊接走道及护栏便于下一步的方便施工,继而安装拉紧装置、上支架、托辊支架、托辊、下部挡泥板、头部漏斗平台及驱动、挡泥板。

3 号转载皮带机从顶板北端 2 号皮带机头部下方延伸至移动皮带机中间位置,与 2 号皮带机安装步骤相同。

转载皮带机如图 5-49 所示。

图 5-49　转载皮带机

5.3.4 龙门吊垂直运输管理

5.3.4.1 龙门吊垂直运输工艺

1)龙门吊布置

08 标3 号区间风井投入1 台60t 龙门吊(含渣土箱卸载扁担)、1 台32t 龙门吊。龙门吊轨道平行于盾构线路方向;轨道基础安装在场地硬化道路上,标准段基坑边距离轨道梁中心3.9m,南侧加宽段基坑边距离轨道梁中心1.52m,硬化道路上轨道梁基础顶面与地面齐平,轨道梁基础浇筑完成后施工路面;主体结构施工过程中安装龙门吊;门吊轨道跨度为36.4m,轨道长150m,北侧轨道端头设置18m 的引轨供门吊安装使用;60t 门吊自重为186t、最大载重60t,总重约246t。龙门吊轨道始终平行于风井南北轴线,轨道梁设置在基坑两侧混凝土路面上。

07 标1 号风井—2 号风井盾构区间施工期间,围挡范围内布置3 台50t 龙门吊,始发井段布置1 台东西走向跨径为25.4m 的龙门吊,用于管片及材料的垂直运输;沿主体结构挡土墙南北向布置1 台跨径28m 的龙门吊,用于左线渣土吊运;项目部北侧东西向布置1 台跨径22.4m 的龙门吊,用于右线渣土吊运。

07 标2 号风井—3 号风井盾构区间风井投入1 台45t 龙门吊、1 台30t 龙门吊,龙门吊轨道平行于盾构线路方向;北侧轨道基础安装在钻孔桩上方的冠梁上,其余部分安装在场地硬化道路上,标准段基坑边距离轨道梁中心3.55m,南侧加宽段基坑边距离轨道梁中心1.9m,硬化道路上轨道梁基础顶面低于地面10cm,轨道梁基础浇筑完成后施工路面;主体结构施工过程中安装龙门吊;门吊轨道跨度为32.4m,轨道长150m,北侧轨道端头设置18m 的引轨供门吊安装使用;45t 门吊自重177t、最大载重45t,总重约222t。龙门吊轨道始终平行于风井南北轴线,北侧扩大段轨道梁设置在两侧冠梁正上方,其余设置在基坑两侧混凝土路面上。

06 标磁各庄站—1 号风井盾构区间线路盾构井位于磁各庄站北,设置2 台100t 和1 台50t 龙门吊进行盾构垂直运输作业,布置浆液站、电瓶充电区、渣土坑、监控室等配套设施。

04 标永兴河站—磁各庄站盾构区间盾构施工过程中,左、右线均从南端盾构井始发,向磁各庄站方向掘进,从磁各庄站前明挖段盾构接收井吊出。在永兴河盾构井安装150t 通用门式起重机1 台,随后安装32t 龙门吊。门式起重机在盾构井上方南北向布置。此起通用门式起重机将用于盾构施工中吊装渣斗、管片及其他施工所需物料。

2)轨道垂直运输系统循环过程

盾构法施工垂直运输系统由提升门吊、固定在行车的翻转倒渣装置、门吊轨线、地面渣坑等组成,包括渣土的垂直运输及管片、材料的垂直运输。

编组列车进入隧道时,管片运输车、砂浆运输车为重车,将管片和砂浆和其他材料运进,运渣车为空车。驶出隧道时管片运输车、砂浆运输车为轻车,运渣车为重车,将渣土水平运出。列车到达洞口地出渣井后,提升门吊把渣车车厢吊离渣车底盘到达地面相应的高度后,车厢随门吊小车横移到渣仓纵方向位置,再随门吊大车移动到渣仓横向位置,利用设置在门吊上的翻转机构,随着吊钩的下落,车厢及渣土利用重心与转轴的不平衡而翻转卸渣。

5.3.4.2 龙门吊的选型与安装

安装工艺流程如图 5-50 所示。

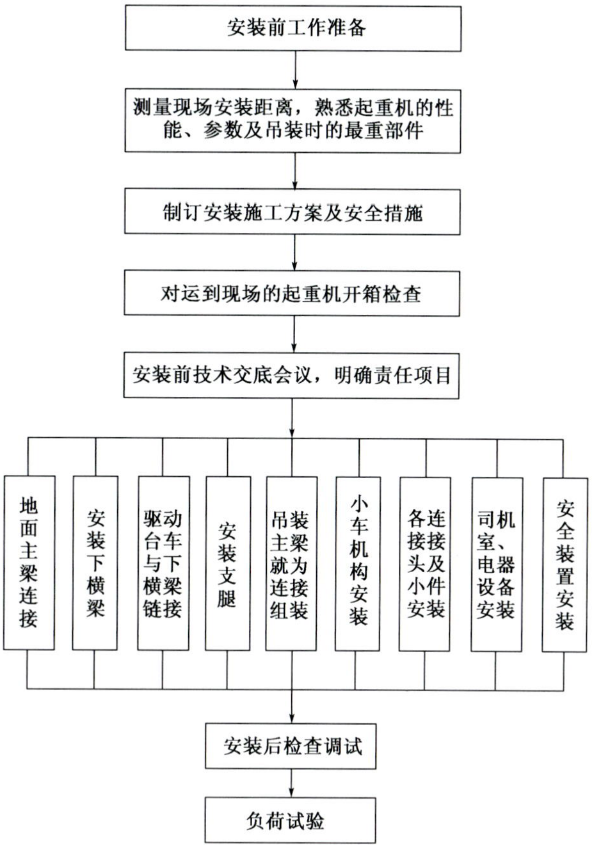

图 5-50 安装工艺流程

1) 支腿吊装

将走行台车、走行梁在轨道旁的施工便道上提前组装成整体，然后采用吊车整体吊装至轨道上。找好中心距及对角线并固定好，垫好走行梁，前后用木楔将走行轮塞好止动，同时在两侧采用 14 号槽钢进行支撑固定，保证走行台车及走行梁稳固在轨道上。

支腿等部件分别先在平地拼装成整体，然后用 100t 汽车吊将其吊起立于行走梁上并连接好。用 2 根 ϕ39mm 钢丝绳（型号为 $6 \times 37 - \phi 30 - 1700$）捆绑支腿，捆绑在外侧，刚性支腿调直时增加 1 根钢丝绳，捆绑在外侧副腿上，以保证支腿在吊起时垂直。

逐步将支腿立起调直，支腿下垫 20cm 枕木，防止吊起过程中支腿底部拖地、划损。缓慢提升汽车吊吊钩，同时缓慢旋转吊车主臂，翻转时保持支腿底部相对地面不动，使支腿缓慢翻转直到直立状态。支腿起吊时在两侧采用引导绳，由专人牵引。支腿调直后拉好缆风绳。

缆风绳一端固定在支腿上部，一端固定在地锚处，采用 5t 手拉葫芦调节，使支腿垂直，缆风绳均采用 ϕ28mm 的钢丝绳。

2）主梁吊装

将两列主梁分别在拼装区域地面平台上采用100t汽车吊机逐节拼装成两列，并将螺栓紧固到位。

主梁采用两台100t汽车吊抬吊，钢丝绳采用兜吊方式；两台100t汽车吊同时起钩将主梁提升离地200mm并静悬空中5min，查看所有机具确认安全可靠后，方能慢速将主梁提升至超过支腿上口100mm高度，两台100t汽车吊配合使主梁移到支腿上接法兰处对位。施工人员安装连接螺栓，全部预紧后方可摘钩。主梁起吊时在两侧采用引导绳，由专人牵引。第一片主梁吊装完成后，挪移吊车站位，按相同步骤吊装第二个主梁。

5.4 结论与思考

（1）在施工过程中，施工组织方案的优劣不仅直接影响工程的质量，对工期及施工过程中的人员安全也有重要影响。施工组织是项目建设和指导工程施工的重要技术经济文件。能调节施工中人员、机器、原料、环境、工艺、设备、土建、安装、管理、生产等矛盾，要对施工组织设计进行监督和控制，才能科学合理地保证工程项目高质量、低成本、少耗能的完成。

（2）盾构施工工艺流程的安排是盾构快速掘进的关键之一，因此在施工之前需要对各个施工阶段的工艺流程进行编排，盾构正常掘进工艺流程主要围绕两条线，一条主线为盾构班组安排、管片拼装；另一条辅线为围绕主线进行的水平运输、垂直运输和设备维护，使用皮带机时还要考虑隧道内是否满足架设皮带机的空间要求。

（3）长距离隧道采用皮带机运输机实现连续运输，出渣能力强，而且吊挂皮带机在很大程度上减小了对隧道空间的占用，利于其他工序的开展，皮带运输机的自动化、机械化程度高，减小劳动力占用，便于施工组织管理。

（4）在长度超过2000m的隧道，特别是长距离隧道中，采用皮带机运输渣土能够充分发挥盾构机推进的高效性，避免后配套设施降低盾构推进速度；在促进工程进度、缩短工期方面，连续皮带机体现出经济适用性强、性价比高的特点。与此同时，相较于有轨运输适用的运输坡度为3%，汽车等无轨运输为9%，皮带机运输可达27%，体现了连续皮带机适用性强的优势。

（5）传统的龙门吊出渣方式，制约了盾构机的施工效率，尤其是当运输距离较长时，运输能力不足，盾构推推停停，有效工作时间短，未充分发挥盾构机施工性能，造成了一定的资源浪费。皮带机系统应用于地铁施工，技术上可行且日益成熟，但是由于其初期采购成本较高，在一定程度上限制了其大范围的应用。

（6）现阶段，受到国内技术条件和惯性思维制约和影响，城市地铁盾构施工的隧道仍以龙门吊出渣，经济效益和社会效益在一定程度上偏低，相信随着认识水平的提高、技术的进步，皮带机等更为先进的设备和作业方法能够得到合理应用。

（7）大兴国际机场线盾构区间隧道管片外径8.8m，环宽1.6m，土方工程量是普通盾构区间的3倍以上，且工期紧，要求盾构掘进速度快，这就导致物料运输及施工组织压力极大，使用皮带机，相比于传统的有轨运输和龙门吊出渣，可以不间断地运输，对于隧道较长、开挖直径较大且工期要求严格的工程，皮带机运输有较明显的优势。

第 6 章 盾构施工安全风险控制技术

6.1 盾构下穿重大风险工程控制技术

盾构隧道不可避免地要穿越建(构)筑物、桥梁、道路、地下管线等,虽然盾构法对周围环境影响较小,但是穿越上述结构时仍然有较大风险。在穿越风险源时,通过严格控制盾构的土压、推力、速度、注浆等因素,重点把控施工引起的地层沉降或变形位移,以免造成既有建(构)筑物的破坏或影响正常使用。

北京大兴国际机场线盾构具有大直径、长距离、掘进速度快等特点,这对盾构下穿风险源提出了更大的挑战和更高的要求。下穿风险源主要有 U 形槽、马家楼桥、六环路等。对于盾构下穿建(构)筑物、铁路和桥梁等,国内外已有大量相关研究和丰富的施工经验,但是中型直径盾构相比普通直径盾构而言,下穿既有线等结构风险更高,有关研究和施工经验也较少。因此对北京大兴国际机场线下穿风险源的研究具有重要意义,这不仅积累了大量施工经验,对将来有关工程还可提供借鉴和参考,而且通过对"中型直径"等的研究,丰富了国内对中型直径盾构下穿风险源的研究内容,推动了下穿风险源的研究进展。

6.1.1 下穿 U 形槽风险控制技术

6.1.1.1 工程概况

2 号风井—3 号风井盾构区间左线全长 3832.39m,右线全长 3847.44m,为全线最长的盾构区段,控制机场线线路贯通时间;线路埋深 12 ~ 16m,最大坡度为 5.9‰,最小曲线半径为 1300m;区间共设 3 座检修井和 6 座联络通道,联络通道采用矿山法施工。盾构区间隧道外径为 8.8m,管片厚度为 450mm,主要穿越地层为粉细砂、卵石圆砾层;采用两台外径为 9.15m 的土压平衡盾构机同时施工。风井线路图如图 6-1 所示。

1)风险工程描述

新宫站—西红门站区间分为地下段、敞口段和高架段。

新宫站—西红门站区间:DK3 + 323.783 ~ DK3 + 730,为地下双跨矩形结构,采用明挖法施工,DK3 + 730 ~ DK3 + 790 路基过渡段设置 U 形封闭式结构,其中 DK3 + 730 ~ DK3 + 980 开挖深度为 2 ~ 8m,施工期间采用 C20 混凝土土钉墙作为临时支护结构,土钉加固,梅花形布置。其余地段采用放坡开挖,坡率为 1:1。

图 6-1　大兴国际机场线 2 号风井—3 号风井线路图

双线 U 形槽处于高架和地下过渡段，采用明挖法施工，土钉加固，U 形槽每隔 10m 设置一条 20mm 宽的变形缝。U 形槽主体结构采用 C35 混凝土现场浇筑，墙体内侧直立，DK3 +730 ~ DK3 +980 段，墙体外侧坡率为 1:0.15，DK3 +980 ~ DK4 +102.32 段，墙体外侧直立。在 DK3 + 720 处设置有一处雨水泵房，泵房长 6m，宽 5m，高 10.66m，施工期间放坡线坡底高程以下采用围护桩 + 内支撑体系作为临时支护结构，围护桩嵌固深度为 3.05m。主体结构顶板、中板和底板厚度分别为 0.5m、0.25m 和 0.55m。

既有大兴线纵剖面图如图 6-2 所示，穿越段大兴线横剖面图如图 6-3 所示。

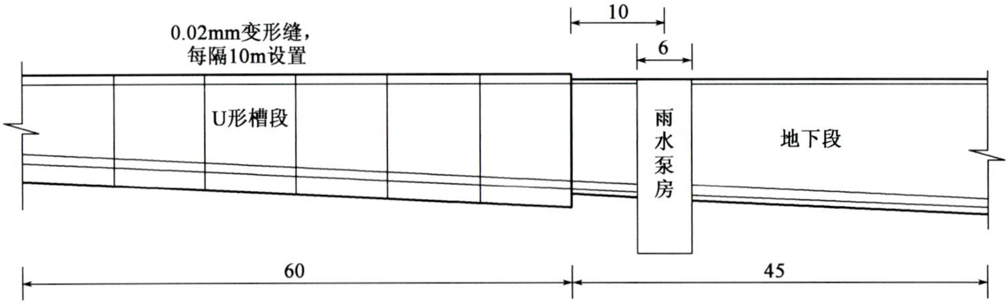

图 6-2　既有大兴线纵剖面图（尺寸单位：m）

2）既有线 U 形槽与北京大兴国际机场线的位置关系

左线隧道在里程 K37 +925.578 ~ K38 +029.430 处，右线隧道在里程 K37 +928.856 ~ K38 +022.418 处下穿地铁大兴线 U 形槽段及地下段，新建区间与既有区间的平面夹角为

126°；下穿位置大兴线 U 形槽结构埋深 6.8 ~7.85m。新建区间结构顶与既有大兴线 U 形槽及地下段结构底竖向距离分别约为 10.32m、10.48m，雨水泵房距离新建区间的距离为 5m，平面关系如图 6-4 所示，剖面关系如图 6-5 所示。

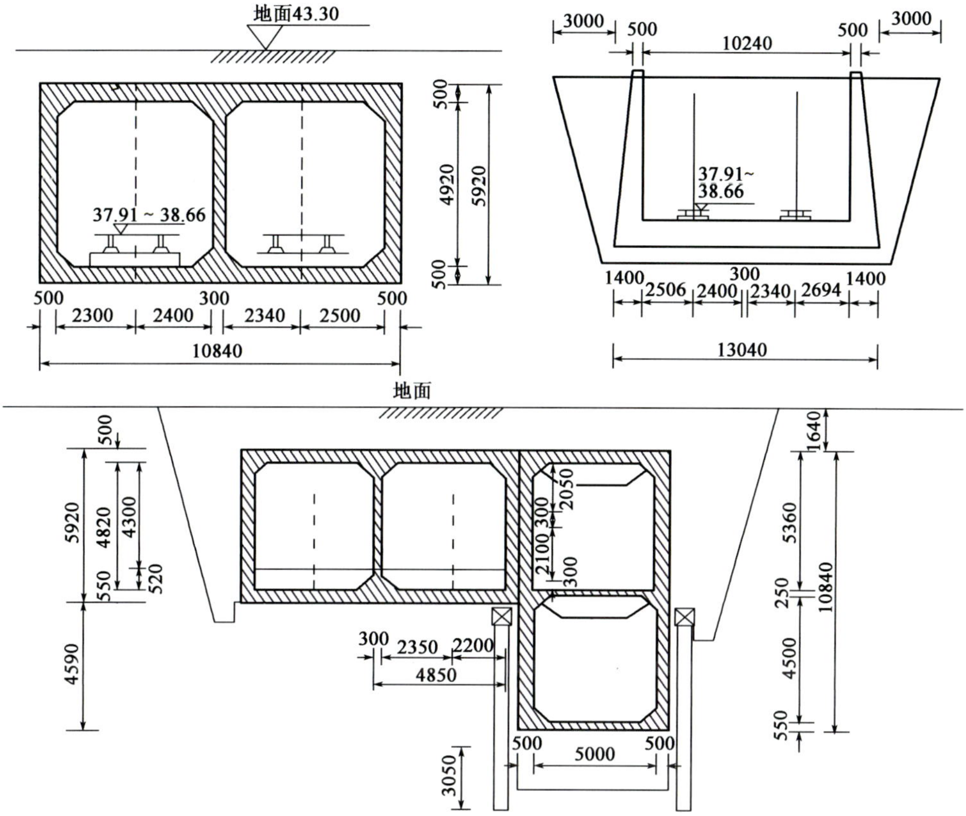

图 6-3　穿越段大兴线横剖面图(尺寸单位：mm)

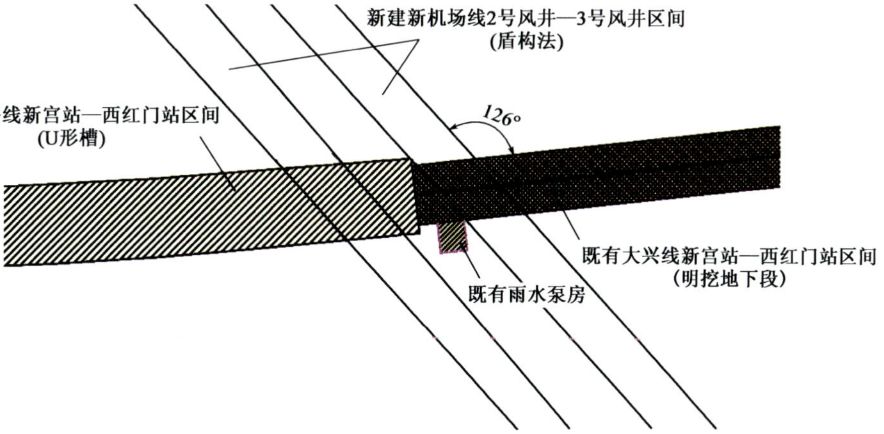

图 6-4　盾构隧道与 U 形槽平面关系图

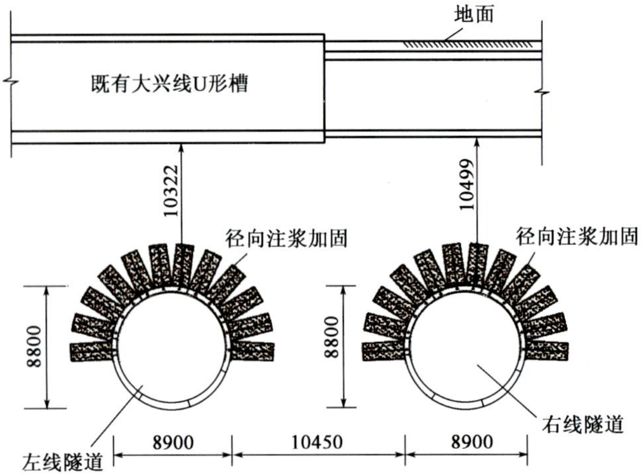

图 6-5　盾构隧道与 U 形槽剖面关系图(尺寸单位:mm)

3)工程水文地质情况

(1)地质条件

北京大兴国际机场线穿越地铁大兴线 U 形槽地质剖面图如图 6-6 所示。

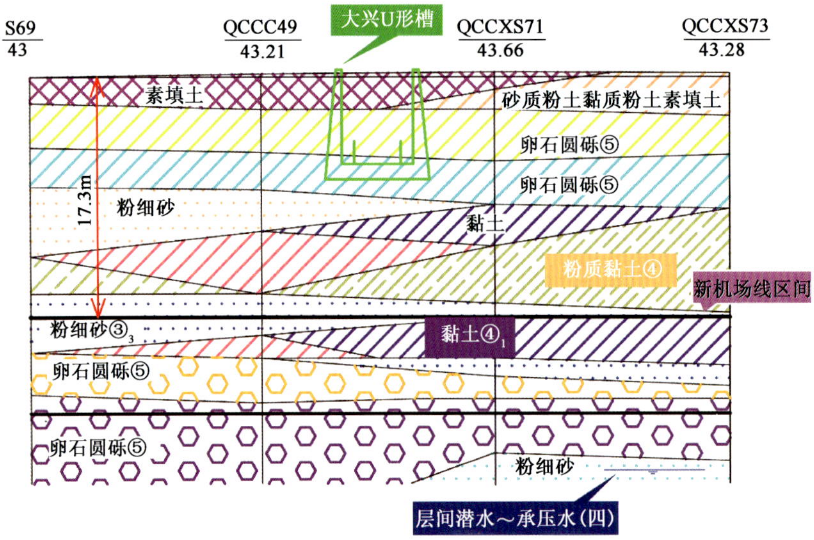

图 6-6　大兴国际机场线穿越地铁大兴线 U 形槽地质剖面图

穿越段地层属于工程地质Ⅱ单元。穿越地铁大兴线地层的性状如下:

粉细砂③$_3$层:褐黄色,中密～密实,湿,主要矿物成分为云母、石英、长石,局部为中粗砂,含少量圆砾。夹黏性土和粉土薄层。

粉质黏土④层:褐黄色,湿～很湿,可塑～硬塑,局部坚硬,含有机质、氧化铁、氧化锰和钙质结核。局部夹粉土薄层。

砂质粉土黏质粉土④$_2$层:黄褐～褐黄色,中密～密实,稍湿～湿,含云母、氧化铁、氧化锰和钙质结核等,局部夹黏性土薄层。

粉细砂④$_3$层:褐黄色,中密~密实,湿,主要矿物成分为云母、石英、长石。局部夹圆砾薄层。

卵石圆砾⑤层:杂色,密实,湿,一般粒径为5~20mm,最大粒径不小于140mm,粒径大于20mm的含量大于50%,中粗砂充填;中粗砂⑤$_1$层:褐黄色,饱和,密实,含云母、氧化铁。

卵石圆砾⑦层:杂色,饱和,密实,最大粒径不小于150mm,一般粒径为15~60mm,亚圆形,粒径大于20mm的颗粒约占总质量的60%,中粗砂填充。细中砂⑦$_2$层:褐黄色,密实,饱和,含个别砾石。

(2)水文条件

范围内共观测到一层地下水,地下水类型为层间潜水~承压水(四)。

层间潜水~承压水(四):主要含水层为卵石圆砾⑦层及其以下砂土、卵石地层;在右线里程K38+220~K38+830附近范围内受土层分布影响具有承压性,承压水头高2.5~5.2m。本层水主要接受侧向径流补给,以侧向径流、向下越流以及人工开采为主要排泄方式。稳定水位整体上呈现由南向北逐渐升高的趋势。

本工程下穿段的层间潜水~承压水(四)水位位于区间地板以下,施工不涉及地下水。

6.1.1.2 施工方案及技术措施

针对北京大兴国际机场线2号风井—3号风井盾构区间下穿既有大兴线U形槽特级风险施工,制定"连续施工、快速通过、严控参数、饱满注浆"十六字方针,通过各种措施,确保盾构机安全顺利穿越大兴线U形槽。

(1)试验段范围及参数选取

北京大兴国际机场线穿越大兴线U形槽设置试验段100m(共分两段,前50m进行模拟穿越,后50m进行参数修正),里程为K37+822~K37+922,距离影响区域10m进行盾构机检查。穿越大兴线试验段范围示意图如图6-7所示,对应里程见表6-1,参数选取见表6-2。

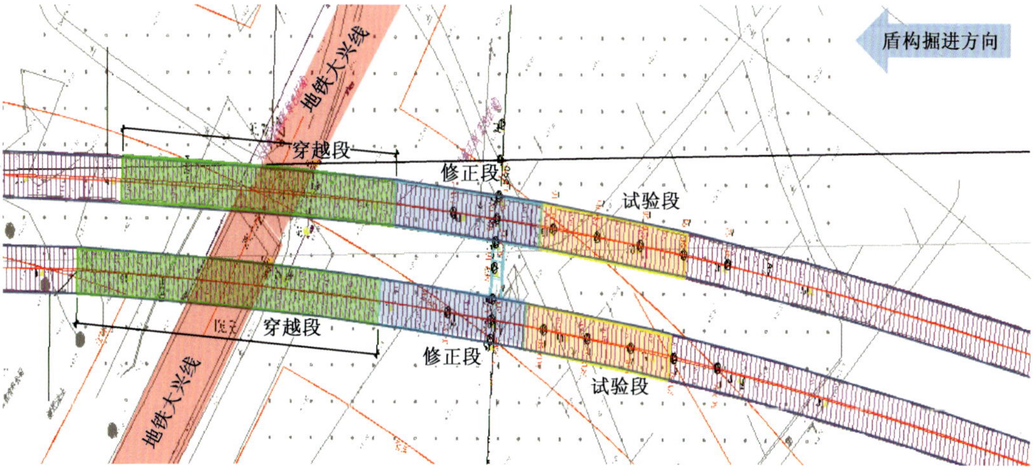

图6-7 穿越大兴线试验段范围示意图

穿越大兴线试验段对应里程 表 6-1

序号	施工节点	左线	右线
1	50m 盾构初始试验段	K37 +825.578 ~ K37 +875.578	K37 +828.856 ~ K37 +878.856
2	50m 盾构修正试验段	K37 +875.578 ~ K37 +925.578	K37 +878.856 ~ K37 +928.856
3	穿越大兴线 U 形槽	K37 +925.578 ~ K38 +029.430	K37 +928.856 ~ K38 +022.418

穿越大兴线试验段参数选取 表 6-2

盾构施工参数	顶部土压力(MPa)	0.07 ~ 0.12
	推进速度(mm/min)	40 ~ 55
	刀盘转速(rpm)	1.3 ~ 1.6
	注浆压力(MPa)	0.15 ~ 0.3
	刀盘扭矩(kN/m)	8000 ~ 12000
	千斤顶推力(kN)	17000 ~ 25000
	注浆量(m^3)	14 ~ 15
	二次注浆压力(MPa)	0.35 ~ 0.45,≤0.5
	出土量	皮带机称重为≤250t
施工控制		模拟穿越大兴线工况,优化掘进参数(土仓压力、刀盘转速、出渣量、渣土改良效果、注浆量),确保穿越大兴线时稳定、快速穿越

(2)设计变形控制指标

根据专项设计方案,盾构区间下穿大兴线 U 形槽控制指标见表 6-3、表 6-4。

结构累计变形控制指标(单位:mm) 表 6-3

部位	控制指标	预警值	报警值	控制值
轨道变形	水平位移	±0.7	±0.8	±1.0
	垂直位移(沉降)	-2.1	-2.4	-3.0
	垂直位移(上浮)	+1.4	+1.6	+2.0
	变形缝差异沉降	1.4	1.6	2

结构变形速率控制指标(单位:mm) 表 6-4

控制指标	控制值
竖向位移	0.5
水平位移	0.5
变形缝差异沉降	0.5

6.1.1.3 下穿大兴线 U 形槽风险源控制措施

2 号风井—3 号风井盾构区间下穿大兴线 U 形槽风险源主要控制措施为盾构施工控制及注浆控制,包括盾构掘进操控、洞内二次及多次注浆、径向注浆、浆液配比控制等。

穿越地铁大兴线U形槽前,做好试验段施工经验总结,同时优化试验段掘进参数和注浆参数。严格控制同步注浆配比等参数,加强同步注浆及后续注浆的注浆压力与注浆量的施工管理,合理控制土仓压力及掘进速度与出土量的匹配,密切监测沉降数据,如发现沉降变化速率过快应及时对参数进行合理的调整。施工参数选取如表6-5、表6-6所示。

穿越大兴线情况及参数选取 表6-5

盾构施工参数	顶部土压力(MPa)	0.08~0.12
	推进速度(mm/min)	40~55
	刀盘转速(rpm)	1.3~1.6
	注浆压力(MPa)	0.15~0.3
	刀盘扭矩(kN·m)	8000~12000
	千斤顶推力(kN)	17000~25000
	注浆量(m^3)	14.2~15.8
	二次注浆压力(MPa)	0.35~0.45,≤0.5
	出土量	皮带机称重为≤250t
施工控制		(1)施工前对既有大兴线结构进行检测评估; (2)严格控制掘进参数,确保匀速、连续通过; (3)及时进行同步注浆和二次注浆,填充管片与土体间的空隙; (4)加强监控量测,及时调整掘进参数; (5)制订针对性应急预案; (6)下穿前设置试验段,确定掘进参数,指导后续下穿既有线的施工
备注		采用三孔加强型管片,隧道内径向注浆加固

盾构区间下穿大兴线U形槽风险源施工参数控制表 表6-6

序号	环　号	顶部土压力(MPa)	掘进速度(mm/min)	同步注浆压力(MPa)	同步注浆方量(m^3/环)	二次注浆压力(MPa)	盾构机相对位置
1	1372~1376	0.1±0.02	40±10	0.2±0.05	14.2~15.8	0.35	接近下穿影响段
2	1377~1381	0.1±0.02	40±10	0.2±0.05	14.2~15.8	0.35	接近下穿影响段
3	1382~1386	0.1±0.02	40±10	0.2±0.05	14.2~15.8	0.35	接近下穿影响段
4	1387~1391	0.1±0.02	40±10	0.2±0.05	14.2~15.8	0.35	接近下穿影响段
5	1392~1396	0.1±0.02	40±10	0.2±0.05	14.2~15.8	0.35	接近下穿影响段
6	1397~1401	0.1±0.02	40±10	0.2±0.05	14.2~15.8	0.35	接近下穿影响段
7	1402~1406	0.1±0.02	40±10	0.2±0.05	14.2~15.8	0.35	接近下穿影响段
8	1407~1411	0.1±0.02	40±10	0.25±0.3	14.2~15.8	0.35	进入影响区域
9	1412~1416	0.1±0.02	40±10	0.25±0.3	14.2~15.8	0.35	进入影响区域
10	1417~1421	0.1±0.02	40±10	0.25±0.3	14.2~15.8	0.35	进入影响区域

续上表

序号	环　　号	顶部土压力（MPa）	掘进速度（mm/min）	同步注浆压力（MPa）	同步注浆方量（m^3/环）	二次注浆压力（MPa）	盾构机相对位置
11	1422～1426	0.1±0.02	40±10	0.25±0.3	14.2～15.8	0.35	进入影响区域
12	1427～1431	0.1±0.02	40±10	0.25±0.3	14.2～15.8	0.35	穿越大兴线
13	1432～1436	0.1±0.02	40±10	0.25±0.3	14.2～15.8	0.35	穿越大兴线
14	1437～1441	0.1±0.02	40±10	0.25±0.3	14.2～15.8	0.35	穿越大兴线
15	1442～1446	0.1±0.02	40±10	0.25±0.3	14.2～15.8	0.35	通过影响区域
16	1447～1451	0.1±0.02	40±10	0.25±0.3	14.2～15.8	0.35	通过影响区域
17	1452～1456	0.1±0.02	40±10	0.25±0.3	14.2～15.8	0.35	通过影响区域
18	1457～1461	0.1±0.02	40±10	0.25±0.3	14.2～15.8	0.35	通过影响区域
19	1462～1467	0.1±0.02	40±10	0.25±0.3	14.2～15.8	0.35	完全通过影响区域

1）土压力控制

选取常用的土力学公式按水土合算计算静止土压力，计算深度选取盾构顶部位置。

$$P = P_1 + P_2 = K_0(\sum \gamma h) \tag{6-1}$$

式中：P——隧道顶部水土压力值；

P_1、P_2——分别指水、土压力；

K_0——静止土压力系数；

h——在盾构上方的各土层厚度（m）；

γ——在盾构上方的各土层重度（kN/m^3）。

由水土压力计算公式可以看出，水土压力与隧道埋深密切相关，根据每环盾构机的具体位置设置有针对性的掘进参数。根据隧道上部覆土厚度，经过计算得出土仓压力值为0.1～0.13MPa。在试验段掘进及沉降状况下对土仓压力进行验证，选取合理的参数设置。在施工过程中开启自动保压系统，保证土仓压力稳定，防止沉降。

为保持掌子面及上方土体稳定，掘进时保持合理、稳定的土压力，控制土压力波动范围≤0.01MPa。维持土压力稳定需注意：保证盾构机开始掘进时缓慢加速，控制螺旋机启动与掘进速度匹配，以减小土压力波动对掌子面上方土体的扰动；正常掘进时控制掘进速度不要过快，以便于控制出土量和掘土量平衡；掘进结束时，应缓慢减速并适当多加入膨润土添加剂，膨润土泥浆可以通过漏失形成泥膜，减小地层渗透系数，降低管片拼装期间的土压力波动；掘进结束后，应在停止出土后向前多推进一定距离，以抵消土仓内渣土因静止沉积和泡沫消泡而造成的土压力损失。

2）掘进速度控制

施工时，控制掘进速度波动小于±5mm/min，且掘进速度不宜大于60mm/min，以减小盾构掘进对地层的扰动。

（1）每一掘进循环开始时，应在刀盘旋转正常后方可开始推进。拼装管片时造成油缸收缩导致的盾构机微小后退以及开始推进时油缸的加压过程，会造成推进速度的变化具有滞后性，考虑到从停机到恢复掘进土压力波动较大，此阶段可通过调整出土速率和添加剂注入速率辅助调整土压力恒定,待掘进速度恒定后逐步调整出土与之匹配。

(2)每环掘进期间,注意控制出土速率与推进速率平衡,并控制刀盘转速与推进速度匹配,保持贯入度不超过25mm/r,以减小对地层的扰动。

(3)每一掘进循环结束时,应先减慢螺旋机出土速度,使土压力适当提高,此时推进速度下降、推进压力升高,缓慢减小推进速度,使盾构机稳步停机。

3)出土量控制

土压平衡盾构施工,渣土的切削和排除的平衡是土压力平衡的关键:实际出土量超出理论值,将造成地层损失加剧,引起沉降;实际出土量小于理论值,将造成开挖范围内土体挤压向地层,造成隆起。

(1)出土量取值

根据盾构机开挖直径9150mm及管片环宽1600mm,2号风井—3号风井盾构区间采用连续皮带机进行渣土外排时通过重量来控制出渣量,根据各地层参数及在开挖面所占体积进行计算,理论出渣量≤250t。

(2)出土控制

下穿大兴线U形槽掘进过程中,严禁超排或欠挖。出土控制应首先保持土压力恒定。下穿掘进过程中,实时监测出渣参数,如发现出土异常应及时调整掘进参数,并分析可能的原因,以避免此类现象重复出现。调整出土速度应缓慢操作,并同时调整其他掘进参数,避免土压力、掘进速度等发生较大波动而失去土压平衡。

4)盾构机轴线控制

轴线控制是盾构法隧道施工的一个非常重要的环节,在盾构掘进过程中根据导向系统提供的偏差参数,采用人机互动的方式进行严格控制,主要方法如下:

在盾构掘进过程中,以各区域千斤顶的行程、油压以及流量控制盾构前进方向,发现偏差时及时调整千斤顶的编组和各区域千斤顶的行程、流量及油压,加强各施工参数的设定管理,防止因参数设定不当造成隧道轴线产生大的偏离,要做到随偏随纠、勤纠小纠,减少因轴线纠偏而造成的土体超挖、扰动。

在曲线段掘进时,通过严格的计算来确定衬砌的超前量,原则上根据设计图选用管片的型号以及旋转角度,如遇特殊情况可在现场另选取更加合适的管片及旋转角度;合理利用铰接千斤顶,提高盾构掘进过程中轴线的控制能力;利用盾构机的区域油压可调整这一特点,加强对盾构坡度和隧道轴线的控制。

5)渣土改良

下穿大兴线U形槽掘进过程中,掌子面地质为黏土$④_1$、卵石圆砾⑤及粉细砂$⑤_2$,渣土改良添加剂选用泡沫剂和膨润土泥浆。

(1)添加剂的加入

刀盘上设有12个注入口,分为9个泡沫孔、3个膨润土注入孔,每路可进行切换注入泡沫或膨润土。

为防止刀盘注入配管堵塞,在中部的旋转接头后部接上液压软管,通过操作推进油缸,加注高压液压油,以疏通管路。

膨润土浆液在地面完成拌制,静置15~25h后,泵送至盾构机上的膨润土罐内。推进过程中由三台柱塞泵加注到渣土之中，通过刀盘的搅拌作用与渣土均匀混合，从而改善渣土的塑流性。

推进前，先加入少量泥浆，润滑刀盘和改善土仓内渣土性状；掘进开始后，随出土速度的加快逐渐增加泥浆和泡沫的加量，泡沫加入应缓慢，以减小对土压力的影响；掘进完成前10cm，提前关闭泡沫，并减小泥浆的加量，在维持土压力稳定的条件下，缓慢停机。

(2)添加剂的加量

①泡沫剂使用

拟定泡沫加量占出土体积的30%～50%，参数选定为：泡沫溶液浓度为3%、发泡倍率为15。添加泡沫时，应定期从发泡管取样观察泡沫效果，以调整泡沫参数。

②泥浆使用

下穿期间使用泥浆为膨润土泥浆，拟定泥浆加量为14.5～15.8m^3/环，参数选定为：泥浆浓度为10%～12%、CMC浓度为1‰。泥浆拌制完成后，静置发酵12h使用。

6)同步注浆

同步注浆为控制沉降的主要措施之一。盾构下穿大兴线U形槽选用砂浆为单液浆，下穿施工时按照试验段获取参数操作。

(1)同步注浆浆液

砂浆配比如表6-7所示。

大兴国际机场线砂浆配比　　表6-7

水泥(kg)	粉煤灰(kg)	膨润土(kg)	砂(kg)	水(kg)
130	450	100	640	550

①胶凝时间：<3h，在穿越大兴线U形槽期间定期取样检测胶凝时间，如发现胶凝时间有变化及时进行调整配比。

②固结体强度：1d不小于0.2MPa，28d不小于2.5MPa。

③浆液结石率：>95%，即固结收缩率<5%。

④浆液稳定性：倾析率(静置沉淀后上浮水体积与总体积之比)小于5%。

(2)同步注浆采用注浆压力及注浆量双控，当注浆压力达到0.3～0.35MPa，注浆量达到14.2m^3以上时，认为达到注浆要求。

(3)由于下穿大兴线U形槽期间掘进速度相对恒定，可提前计算绘制注浆速率与推进速度曲线，施工中根据实际掘进速度及时调整注浆速率；若注浆压力过小则可适当加快注浆速率，以保证注入率和填充效果。

(4)每环掘进开始时不进行同步注浆，待掘进50mm时启动注浆；每环停止掘进后，以最低速度注浆，至注浆压力和注浆量均达到要求后停止。

7)二次注浆

二次注浆是控制后期沉降的重要措施。大兴国际机场线盾构区间下穿大兴线U形槽穿越段，二次注浆采用双液浆。

(1)注浆设备

2号风井—3号风井盾构区间二次注浆采用分离式双液注浆泵1台：注浆流量为120L/

min、注浆压力为7MPa;1.5m^{3}拌浆桶1个;注浆阀6个;50m的ϕ32mm注浆软管3条(1条备用);三通1个。

(2)注浆浆液

二次注浆浆液为水泥水玻璃双液浆,水泥浆采用P.O.42.5普通硅酸盐水泥和清水制备,以水灰比0.8:1拌制,水玻璃溶液稀释为35Be。注入时两种浆液体积比为水泥浆:水玻璃=1:1,如需调整初凝时间,可适当调整两种浆液配比。

(3)注浆工艺

①二次注浆通过管片上的预埋注浆管注入。先在注浆管戴上注浆单向逆止阀,用电锤钻穿该孔位5cm厚保护层,接上浆液混合三通及水泥浆管和水玻璃管,开始注浆。注浆时,先注纯水泥浆液1min,再打开水玻璃管路球阀进行混合注入,终孔时应加大水玻璃的浓度。拆除注浆头并套上塑料螺堵头,进行下一个孔位注浆。

②二次注浆范围为拼装环往后第5环开始至第9环,共5环。二次注浆应多次进行,每次完成一环掘进,应对二次注浆范围内所有管片进行一次二次注浆。重复注浆前应用钢钎将注浆孔内上次注浆固结的浆液打通,管片脱出二次注浆范围后用低强度堵漏水泥砂浆对注浆孔进行封堵。

③二次注浆开始时,以较大流量注入;当压力达到0.25MPa后,应降低注浆速率,以低速缓慢注浆。二次注浆终止压力控制在0.35MPa,达到压力后应立即关闭阀门,避免压力过大对成型隧道管片造成损害。

④二次注浆针对隧道中线以上部分,由下向上逐孔注入,先将两腰部位注满再注顶部,待顶部注浆管完成注浆后,进行下一环注浆。

6.1.1.4 既有线结构变形监测

1)U形槽监测项目及控制标准

人工监测项目:每晚停运后监测一次,施工完成后每周监测一次,持续一个月后每月监测一次,最后根据监测数据的稳定情况进行调整;开挖前进行初始观测,待工程竣工结构变形稳定,产权单位同意后停止监测。

自动监测项目:20~60min监测一次;开挖前进行初始观测,施工完成后变形趋于稳定时停止观测。

监测项目如表6-8所示。

监测项目 表6-8

序号	类别	监测对象	监测对象	监测仪器
1	自动化监测	隧道结构	隧道结构竖向变形	静力水准仪
2	人工监测	隧道结构	隧道结构竖向变形	电子水准仪
3	人工监测	隧道结构	隧道结构横向变形	全站仪
4	人工监测	轨道结构	轨道结构竖向变形	电子水准仪

2)监测点布置

在施工过程中,对既有地铁大兴线U形槽采用自动化及人工监测两种监测手段相结合的监测方法，自动化监测主要监测隧道和轨道结构沉降；人工监测主要是监测结构裂缝和结构沉降等监测项目。既有大兴线U形槽内测点布置如图6-8所示，测点平面图如图6-9所示。

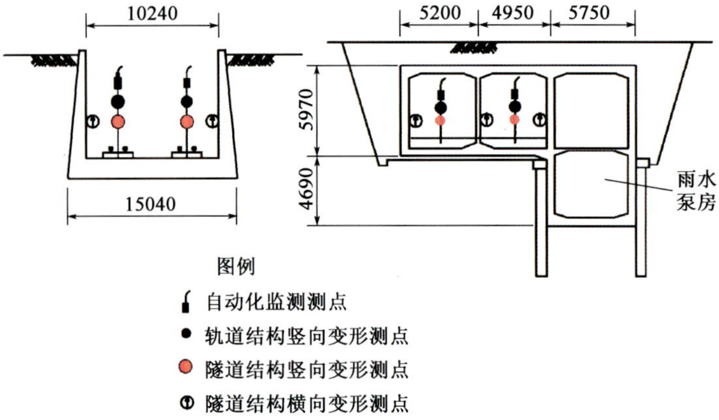

图6-8　U形槽测点布置断面图(尺寸单位：mm)

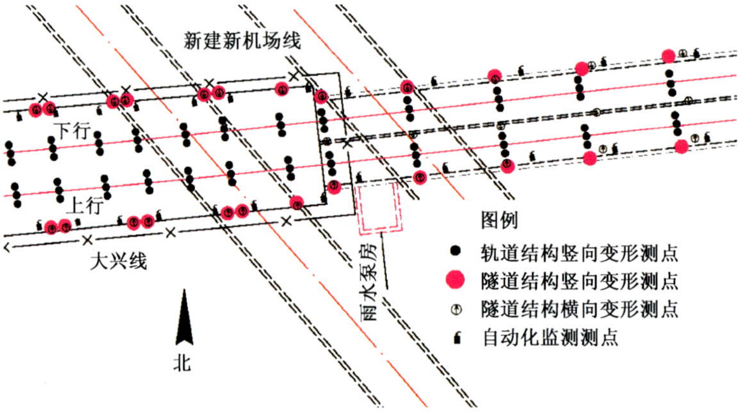

图6-9　测点布置平面图

(1)U形槽结构竖向变形

在隧道影响范围内的U形槽段，沿U形槽走向，按10m的间距布设监测断面，每个监测断面布设4个测点，2个一组；在隧道影响范围内的既有线隧道段，沿隧道走向，按10m的间距布设监测断面，每个监测断面布设2个测点，共36个测点。

(2)轨道结构竖向变形

在隧道影响范围内的U形槽段，沿轨道走向，按5m的间距布设监测断面；在隧道影响范围内的既有线隧道段，沿轨道走向，按10m的间距布设监测断面。每个监测断面布设3个测点，沿上行、下行轨道分别设置。上行线一侧选取18个断面，下行线一侧选取18个断面，共54个测点。

(3)U形槽结构横向变形

在隧道影响范围内的U形槽段，沿U形槽走向，按10m的间距布设监测断面，每个监测断面布设4个测点，2个一组；在隧道影响范围内的既有线隧道段，沿隧道走向，向两侧按10m的间距布设监测断面，每个监测断面布设 3 个测点，共 41 个测点。

(4) 自动化监测

在隧道影响范围内的 U 形槽段，沿 U 形槽走向，按 5m 的间距布设监测断面，每个监测断面布设 2 个测点，沿 U 形槽两侧设置，共 54 个测点。

6.1.1.5 实测数据分析

1) U 形槽结构竖向变形分析

右线盾构 2018 年 5 月 18 日通过 U 形槽，盾构到达 U 形槽南侧时，U 形槽南侧发生隆起，隆起值为 0.4mm，U 形槽北侧发生沉降，沉降值为 -0.8mm，盾构通过后 U 形槽发生沉降，经过约 10d 后沉降稳定，最终右线隧道上方 U 形槽结构南北两侧沉降基本一致，为 -1.2mm。左线盾构 5 月 26 日到达 U 形槽，随盾构逐渐接近 U 形槽，U 形槽结构逐渐隆起，到达 U 形槽时隆起量约为 -1.3mm，盾构通过时 U 形槽南侧发生隆起，北侧沉降，经过约 10d 后变形稳定，最终左线隧道上方 U 形槽结构南侧累计隆起 1.8mm，北侧累计沉降为 -1.3mm。竖向变形曲线如图 6-10 和图 6-11 所示（图中左、右线表示左、右线范围内的测点）。

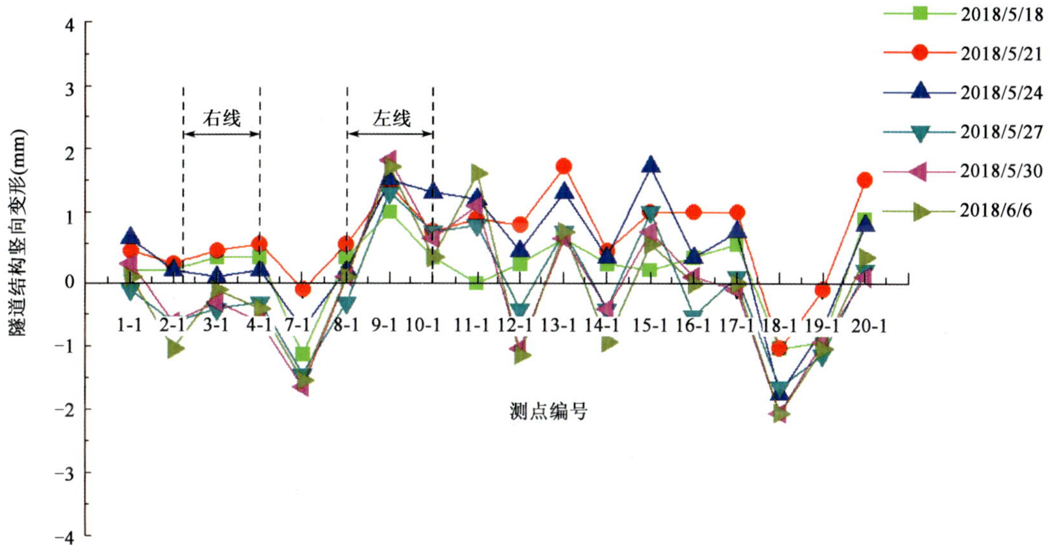

图 6-10 上行方向（南侧）U 形槽结构竖向变形

2) 轨道结构竖向变形分析

左线隧道上方的轨道结构，盾构到达前表现出隆起，上行线轨道隆起 0.7mm，下行线轨道隆起 0.9mm，盾构通过后轨道结构沉降，经过约 10d 变形稳定后，累计沉降为 -1.9mm。右线隧道上方的轨道结构，上行线轨道表现出先隆起再沉降，下行线轨道表现出沉降，变形稳定后，累计沉降为 -2mm 左右。轨道结构变形与 U 形槽结构竖向变形基本一致。轨道结构竖向变形如图 6-12 ~ 图 6-15 所示（图中左、右线表示左、右线范围内的测点）。

3) U 形槽结构横向变形分析

隧道的横向变形较小，左右来回波动，极不稳定，波动范围在 -0.3 ~ +0.3mm 之间，小于竖向变形值。从水平方向看，隧道的受力基本保持平衡，未发生明显的整体移动现象。横向变形如图 6-16、图 6-17 所示(图中左、右线表示左、右线范围内的测点)。

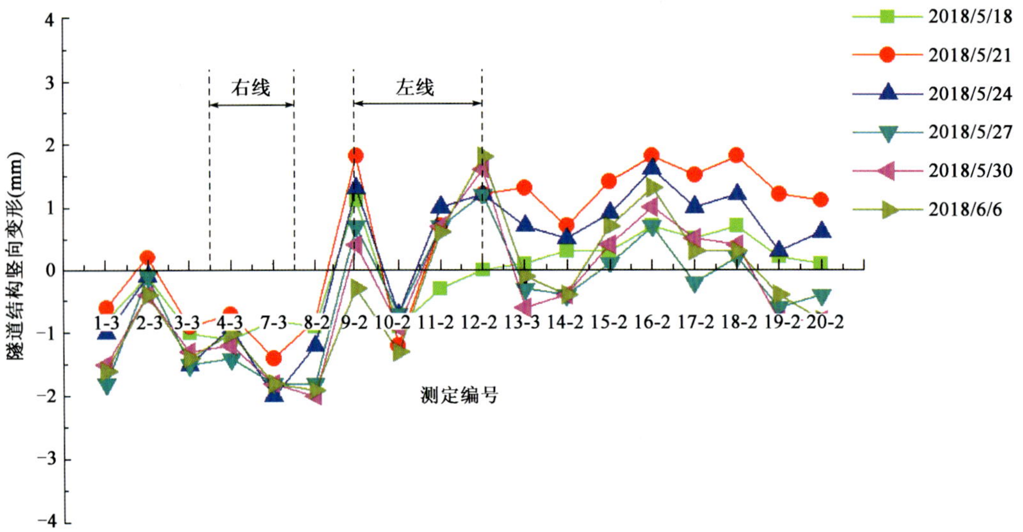

图 6-11 下行方向(北侧)U 形槽结构竖向变形

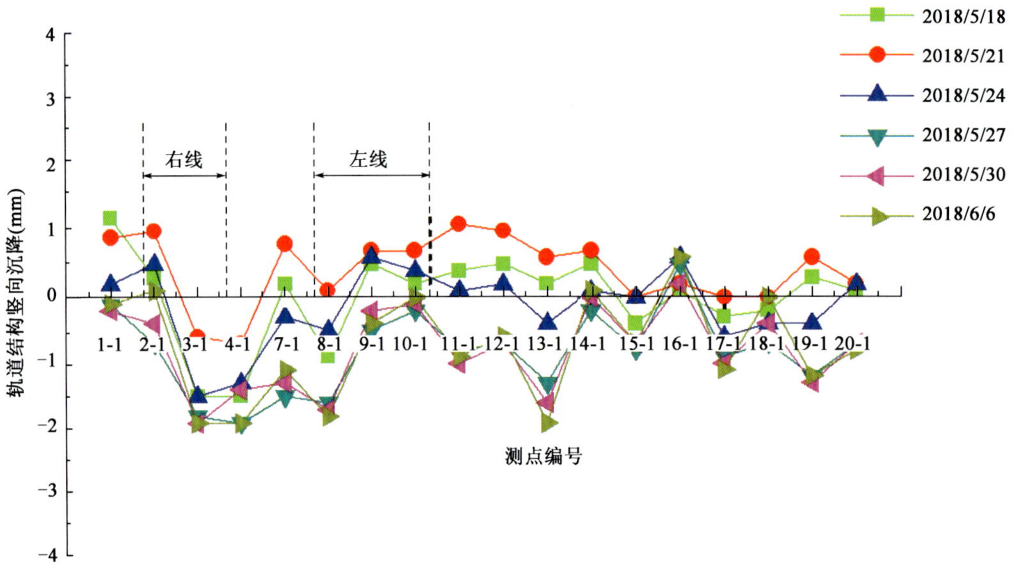

图 6-12 上行线轨道结构北侧变形

4)U 形槽结构变形自动化监测

从自动化监测可以看出右线隧道开挖时,U 形槽竖向变形波动较大。右线盾构通过时上方 U 形槽发生沉降,沉降最大值为 -1.08mm,盾构通过后上方 U 形槽隆起,经过约 10d 变形稳定后,右线隧道上方结构南侧累计隆起 1.2mm,北侧累计隆起 0.8mm。左线盾构到达前,随盾构掘进,U 形槽结构逐渐隆起,隆起最大值为 1.5mm,盾构通过后 U 形槽结构变形较小,变形稳定后,结构南侧累计隆起 0.7mm,北侧累计隆起 1.5mm。自动化监测曲线如图 6-18、图 6-19 所示(图中左、右线表示左、右线范围内的测点)。

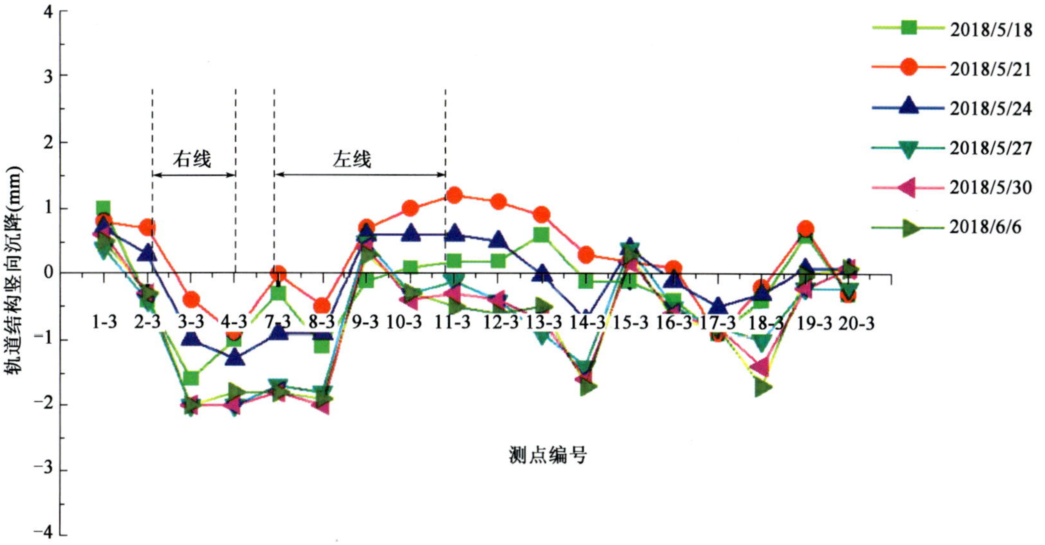

图6-13 上行线轨道结构南侧变形

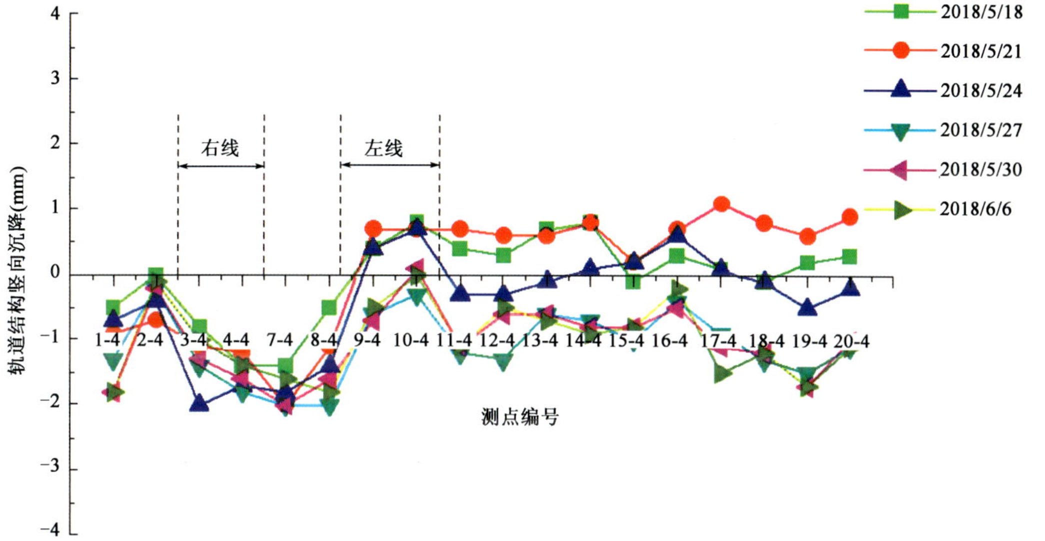

图6-14 下行线轨道结构北侧变形

6.1.2 下穿马家楼桥风险控制技术

6.1.2.1 工程概况

新发地站(不含)—草桥站区间线路总长 2408.196m/双线,为大兴国际机场线磁各庄站—草桥站区间的一部分;区间结构底板埋深 13.5 ~ 29.4m。本段区间以马家楼桥以南京开高速公路东侧的19号线新发地站北端为起点,线路向北沿京开高速东侧绿地敷设,穿越马家楼桥桥区,侧穿了110kV、220kV高压塔,下穿马家楼东路、角门路、镇国寺北街后到达玉泉营桥东南角的草桥站南端。3号风井—草桥站区间位置图如图6-20所示。

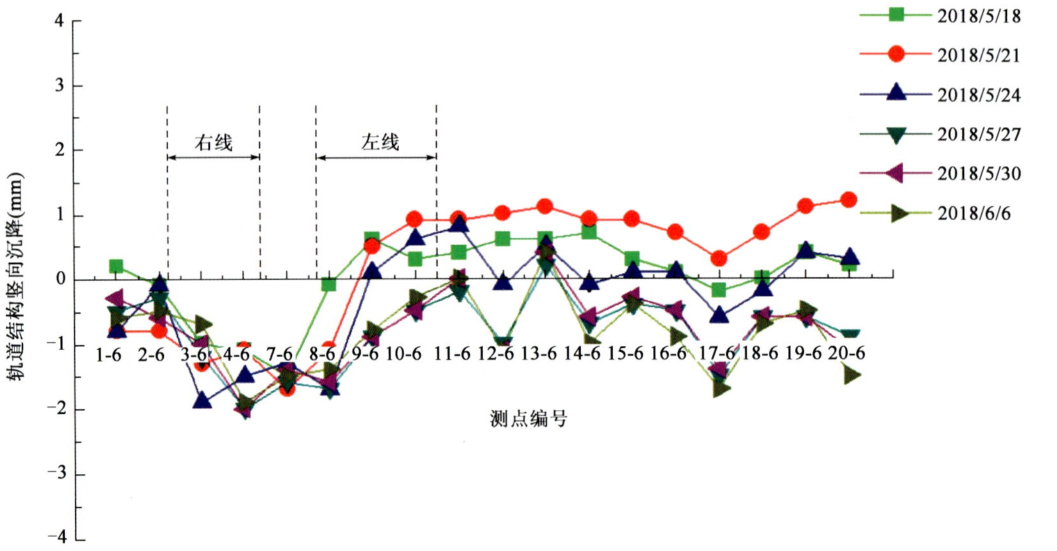

图6-15 下行线轨道结构南侧变形

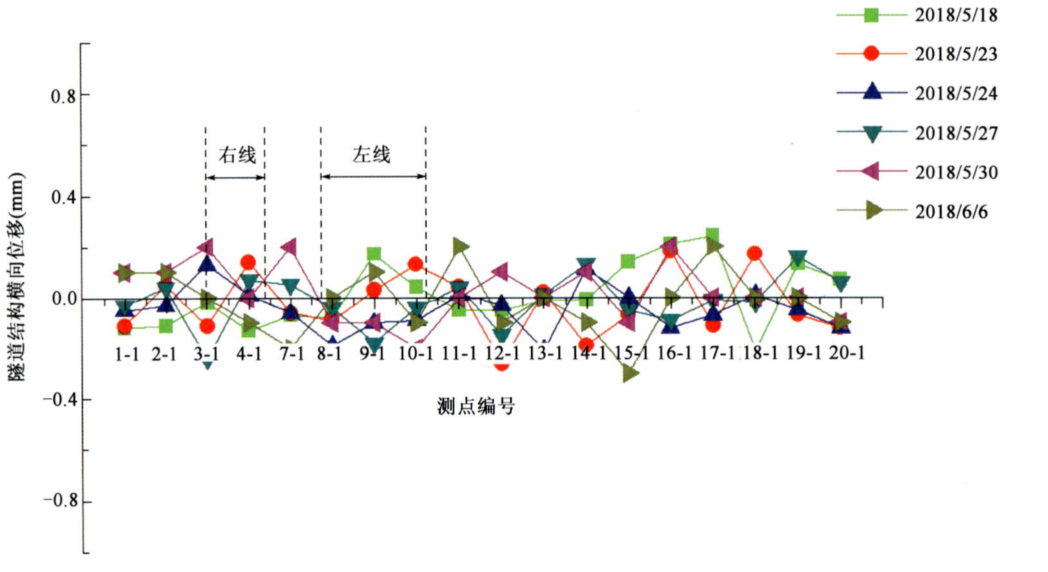

图6-16 上行线U形槽结构横向变形

区间在K42+856.359~K42+893.889段设风井1座,与区间明挖段合建。根据疏散要求,设置4座独立联络通道,里程分别为K40+735.000、K41+300.812、K41+930.812、K42+530.812,其中K40+735.000处联络通道兼作泵站;区间明挖段南端设盾构接收井。

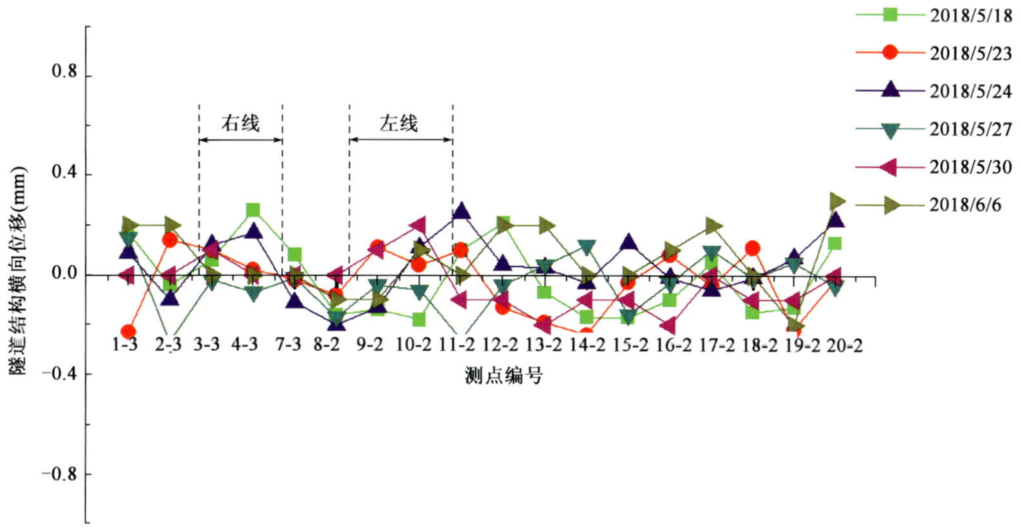

图 6-17　下行线 U 形槽结构横向变形

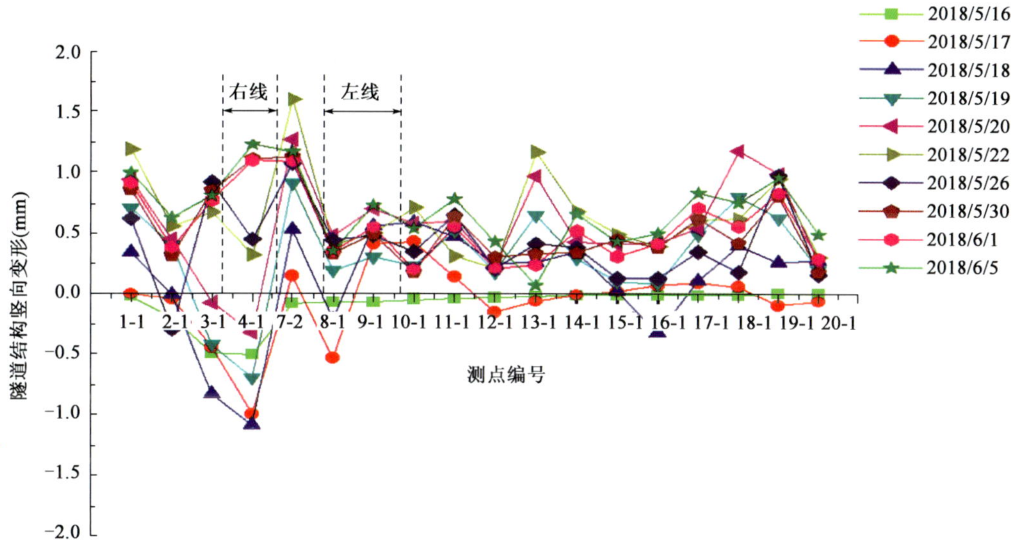

图 6-18　上行线 U 形槽自动化监测

1) 风险工程描述

(1) 盾构区间下穿马家楼桥，沿线车流量大，上路监测难度较大。施工过程中，应加强对桥墩、挡墙桥梁的监测，分析变形，加强洞、内外的现场安全巡视。监测作业过程中，加强测量人员自身的交通安全意识。

(2) 在施工穿越马家楼桥时，加强现场巡查频率，通过现场安全监测、现场安全巡查，掌握施工过程中的沉降变形及受影响情况，为业主、监理、设计、施工、产权单位提供参考依据。

(3) 如发现有较大沉降变形及时通知施工、监理、产权单位，及时采取有效措施减少塌陷危险，为周边环境以及施工提供安全保障。

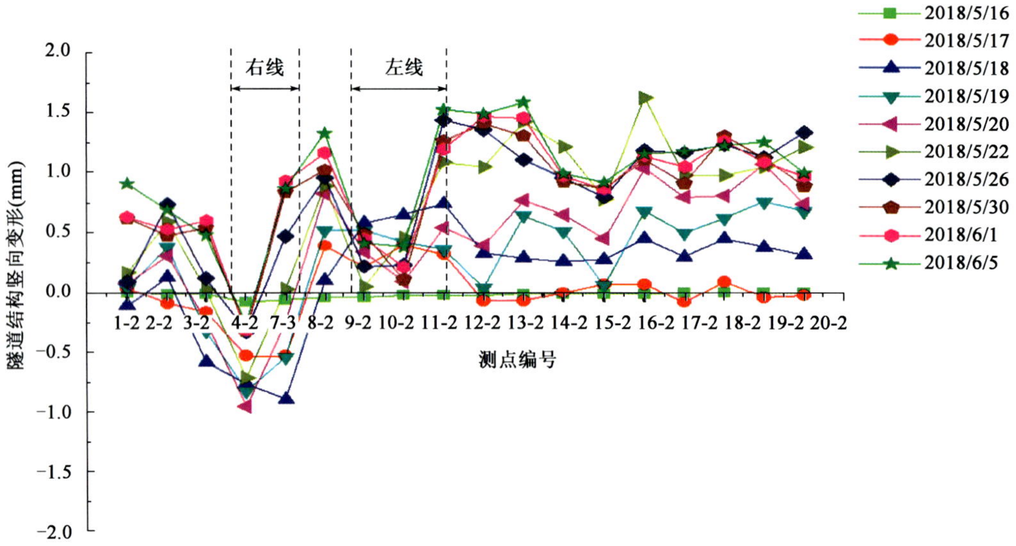

图 6-19　下行线 U 形槽自动化监测

图 6-20　3 号风井—草桥站区间位置图

2）匝道桥与大兴国际机场线位置关系

马家楼东南象限 8-3 匝道桥段左、右线管片水平净距约为 7.074m，埋深约为 20.41m。大兴国际机场线左线管片外皮与桥桩水平距离约为 3.01m，大兴国际机场线右线管片外皮与桥桩水平距离约为 3.74m。盾构区间与其关系详见图 6-21。

马家楼东北象限 1-2 匝道桥桩径为 1.2m，桩长 15m。大兴国际机场线左线管片外皮与桥桩竖向距离约为4.33m。盾构区间与其关系如图6-22所示。

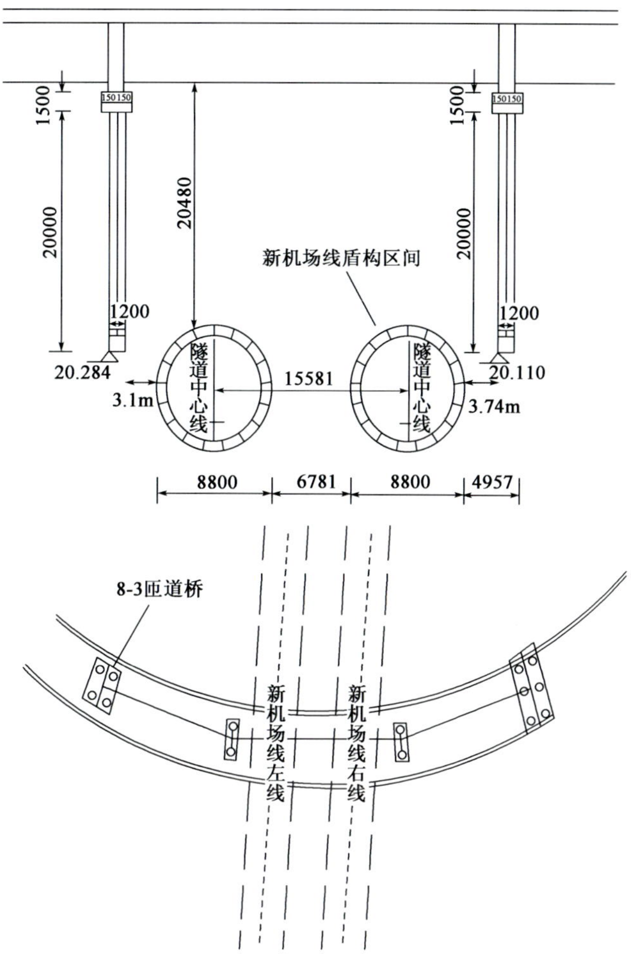

图6-21 隧道与马家楼东南象限8-3匝道桥平面位置关系图(尺寸单位:mm)

3)工程水文地质情况

(1)地质条件

根据初勘报告成果,本区间拟建场地属于工程地质Ⅱ单元。

盾构穿越段地层主要为:④$_3$粉细砂层、⑤卵石圆砾层、⑦卵石圆砾层、⑧粉质黏土、⑧$_3$粉细砂、⑨卵石圆砾。

粉细砂④$_3$层:褐黄色~黄褐色,中密~密实,湿,主要矿物成分为云母、石英、长石,含少量圆砾,局部夹粉土、黏性土薄层。

卵石圆砾⑤层:杂色,密实,湿,一般粒径为2~7cm,揭露最大粒径约18cm,亚圆形,级配较好,粒径大于2cm颗粒的质量占总质量的50%~80%,母岩成分为花岗岩、辉绿岩及白云岩等,中粗砂充填。本层厚度为2.2~6.3m,层顶高程为24.83~29.61m。

卵石圆砾⑦层:杂色,密实,湿~饱和,一般粒径为2~7cm,揭露最大粒径约18cm,亚圆形,级配较好,粒径大于2cm颗粒的质量占总质量的50%~75%,母岩成分为花岗岩、辉绿岩及白云岩等,中粗砂填充,局部含漂石,局部夹粉质黏土、粉土、细砂薄层。本层厚度为2.2～9.4m,层顶高程为21.46～24.50m。

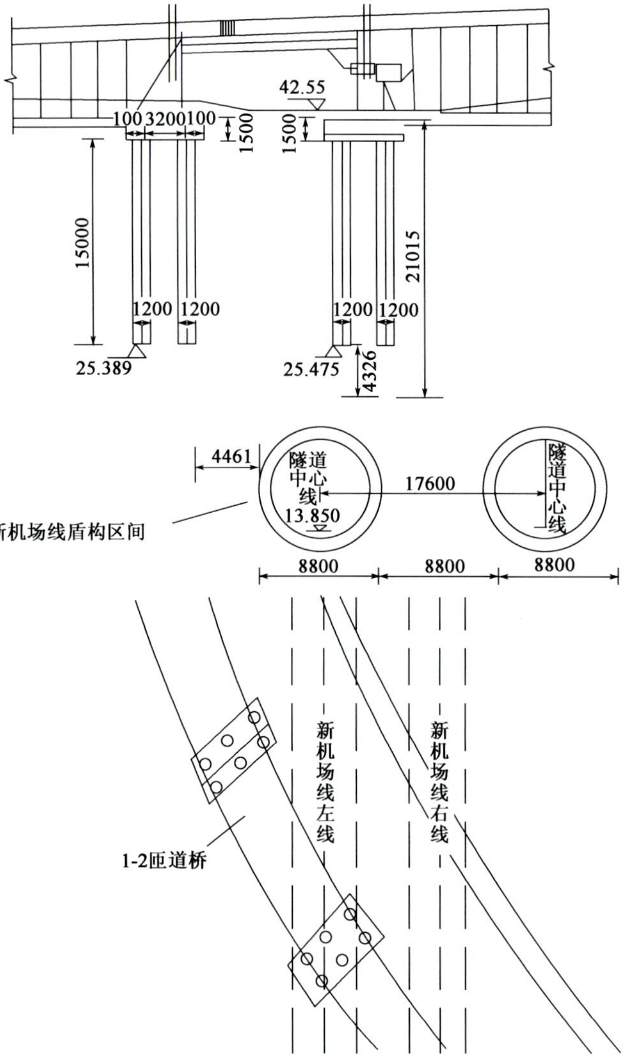

图6-22　隧道与马家楼东北象限1-2匝道桥平面位置关系图(尺寸单位:mm)

粉质黏土⑧层:褐黄色,很湿,硬塑～可塑,含氧化铁、钙质结核等,局部含砂颗粒,局部夹细砂、粉土薄层。本层厚度为0.3～7.2m,层顶高程为15.59～21.38m。

粉细砂$⑧_3$层:褐黄色,密实,饱和,主要矿物成分为云母、石英、长石,含少量圆砾。

卵石圆砾⑨层:杂色,密实,饱和,一般粒径为2～8cm,揭露最大粒径约18cm,亚圆形,级配较好,粒径大于2cm颗粒的质量占总质量的60%～80%,母岩成分为花岗岩、辉绿岩及白云岩等,中粗砂充填,局部含漂石。本层厚度为7.3～15.7m,层顶高程为12.29～20.42m。

(2)水文条件

本区间详细勘查现场钻探期间,钻探深度(60.0m)范围内共观测到一层地下水,地下水类型为层间潜水～承压水(四),地下水位具体情况见表6-9。

地下水位观测情况一览表

表6-9

观测时间	初见水位深度(m)	初见水位绝对高程(m)	稳定水位深度(m)	稳定水位绝对高程(m)
2016年4月～5月	27.10～29.80	13.88～15.74	25.00～28.50	15.45～18.11
2016年7月～8月	26.40～27.00	16.09～17.46	25.90～26.80	15.32～17.66
2017年1月	25.30～26.20	16.75～18.10	24.80～25.90	17.25～18.40

根据上述水位观测情况,地下水位综述如下:

层间潜水～承压水(四):层间潜水主要含水层为卵石圆砾⑦层及卵石圆砾⑨层、粉细砂$⑨_2$层等地层。局部地段受相对隔水层粉质黏土⑧层影响,卵石圆砾⑨层和粉细砂$⑨_2$层中水具有承压性,承压水头最大2.50m,主要接受侧向径流补给,以侧向径流和向下越流为主要排泄方式。地质勘察报告建议本区间抗浮设防水位绝对高程按38.00m考虑。

6.1.2.2 工程结构形式及拟建工程与保护措施

1)工程结构形式

马家楼桥区东南象限1-2匝道桥桥桩基采用钻孔灌注桩,桩径为1.2m,桩顶高程为40.110～40.264m,桩长20m,区间隧道采用单洞圆形断面,隧道外径8.8m,内径7.9m,覆土约为26.46m,隧道顶板位于卵石圆砾⑦层,底部位于粉质黏土⑧层,区间左线隧道距离西侧桥桩水平净距约2.9m,右线隧道距离东侧桥桩水平净距约3.7m。盾构区间与马家楼桥区东南象限1-2匝道桥关系见图6-23、图6-24。

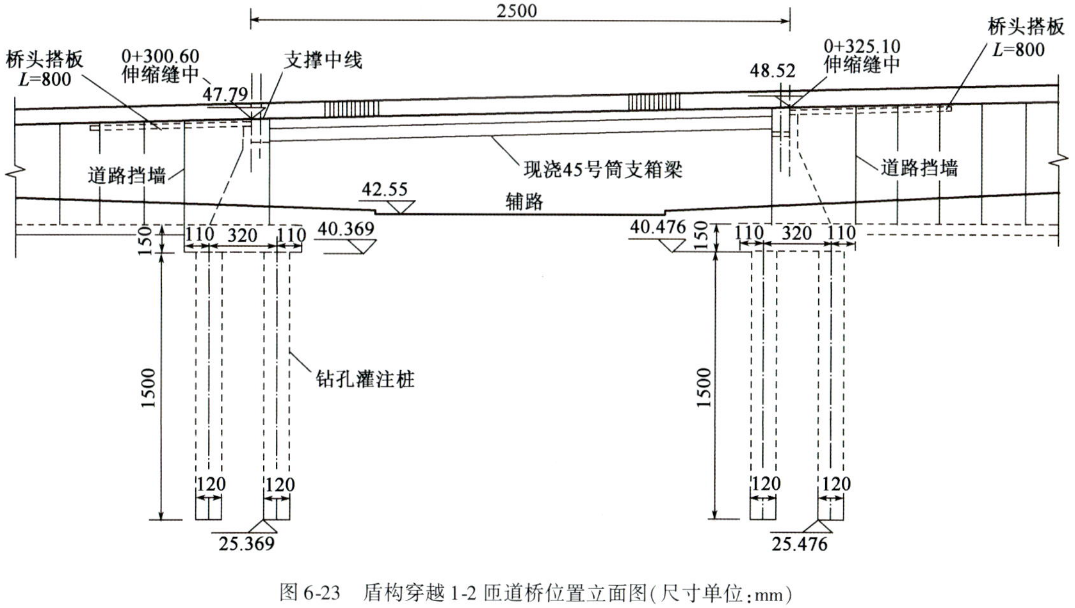

图6-23 盾构穿越1-2匝道桥位置立面图(尺寸单位:mm)

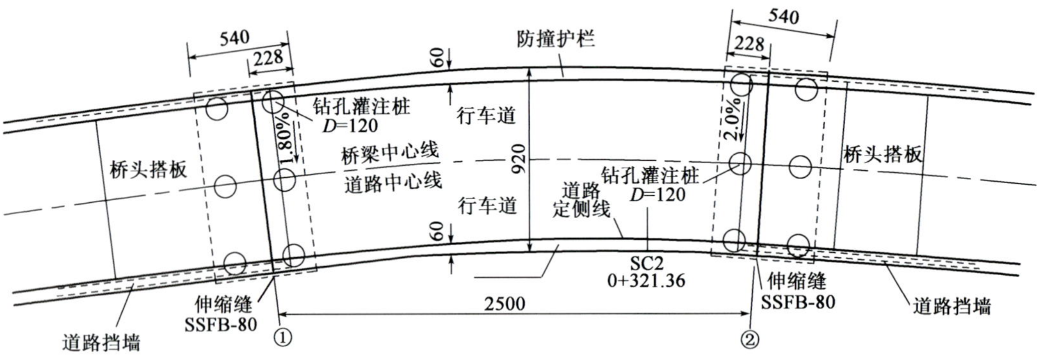

图 6-24　1-2 匝道桥平面示意图(尺寸单位:mm)

马家楼桥区东北象限 8-3 匝道桥,桥桩基采用钻孔灌注桩,桩径为 1.2m,桩顶高程为 40.369 ~ 40.476m,桩长 15m,区间隧道采用单洞圆形断面,隧道外径 8.8m,内径 7.9m,覆土约为 27.02m,隧道位于卵石圆砾⑦层,区间左线隧道顶部与桥桩竖向净距约 4.1m。8-3 匝道桥位置立面图见图 6-25,平面图见图 6-26。

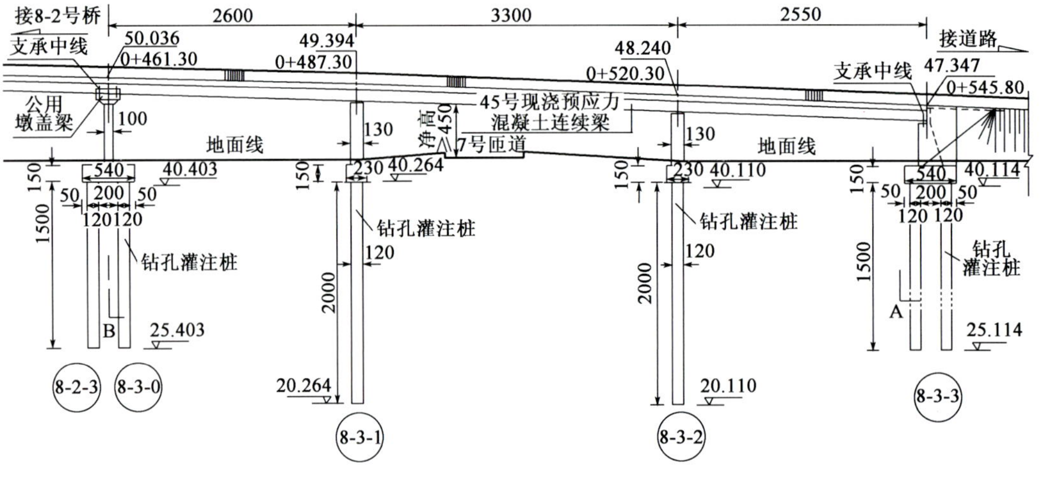

图 6-25　盾构穿越 8-3 匝道桥位置立面图(尺寸单位:mm)

2)保护措施

根据区间与马家楼桥的相应关系,盾构区间实施前需对其进行检测、评估。同时为保证马家楼桥安全,施工时主要采取的措施为:

(1)通用技术措施。施工前需与马家楼桥相关部门联测核实马家楼桥的平面位置及高程,确保数据准确。施工前,根据联测结果,对马家楼区域进行标识;标识范围内禁止大型施工机械驶入,上方严禁堆载,确保隧道结构安全。应加强对区间盾构隧道周边工程地质、水文地质和环境资料的调查。穿越前应进行空洞普查,如有空洞应进行注浆回填,盾构掘进过程中应设置试验段,根据试验段确定掘进参数,并保持实时监控,如发生异常及时调整。施工前根据产权单位要求对相关工程进行检测评估。调整并确保盾构机性能良好,严格控制掘进参数,确保匀速、平衡、连续通过,严格控制地层损失率。选择合理的同步注浆和二次注浆浆液及注浆参数，及时进行同步注浆和二次注浆，充填管片与土体间的空隙。施工中加强对新发地北桥桥桩的监测，并及时反馈监测结果。及时布设测点，穿越过程中加强新发地北桥的监控量测，并根据监测结果及时调整盾构掘进参数。施工前，施工单位应制订针对性应急预案。

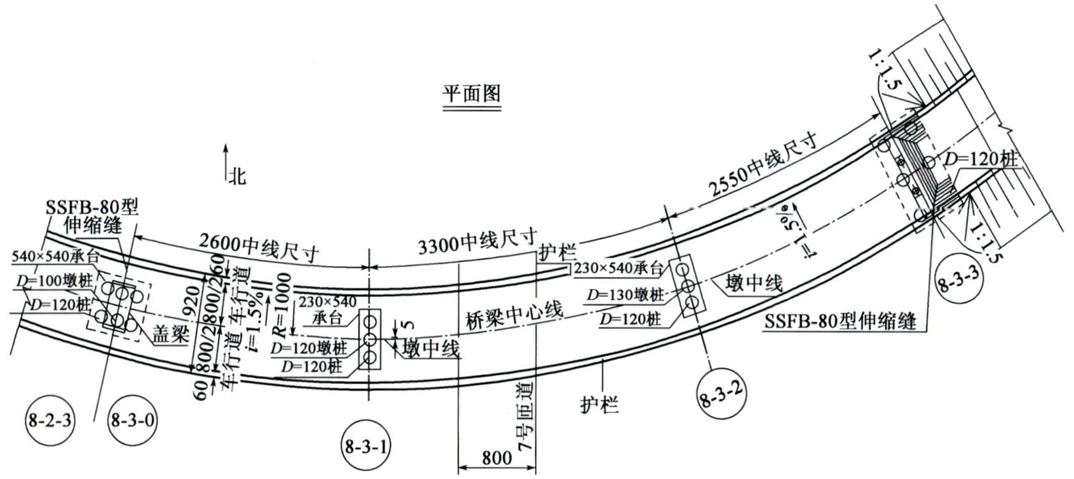

图6-26 8-3匝道桥平面示意图(尺寸单位：mm)

(2)专用技术措施。离盾尾5～10环，从洞内采用径向注浆加固盾构隧道与基础间的土体。纵向注浆范围为盾构开挖面距既有结构前后各1倍洞径范围内；施工现场应对新发地北桥结构平面位置进行标识，并在其两侧结构边线外4m处设置连续的隔离措施；考虑到新发地北桥等特殊情况对地铁隧道造成不利影响，采取加强型管片，加大结构配筋。

6.1.2.3 监测内容及要求

1)工程风险分析及监控重点

(1)盾构区间穿越京开高速公路主路、马家楼匝道，沿线车流量大，上路监测难度较大。施工过程中，应加强对道路地表的沉降监测，分析地表沉降变形，加强洞内外的现场安全巡视。监测作业过程中，应加强测量人员自身的交通安全意识。

(2)在施工穿越京开高速公路主路、马家楼匝道时，加强穿越京开高速公路主路、马家楼匝道附近点的监测以及现场巡查频率，通过现场安全监测、现场安全巡查，掌握机场高速空洞附近道路在施工过程中的沉降变形及受影响情况，为业主、监理、设计、施工、产权单位提供参考依据。

(3)如发现有较大沉降变形及时通知施工、监理、产权单位，及时采取有效措施减少塌陷危险，为周边环境以及施工提供安全保障。

2)监测范围

根据评估单位对本工程施工期第三方安全监测要求结合以往监测经验，本工程监测范围为盾构穿越中心线向两侧各30m范围内，竖向位移等监测项目需进行独立的第三方监测。

3)监测目的

以往的理论研究和施工实践表明，施工过程是对地层应力状态的一种破坏与重新稳定的过程，地层应力状态的改变将影响土体内的既有建(构)筑物的变位，即导致结构产生位移和变形,同时也会对地表及周边环境造成一定影响。当这种变形和影响超出一定范围时,必然对结构产生破坏,并影响到上方地表和临近建(构)筑物的安全使用。

因此,在大兴国际机场线侧穿京开高速公路马家楼桥区(路基、挡墙段)施工过程中,对马家楼桥区及周边环境影响进行有效的第三方监测工作的主要目的为:

(1)通过对监控量测数据的分析处理,对可能发生的安全隐患或事故提供必要的预报,在施工中及时做出反应,进行有效控制,避免安全事故的发生,保证六环路安全运行。

(2)在施工过程中对受施工影响范围内的马家楼桥区及周边土体实施独立、公正的监测,基本掌握马家楼桥及周围土体的动态,验证施工方的监测数据,为业主、监理、设计、施工单位提供参考依据。

(3)第三方监测作为独立的监测方,其监测数据和相关分析资料可成为处理风险事务和工程安全事故的重要参考依据。

(4)积累资料和经验,为今后的同类工程设计提供类比依据。

4)监测频率及周期

本工程监测频率应满足监测对象所测项目的重要变化过程而又不遗漏其变化时刻的要求。监测周期应从工程施工前开始,直至工程完成为止,贯穿于整个施工全过程。监测应根据需要延续至变形趋于稳定后结束。具体监测频率及周期见表6-10。

仪器监测频率与周期 表6-10

序号	监测对象	现场监测频率	现场监测周期
1	周边环境	开挖面前方:$5D<L\leqslant 8D$,1次/(3d~7d);$3D<L\leqslant 5D$,1次/2d;$L\leqslant 3D$,1次/1d;开挖面后方:$L\leqslant 3D$,1次/1d;$3D<L\leqslant 8D$,1次/2d;$L>8D$,1次/(5d~7d)。监测数据趋于稳定后,监测频率为1次/15d	工程施工期间至结构施工完成后1年数据稳定后,经业主及产权单位确认后停止监测
2			

注:L为刀盘至监测断面距离,D为隧道直径。

5)监测对象、项目及精度

监测对象、项目、仪器、精度见表6-11。

仪器监测的对象、项目、仪器及精度 表6-11

序号	监测对象	监测项目	监测仪器	监测精度
1	周边环境	桥墩、挡墙竖向位移	水准仪	0.3mm/km
2		桥墩、挡墙水平位移	全站仪	$\pm(1\text{mm}+1.5\times10^{-6}\times D)$
3		桥梁表面应力	频率读数仪	<1.0% F.S

6)监测控制值

根据评估及设计资料要求,新发地北桥最终控制标准见表6-12。

监测控制值 表6-12

序号	范围描述	累积量控制值
1	1-2桥上部结构简支梁基础不均匀沉降	10mm
2	1-2桥主桥均匀沉降	15mm

续上表

序号	范围描述	累积量控制值
3	1-2 桥台台身同一高度横向两侧边缘差异沉降	8mm
4	1-2 桥台台身同一高度横向两侧边缘与桥台中心处差异沉降	4mm
5	8-3 桥上部结构连续梁相邻基础差异沉降	5mm
6	8-3 桥公用墩 0 轴沉降	5mm
7	8-3 桥 1/2/3 轴墩台沉降	10mm
8	8-3 桥公用墩 0 轴盖梁同一高度横向两侧边缘差异沉降	5mm
9	8-3 桥 1/2 轴桥墩墩身同一高度横向两侧边缘差异沉降	3mm
10	8-3 桥 3 轴桥台台身同一高度横向两侧边缘差异沉降	8mm
11	8-3 桥 3 轴桥台台身同一高度横向两侧边缘与桥台中心处差异沉降	4mm
12	8-3 桥 1、2 轴桥墩墩身径向差异倾斜	2/1000
13	桥墩、桥台台身倾斜	1/1000

具体分批控制指标见表 6-13、表 6-14。

1-2 匝道桥监测控制值 表 6-13

监测项目	大兴国际机场线左线		大兴国际机场线右线	
主桥均匀竖向沉降	预警值	4.5	预警值	4.5
	报警值	6	报警值	6
	控制值	7.5	控制值	7.5

8-3 匝道桥监测控制值 表 6-14

监测项目	大兴国际机场线左线		大兴国际机场线右线		19 号线左线		19 号线右线	
0 轴竖向沉降控制值	预警值	1.5	预警值	1.5				
	报警值	2	报警值	2				
	控制值	2.5	控制值	2.5				
1 轴竖向沉降控制值	预警值	3	预警值	3				
	报警值	4	报警值	4				
	控制值	5	控制值	5				
2 轴竖向沉降控制值	预警值	1.8	预警值	1.8	预警值	1.2	预警值	1.2
	报警值	2.4	报警值	2.4	报警值	1.6	报警值	1.6
	控制值	3	控制值	3	控制值	2	控制值	2
3 轴竖向沉降控制值	预警值	0.6	预警值	0.6	预警值	2.4	预警值	2.4
	报警值	0.8	报警值	0.8	报警值	3.2	报警值	3.2
	控制值	1	控制值	1	控制值	4	控制值	4

7）监测点布置

道路地表沉降测点标志采用窨井测点形式，采用人工开挖或钻具成孔的方式进行埋设。

东南象限1-2匝道桥在墩柱部位桥梁两侧布设测点，并沿挡墙向两侧按10m间距布设两组测点。南北象限匝道桥共布设14个测点。东北象限8-3匝道桥在每隔桥墩布设测点，并延挡墙向两侧按10m间距布设两组测点。东南象限匝道桥共布设9个测点。桥梁布点示意图如图6-27所示。

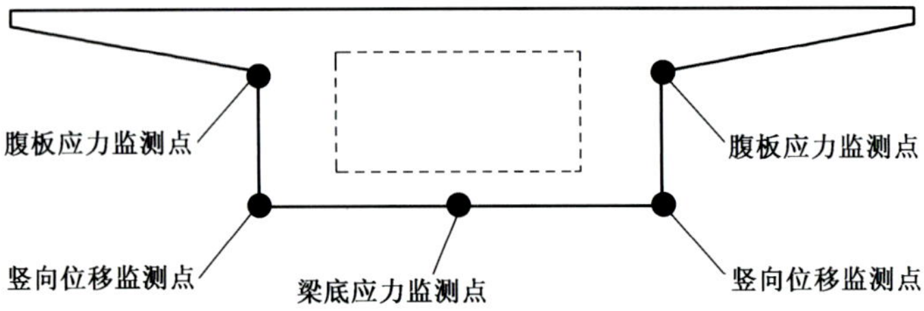

图6-27　桥梁布点示意图

马家楼桥8-3匝道桥监测点布置如图6-28所示，1-2匝道桥监测点布置如图6-29所示。

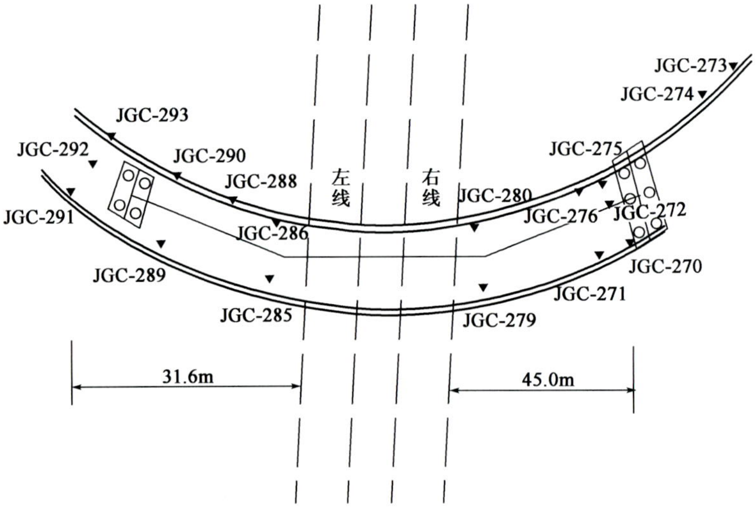

图6-28　8-3匝道桥监测点布置

8）监测初始值采集要求

各监测项目的监测点均应在工程开工之前进行初始值的采集工作，应取3次测量值的平均值作为各监测项目监测点的初始值。

9）观测方法

水准网观测采用几何水准测量法，使用监测精度为1.0mm的电子水准仪进行观测，采用电子水准仪自带记录程序，记录外业观测数据文件，如图6-30所示。

观测采用闭合水准路线时只观测单程，采用附合水准路线形式进行往返观测，取两次观测高差中数进行平差。观测顺序：往测为后、前、前、后，返测为前、后、后、前。

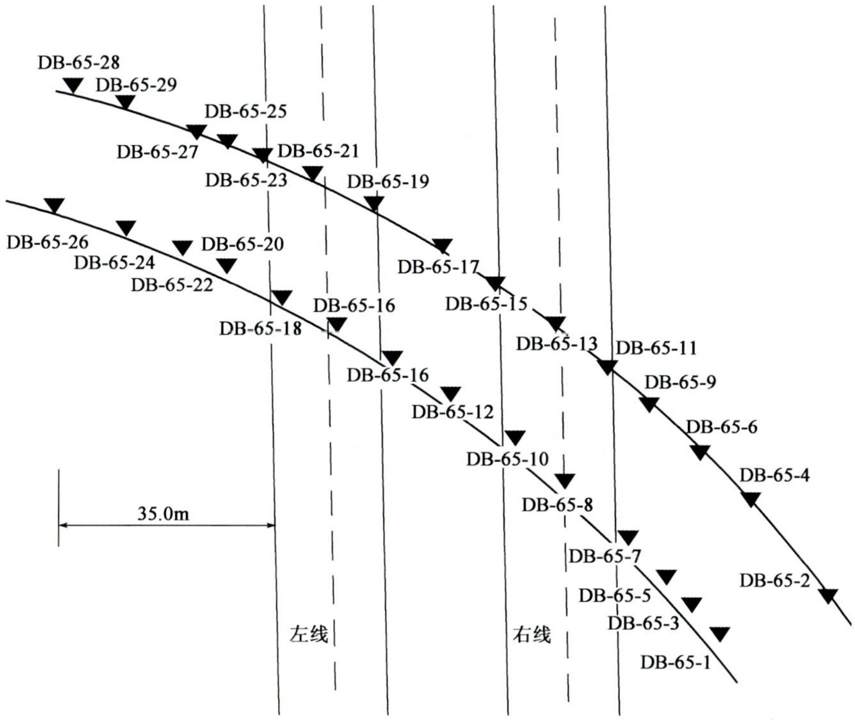

图 6-29 1-2 匝道桥监测点布置

图 6-30 现场观测实景图

6.1.2.4 实测数据分析

1）区间西侧 8-3 匝道桥竖向变形分析

左线盾构于 2018 年 7 月 2 日通过 8-3 匝道桥南侧，盾构到达匝道桥南侧时，南侧发生沉降，靠近盾构处测点最大沉降值约为 −4.7mm，远离盾构测点处发生较小沉降，沉降约为 −1.5mm，盾构通过后匝道桥继续发生沉降，经过约 4d 后沉降稳定，最终左侧隧道上方匝道桥南侧沉降为 −8mm，北侧沉降为 −2.7mm。右线盾构 7 月 8 日到达匝道桥，随盾构逐渐接近匝道桥，匝道桥结构逐渐隆起，到达匝道桥时，南侧隆起量约为 1.5mm，北侧隆起量约为0.5mm，盾构通过匝道桥后发生沉降，经过约 7d 后变形稳定，最终左线隧道上方匝道桥结构南侧累计隆起0.3mm,北侧累计沉降为-0.73mm。竖向变形曲线如图6-31所示(图中左、右线到达表示盾构到达匝道桥南侧)。

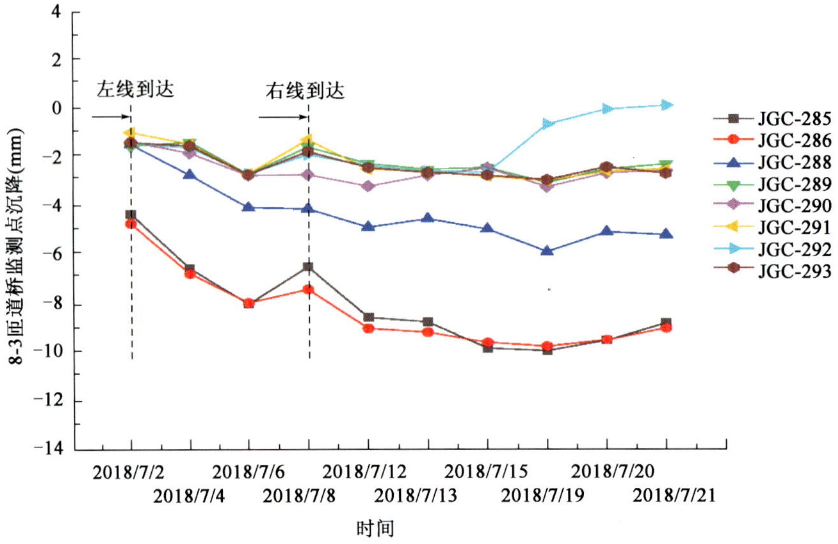

图6-31 区间左侧匝道桥结构竖向变形

2)区间东侧8-3匝道桥竖向变形分析

右线隧道上方的匝道桥结构,在左线盾构到达前,南侧发生沉降0.36mm,北侧发生隆起0.4mm,盾构通过后匝道桥结构沉降,累计沉降为-1.1mm。右线盾构7月6日通过8-3匝道桥南侧,盾构到达匝道桥南侧时,南北两侧均发生隆起,变形最大隆起0.9mm,远离盾构测点处发生较小隆起,隆起约为0.5mm,盾构通过时,匝道桥两侧发生沉降,右侧隧道上方匝道桥南侧最大沉降量为-6.9mm,北侧最大沉降量为-7.4mm。在盾构通过北侧匝道桥后,结构继续发生沉降,在经过约6d后,沉降趋于稳定。匝道桥结构竖向变形如图6-32所示(图中左、右线到达分别表示盾构到达匝道桥南侧)。

3)马家楼桥1-2匝道南侧地表沉降

盾构左线于2018年9月5日通过马家楼桥1-2匝道,到达匝道南侧时,隧道上方地表发生沉降,两侧地表发生不同程度的隆起。最大沉降位于隧道正上方,测点为DB-65-16,最大沉降量为-7.06mm,如图6-33所示。

盾构右线2018年9月15日通过马家楼桥1-2匝道,到达前隧道上方地表有轻微隆起,到达后隆起逐渐变为沉降,在盾构左线和右线的叠加作用下,最大沉降发生在左线正上方,测点为DB-65-16,最大沉降量为-14.15mm,如图6-34所示。

4)马家楼桥1-2匝道北侧地表沉降

盾构左线于2018年9月5日通过马家楼桥1-2匝道,到达匝道北侧时,隧道上方地表发生沉降,最大沉降位于隧道外侧,测点为DB-65-23,最大沉降量为-6.78mm,如图6-35所示。在右线外侧发生不同程度的沉降。

盾构右线于2018年9月15日通过马家楼桥1-2匝道,到达匝道北侧时,隧道上方地表持续沉降,最大沉降位于右线隧道正上方,测点为DB-65-13,最大沉降量为-13.94mm。测点

65-2～65-11 及 65-28 上方土体隆起逐渐变小，至 16 日转变为沉降。地表总体沉降情况在 9 月 20 日逐渐开始稳定，最大沉降值稳定在 -14mm 左右，如图 6-36 所示。

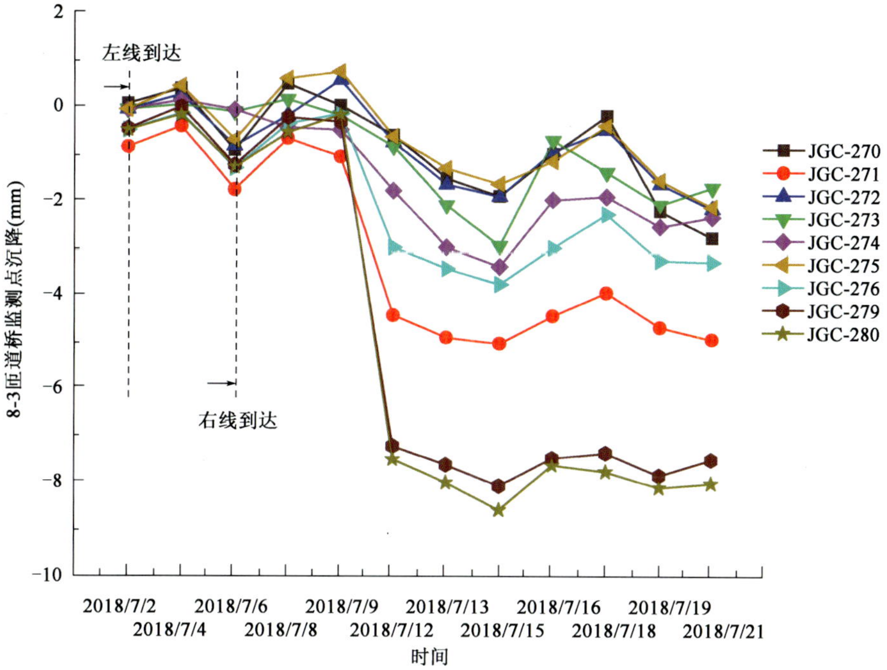

图 6-32　区间右侧匝道桥结构竖向变形

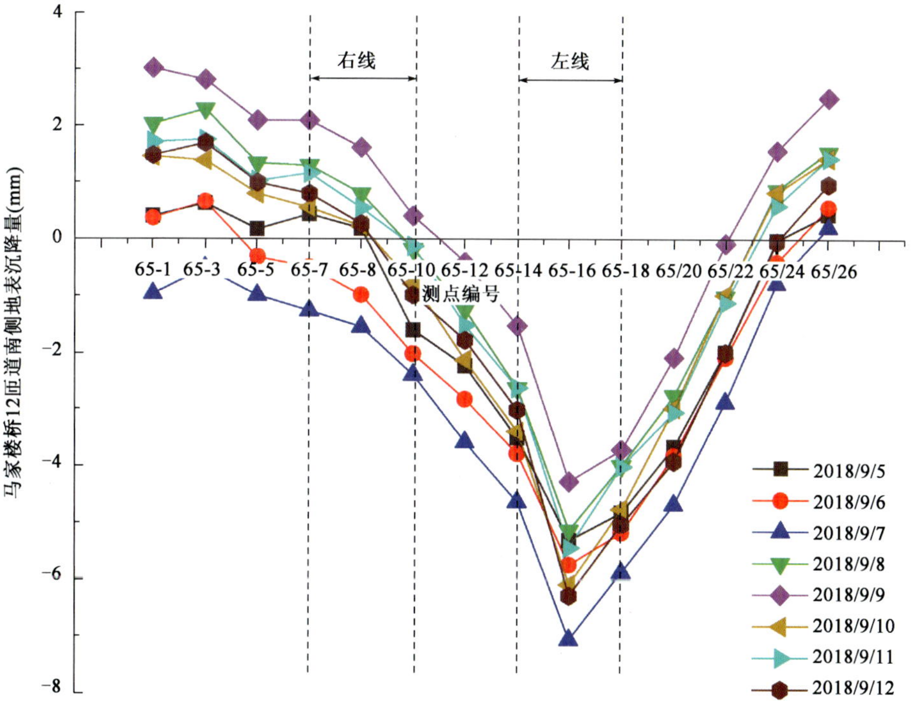

图 6-33　盾构左线穿越时 1-2 匝道桥南侧地表沉降变形

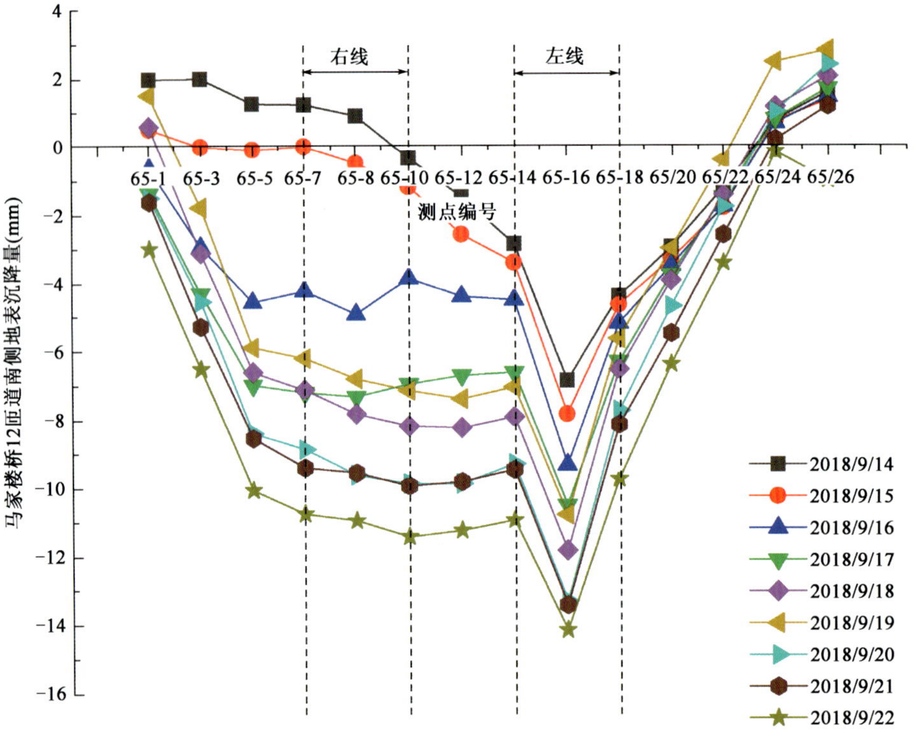

图 6-34　盾构右线穿越时 1-2 匝道桥南侧地表沉降变形

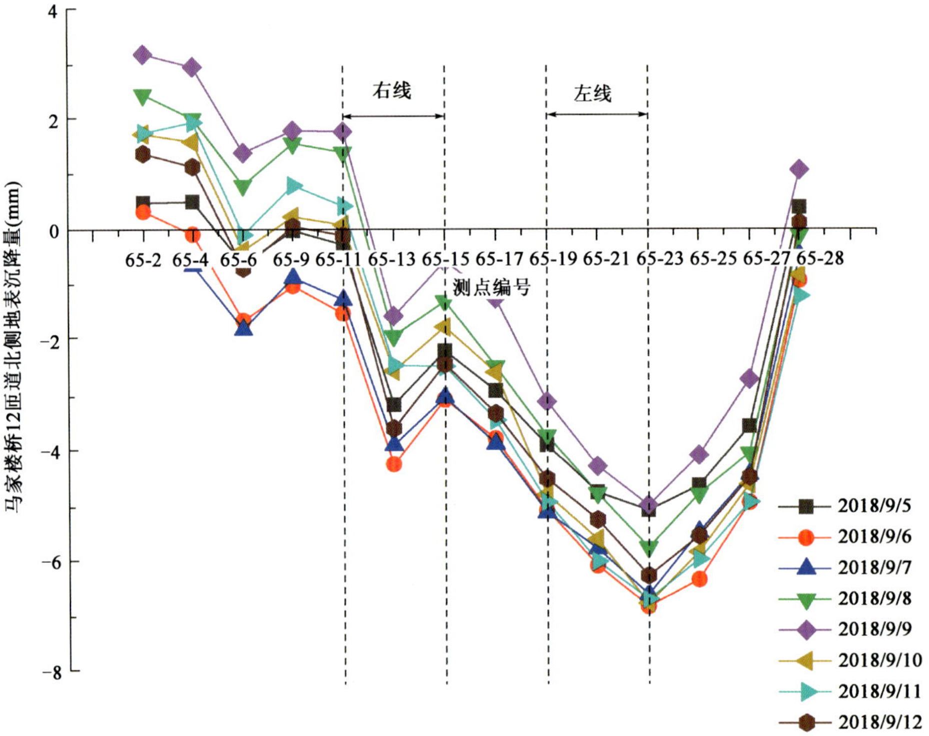

图 6-35　盾构左线穿越时 1-2 匝道桥北侧地表沉降变形

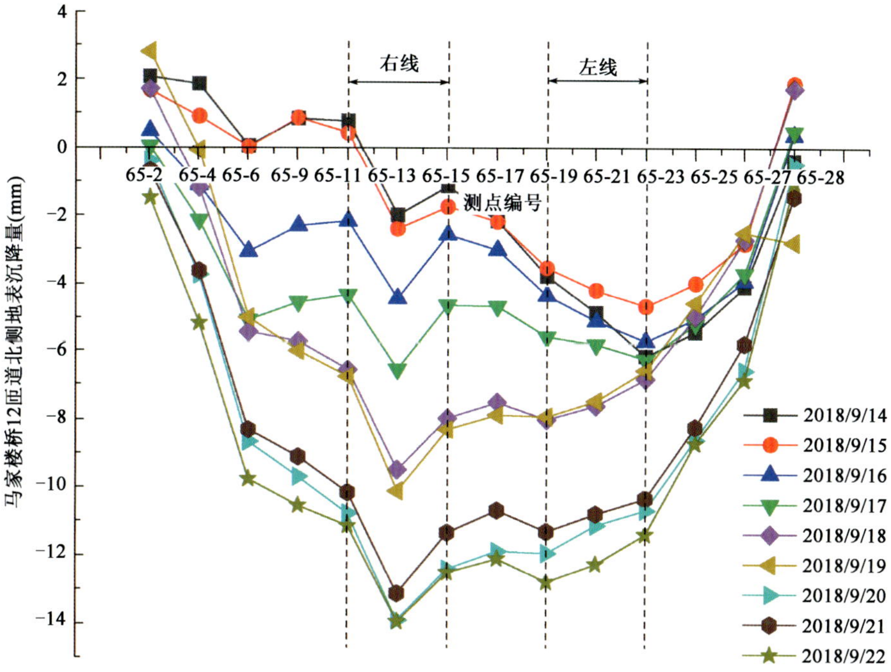

图 6-36 盾构右线穿越时 1-2 匝道桥北侧地表沉降变形

6.1.3 下穿六环路风险控制技术

6.1.3.1 工程概况

永兴河站—磁各庄站区间盾构段基本沿规划东环路南北向敷设,区间南起盾构始发井,向北依次下穿南六环、侧穿广顺桥,下穿黄马路、新凤河等后到达盾构接收井,如图 6-37 所示。区间长 2784m,盾构段线间距为 13.566 ~ 19.375m(水平净距为 4.766 ~ 10.575m),隧道覆土厚 8.7 ~ 19.0m,竖曲线半径为 15000m,最大坡度为 21‰,最小坡度为 3.5‰。本工程采用盾构法施工,隧道衬砌管片为 C50,P12 预制钢筋混凝土结构,外径为 8800mm,内径为 7900mm,厚度为 450mm,宽度为 1600mm。盾构区间采用中铁 447 号盾构机进行施工,开挖直径 9040mm,

图 6-37 永兴河站—磁各庄站区间位置图

整机总长125m。首先施工右线,自盾构始发井向北推进至磁各庄站前接收井,接收后进行解体,运回始发井进行组装推进左线。

1)风险工程描述

盾构区间垂直下穿六环路,垂直距离为16.9m。下穿处地层从上到下依次为:素填土、粉土、粉细砂、中砂、砂质粉土、粉质黏土、卵石圆砾等。盾构区间主要位于粉质黏土、砂质粉土层,局部进入中砂层。穿越范围道路总体较为平缓,道路纵坡为0.3%,六环路为两辅路形式,双向四车道+两连续停车带。道路红线宽100m,路基总宽为26m,路面采用向外直线两面坡形式,横坡为2%,土路肩上及中央分隔带两侧设置波形梁防撞护栏。本段横断面布置为:0.75m(土路肩)+3m(硬路肩)+7.5m(行车道)+0.5m(路缘带)+2.5m(中央分隔带)+0.5m(路缘带)+7.5m(行车道)+3m(硬路肩)+0.75m(土路肩)。路面总厚度约为87cm。

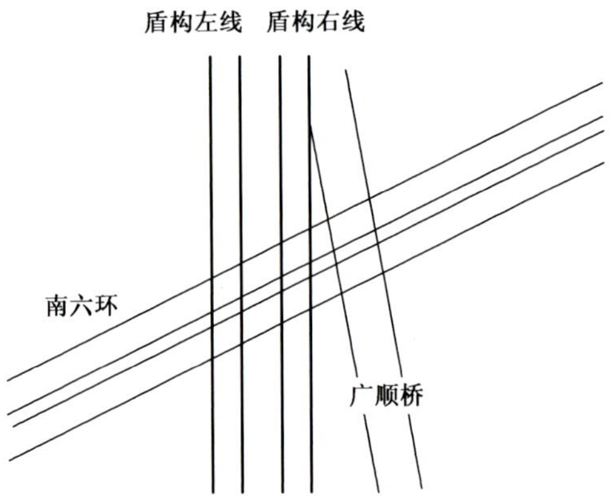

图6-38　六环路与大兴国际机场线位置平面图

2)六环路与大兴国际机场线位置关系

本盾构段穿越南六环段近似呈东北—西南走向,右线位置范围为K27+040.141~K27+157.279,左线位置范围为K27+029.656~K27+146.558。盾构穿越线路位于南六环路路基下16.5m处,六环路路面宽约27m,双向四车道。位置平面图如图6-38所示,剖面图如图6-39所示

3)工程水文地质情况

(1)盾构下穿六环路的地质情况如图6-40所示。

圆砾、卵石⑤层,杂,中密,稍湿~湿,重型圆锥动力触探击数$N_{63.5}=33\sim100$,属低压缩性土。钻探揭露卵石部分:厚度一般为4~6cm,亚圆形,级配较好,含中砂25%~35%。该地层分布不均匀,仅在部分钻孔中揭露。

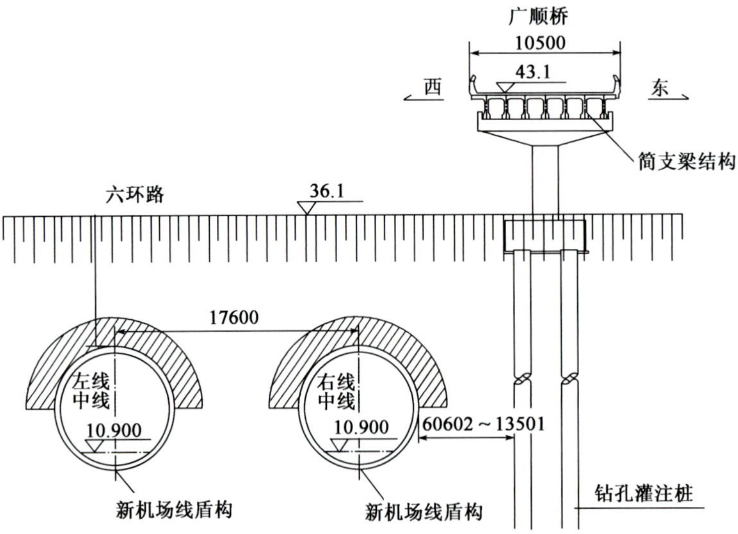

图6-39　六环路与大兴国际机场线位置剖面图(尺寸单位:mm)

粉质黏土⑥层：褐黄～褐黄（暗），可塑～硬塑，压缩模量均值 $E_{s100}=13.1\text{MPa}$，属中～中低压缩性土，粉土、细砂夹层，氧化铁、姜石。

黏土$⑥_1$层：褐黄，硬塑～可塑，压缩模量均值 $E_{s100}=13.4\text{MPa}$，属中～中低压缩性土，氧化铁、姜石。

粉土$⑥_2$层：褐黄，密实～中密，稍湿～湿～很湿，压缩模量均值 $E_{s100}=22.2\text{MPa}$，属低压缩性土，粉质黏土夹层，云母、姜石。

细砂、中砂$⑥_3$层：褐黄色，密实，饱和，标准贯入击数 $N=42\sim81$，属低压缩性土，含粉土夹层，云母、圆砾。

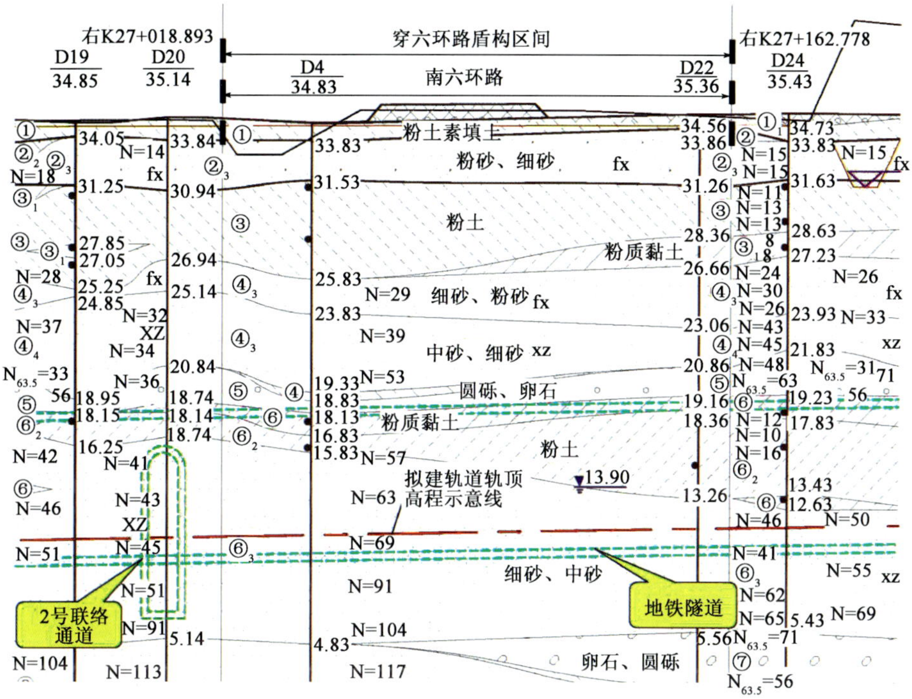

图6-40　盾构区间穿越六环路及广顺桥桥区地质情况示意图

（2）水文条件

拟建工程线路位于永定河冲洪积扇中下部，第四纪沉积韵律较为明显，地层为黏性土、粉土、砂土和卵石、砾石互层沉积，分布有多层地下水，含水层岩性主要为粉土、砂土和卵砾石。

本工程勘探期间（2016年12月上旬及2017年6月中下旬）于拟建场区内（量测深度最深40m）量测到3层地下水，各层地下水的水位情况及类型参见表6-15。

地下水水位量测情况一览表　　　　表6-15

序号	地下水类型	地下水稳定水位（承压水测压水头）		主要含水层
		水位埋深（m）	水位高程（m）	
1	层间水	19.30	15.70	粉土$⑥_2$层
2	承压水	21.20～22.60	12.35～14.25	细砂、中砂$⑥_3$层及卵石、圆砾⑦层
3	承压水	28.70	6.30	细砂、中砂$⑧_3$层及细砂、中砂$⑨_2$层

6.1.3.2 施工方案及技术措施

1）设计变形控制指标

路面沉降量要求如表6-16所示。

路面沉降量要求　　表6-16

序号	位　置	路面最大沉降量(mm)
1	行车道	15
2	边坡及边沟	20
3	高速隔离栅内的其他范围	20

路面不均匀沉降控制值：影响范围内新增纵横坡不大于0.1%，并对周边监控点进行对比，结果不应出现异常。

路面沉降速率要求：路面沉降速率不大于2mm/d。

路面隆起控制值：路面隆起不大于5mm。

路面裂缝：为保证路面使用年限，要求路面不能产生结构性裂缝，以免雨水渗透对路基强度造成影响。

施工时预警值的确定（F=实测值/容许值）：当$F<0.6$时为安全；与$0.8>F\geqslant0.6$时为预警，注意观察，查明原因并准备补救措施；当$F\geqslant0.8$时，立即停工，采取相应的安全措施。

2）下穿六环路风险源控制措施

（1）调查环境，收集资料

通过前与产权及管理单位充分接洽，对道路的结构形式、基础形式等参数进行进一步调查核实和评估。

（2）穿越后的径向注浆加固

盾构下穿南六环路时，离盾尾5～10环，从洞内采用径向注浆加固盾构隧道与路基间土体，加固范围为盾构上半断面外侧2m范围内土体，纵向注浆范围为盾构开挖距既有结构前后各1.0倍隧道直径范围内。

（3）加强盾构机设备能力

针对地层特点，选择辐条式刀盘的土压平衡盾构机，提高主驱动系统及其主轴承密封润滑系统的配置，加强添加剂注入通道和注入设备的配置，配备刀具磨损检测系统、超前注浆设备和二次双液浆注浆设备。

（4）确定合理的掘进参数

①在穿越段前50m设置试验段，并按照下穿段进行管理，紧密依靠沉降监测数据，及时调整盾构掘进参数，不断完善施工工艺，及时总结出盾构机穿越该类土层的最佳参数。

②采用土压平衡模式推进，合理设置掘进参数，匀速掘进通过。

③合理设置土压，严格控制出土量，以减小地层损失率。

④根据变形监测结果和地层变化，动态调整掘进参数。

（5）调整盾构机姿态，避免频繁纠偏

盾构姿态变化不可过大、过频，控制每环纠偏量不大于10mm（高程、平面），控制盾构变坡不大于1‰,以减少盾构施工对地层的扰动影响,从而尽可能地减小地表沉降。

(6)严密观察土质变化状况

施工中必须严格监控挖掘出土体的质量,杜绝水土分离的现象。出土中因地层含水量较大时,通过提高设定土压力,在形成土压平衡的同时,疏干开挖面的地下水,保证出土质量。

(7)减少对地层的扰动

盾构施工对地层的扰动主要是由盾构机的推力和刀盘旋转产生的,因而保证盾构机正常运转,确保盾构机的机械性能尤为重要。当土压力突变时,在分析原因的同时,采取填注泡沫的措施改良开挖土体,穿越的过程中,加强土体的塑流化改造,使刀盘扭矩不超过60%。

(8)保证拼装质量,减少管片变位/变形

隧道管片的变形量与管片拼装的质量紧密联系,在施工过程中,必须强化施工管理,保证一次紧固结实,并确保防水结构的结合质量。每环掘进过程中,应适时对螺栓进行二次紧固。

(9)盾构推进推力控制

必要时可通过盾构外壳处预留的注浆孔进行减阻注浆,以尽可能降低盾体与土体的摩阻力,进而达到降低推力、减小土体位移的目的。

(10)穿越前的设备保障

盾构掘进通过前,对人员、机械、材料做好充分的准备,检查盾尾刷,特别要对盾构机进行设备性能问题的彻底排查,保证通过的连续性,避免在穿越时长时间停机或进行开仓作业。

(11)优化渣土改良

盾构穿越过程中,根据实际地层情况通过添加泡沫、膨润土等土体改良材料,改善渣土的和易性,以达到降低刀盘扭矩、减小刀具磨损和防止结泥饼的目的,并根据实际改良效果进一步优化碴土改良方案。

(12)加强盾尾注浆

①在管片脱出盾尾5环后,采取对管片后的建筑空隙进行二次注浆的方法来填充,浆液为水泥、水玻璃双液浆,注浆压力为0.3~0.4MPa。壁后二次注浆根据地面监测情况随时调整,从而使地层变形量减至最小。

②严格执行盾构同步浆液配比,保证注浆量和注浆效果。

(13)加强变形监测,做好监测信息共享

对下穿道路、桥梁段进行监测,并建立变形控制标准及安全警示制度,及时反馈,分级控制,动态应对,实行信息化施工。

(14)盾构后的后续沉降措施

根据监测结果,决定是否进行洞内径向深孔注浆。

(15)应急处置

建立应急预案体系,制订风险防控和应急处置预案,储备应急资源,及时采取应急措施。

6.1.3.3 六环路变形监测

1)监测对象、项目及精度

本工程监测对象为:

(1)建(构)筑物沉降监测项目监测范围取隧道结构边缘两侧各1.5H~2.0H(H为隧道底

板埋深)范围。

(2)地下管线仅对污水、雨水、上水、燃气等管线进行沉降及差异沉降监测,监测范围取隧道结构边缘两侧各1.0H范围。

(3)道路及地表沉降监测范围取隧道结构边缘两侧各1.0H范围。

监测对象、项目、仪器及精度见表6-17。

监测对象、项目、仪器及精度 表6-17

序号	类 别	监 测 对 象	监 测 项 目	监 测 仪 器	监 测 精 度
1	周边环境	道路、地表	道路、地表竖向位移	水准仪	1.0mm
2		地下管线	地下管线竖向位移	水准仪	1.0mm
3		建(构)筑物	建(构)筑物竖向位移	水准仪	1.0mm

2)监测频率及周期

本工程监测频率应满足监测对象所测项目的重要变化过程而又不遗漏其变化时刻的要求。监测周期应从工程施工前开始,直至工程完成为止,贯穿于整个施工全过程。监测应根据需要延续至变形趋于稳定后结束。具体监测频率及周期见表6-18。

监测频率与周期 表6-18

序号	监测对象	监 测 项 目	现场监测频率	现场监测周期
1	周边环境	道路地表沉降	(1)K27+018~K27+162里程内2次/1d; (2)其他区域: ①开挖面前方:$5D<L\leqslant8D$,1次/(3d~7d);$3D<L\leqslant5D$,1次/2d;$L\leqslant3D$,1次/1d; ②开挖面后方:$L\leqslant3D$,1次/1d;$3D<L\leqslant8D$,1次/2d;$L>8D$,1次/(5d~7d)。 监测数据趋于稳定后,监测频率为1次/15d	工程施工期间至结构施工完成后2年数据稳定后,经业主及产权单位确认后停止监测
2		地下管线沉降		
3		桥墩、桥梁沉降涵洞侧墙及中墙沉降		
4		桥墩、桥梁倾斜涵洞侧墙及中墙倾斜		
5		锥坡沉降		

注:L为刀盘至监测断面距离;D为隧道直径。

3)控制指标

监测控制指标如表6-19所示。

监 测 控 制 值 表6-19

序号	监 测 对 象	监 测 项 目	判 定 内 容	控 制 值
1	周边环境	道路地表沉降	地表沉降绝对沉降量	累计沉降量≤25mm,速率≤2mm/d;地表隆起≤10mm,速率≤3mm/d
2		周边管线	管线沉降绝对沉降量	有压≤10mm、无压≤20mm,速率≤2mm/d
3		建(构)筑物	建(构)筑物绝对沉降量	累计沉降量≤15mm,速率≤2mm/d
4		新凤河河堤	建(构)筑物绝对沉降量	累计沉降量≤15mm,速率≤2mm/d

4)测点布置

依据设计要求本工程在穿越位置盾构隧道中线、两隧道中间部位及两隧道结构边线部位布设测点,并延外侧结构线向外布设测点,测点间距结构外边线 5m、10m。每个断面布设 11 个测点,断面布设位置为六环路中间隔离带位置以及两车道外边线位置。六环路监测点布置如图 6-41 所示。

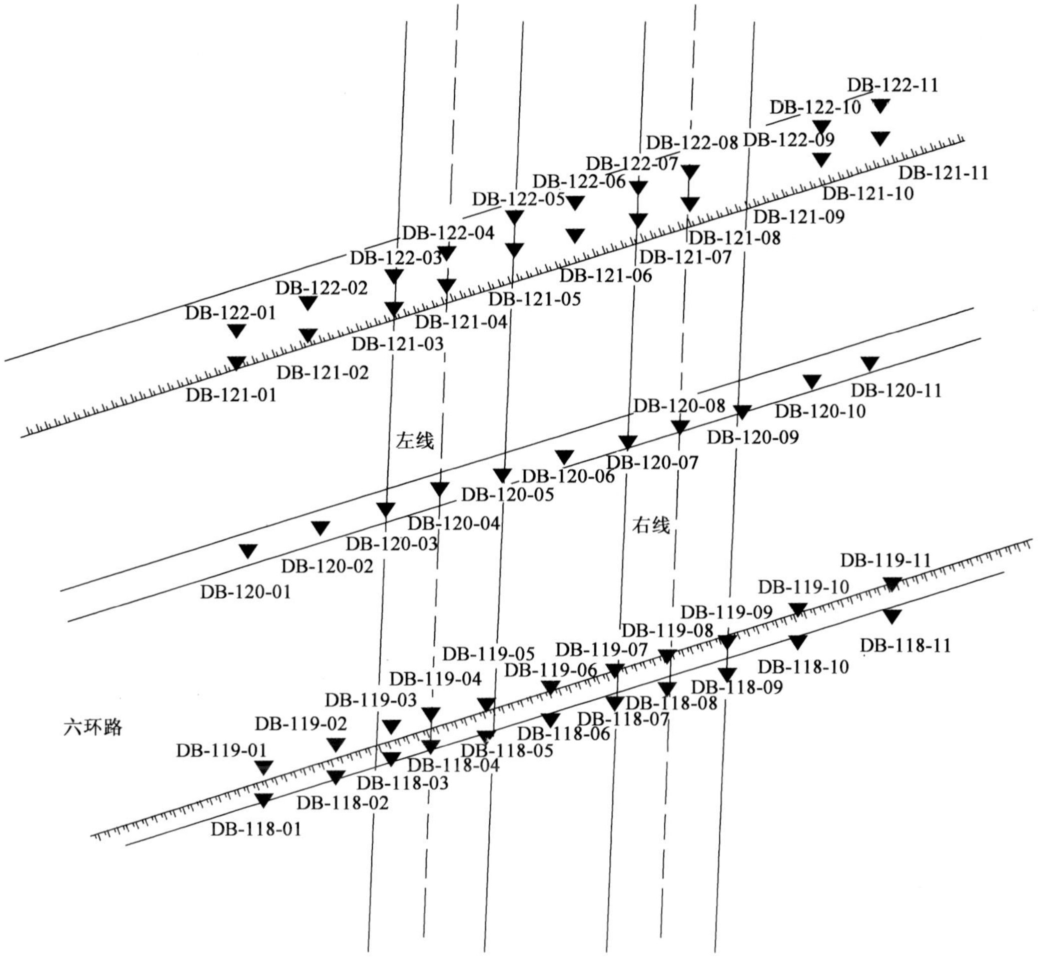

图 6-41 六环路监测点布置

5)监测方法及数据采集

竖向位移采用几何水准测量方法,使用 Trimble DINI03 电子水准仪观测,采用电子水准仪自带记录程序,记录外业观测数据文件,如图 6-42 所示。监测点观测按《工程测量规范》(GB 50026—2007)二等垂直位移监测网技术要求进行观测,往返较差及环线闭合差应在 $\pm 0.3\sqrt{n}$ mm(n 为测站数)以内,每站高差中误差在 ±0.15mm 以内。

观测采用闭合水准路线时可以只观测单程,采用附合水准路线形式必须进行往返观测,取两次观测高差中数进行平差。观测顺序:往测为后、前、前、后,返测为前、后、后、前。观测注意事项如下：

(1)对使用仪器必须定期进行检验。当观测成果异常，经分析与仪器有关时，应及时对仪器进行检验与校正。

(2)观测应做到三固定，即固定人员、固定仪器、固定测站。

(3)观测时，必须保证良好的观测环境及成像条件。

图6-42　监测实景图

(4)观测前应正确设定记录文件中各项控制限差参数，观测完成需现场检核的闭合或附合差情况，确认合格后方可完成测量工作。

(5)观测时应满足水准观测各项相关技术要求。

6)数据传输及平差计算

观测记录采用电子水准仪自带记录程序进行，观测完成后形成原始电子观测文件，通过数据传输处理软件传输至计算机，检查合格后使用专业水准网平差软件进行严密平差，得出各点高程值。

平差计算要求如下：

(1)应使用稳定的基准点为起算，并检核独立闭合差及与2个以上基准点的相互附合差。

(2)使用专业平差软件按严密平差的方法进行计算。

(3)平差后数据取位应精确到0.1mm。

6.1.3.4　实测数据分析

1)六环路南侧地表竖向变形

右线盾构2017年12月7、8日通过六环路，盾构到达六环路南侧时，路基南侧地表发生沉降，隧道中心线正上方地表沉降为-11.3mm，地表最大沉降点位于118-7测点，最大沉降值为-12.6mm，最大沉降点未位于右线隧道正上方的主要原因是盾构斜向下穿六环路。六环路南侧路基发生沉降，最大沉降点位于隧道中心线正上方，沉降值为-8.7mm。盾构通过后经过约10d后沉降稳定，路基南侧沉降为-14mm，南侧路基沉降为-12.3mm。沉降曲线如图6-43、图6-44所示。

左线盾构2018年5月23日通过六环路，随盾构逐渐接近六环路，六环路路基南侧地表逐渐下沉，到达六环路时沉降量为-8.5mm，南侧路基沉降量为-7.5mm。盾构通过约10d后变形稳定，最终沉降为-12mm。左线通过时，右线隧道上方土体再次发生沉降，最终路基南侧沉降值稳定在20mm，南侧路基沉降值稳定在16mm。沉降曲线如图6-45、图6-46所示。

2)六环路中间地表竖向变形分析

右线盾构到达六环路中间位置时，地表发生沉降，沉降值为-10mm，盾构通过后经过约10d后变形稳定，最终沉降为-12mm。左线盾构到达六环路中间位置时，地表发生沉降，沉降值为-6.9mm，盾构通过后经过约10d后变形稳定，最终沉降为-10mm。左线通过时，右线隧道上方土体再次发生沉降，最终沉降值稳定在-16mm。沉降曲线如图6-47、图6-48所示。

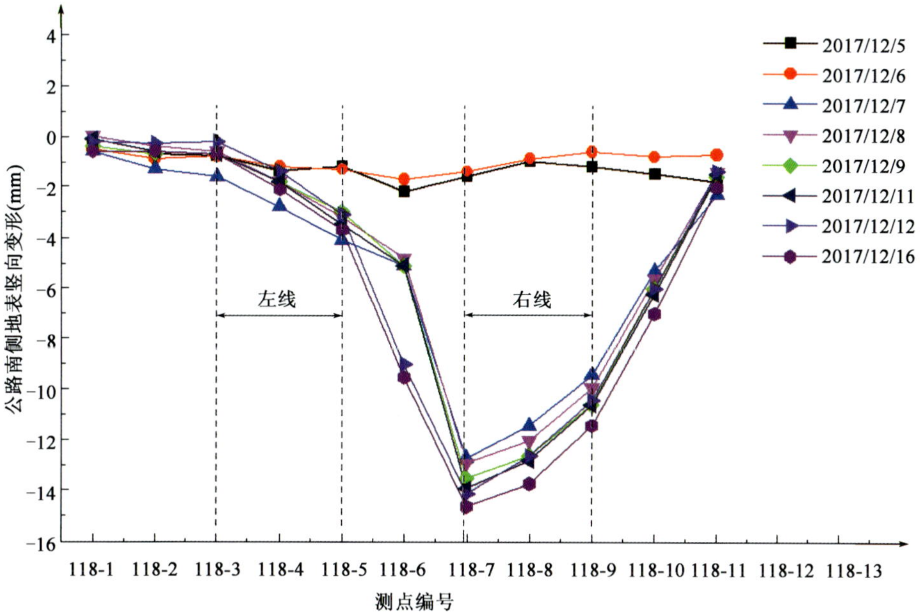

图6-43 六环路路基南侧地表竖向变形(右线盾构)

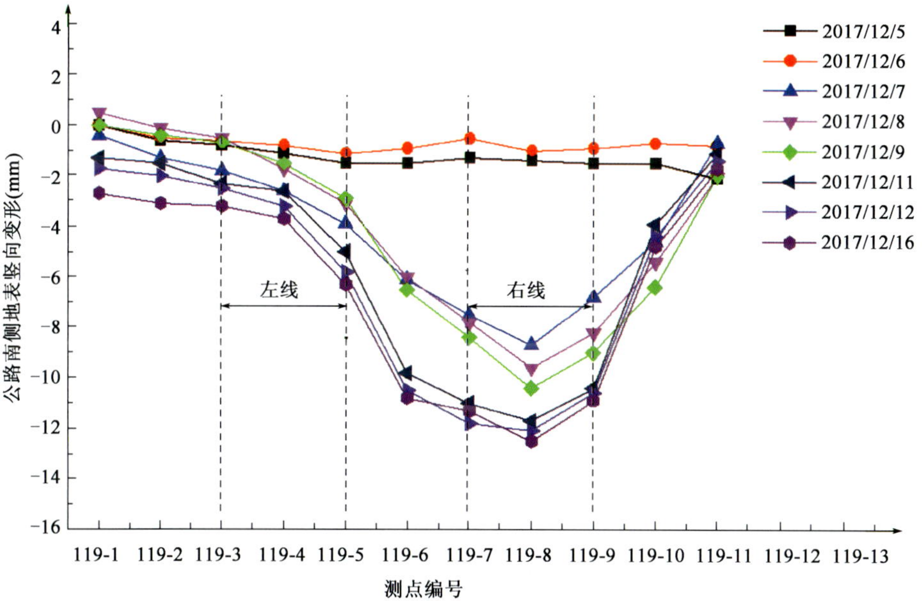

图6-44 六环路南侧路基竖向变形(右线盾构)

3)六环路北侧地表竖向变形

右线盾构到达六环路北侧时,北侧路基发生沉降,隧道中心线正上方地表沉降为-8.4mm,地表最大沉降点位于121-7测点,最大沉降值为-9.1mm,最大沉降点未位于右线隧道正上方的主要原因为盾构斜向下穿六环路。六环路路基北侧地表发生沉降,隧道中心线正上方地表沉降为-7.6mm,最大沉降点同样不在隧道中心线正上方,最大沉降值为-8.3mm。盾构通过后经过约10d后沉降稳定,北侧路基沉降为-13mm,路基北侧地表沉降

为 -12mm。沉降曲线如图 6-49、图 6-50 所示。

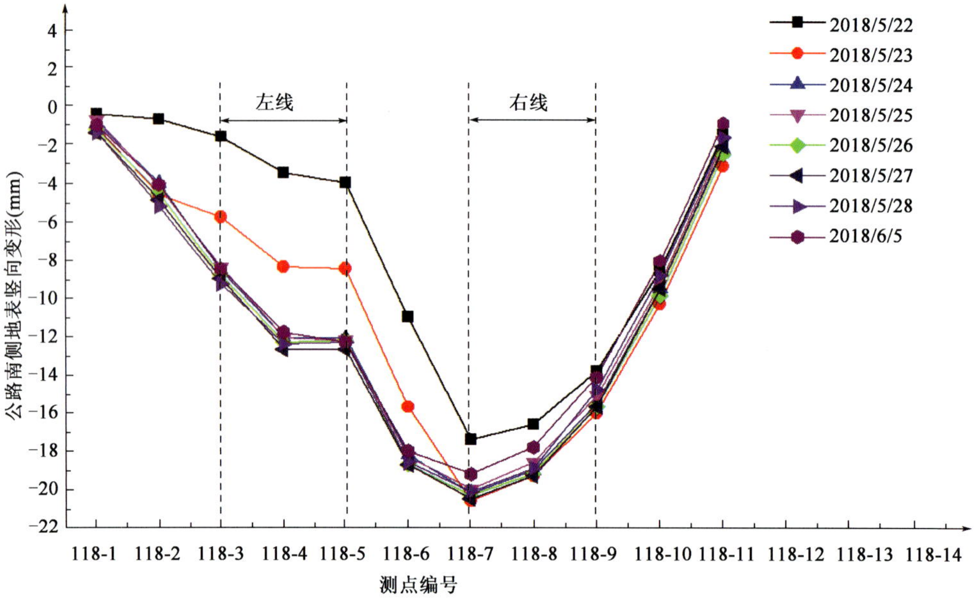

图 6-45　六环路路基南侧地表竖向变形(左线盾构)

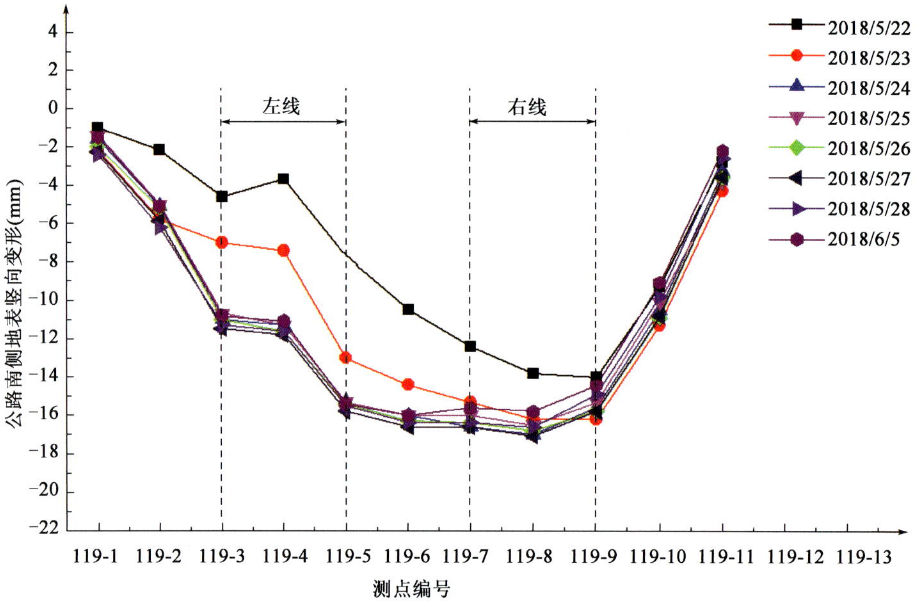

图 6-46　六环路南侧路基竖向变形(左线盾构)

随左线盾构逐渐接近六环路,六环路北侧路基逐渐下沉,到达六环路时沉降量为 -2.3mm,路基北侧地表沉降量为 -0.5mm。盾构通过后经过约 10d 后变形稳定,北侧路基沉降为 -7.5mm,路基北侧地表沉降为 -6mm。盾构通过时 121-1、121-2 测点产生了一定的隆起,稳定后隆起量约为 2mm。左线通过时,右线隧道上方土体再次发生沉降,稳定后北侧路基沉降值稳定在 -14mm,路基北侧地表沉降值稳定在 -13.5mm。沉降曲线如图 6-51、图 6-52 所示。

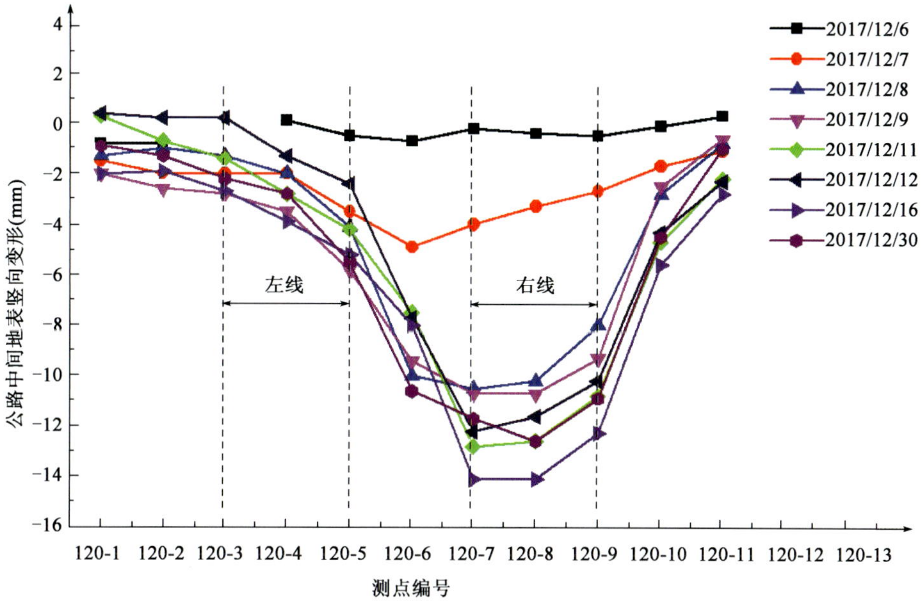

图 6-47　六环路中间地表竖向变形(右线盾构)

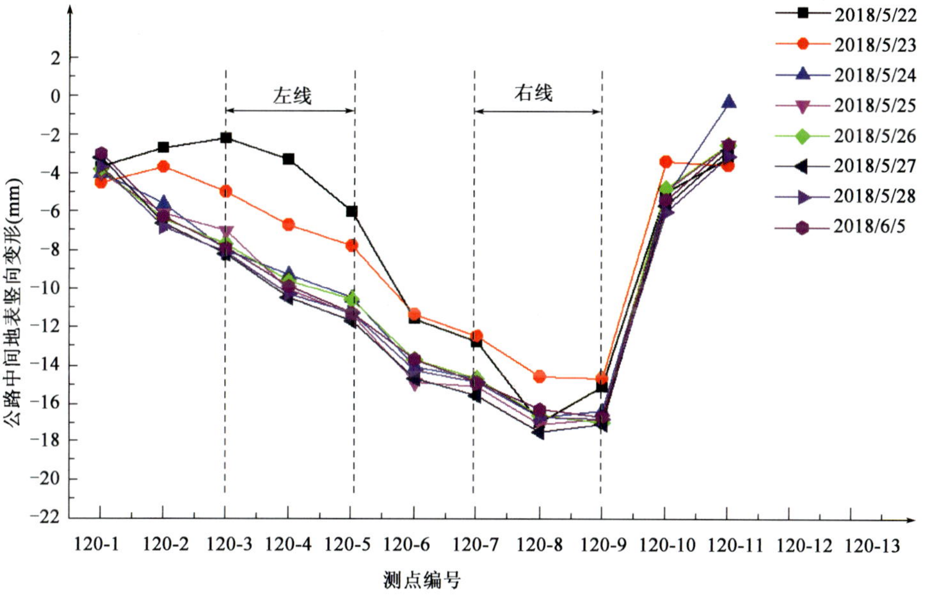

图 6-48　六环路中间地表竖向变形(左线盾构)

6.1.3.5　经验与总结

在下穿六环路之前，通过与产权及管理单位充分接洽，对道路的结构形式、基础形式等参数进行调查核实和评估，调查六环路的周围环境，收集相关资料。盾构下穿南六环路时，离盾尾 5 ~ 10 环，从洞内采用径向注浆加固盾构隧道与路基间的土体，在穿越段前 50m 设置试验段,并按照下穿段进行管理,紧密依靠沉降监测数据,及时调整盾构掘进参数,不断完善施工工艺,及时总结出盾构机穿越该类土层的最佳参数。

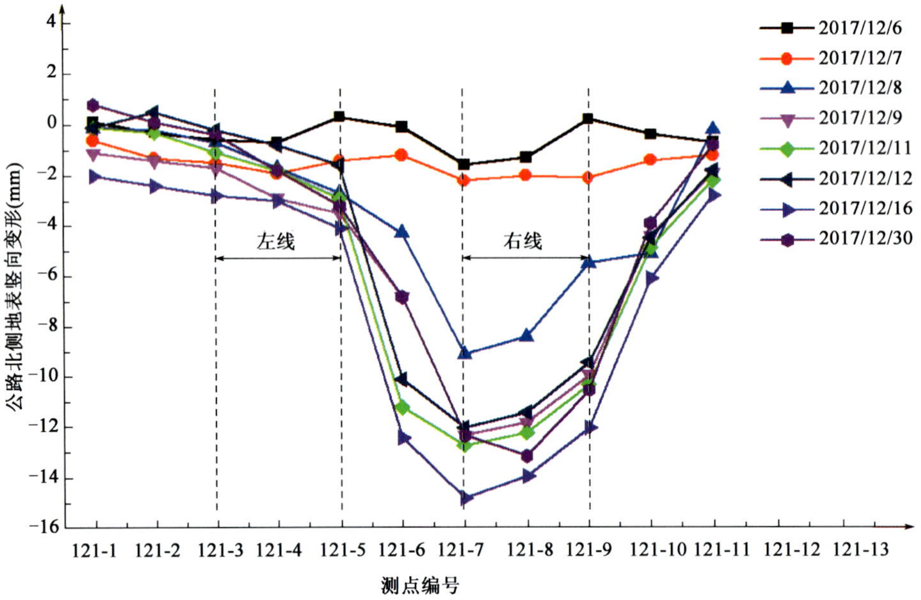

图 6-49　六环路北侧路基竖向变形(右线盾构)

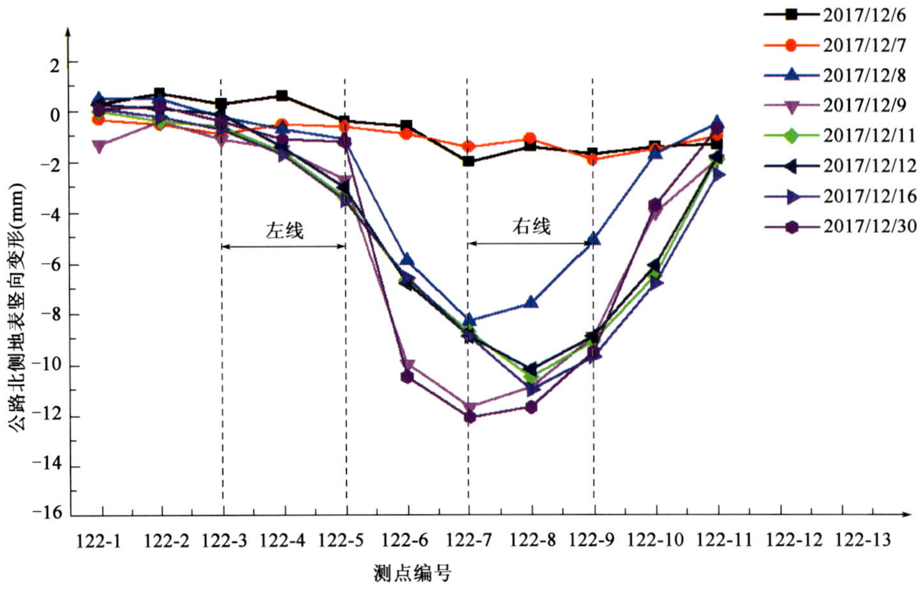

图 6-50　六环路路基北侧地表竖向变形(右线盾构)

施工中严格监控挖掘出土体的质量,杜绝水土分离的现象。出土中因地层含水量较大时,通过提高设定土压力,在形成土压平衡的同时,疏干开挖面的地下水,保证出土质量。对下穿道路、桥梁段进行监测,并建立变形控制标准及安全警示制度,及时反馈,分级控制,动态应对,实行信息化施工。

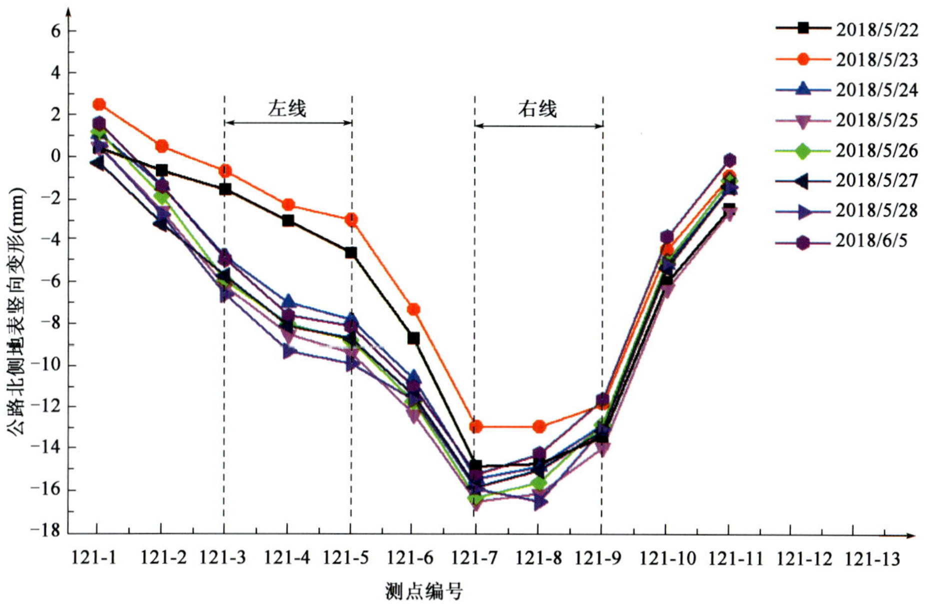

图6-51 六环路北侧路基竖向变形(左线盾构)

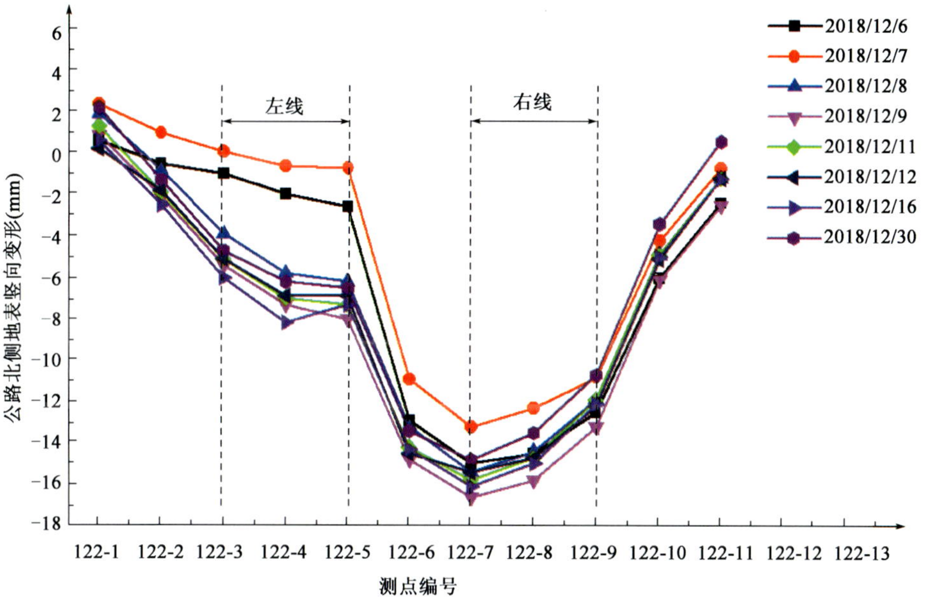

图6-52 六环路路基北侧地表竖向变形(左线盾构)

此次工程中,在隧道结构边缘两侧各 $1.5H \sim 2.0H$(H 为隧道底板埋深)范围内以及隧道结构边缘两侧各 $1.0H$ 范围(道路及地表沉降监测)布置监测测点,对下穿过程中发生的沉降量进行监测,在对收集到的数据进行数值模拟分析后得到沉降曲线,其中,盾构右线首先通过六环路,路基以及地表均发生沉降,之后左线穿过六环路,再次发生不同程度沉降。最终稳定后,路基南侧地表沉降值稳定在 -20mm,南侧路基沉降值稳定在 -16mm,六环路地表最大沉降为 -16mm,稳定后北侧路基沉降值稳定在 -14mm,路基北侧地表沉降值稳定在 -13.5mm。

符合道路地表沉降累计沉降量≤－25mm的设计标准，道路周边建（构）筑物沉降也符合要求，对结构性能无较大影响。本工程成功为下穿高速公路施工积累了丰富经验。

6.2 盾构始发风险控制技术

6.2.1 端头加固

根据统计，盾构隧道施工始发及接收引起的工程事故占盾构施工总事故的一半以上，这些事故的产生往往是由于盾构始发及接收辅助施工措施采用不当引起的。为确保盾构隧道安全顺利始发，采用诸如始发井端头加固等施工辅助措施显得尤为关键。始发井端头加固方案有多种，根据不同地质结构、不同条件可选择多种组合加固措施。

盾构始发时，洞口段地层预先进行地层加固处理，以保证盾构机进接收的安全。永兴河站—磁各庄站区间始发端采用双重管水泥旋喷加固，盾构井洞门外3m范围内采用ϕ550mm@400，其余为ϕ550mm@600。始发端加固区长度为11.5m，加固区横剖面范围内为盾构隧道结构上、下、左、右各3m。加固土体无侧限抗压强度不小于0.8MPa，加固土体渗透系数不大于1.0×10^{-6}cm/s。对洞门加固区域进行抽芯检测：根据加固抽芯情况，判定其加固强度是否满足设计要求，特别要注意加固体连续性是否良好。当加固检测效果不佳时，进行补充加固。永兴河站—磁各庄站区间端头加固如图6-53所示。

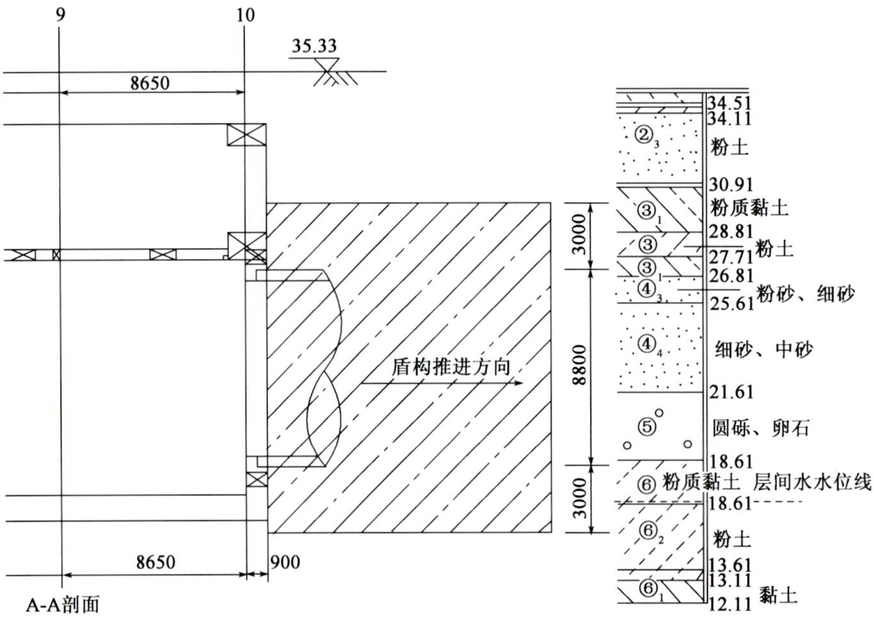

图6-53 永兴河站—磁各庄站区间始发井端头加固（尺寸单位：mm）

磁各庄站—1号风井区间始发端端头加固长度为12m（长）×14.8m（宽）×14.8m（高），加固区分为3部分：沿整个加固区外侧三面为双排旋喷桩帷幕，呈U形；紧贴围护桩为9排旋喷桩加固区;中部被旋喷桩包围的区域为注浆加固区,该区域投影范围内上半部为单液注浆加工区,下半部为双液注浆加固区。其中,旋喷桩加固采用 ϕ600mm@450 双重管旋喷,单双液注浆加固均采用钻注一体式深孔注浆。端头加固区土体要求达到的效果为无侧限抗压强度为 0.8MPa,抗渗系数 $\leqslant 1.0\times10^{-6}$cm/s。洞门破除前对端头加固区域取芯进行试验,试验结果满足设计要求才可以进行后续施工。端头加固平面图如图 6-54 所示。

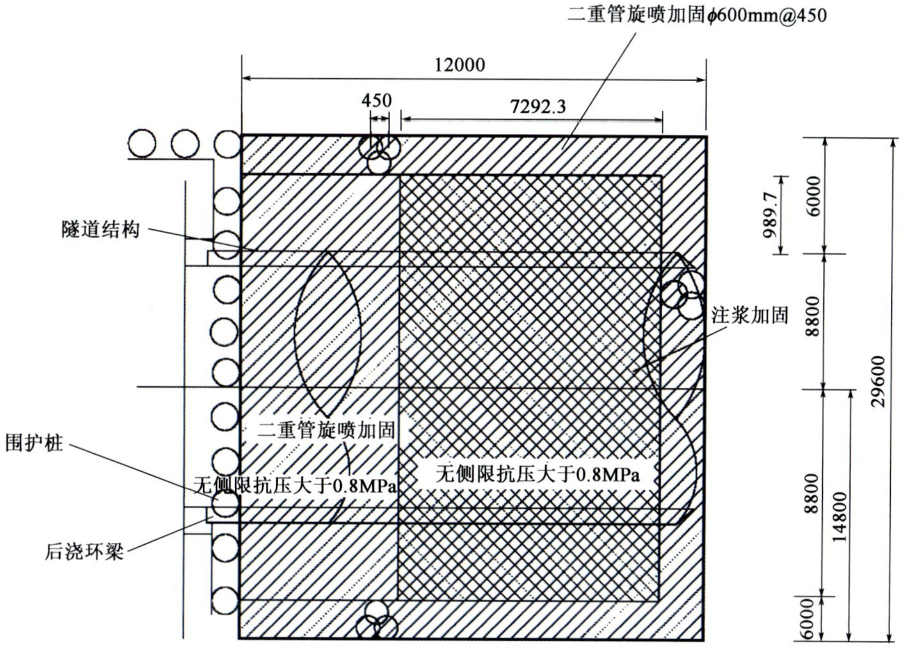

图 6-54　磁各庄站—1 号风井区间始发端端头加固平面图(尺寸单位:mm)

2 号风井区间盾构机始发端头采用双重管高压旋喷进行加固。洞口加固后使盾构推进前拱顶足以承受上部荷载,拱周足以抵抗侧压力,以确保盾构施工顺利进行。根据设计文件要求,无侧限抗压强度不小于 0.8MPa。盾构机由 2 号风井区间始发,3 号风井区间接收并吊装出井,盾构始发端采用双重管高压旋喷进行加固,盾构端头加固应满足始发端长度为 L(L 为盾构机长度)、接收端长度不小于 $L+2$m 的要求,无水地层始发段加固长度为 $0.5L$,接收段加固长度为 L,2 号区间风井盾构机盾体长度为 11m,旋喷桩桩径为 600mm,间距为 450mm。确定本盾构区间始发端加固长度为 5.5m,接收端加固长度为 11m,加固宽度为 14.8m。端头加固平面布置图如图 6-55 所示。

6.2.2　洞口密封

为保证盾构机始发时泥水不从盾构机外壳周围涌出,同时保证注浆不漏浆,需要在洞口安装橡胶帘布。橡胶帘布由专门厂家预制加工,每个洞口均须安装一个。盾构始发掘进前应预先将橡胶帘布用螺旋挂在洞口预埋钢环上,并用弧形钢压板将其固定,然后再在弧形钢压板外安装预制好的扇形钢板。其中扇形钢板可折叠;当盾构机刀盘进入洞口时,调整扇形板至盾构机外壳的距离为10mm左右,盾构机的壳体将橡胶帘布及扇形钢板顶入并向内弯曲,当盾尾钢丝刷刚进入洞口露出管片时,再调整扇形板,使其落在管片上。待始发掘进完成后拆除橡胶帘布。

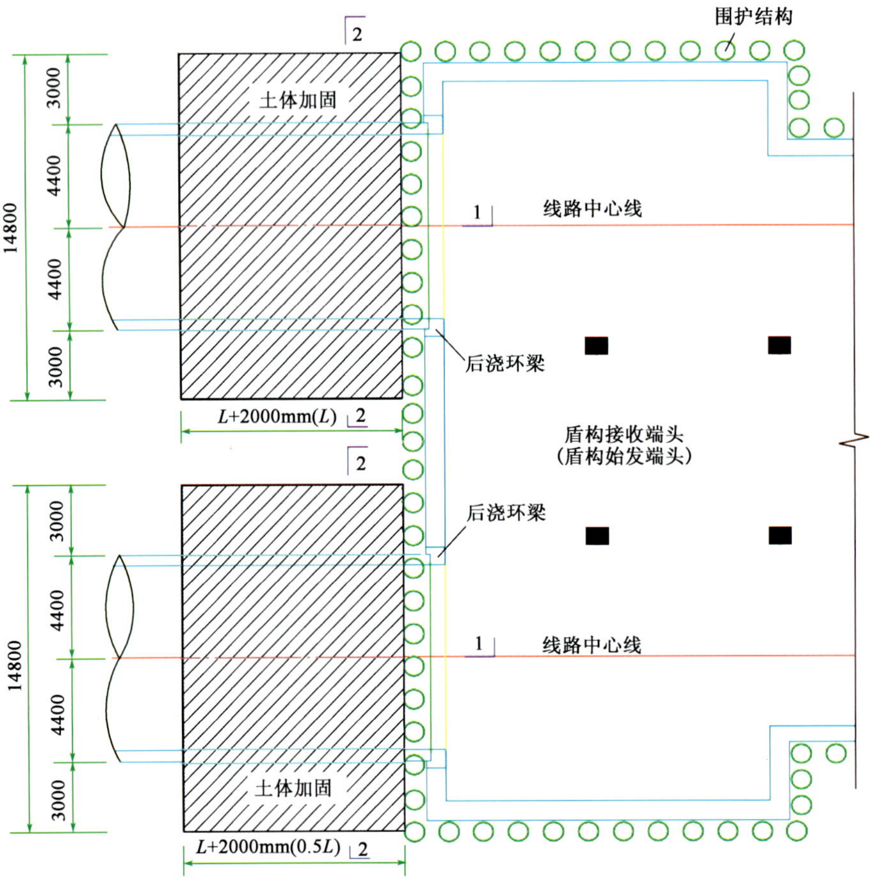

图6-55　2号风井—3号风井区间端头加固平面布置图(尺寸单位:mm)

以2号风井—3号风井区间为例,盾构机工作井洞门预埋钢环设计宽度为1m的圆环板结构,钢环内侧面直径为9.6m。密封钢环由封板、加劲板、圆环板、翻板、洞门帘布橡胶板组成。密封环整环环面与盾构机设计轴线垂直,封板外直径为9.9m,封板内侧设置加劲板。钢环竖直埋设于主体结构内,钢环外侧设置锚筋埋入主体结构中。密封装置如图6-56所示。

密封环的安装安排在盾构机下井组装调试完成后进行,洞门密封装置安装时,需注意橡胶帘布及扇形压板的安装方向,橡胶帘布端头的凸起方向与盾构掘进方向相同。盾构机进入预留洞门前在外围刀盘和帘布橡胶板外侧涂润滑油以免盾构机刀盘刮破帘布橡胶板影响密封效果。

6.2.3　始发基座安装

在盾构始发井结构施工结束后,开始安装盾构基座,为盾构始发掘进做准备。盾构基座采用钢结构,盾构基座水平位置按设计轴线准确进行放样。盾构机在吊入始发井组装前,须对安装好的盾构基座进行复核测量,确保盾构始发时的正确姿态。始发基座是盾构机在始发井底板上的支撑和定位托架,采用型钢加工制作而成。

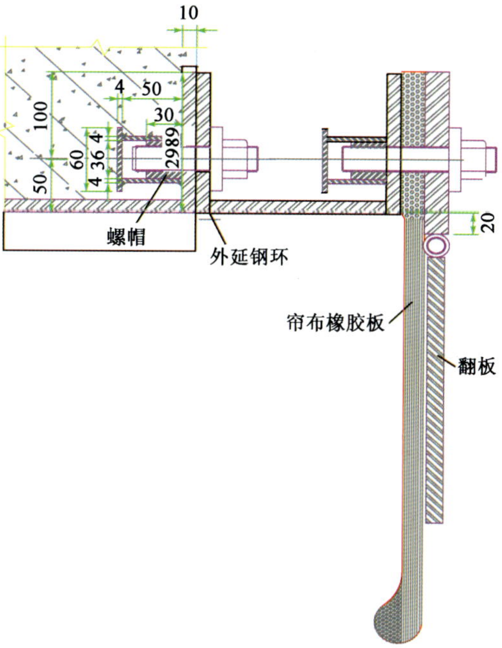

图6-56 2号风井—3号风井区间洞门止水装置图(尺寸单位:mm)

永兴河站—磁各庄站区间始发基座安装盾构基座尺寸为 12m×8.6m×2m。为避免盾构始发时“栽头”现象,保证盾构机顺利驶上导轨,将始发托架前端抬高 10mm。盾体组装时,在始发基座的轨道上涂硬质润滑油以减小盾构机始发推进时的阻力。始发架安装完成后,为防止盾构始发时始发基座产生移位,在始发架两侧及前后用 200 型钢支撑至侧墙墙角处。为防止刀盘切入土体力矩过大,导致盾体旋转,在盾体上焊接防旋转装置(尺寸为 200mm×100mm×10mm 的钢板,间距为 1500mm)。其中 200mm 以垂直于盾体的方向焊接,以提高其抗扭阻力。

始发托架平面图如图 6-57 所示,始发台示意图如图 6-58 所示。

磁各庄站—1 号风井区间盾构始发基座采用由中铁装备集团定做的标准基座,底板上采用 HW300 型钢及钢板找平,预埋板与型钢、型钢与基座底板焊接。安装的允许误差如下:基座安装轴线应与设计始发轴线一致,方向偏移不大于 16″,基座水平偏差要求为 -5 ~ +5mm,竖直方向的偏差要求为 +0 ~ 10mm。平面图及剖面图如图 6-59 和图 6-60 所示。

2 号风井—3 号风井区间始发托架长 11m,宽 8700mm。整个托架分四部分组装,由螺栓连接,两侧均布设侧面支撑用于支撑负环管片。始发托架后部临时安装 3.1m 的托架(托架形式同始发托架)用于盾构机组装时支撑盾尾。铺设效果见图 6-61 和图 6-62。始发托架中心线与隧道设计中线同线,始发托架前部距端墙 800mm。托架两侧均布 9 根 200mm×200mm 的 H 型钢支撑,支撑顶在对应位置的侧墙、上翻梁和底板上。型钢支撑与侧墙和上翻梁接触位置塞钢板加强支撑效果,另一侧与始发托架牛腿焊接加固。始发托架前部通过 250mm×250mm 的 H

型钢支撑在端墙上，后部通过3.1m的托架支撑在标准段上，托架底部两侧均布4根1.1m×0.21m×5.5m的钢箱梁作为托架底部的支撑，钢箱梁与托架之间进行焊接。始发托架加固的同时，在托架上部安装一定数量的马凳（图6-63），并铺设电瓶车轨道和车架轨道，用于管片车和盾构机后配套车架的吊装工作。

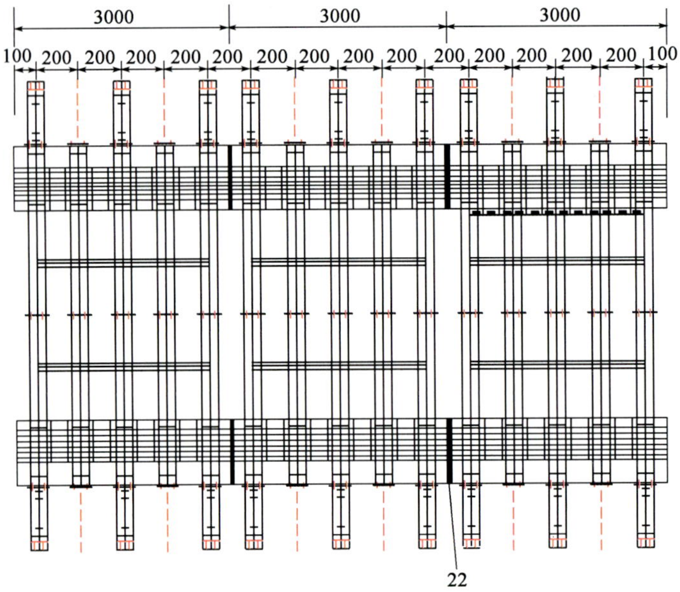

图6-57　始发托架平面图（尺寸单位：mm）

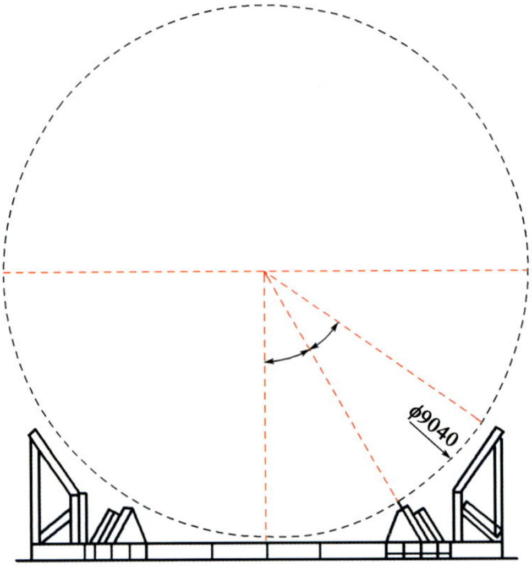

图6-58　盾构始发台示意图

3号风井—草桥站区间盾构始发段位于半径1650m的圆曲线段，始发基座长11.000m，始发基座中心与对应曲线圆弧弦线中心间距18mm，曲线半径大，弦线与圆弧中心线偏差小，因此盾构始发近似按直线始发。盾构始发设计坡度为15‰的下坡。为防止盾构始发"磕头"（盾构重心集中于前盾),本次盾构始发托架前端抬高 30mm,始发托架调整为 14‰的负坡。始发托架长 11m,宽 8700mm。整个托架分四部分组装,由螺栓连接,两侧均布设侧面支撑用于支撑负环管片。始发托架中心线与隧道设计中线同线,始发托架前部距端墙 900mm。托架两侧均布 9 根 200mm×200mm 的 H 型钢支撑,支撑顶在对应位置的侧墙、上翻梁和底板上。型钢支撑与侧墙和上翻梁接触位置塞钢板加强支撑效果,另一侧与始发托架牛腿焊接加固。

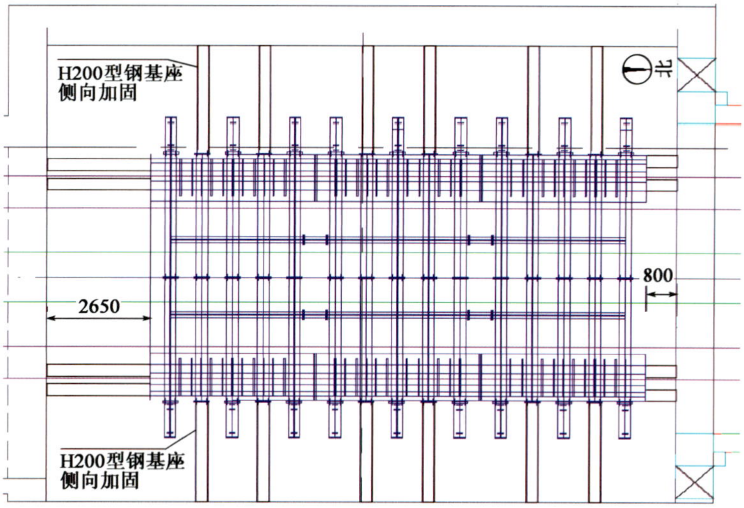

图 6-59 磁各庄站—1 号风井区间基座安装平面图(尺寸单位:mm)

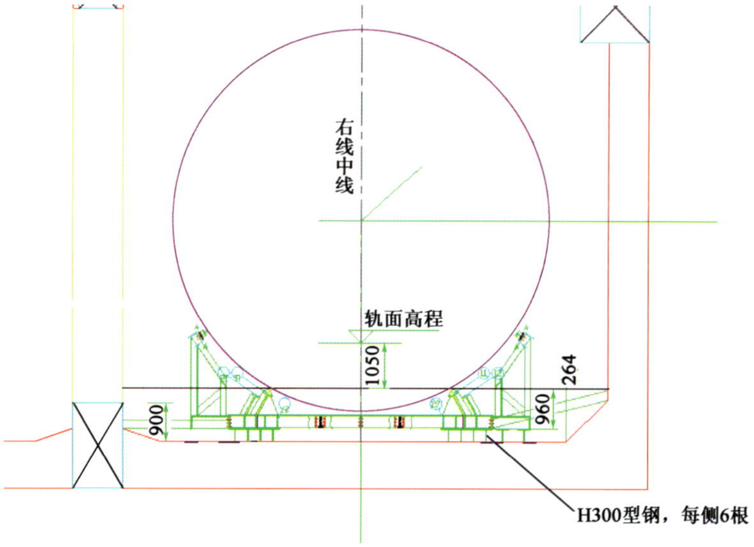

图 6-60 磁各庄站—1 号风井区间基座安装剖面图(尺寸单位:mm)

始发托架前部通过 250mm×250mm 的 H 型钢支撑在端墙上,托架底部两侧均布 4 根 1.1m×0.21m×5.5m 的钢箱梁作为托架底部的支撑,钢箱梁与托架之间进行焊接。始发托架加固的同时,在托架上部安装一定数量的马凳,并铺设电瓶车轨道和车架轨道,用于管片车和盾构机后配套车架的吊装工作。

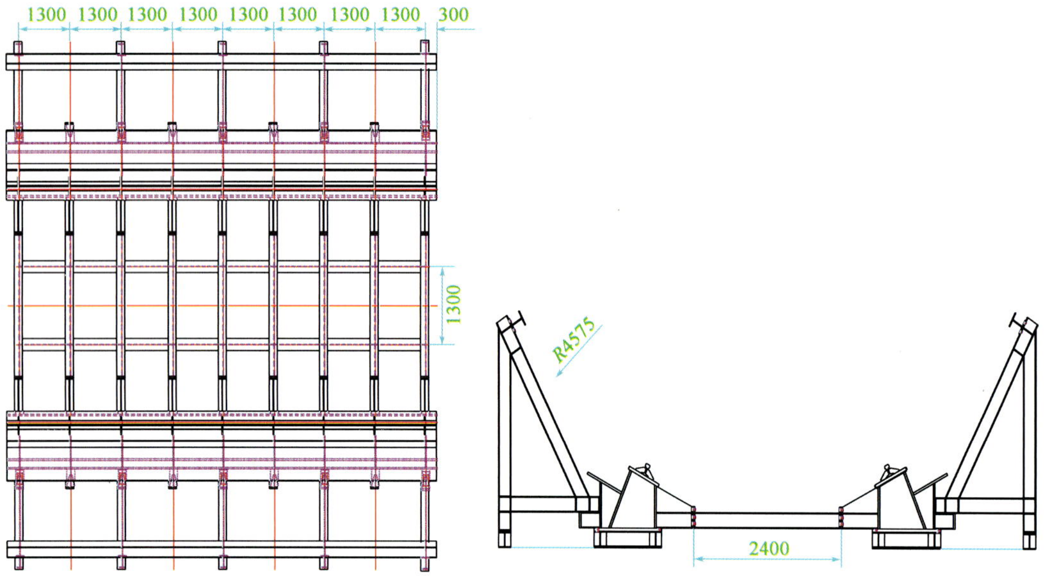

图 6-61　始发基座结构图(尺寸单位:mm)

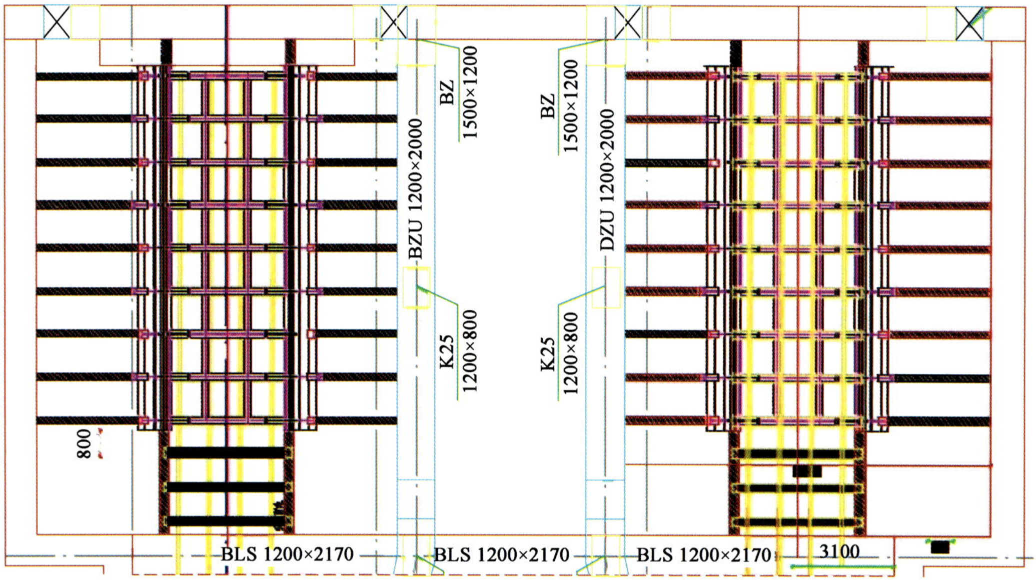

图 6-62　始发基座安装加固图(尺寸单位:mm)

6.2.4　反力架安装

反力架预制成型后,由吊车吊入竖井,由测量给出轴线位置及高程进行加固。安装完毕后要对反力架的垂直度进行测量,保证反力架和盾构推进轴线垂直。

反力架安装质量的好坏直接影响始发掘进时隧道的成型质量,其中反力架的竖向垂直及与设计轴线的垂直是主要因素。因此反力架安装必须注意以下事项:

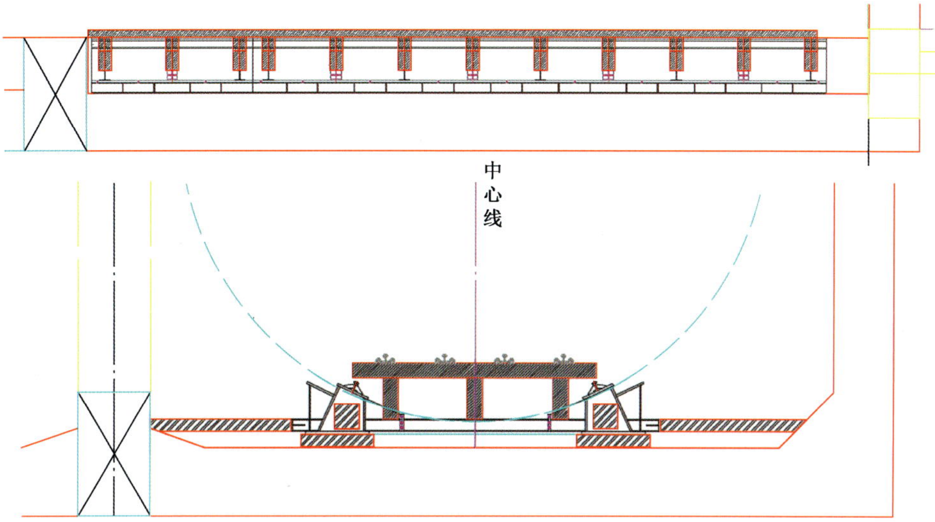

图 6-63 马凳安装剖面图

1)反力架中心放样

反力架的安装采用水准仪配合经纬仪进行。其中经纬仪架设于盾构接收端的圈梁轴线点上,后视另一轴线点,将轴线点投向反力架中心标志处,指挥反力架左右平移,直至与轴线重合;然后用水准仪测量中心标志的绝对高程,指挥反力架上下移动,达到设计的高程值。由于反力架的中心不是影响始发掘进的主要因素,安装时,反力架左右安装偏差控制在 ±10mm 之内,高程偏差控制在 ±5mm 之内,上下偏差控制在 ±10mm 之内。

2)反力架与轴线及自身垂直放样

反力架中心放样完成后,须使反力架面在竖直方向上垂直,且此面与盾构设计轴线垂直。放样时,首先使用水平尺使反力架在竖直方向上基本垂直。然后使用经纬仪将轴线引入始发井底部,在靠近反力架处的设计轴线上设站,后视另一轴线点,经纬仪置 0°,旋转 90°,在始发井侧墙一侧放样两点,然后用倒镜在始发井另一侧墙处同样放样两点。放样后须再旋转经纬仪 180°,检查是否与起初放样的点位于同一平面内。放样完成后,分别在侧墙上方及下方的两点间拉线,用直尺准确量出反力架不同部位与线之间的距离,以任一点为基准,调节反力架,使反力架表面与线组成的平面平行(线任意一部位到反力架表面的距离相等),使反力架竖向垂直且反力架面与设计轴线垂直。

磁各庄站—1 号风井区间反力架在施工现场严格按照区间情况进行加工,反力架各杆件通过螺栓或焊接连接。为确保其与管片接触面在一个竖直面内,经现场试组装验收合格后方可下井拼装,加工误差必须符合设计要求。盾构右、左线始发均采用整环始发,管片与反力架之间采用卸力钢块相连,均采用标准环混凝土管片,安装前必须放好其安装轴线再进行反力架的组装,现场组装定位焊接。要求反力架与管片接触的平面要与盾构始发基座的轴线垂直,反力架中线与盾构始发轴线的偏差控制在 ±10mm,焊接质量符合设计要求。反力架安装立面图如图 6-64 所示。

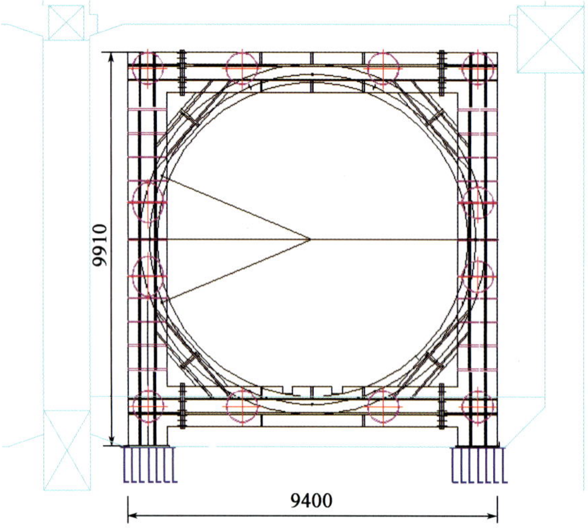

图 6-64 反力架安装立面图(尺寸单位:mm)

6.2.5 反力架数值模拟分析

中型直径盾构相比于普通盾构,在体量、重量以及系统复杂性方面都大大增加,这无疑为盾构始发阶段的顺利施工提出了一系列新的技术难题。中型直径盾构掘削面积的增加,对其后的反力架的形式、承载能力和安装都提出了更高的要求。反力架是为盾构始发提供反作用力的龙门式结构,是保证盾构始发阶段安全施工的核心部件之一,其结构设计是否合理直接影响着盾构始发施工的安全和质量。目前对于反力架的研究大多是针对直径 6m 左右的盾构工程,缺少对直径 9m 左右中型直径盾构隧道工程的反力架的研究。因此开展中型直径土压平衡盾构施工的反力架的结构设计和性能分析具有重要的工程意义。

为了研究中型直径盾构工程的反力架的结构设计和力学性能,利用 ANSYS 软件,建立了磁各庄站—1 号风井区间反力架的三维有限元模型,对反力架在盾构始发时的力学性能进行分析,得到反力架在不同工况下的应力和变形分布规律,研究了反力架的应力变化和变形情况,从而对其是否满足始发条件进行了预测。

1)模型建立

反力架立柱为剖面 1000mm × 1000mm 的封闭箱形结构(立柱及横梁的翼缘板都采用厚 30mm 的 Q345 钢板,腹板为厚 30mm 的钢板两道),立柱总高度为 9910mm。上、下横梁截面为 1000mm × 1000mm 的结构封闭箱形结构(立柱及横梁的翼缘板都采用厚 30mm 的 Q345 钢板,腹板为厚 30mm 的钢板两道),横梁长度为 6609mm。反力架立柱后面有上直撑直径为 820mm × δ16mm 的钢管四个、下直撑直径为 820mm × δ16mm 的钢管四个。中部为直径为 820mm × δ16m 的钢管斜撑各两个。另一侧横梁的中部为直径为 820mm × δ16mm 的钢管两个。钢管主要用于抵抗上下横梁的变形,也会减小由于此变形引起的局部应力集中,使整个反力架后部直撑及斜撑受力更为均匀合理。

为便于本反力架分析,采用整体分析的方式(剖分法兰连接强度足够,对分析结果影响不大),即按照反力架1:1建立整个反力架CAD模型。由于反力架立柱连接法兰是采用36个强度为10.9级的M20螺栓连接而成,在实际工作中相对连接面间没有相对移动,故忽略了反力架立柱法兰板。在校核分析反力架过程中,为了减少每次单元网格划分数目,减少计算量,且又能使分析表达实际问题,突出分析的主体,网格划分先采用自由网格划分,在反力架立柱及横梁的翼缘板和腹板部位稀疏网格,然后在局部关键部位采用加密网格划分(分析忽略了立柱和横梁的法兰,为保守分析)。

反力架CAD模型如图6-65所示,导入ANSYS中的有限元网格划分模型如图6-66所示。

图6-65 反力架CAD模型

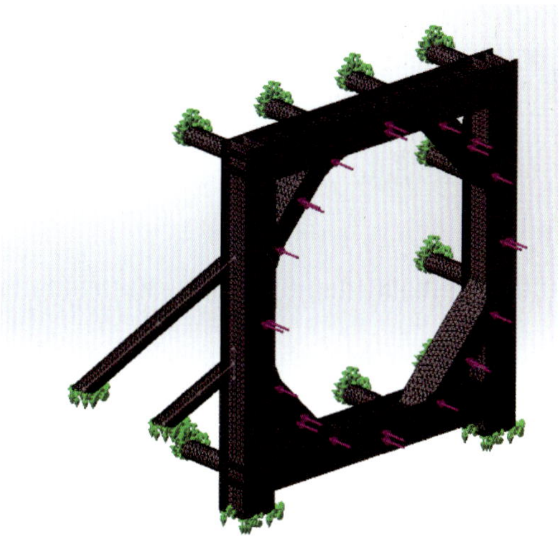

图6-66 反力架本体网格划分CAE模型

2)边界条件

根据实际反力架在盾构始发车站中的安装及受力条件,定义反力架约束件:

(1)约束后面四个直撑后面板的 Z 方向(盾构机推进方向)自由度。

(2)约束四个斜撑底面板的全部自由度。

(3)约束反力架左右立柱下端端板的 X 方向的自由度(重力方向)。

(4)施加反力架前面板与接触面上的面均布力(推力)为39080kN。

3)应变与位移分析

在39080kN的作用下,后反力架各部位变形云图如图6-67、图6-68所示。从图上可以看出,反力架受力后最大的变形发生在立柱斜撑横梁的面板下面板内缘处,最大变形为 Z 方向(提供反力方向)4.23mm,其他部位的变形大多都在2~3mm。斜撑变形为5.65mm。反力架变形对实际工程工作影响不大,但会引起应力云图的变化,特别是局部剧烈的变形会引起剧烈的应力集中,应力集中对于脆性材料是相当危险的(不管是拉应力还是压应力)。对于诸如碳钢等拉、压性能相当的材料,发生

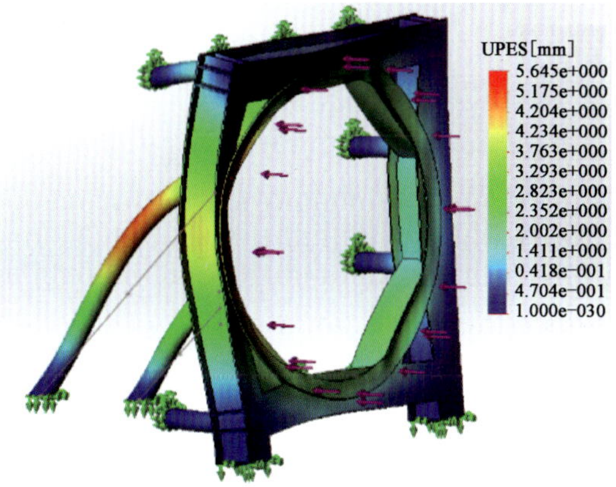

图6-67 反力架受力变形云图

一定程度的塑性变形,会引起应力向周围分散转移,对整个反力架实际工作可靠性有益。

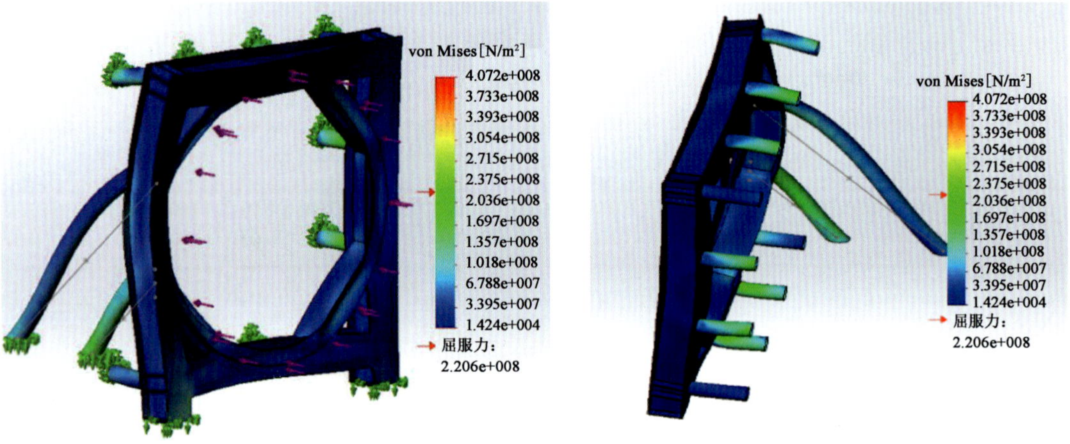

图 6-68　应力分析图

从模型分析来看,反力架最大应力为 407MPa,但受力图中较高应力主要因应力集中引起,实际上局部应力集中特别是压应力集中对于塑性材料的影响没有计算值那么显著。计算值是按照材料应力应变曲线弹性变形段来计算的,实际在材料局部应力接近或达到塑性变形极限(对于 Q345 为 345MPa)时,应力继续增大,塑性变形会阻碍应力升高,应力也会向周围分散。因此,极小部位的应力集中在实际工程中只要考虑焊接质量和焊缝厚度即可,可以在局部设置加劲板分散集中应力,对应力集中部位周围大面积的应力值影响不大。

反力架大面积应力值分布在 120 ~ 160MPa,斜撑钢管部分应力值为 220MPa。Q345 低合金结构钢的屈服极限可以达到 345MPa,相对较为安全,不会引起材料较大的塑性变形而破坏。而对于本分析来说,大部分为受压应力,有较大的安全储备余量。

综上所述,从整个反力架应变和应力分析结果来看,整个反力架的本体设计能够达到承受反力 39080kN 的要求。经校核,反力架强度满足了设计要求,并有一定的安全性能储备。

6.2.6 反力架受力计算分析

在对反力架进行数值模拟的基础上,对反力架的承载力等也进行了计算。

1)2 号风井—3 号风井区间反力架承载力分析

杆件在满足双面焊接的情况下必须进行双面焊接;在不能满足双面焊接时,钢板的焊缝处应做成 30°的斜口进行塞焊,焊缝的高度均不低于 12mm。经计算,1m 焊缝的抗剪、抗拉承载力为 2764kN,反力架与预埋件的焊缝长度为 10.71m,满足施工的要求。

各杆件采用长度 $L = 90$mm、强度等级为 10.9 的 M24 高强度螺栓进行连接。螺栓孔孔径均为 26mm,若有标识其他尺寸,则采用标识尺寸的螺栓。经计算,1 根 M24 的高强螺栓(10.9 级)的抗剪强度为:

$N = 353 \times 320 = 112.96$kN

此反力架按最大承受力为 34300kN 进行计算,根据实际经验,对立柱及底部横梁进行了加强,以免在使用中发生变形,影响再次使用时的装配效果。

盾构推力最大为81853kN,一般推力控制在20000kN。始发推力按一般推力的1.5倍,即$20000 \times 1.5 = 30000$。为增加安全系数,取30000kN推力进行反力演算。

反力门架的组成为2根1000mm×500mm的箱形钢立柱和2根1000mm×500mm的上、下横梁及500mm×9100mm的钢环。

钢支撑撑在车站底板反梁上。

$\phi800@10mm$钢管:$P_{max} = \sigma_A = 210N/mm^2 \times 24806 = 5209kN$。

拱底块为84°,但考虑盾构推进底部为主要受力部分,底部分担盾构反力为13600kN,则底部5根支撑平均每根支撑所需支撑力为2720kN,$\phi800@10mm$钢管支撑均能承受2720kN的反力,满足要求。

顶部横撑与车站通过横撑与中板的搭接进行传递。与中板搭接的总面积为$124030mm^2$。$P_{max} = \sigma_A = 210N/mm^2 \times 124030 = 26046kN$。顶部受力约为1/4的底部受力,则$26046kN \gg 3400kN$,满足要求。

斜撑采用三道$\phi800@10mm$钢管支撑,总计单侧立柱支撑为3道,分担96°盾构反力为3608kN,平均每根支撑为1202kN。$\phi800@10mm$钢管支撑均能承受5209kN的反力,其斜撑角度为45°,$5209 \times \cos45° = 2736kN$,则三根斜撑共计受力为$8208kN \gg 3608kN$,满足要求。

此加固工况下反力架所能承受的最大力为:

$P_{反max} = 5209 \times 14 + 2736 \times 3 = 81134kN$

$P_{反max} = 81134kN > 20000kN$,满足要求。

反力架立柱在制作时已考虑变形要求,且相同工况下经实际检验满足盾构始发要求,不作验算。

2)3号风井—草桥站区间反力架承载力分析

根据设计受力34300kN计算,简化受力模型,将总体受力分解为上、下、左、右四部分均匀承载,即上部支撑整体受力为:

$F = 34300 \div 4 = 8575kN$

支撑与正向受力呈10°夹角,其有效承载受力模型如图6-69所示。

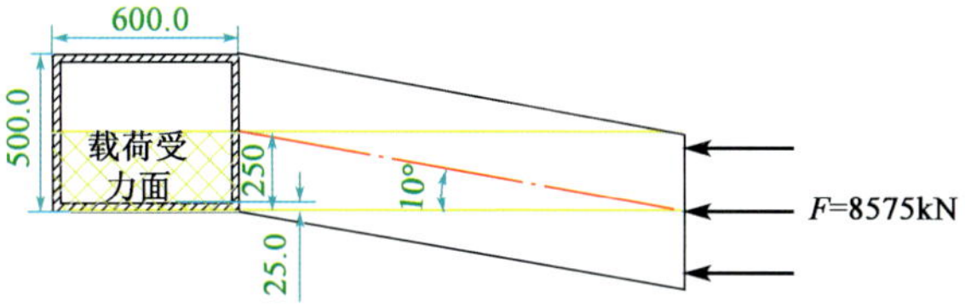

图6-69 反力架顶部支撑受力计算图(尺寸单位:mm)

受力面积计算:

$S = 0.6 \times 0.025 + 0.25 \times 0.025 \times 2 = 0.0275m^2$

$S_{总} = 0.0275 \times 5 = 0.1375m^2$

$P = 8575 \div 0.1375 = 62MPa$

材料的许用应力见表6-20。

材料许用应力值　　表6-20

材料材质	屈服极限(MPa)	《钢及钢产品力学性能试验取样位置及试样位置》(GB/T 2975—1998)的许用应力(MPa)	《钢结构设计标准》(GB 50017—2017)的许用应力(MPa)
Q345B	345	216	230

反力架顶部支撑检算结论：根据《钢及钢产品力学性能试验取样位置及试样位置》(GB/T 2975—1998)，Q345B的许用应力为216MPa，大于62MPa，所以顶部支撑满足始发反力载荷要求。

反力架承载力检算：

(1)反力架支撑与预埋钢板采用焊接加固，杆件在满足双面焊接的情况下必须进行双面焊接。在不能满足双面焊接时，钢板的焊缝处应做成30°的斜口进行塞焊，焊缝的高度均不低于12mm。经计算1m焊缝的抗剪、拉承载力为2764kN，反力架与预埋件的焊缝长度为6m，满足施工的要求。

(2)斜撑与反力架采用长度$L=90$mm、强度等级为10.9的M24高强度螺栓进行连接。螺栓孔孔径均为26mm。经计算，1根M24的高强螺栓(10.9级)的抗剪强度为：$N=353\times320=112.96$kN。

(3)此反力架按最大承受力为3500t进行计算，根据实际的经验，对立柱及底部横梁进行了加强，以免在使用中发生变形，影响再次使用时的装配效果。

盾构推力最大为81853kN，一般推力控制在20000kN，始发推力按一般推力的1.5倍，即$8000\times1.5=30000$，为增加安全系数，取30000kN推力进行反力演算。

验算反力架：

反力门架的组成为2根1000mm×500mm的箱形钢立柱和2根1000mm×500mm的上、下横梁及500mm×9100mm的钢环。

钢支撑撑在车站底板上。

ϕ500mm×500mm×10mm钢箱梁斜撑：$P_{max}=\sigma_A=210\text{N/mm}^2\times20000=4200$kN。

拱底块为83°，但考虑盾构推进底部为主要受力部分，底部分担盾构反力为13600kN，则底部5根支撑平均每根支撑所需支撑力为2720kN，ϕ500mm×500mm×10mm箱梁支撑均能承受2720kN的反力，满足要求。

顶部横撑与车站通过横撑与中板的搭接进行传递。与中板搭接的总面积为124030mm^2。$P_{max}=\sigma_A=210\text{N/mm}^2\times124030=26046$kN。顶部受力约为1/4的底部受力，则26046kN≫3400kN，满足要求。

斜撑采用三道ϕ500mm×500mm×10mm钢箱梁斜撑支撑，总计单侧立柱支撑为3道，分担97°管片推力，盾构反力为6500kN，平均每根支撑为2693kN，ϕ500mm×500mm×10mm钢箱梁斜撑均能承受2693kN的反力，其斜撑角度为45°，$4200\times\cos45°=2969$kN。

则三根斜撑共计受力为8079kN>6500kN，满足要求。

此加固工况下反力架所能承受的最大力为：

$P_{反max}=4200\times14+2969\times3=67707$kN

$P_{反max}=67707\text{kN}>20000$kN，满足要求。

反力架立柱在制作时已考虑变形要求，且相同工况下经实际检验满足盾构始发要求。

反力架预埋钢板为900mm×800mm×20mm的钢板，每块钢板设置7排锚筋，每排4根$L=400$mm的2Φ0钢筋。

预埋件示意图如图6-70所示。

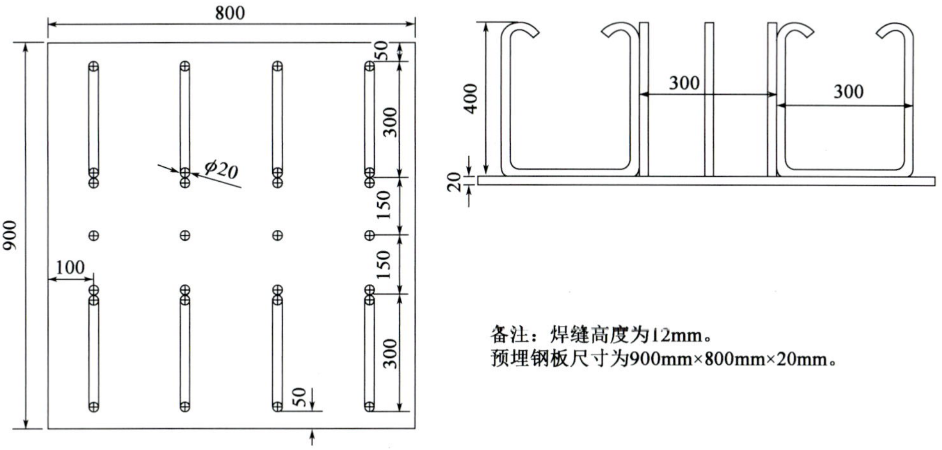

图6-70 反力架斜撑预埋钢板锚固图(尺寸单位:mm)

6.3 盾构接收风险控制技术

6.3.1 接收端土体加固

1号风井—2号风井区间由于接收井周围地表管线众多,且为通车道路,地面注浆加固无法实现,盾构接收端端头加固采用洞内深孔注浆的加固方法,加固长度为一倍盾体长度即12.5m。在到达前一个月完成加固施工并检查加固效果。1号风井主体结构底板混凝土浇筑前根据盾构机平移接收设计图纸预埋钢板,钢板尺寸为300mm×300mm,厚度为20mm,钢板底部焊接锚固钢筋,锚固牢固,严格控制钢板顶面高程与设计结构底板顶面高程一致。将轨道横向通长铺设在预埋钢板上,轨道与底板预埋钢板之间采用焊接小压板固定,焊接完成后将轨道顶面打磨平整,并涂抹黄油,减小接收基座与轨道之间的摩擦力。

2号风井盾构机始发端头采用双重管高压旋喷进行加固。洞口加固后使盾构推进前拱顶足以承受上部荷载,拱周足以抵抗侧压力,以确保盾构施工顺利进行。根据设计文件要求,无侧限抗压强度不小于0.8MPa。盾构机由2号区间风井始发,3号区间风井接收并吊装出井,盾构始发端采用双重管高压旋喷进行加固,盾构端头加固应满足始发端长度为L(L为盾构机长度)、接收端长度不小于$L+2$m的要求,无水地层始发段加固长度为0.5L,接收段加固长度为L,2号区间风井盾构机盾体长度为11m,旋喷桩桩径600mm,间距450mm。确定本盾构区间始发端加固长度为5.5m,接收端加固长度为11m,加固宽度为14.8m。加固平面布置如图6-71所示。

3号风井盾构机始发端头及草桥站前接收井端头采用双重管高压旋喷进行加固。洞口加固后使盾构推进前拱顶足以承受上部荷载,拱周足以抵抗侧压力,以确保盾构施工顺利进行。根据设计文件要求,无侧限抗压强度不小于0.8MPa,渗透系数不大于1.0×10^{-6}cm/s。盾构机由3号风井始发,草桥站前接收井接收并吊装出井,盾构始发端采用双重管高压旋喷进行加固,盾构端头加固应满足始发端长度为 L(L 为盾构机长度)、接收端长度不小于 $L+2\mathrm{m}$ 的要求,无水地层始发段加固长度为 $0.5L$,接收段加固长度为 L,3 号区间风井盾构机盾体长度为 11.17m,旋喷桩桩径 600mm,间距 450mm。确定本盾构区间始发端加固长度为 5.5m,接收端加固长度为 11m,加固宽度为 14.8m,盾构始发端头加固如图 6-72 所示。

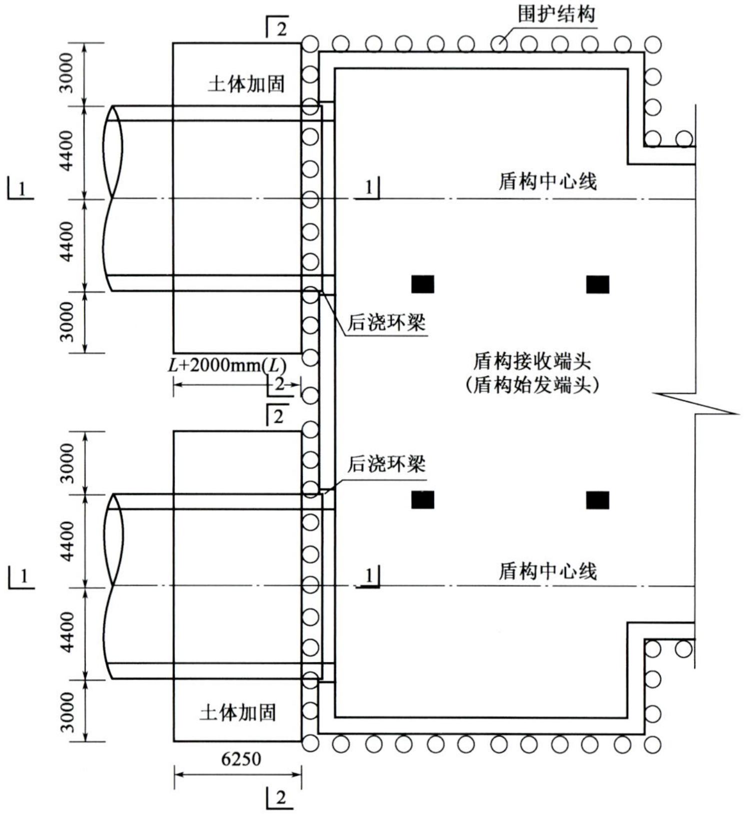

图 6-71　加固平面布置(尺寸单位:mm)

6.3.2　接收基座的安装

接收基座的中心轴线应与隧道设计轴线一致,同时还需兼顾盾构机的接收姿态。接收基座的轨面高程除适应于线路情况外,还应做适当调整,以便盾构机顺利上基座。

1 号风井—2 号风井区间接收端为保证盾构刀盘贯通后拼装管片有足够的反力,将接收基座以盾构始发方向 +3‰的坡度进行安装。对接收基座进行加固,在 1 号区间风井横通道底板对应位置铺设钢板与接收基座焊接,并利用膨胀螺栓、工字钢等材料将接收基座支撑在混凝土结构上,尤其要加强纵向加固,保证盾构机能顺利到达接收基座上。

接收基座平面图如图 6-73 所示,立面图如图 6-74 所示,平面位置安装示意图如图 6-75 所示。

3 号风井—草桥站区间由于是直线接收,因此接收基座的中心轴线应与隧洞设计轴线一致,并且垂直于洞门平面。接收基座的轨面高程除适应于线路情况外,应适当降低 10mm,以便盾构机顺利到达基座。为保证盾构刀盘贯通后拼装管片有足够的反力,将接收基座以盾构接收方向 +2‰的坡度进行安装。要特别注意对接收基座的加固,尤其是纵向的加固,保证盾构机能顺利到达接收基座。具体安装步骤为:

(1)将接收井内杂物清理干净,底板凿平(底板高程合适,基座放平稳即可)。

(2)根据测量给出的基座摆放中线和基座高程的控制线安装基座,不平整的地方用钢板铺垫找平。

(3)基座位置定好后固定基座,在基座的前、后两端分别用型钢加顶撑,顶撑与竖井结构相连。安装原则是必须稳定牢固,不能在盾构机上基座时出现位移、拱起的现象,必要时可在底板上安装钢板块来固定基座。

(4)当盾构中心全压在基座南端时,基座另一端可能上翘,应在地面施作预埋铁固定基座,防止基座上翘。

(5)构件焊接均为满焊,焊缝高度不小于 10mm。

(6)为防止盾构机接收时机头磕头,需要在洞门圈下部安装上基座的导轨,导轨高程比基座高程高出 20mm,由测量控制。

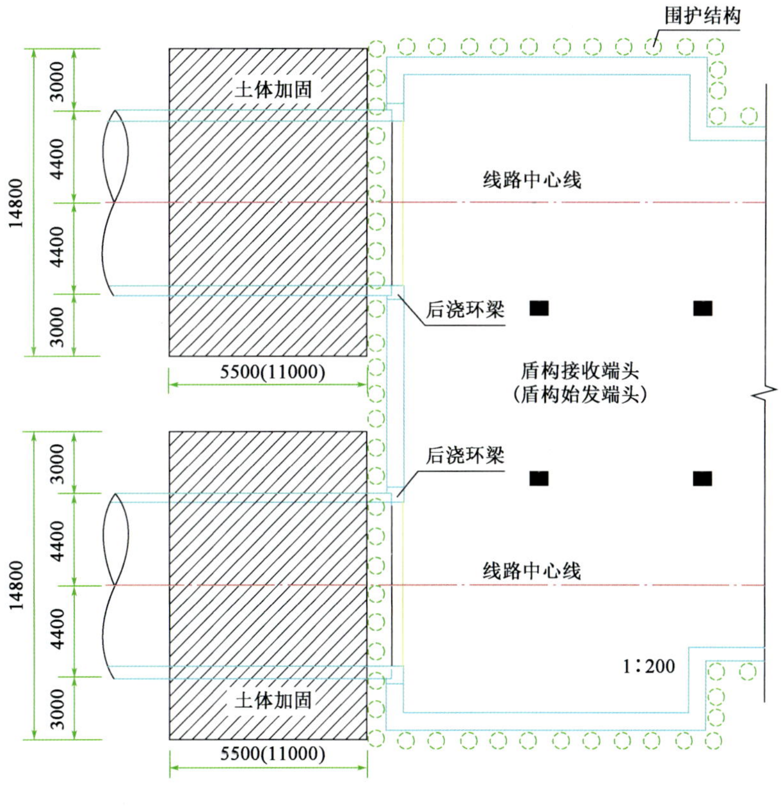

图 6-72　盾构端头井加固范围平面图(尺寸单位:mm)

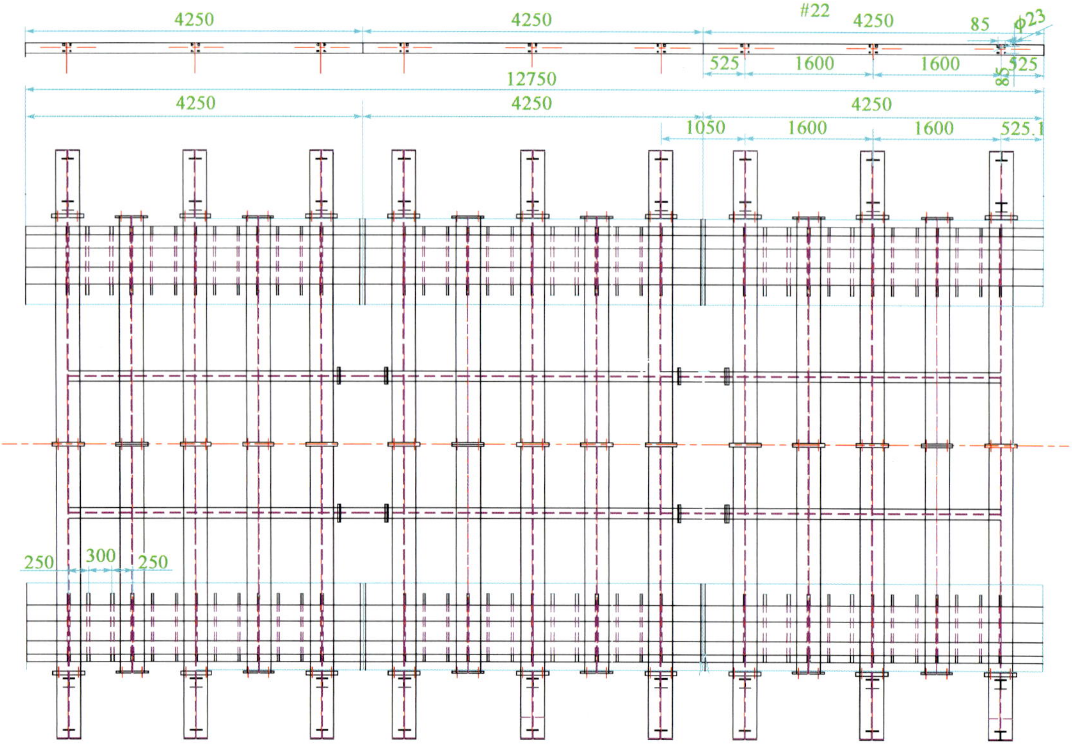

图 6-73　接收基座结构平面图(尺寸单位:mm)

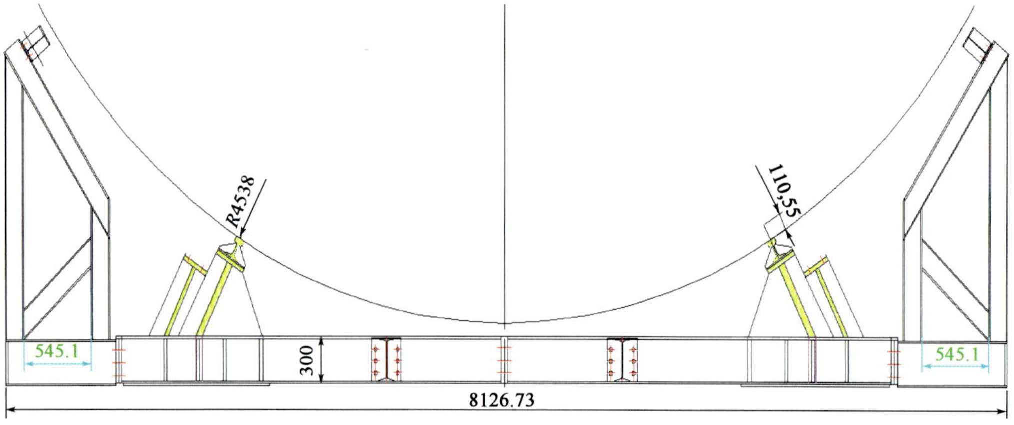

图 6-74　接收基座立面图(尺寸单位:mm)

6.3.3　洞门密封

为防止盾构机始发时推出的渣土损坏帘布橡胶板,洞门防水装置在洞门第一次破除,渣土被完全清理干净后安装,安装技术措施同始发。

1 号风井—2 号风井区间在盾构接收时,为了防止洞内水和回填注浆沿着盾构机外壳向洞口方向流出,盾构机入口洞圈周围安装环行密封橡胶板止水装置,详见图 6-77。该装置在内衬墙入口洞圈周围安装设有 M20 螺孔的预埋板,用螺栓将帘布橡胶板、圆环板和扇形压板栓连在预埋环板上。当盾构机沿推进方向掘进时,带铰接的扇形压板被盾构机带动向顺时针方向转动,并支撑密封橡胶板,封闭在 ϕ9076mm 的盾体外径处,防止水向接收井内流入。当盾体通过洞门密封装置后,橡胶帘布紧缩,压住扇形压板,防止水流沿管片外径向接收井内流入,同时也防止同步注浆浆液外溢。在盾构机接收后可将圆环板、扇形压板、密封橡胶帘布和螺栓拆除。

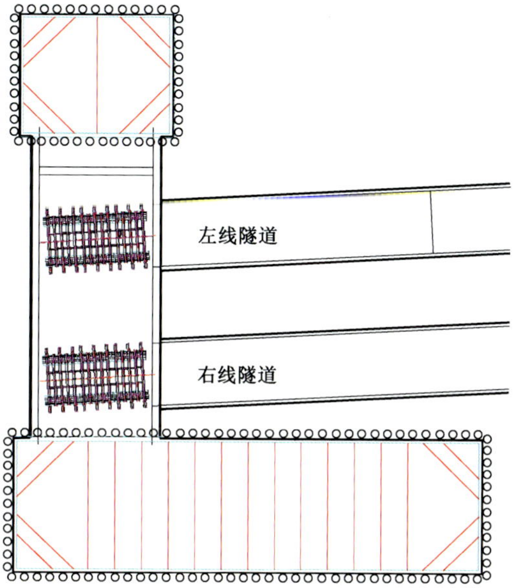

图 6-75　接收基座平面位置安装示意图

洞门密封装置安装时,需注意橡胶帘布及扇形压板的安装方向。橡胶帘布端头的凸起方向与盾构掘进方向相同,如图 6-76 所示。

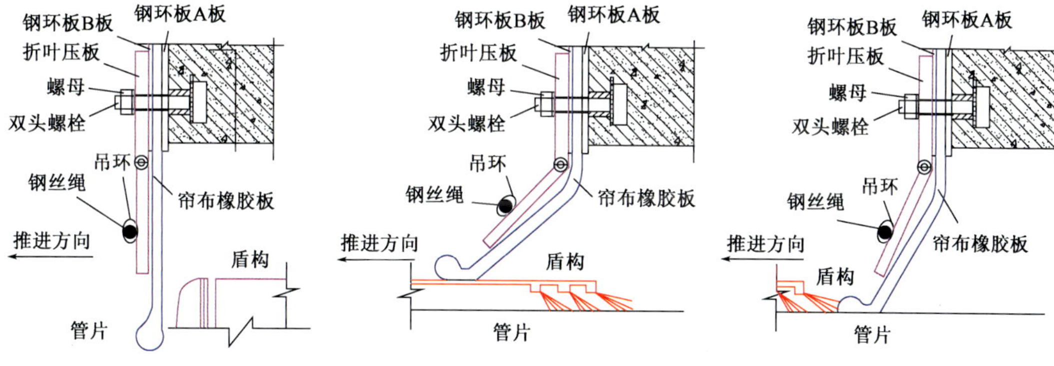

a)盾头未到前　　b)盾尾未到前　　c)盾尾出来后

图 6-76　洞门密封设计图

盾构机进入预留洞门前,在外围刀盘和帘布橡胶板外侧涂润滑油,以免盾构机刀盘刮破帘布橡胶板影响密封效果。

6.3.4　盾构到达施工

3 号风井—草桥站区间盾构到达时采取的施工措施如下:

(1)距离端头80m时,施工参数选取正常段施工的参数:

①取土仓压力值为0.06~0.09MPa。

②掘进推力基本控制在19600kN以内。

③推进速度初始设定15~45mm/min,初始设定刀盘转速为1.0~1.2r/min。

(2)根据盾构机的贯通姿态及掘进纠偏计划进行推进,纠偏要逐步完成,每一环纠偏量不能过大。

(3)在盾构机距离端头墙50m时,进入直线推进段,选择合理的掘进参数,逐渐放慢掘进速度,控制在35mm/min以下,推力逐渐降低。掘进参数如下:

①取土仓压力值为0.04~0.06MPa。

②掘进推力基本控制在17640kN以内。

③推进速度初始设定小于35mm/min,初始设定刀盘转速为1.0r/min。

(4)由于盾构机为直线到达接收,因此在盾构机进入到达段后应对盾构机轴线的测量频率进行随时测量,每环用经纬仪测量轴线平面位置一次、用水准仪测量轴线高程一次,轴线允许偏差为:平面±8mm,高程±20mm,偏差过大时及时调整保证盾构机到达轴线的准确性。此外加强地表沉降监测,及时反馈信息以指导掘进。

(5)盾构机刀盘距离贯通里程小于20m时,在掘进过程中,专人负责观测接收洞口的变化情况,始终保持与盾构机司机联系,及时调整掘进参数。

(6)在拼装的管片进入加固范围后,浆液改为快硬性浆液,提前在加固范围内将泥水堵在加固区外。

(7)最后10环管片的拼装。盾构机到达掘进阶段,盾构推力减小,当隧洞贯通后,盾构前方没有了反推力,将造成管片与管片之间的环缝连接不紧密而产生漏水,因此应采取有效措施保证最后管片的拼装质量,即在接收基座上焊反力块来增加盾构机的反推力。设置安装8条管片纵向拉紧条,拉紧条采用14b槽钢,长度为16.4m,使用螺栓安装在管片注浆孔上。盾构接收管片纵向拉紧条如图6-77所示。

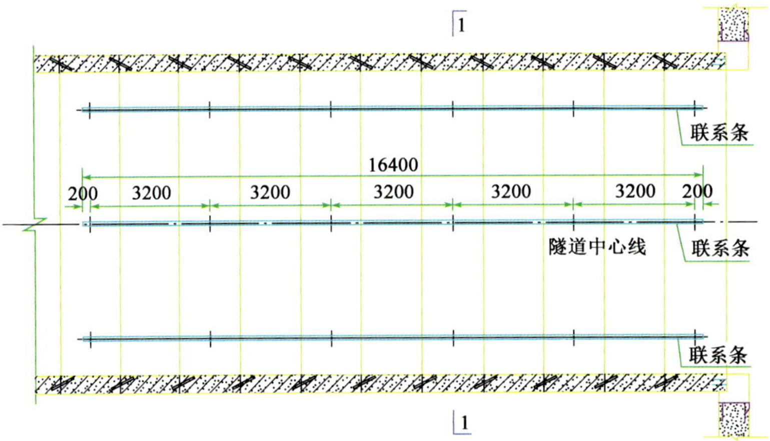

图 6-77

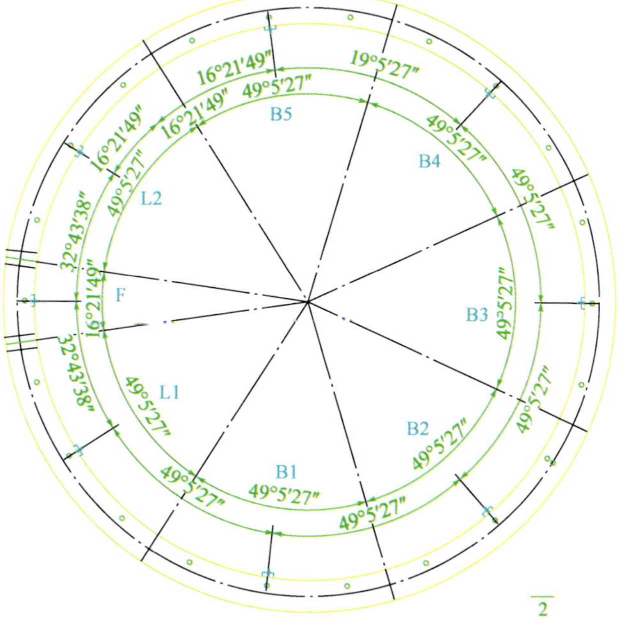

图6-77 管片纵向拉紧条设置图(尺寸单位:mm)

(8)当盾构机前体盾壳被推接收门时,通过压板卡环上的钢丝绳调整折叶压板使其尽量压紧帘布橡胶板,以防止洞门泥土及浆液漏出。在管片拖出盾尾时再次拉紧钢丝绳,使压板能压紧橡胶帘布,让帘布一直发挥密封作用。

6.4 盾构平移吊装风险控制技术

盾构施工方法因其高效快速、安全经济的特点被广泛应用于区间隧道施工,但盾构施工方法也存在其固有的缺陷,如盾构始发与接收场地条件必须能够满足盾构机下井和出井。受城区场地条件如各种建(构)筑物及地下管线的存在和地下车站条件如设计空间较小或结构比较复杂的影响,盾构机的出井有时需要先进行井下平移后再进行吊装。大兴国际机场线项目1号风井处四台盾构机吊装便是采用了这种方法,盾构机整体平移至具有吊装条件的一侧进行吊装。如何在此类复杂的场地环境下安全、经济、快速地完成盾构机的平移出井吊装是盾构隧道施工的关键问题之一。

大兴国际机场线计划2019年9月投入运营。根据工程筹划和施工过程中情况,大兴国际机场线各个盾构区间始发时进度均落后投标阶段的计划,普遍落后3个月左右,严重的如磁各庄站—1号风井区间落后约5个月。1号风井为磁各庄站—1号风井区间左右线盾构和1号风井—2号风井区间左右线盾构的接收井,且四台盾构抵达接收井的时间较为接近,因此,采用合理、高效的方案进行4台盾构机的平移、吊装至关重要,其与项目能否顺利完成密切相关。

6.4.1 四台盾构的接收安排

根据1号风井工期节点计划,2019年1月31日具备盾构接收条件,但因为场地原因,4台盾构机无法同时接收,因此确定分两批进行接收。接收顺序为:第一批盾构接收中铁十八局07标左线和城建集团06标右线,第二批盾构接收中铁十八局07标右线和城建集团06标左线。每批接收、平移、拆机、吊装时间为1个月。

接收过程需要两单位的互相配合,待第一批盾构侧移至盾构吊装井后,第二批盾构基座分别从对方始发井运至横通道安装,准备第二批盾构接收。城建集团右线盾构机平移离开洞门,到达吊装井后,中铁十八局的右线接收托架自城建集团右线盾体侧面吊入暗挖通道内,此过程亦需要城建集团配合。

6.4.2 盾构机井下平移方法

盾构机井下平移的方法多种多样,以盾构机移动动力可分为千斤顶顶推法和卷扬机牵引法,依据盾构机托架与车站底板之间的滑移方式有滚杠移动法、钢板接触移动法、托架带轮移动法。

千斤顶顶推法主要采用千斤顶作为移动动力,在千斤顶后方设置反力支撑推动托架与盾体平移,其工艺成熟,应用广泛。卷扬机牵引法则是利用一定额定功率的卷扬机为盾构机平移提供移动动力,采用钢丝绳与滑轮使托架与盾构机平移,但其实际操作较难,应用较少。滚杠移动法主要通过托架下方放置的滚杠滚动进行托架与盾构盾体的移动,其施工成本较低,但其所用时间较长,滚杠不易控制,操作要求精确,应用较广。钢板接触移动法主要利用托架底部焊接的钢板与车站底板结构上铺设的钢板之间的滑移进行盾体平移,其施工成本较为经济,易操作,但所用时间较长,应用广泛。托架带轮移动法运用设置在托架底部的滚轮滚动带动托架与盾体平移,其平移时间短,但制作托架的成本较高,且需要精准操作,实际施工应用不多。

1)07标1号风井—2号风井区间盾构机平移

(1)在钢板预留螺栓孔位置上安装反力架,给液压泵站油缸提供反力。

(2)接收基座外侧安装2套150t千斤顶,利用2套千斤顶同时将盾体及接收基座整体向吊装井移动,平移过程保持水平方向,随时观察盾体与结构墙的安全距离,以及基座和反力座钢结构是否出现变形。

(3)盾体和接收基座平移到吊装井后,开始对平移的盾体进行拆解、吊装。

盾构平移平面及立面示意图如图6-78、图6-79所示。

2)07标1号风井—2号风井区间台车平移

在暗挖通道内东西向并排放置2台土斗盘,在两土斗盘上放型钢支架,与土斗盘焊接牢固,顶部铺两条轨道,盾构台车能平稳地从隧道内移动到托架轨道上;在吊装井设置2台卷扬机,利用卷扬机拖拽土斗盘将台车运送到吊装井内吊出。卷扬机拖拽土斗盘时一定要注意同步,保证两台土斗盘稳定性,卷扬机拖拽时两侧要有人看护,发现土斗盘移动不同步时立即停止,调整过后再进行拖拽。台车前、后轮距最大8.9m,最小7m,为保证安全,台车固定在托架上时,台车轮在土斗托盘上,两土斗托盘间距应为6m。

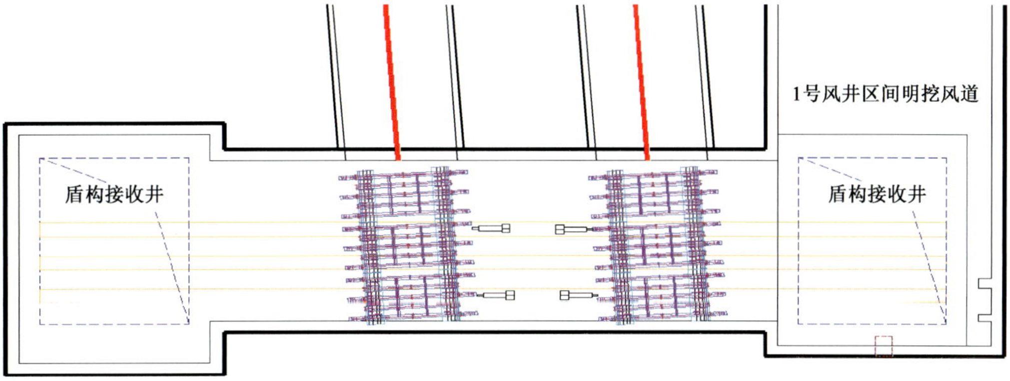

图6-78 盾构平移平面示意图

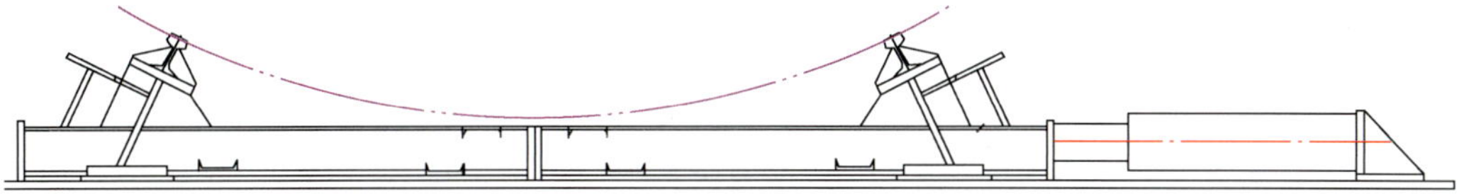

图6-79 盾构平移立面示意图

土斗盘及型钢支架剖面图及平面图如图6-80、图6-81所示。

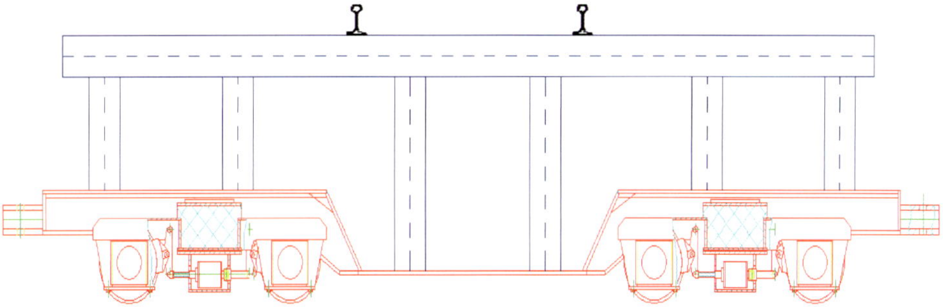

图6-80 土斗盘及型钢支架剖面图

3)06标磁各庄站—1号风井区间盾构机平移

方法与07标基本一样,用2套150t的液压千斤顶顶推接收托架,将主机平移至吊出井口。

6.4.3 盾构拆解、吊装施工

盾构接收场地条件决定着盾构机出井吊装的方式,盾构机吊装可分为整体吊装和分体吊装两种方式。整体吊装是利用特殊的提升装置进行吊装,主要适用于工期紧张、场地条件良好、有特殊提升装置的工程,实际应用较少,如广州地铁9号线某标段利用提升架对盾构机进行整体吊装。分体吊装则是利用吊车进行吊装,应用广泛,是目前盾构机解体吊装的主要方式,北京、上海、广州等地应用特别广泛,同时根据吊装场地的实际情况所选用的吊装设备也存在着差异,场地狭小时可采用履带吊吊装,场地足够时,选用汽车吊吊装。

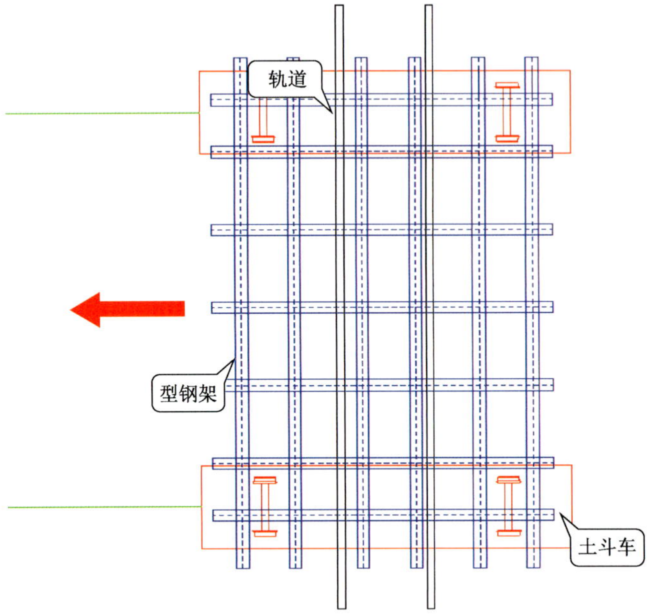

图 6-81　土斗盘及型钢支架平面图

随着吊装设备的发展,履带吊吊装方式应用越来越广泛。北京大兴国际机场线项目 1 号风井处 4 台盾构机主要就是采用履带吊吊装方式,06 标左、右线盾构采用 300t 履带吊吊出,台车在始发井主要采用 130t 履带吊,部分采用 130t 履带吊 + 130t 汽车吊,07 标的左、右线盾构采用 32t 履带吊出。

1)07 标 1 号风井—2 号风井区间盾构机拆解、吊装

(1)拆机前期工作:拆除皮带机,同时断开主机与后配套的连接,断开管片运输梁的链条及钢丝绳,割除皮带机的皮带,拆除螺旋机后 1/4 部分,拆除储风筒,拆除管片运输梁的倾斜段、皮带机的倾斜段,采用管片输送车运至始发井吊出。将拼装机真空吸盘旋转至正下方,回收所有油缸,贴近中盾放置;放出主液压油箱液压油、主驱动箱齿轮油、系统中的水等,断开高压电。断开连接桥与主机的连接,铺设后配套轨道,用电瓶车将后配套整体向后拖动 10m。

(2)拆除尾盾:分离尾盾与中盾,分 2 块分解尾盾,吊出尾盾上块,然后吊出螺旋机、拼装机和后部支撑,再吊出尾盾下块(图 6-82)。

(3)拆除螺旋机(图 6-83):螺旋机总长度为 16m,拆除 1/4 后,盾体内剩余 11.4m,将螺旋机从中间连接处分开,分两次吊出。履带吊用钢丝绳将螺旋输送机吊起,用牵引绳捆绑住螺旋输送机,在上井过程中防止碰撞。吊到地面后放在运输车辆上,并用支架支撑好。

(4)拆除拼装机及后部支撑:将拼装机和后部支撑分离,分块吊出。

(5)拆除刀盘(图 6-84):盾体后移,使刀盘处于盾构机吊装范围内,盾体接收时提前将刀盘零点旋转至正上方的位置,用工装套住刀盘,刀盘两侧系上溜绳,调整好刀盘姿态,将刀盘吊至地面。

图6-82 盾尾吊装

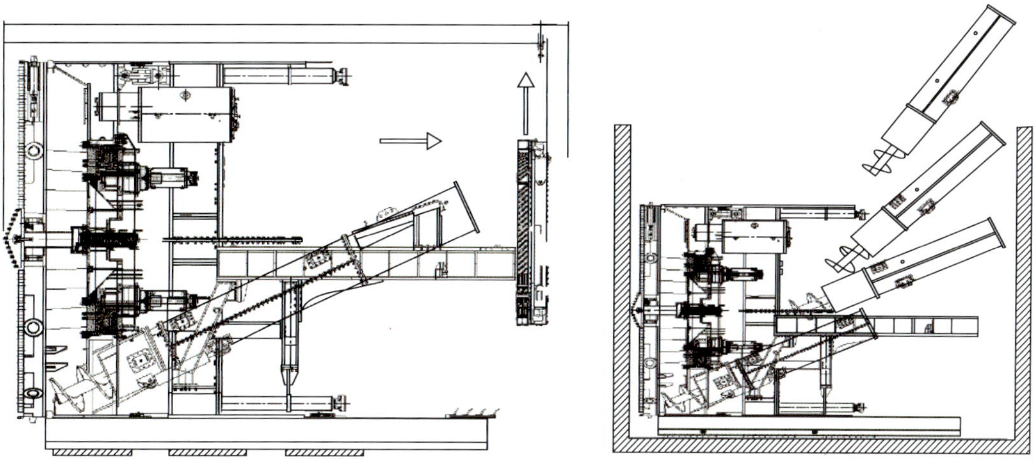

图6-83 螺旋机吊出示意图

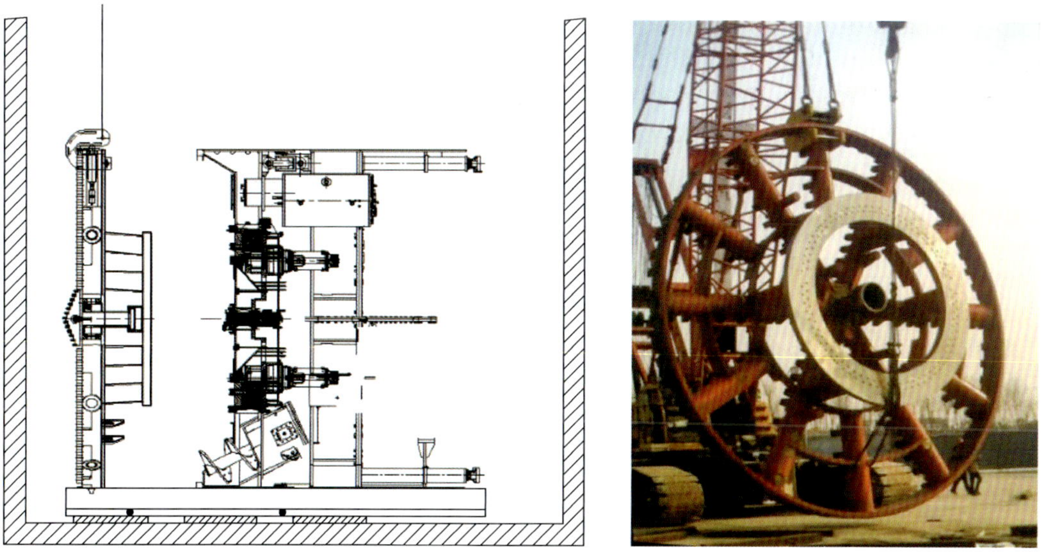

图6-84 刀盘吊出示意图

(6)分解盾体:断开铰接油缸,在前盾、中盾上焊接顶推支座,用液压油缸分离前、中盾;拆除中盾前、后的连接螺栓,分离中盾前、中盾后,割除盾体各块之间的焊缝,按人闸、主驱动电机、主驱动、前盾、中盾前、中盾后上块、中盾后下块的顺序拆解吊出。盾体分离如图6-85所示,吊出电机如图6-86所示。

图6-85　盾体分离

图6-86　吊出电机

2)06标磁各庄站—1号风井区间盾构机拆解、吊装

(1)运出管片输送小车,拆除皮带,同时断开主机与后配套的连接。断开管片运输小车与主机的连接链条,分段吊运到管片小车上运出。割除皮带机的皮带,将割断后的皮带卷好后通过电瓶机车运到始发井口吊出。将拼装机抓举头旋转至正下方,回收所有油缸,贴近m字梁放置,放出主液压油箱液压油、主驱动箱齿轮油、系统中的水等,断开高压电。断开1号拖车与主机的连接,铺设后配套轨道,用电瓶车将后配套整体向后拖动30m。

(2)拆除后配套拖车分节运出。用千斤顶顶起拖车,用型钢横撑在1节渣车底板和1节管片车上,用电瓶车依次运至始发井吊出。一号拖车后退,由于一号拖车使用直通底板,渣土车不能通过,使用渣土车底部为载体,在渣土车底部焊机支撑工装支撑一号拖车。

(3)螺旋机拔出,延伸轨道,将管片输送小车推至螺旋输送机下方,搭设门形架。在盾体、门形架、管片上设置吊点,螺旋机拔出的瞬间注意手拉葫芦的受力,避免较大震动现象发生。螺旋机越过管片拼装机,螺旋机拔出后,通过手拉葫芦对螺旋机进行调平,然后通过手拉葫芦的倒运越过管片拼装机,越过管片拼装机时避免与管片拼装机发生碰撞,越过管片拼装机后螺旋机平放到渣土车底部小车上。螺旋机后退吊出,使用电瓶小车把螺旋机托运至盾构机始发井口,由于螺旋机较长,因此螺旋机通过倾斜吊装的方式吊装出井。

(4)拆除盾尾、拼装机:分离盾尾与中盾,按设计分块,分4块分解盾尾,依次吊出盾尾上、左、右块,拼装机、盾尾底块。

(5)拆除刀盘:主机后移,使刀盘处于盾构机吊装范围内。用吊钩吊住刀盘的2个吊耳,示重约等于到盘重量时,拆除刀盘螺栓。刀盘两侧系上溜绳,调整好刀盘姿态,将刀盘吊至地面。

(6)拆除盾体:断开铰接油缸,在中、前盾上焊接顶推支座,用液压油缸分离前、中盾。拆除铰接密封,割除盾体各块之间的焊缝,按中盾顶块、中盾左块、中盾右块、m字梁、中盾底块,前盾顶块、前盾左块、前盾右块、主驱动、前盾底块的顺序拆解吊出。

6.5 结论与思考

(1)针对大兴线U形槽特级风险,为保证顺利穿越,在本次工程中设置试验段100m(共分两段,前50m进行模拟穿越,后50m进行参数修正),得到合理的盾构施工参数,设计变形控制指标,并制定“连续施工、快速通过、严控参数、饱满注浆”十六字方针。穿越地铁大兴线U形槽前,完成试验段施工经验总结,同时优化试验段掘进参数和注浆参数。严格控制同步注浆配比等参数,加强同步注浆及后续注浆的注浆压力与注浆量的施工管理;合理控制土仓压力及掘进速度与出土量的匹配;密切监测沉降数据,如发现沉降变化速率过快应及时对参数进行合理的调整。

(2)在土压力控制方面:在试验段掘进及沉降状况下对土仓压力进行验证并且选取了合理的参数设置,在施工过程中开启自动保压系统,保证土仓压力稳定,防止沉降。在掘进速度方面:控制掘进速度波动小于±5mm/min,且掘进速度不大于60mm/min,以减小盾构掘进对地层的扰动。在出土量控制方面:下穿掘进过程中,实时监测出渣参数,在发现出土异常时及时调整掘进参数,并分析可能的原因,避免此类现象重复出现。调整出土速度时应缓慢操作,并同时调整其他掘进参数,避免土压力、掘进速度等发生较大波动。在盾构机轴线控制方面:在盾构掘进过程中,以各区域千斤顶的行程、油压以及流量控制盾构前进方向,发现偏差时及时调整千斤顶的编组和各区域千斤顶的行程、流量及油压,加强各施工参数的设定管理,防止因参数设定不当造成隧道轴线产生大的偏离。在注浆方面:盾构下穿大兴线U形槽选用砂浆为单液浆,下穿施工时按照试验段获取参数操作。同时,控制合理的参数和施工流程,用双液浆对北京大兴国际机场线下穿U形槽段进行二次注浆。

(3)在施工过程中,对既有地铁大兴线U形槽采用自动化及人工监测两种监测手段相结合的监测方法,自动化监测主要监测隧道和轨道结构沉降;人工监测主要是结构裂缝和结构沉降等监测项目。通过后期对采集的测点数据进行分析,得到各测点在下穿不同阶段的沉降。其中隧道的竖向变形左线隧道上方U形槽结构南侧累计隆起1.8mm,北侧累计沉降为-1.3mm。左线隧道上方的轨道结构累计沉降为-1.9mm,右线隧道上方的轨道结构累计沉降为-2mm左右。隧道的横向变形较小,左右来回波动,极不稳定,波动范围在-0.3mm和+0.3mm之间,小于竖向变形值。施工过程中,沉降值均控制在合理范围内,U形槽结构在下穿过程中,结构基本保持稳定,无较大变形,结构性能正常。

(4)北京大兴国际机场线下穿马家楼桥施工前,根据勘测结果,对区域进行马家楼桥风险标识;标识范围内禁止大型施工机械驶入,上方严禁堆载,确保隧道结构安全。加强对区间盾构隧道周边工程地质、水文地质和环境资料的调查。穿越前进行空洞普查,如有空洞进行注浆回填,盾构掘进过程中应设置试验段,根据试验段确定掘进参数,并保持实时监控。

(5)在施工过程中对受影响范围内的马家楼桥区及周边土体进行监测,基本掌握六环路及周围土体的动态,验证施工方的监测数据,调整并确保盾构机性能良好,严格控制掘进参数,确保匀速、平衡、连续通过,严格控制地层损失率。

(6)掘进过程中选择合理的同步注浆和二次注浆浆液及注浆参数,及时进行同步注浆和二次注浆,充填管片与土体间的空隙。施工中加强对新发地北桥桥桩进行监测,并及时反馈监测结果。及时布设测点,穿越过程中加强新发地北桥的监控量测,并根据监测结果及时调整盾构掘进参数。

(7)大兴国际机场线在永兴河站—磁各庄站区间、磁各庄站—1 号风井区间、2 号风井—3 号风井区间以及 3 号风井—草桥站区间始发端采用双重管旋喷的方法进行端头加固,加固区长度分别为 11.5m、12m、5.5m 和 5.5m。1 号风井—2 号风井区间盾构始发端采用地面三重管高压旋喷加固,始发段加固长度为 6.25m。端头加固区土体要求达到的效果为无侧限抗压强度为 0.8MPa,抗渗系数$\leqslant 1.0\times10^{-6}$cm/s。洞门破除前对端头加固区域取芯进行试验,试验结果满足设计要求才可以进行后续施工。加固后使盾构推进前拱顶足以承受上部荷载,拱周足以抵抗侧压力,以确保盾构施工顺利进行。各区间盾构机始发托架大体上采用钢筋混凝土现浇形式。部分盾构始发基座直接采用由中铁装备集团定做的标准基座,底板上采用 HW300 型钢及钢板找平,预埋板与型钢、型钢与基座底板焊接。托架顶部各预埋一块宽度为 400mm、厚度为 18mm 的钢板,用于盾体前后顶推千斤顶托架加固使用。始发托架施工完成后,在托架上部按照纵向 1m 间距安装马凳,并铺设电瓶车轨道和车架轨道,用于管片车和盾构机后配套车架的下井、组装工作。反力架的安装在尾盾安装完成之后与连接桥连接之前进行,盾构始发反力架为拼装式全圆钢架结构,以确保足够的刚性。

(8)对反力架的受力情况进行数值模拟分析,验证是否满足强度要求。以磁各庄站—1 号风井区间为例,按照实际结构 1:1 制作反力架的 CAD 模型,并导入 ANSYS 中的有限元网格划分模型,根据实际反力架在盾构始发车站中的安装及受力条件,定义反力架约束条件。分析反力架在受 39080kN 的力作用后各部位变形云图得到:反力架大面积应力值分布在 120 ~ 160MPa,斜撑钢管部分应力为 220MPa。Q345 低合金结构钢的屈服极限可以达到 345MPa,相对较为安全,不会引起材料较大的塑性变形而破坏,而对于本结构来说大部分为受压应力,有较大的安全储备余量。

(9)大兴国际机场线在永兴河站—磁各庄站区间、磁各庄站—1 号风井区间、2 号风井—3 号风井区间以及 3 号风井—草桥站区间接收端采用双重管水泥旋喷的方法进行接收端头加固,加固区长度分别为 13.5m、14m、11m 和 11m,加固区宽度大约为 15m。1 号风井—2 号风井区间盾构接收端采用洞内深孔注浆,始发段加固长度为一倍盾体长度,即 12.5m。洞口加固后洞门结构足以承受上部荷载,拱周足以抵抗侧压力,确保了盾构接收顺利进行。

(10)由于大部分区间是直线接收,因此接收基座的中心轴线应与隧洞设计轴线一致,并且垂直于洞门平面。接收基座的轨面高程除适应于线路情况外,应适当降低 10mm,以便盾构机顺利到达基座。为保证盾构刀盘贯通后拼装管片有足够的反力,将接收基座以盾构接收方向 +2‰的坡度进行安装。对接收基座的加固,尤其是纵向的加固,保证了盾构机能顺利到达接收基座。盾构将要到达时,严格控制施工参数,放慢掘进速度,提高监测频率。大兴国际机场线接收端采取的风险控制措施为中型直径盾构工程接收积累了丰富经验。

(11)受城区场地条件如各种建(构)筑物及地下管线的存在和地下车站条件如设计空间较小或结构比较复杂的影响,盾构机的出井有时需要先进行井下平移后再进行吊装。北京大兴国际机场线项目 1 号风井处 4 台盾构机吊装便是采用了这一种方法,盾构机整体平移至具有吊装条件的一侧进行吊装。1 号风井为磁各庄站—1 号风井区间左、右线盾构和 1 号风井—

2 号风井区间左、右线盾构的接收井，且 4 台盾构抵达接收井的时间较为接近，因此采用合理、高效的方案进行 4 台盾构机的平移、吊装至关重要，根据实际情况，4 台盾构机确定分两批进行接收，接收顺序为：第一批盾构接收中铁十八局 07 标左线、城建集团 06 标右线，第二批盾构接收中铁十八局 07 标右线、城建集团 06 标左线。每批接收、平移、拆机、吊装时间为 1 个月。

（12）盾构机井下平移的方法多种多样，按照盾构机移动动力可分为千斤顶顶推法和卷扬机牵引法。07 标 1 号风井—2 号风井区间、06 标磁各庄站—1 号风井区间均采用千斤顶顶推法进行井下平移，用 2 根 150t 的液压千斤顶顶推接收托架，将主机平移至吊出井口。07 标 1 号风井—2 号风井区间采用卷扬机牵引法对台车进行井下平移，在吊装井设置 2 台卷扬机，利用卷扬机拖拽土斗盘将台车运送到吊装井内，吊出。在盾构机平移到吊装井之后，需要将盾构机解体吊出，由于场地限制，大兴国际机场线项目 1 号风井处 4 台盾构机主要采用履带吊吊装方式。拆机、吊装过程大致可分为拆机前期工作、拆除尾盾、拆除螺旋机、拆除拼装机及后部支撑、拆除刀盘、分解盾体 6 部分。

（13）北京大兴国际机场线项目采用合理、高效的方案进行 4 台盾构机的平移、吊装方法，4 台盾构全部顺利接收，在第一批盾构侧移至盾构吊装井后，第二批盾构基座分别从对方始发井运至横通道安装，准备第二批盾构接收。消除了第一台盾构接收时其他盾构停工等待的现象，极大程度上缩短了工期。最终盾构全部顺利接收，在预计工期内完成大兴国际机场线项目全部工作，弥补了盾构前期始发进度落后的时间，促成了大兴国际机场线顺利开通，为大兴国际机场线通车验收预留了充足时间，并为盾构施工接收端多台盾构平移、吊装积累了丰富经验。

第7章 联络通道冻结法施工技术

7.1 联络通道概况

7.1.1 工程简介

北京大兴国际机场线全线共23个联络通道(其中7个带泵房功能),其中9个联络通道底板位于水位线以上,7个联络通道底板入水深度在3m以内,7个联络通道入水深度在3m以上,08标5号联络通道拱顶入水深度达5.68m。经论证06标3号联络通道、07标3号联络通道、08标3号联络通道、08标4号联络通道及08标5号联络通道采用冻结法进行施工。冻结法是联络通道施工比较安全的方法,但是造价高、工期长、专业化施工要求高。当联络通道结构浸入地下水中,采用降水法施工难度大,而且通道开挖地层自稳性差、易发生坍塌,存在较大的施工安全风险,类似该种开挖条件下的联络通道采用冻结法加固开挖施工。冻结法施工联络通道采用"隧道内冻结加固,矿山法开挖",即用人工制冷方法使联络通道外围的土层降温冻结,形成一个封闭的冻土帷幕结构,集水井采用实体冻结,然后在冻土帷幕中采用矿山法施工。在初期支护达到设计强度并根据监测结果基本稳定后,施作防水层和二次衬砌。为了控制土层冻融引起的地层变形,需要在冻结加固区融冻过程中进行跟踪注浆。

7.1.2 工程地质及水文

各联络通道地质水文情况见表7-1。

各联络通道地质水文情况　　表7-1

联络通道名称	工程地质	水文地质	入水深度(m)
08标3号联络通道	联络通道开挖范围内土层主要为:卵石圆砾⑦、粉质黏土⑧层、卵石圆砾⑨	基底位于层间潜水~承压水(四)地下水位(稳定水位深度为24.50~26.20m)以下,顶部位于地下水位以上1.439m	3.439
08标4号联络通道	联络通道开挖范围内土层主要为:卵石圆砾⑦、粉质黏土⑧层、粉细沙$⑧_3$层、卵石圆砾⑨	基底位于层间潜水~承压水(四)稳定水位(稳定水位深度为24.50~26.20m)以下,顶部位于地下水位以上0.698m	2.698

续上表

联络通道名称	工程地质	水文地质	入水深度(m)
08 标 5 号联络通道	联络通道开挖范围内土层主要为：卵石圆砾⑦、粉细沙$⑧_3$层、卵石圆砾⑨	基底位于层间潜水～承压水（四）地下水位（稳定水位深度为 24.50～26.20m）以下，顶部位于地下水位以上 2.972m	4.972
07 标 3 号联络通道	联络通道开挖范围内土层主要为卵石圆砾为主，底部有部分粉细砂	基底位于层间潜水～承压水（四）地下水位（稳定水位深度为 25.40～27.30m）以下	8.550
06 标 3 号联络通道	联络通道开挖范围内土层主要为粉细砂$⑥_3$、卵石圆砾⑦、卵石圆砾⑨	基底位于层间潜水～承压水（四）地下水位（稳定水位深度为 25.40～27.30m）以下	11.270

7.1.3　周边环境

06 标 3 号联络通道兼泵房场地位于在建广平大街。中心里程左 K32 +020.000、右 K32 +020.000，覆土约 24m，开挖范围地质主要为粉细砂$⑥_3$、卵石圆砾⑦、卵石圆砾⑨。周边存在一处平房，如图 7-1 所示。

图 7-1　06 标 3 号联络通道兼泵房（在建广平大街）

08 标 3 号联络通道位于京开高速公路与南四环交口的东南角绿化带内，中心里程右 K41 +160.227、左 K41 +635.000，覆土约 24.7m，左右线隧道中心线间距为 16.115m，如图 7-2 所示。

图 7-2　08 标 3 号联络通道

08 标 4 号联络通道位于京开高速公路与马家楼东路交口南侧 50m 左右，其位于京开高速公路下方，中心里程右 K41 +635.000、左 K41 +635.000，覆土约 25.4m，左右线隧道中心线间距为 17.600m，如图 7-3 所示。

图 7-3　08 标 4 号联络通道

08 标 5 号联络通道位于京开高速公路与康兴路交口东北侧绿化带内，中心里程右 K42 +235.000、左 K42 +235.000，覆土约 24.8m，左右线隧道中心线间距为 17.483m，如图 7-4 所示。

图 7-4　08 标 5 号联络通道

7.1.4　工程重难点

冻结法施工联络通道主要施工节点为钻孔施工、冻结施工、土方开挖施工、结构施工以及融沉注浆施工。各阶段主要风险及措施见表 7-2。

主要风险及措施表　　表 7-2

工序	存在的风险	风险特征	如何预防风险	采取措施
钻孔施工	(1)联络通道所处土层有承压水，冻结孔施工时有涌水冒砂的风险； (2)在卵砾石层中钻进易塌孔抱钻，钻孔偏斜不易控制，砾石研磨钻具易造成断管； (3)卵砾石坚硬，进尺慢	(1)大量涌水； (2)钻机操作不当； (3)钻具不适用	(1)严格按设计进行施工，并做好安全技术交底； (2)认真分析地层特征； (3)选择合适的机具，因地制订最佳施工方案	(1)打钻施工安装大球阀和孔口密封装置，每孔施工完成后及时补浆； (2)选用 MD-80A 型大扭矩钻机，采用回旋跟管钻进方式，钻机过程中采用优质泥浆护壁，轻压匀速钻进； (3)选用复合片或三翼合金钻头，提高卵砾层钻进效率

续上表

工序	存在的风险	风险特征	如何预防风险	采取措施
冻结施工	(1)隧道产生冻胀变形,冻胀使地面及管线上抬隆起; (2)管片渗漏; (3)冻结管断裂	(1)管片及结构渗漏; (2)冻土融化; (3)盐水漏失	(1)严格按照设计方案执行; (2)现场配备备用设备; (3)及时补充接缝注浆	(1)及时进行冻结参数调整; (2)启用备用设备,加强冻结; (3)及时进行补充接缝注浆
开挖及结构施工	(1)塌方冒顶; (2)涌水涌砂; (3)地面管线下沉; (4)地面房屋沉降过大	(1)塌方冒顶; (2)涌水涌砂; (3)冻土融化	(1)严格按开挖方案执行; (2)及时进行支护; (3)开挖前必须进行冻结效果检查; (4)控制冻结参数; (5)及时进行注浆填充,同时加强地表沉降监测; (6)现场配置备用电源、备用设备	(1)及时进行支护; (2)立即进行注浆; (3)启动备用电源及设备; (4)及时根据沉降监测数据调整注浆参数,保证沉降正常
融沉注浆施工	(1)地面管线下沉; (2)地面房屋沉降过大	地面明显下沉	加强观察,备好物质,根据沉降数据,及时调整注浆参数,确保施工安全	及时补充浆液,控制并减少沉降数值上升

7.2 风险控制对策

1)冻结孔施工

(1)根据冻结帷幕设计及联络通道的结构,冻结孔按上仰、水平、下俯三种角度布置在联络通道的四周,如图7-5所示。

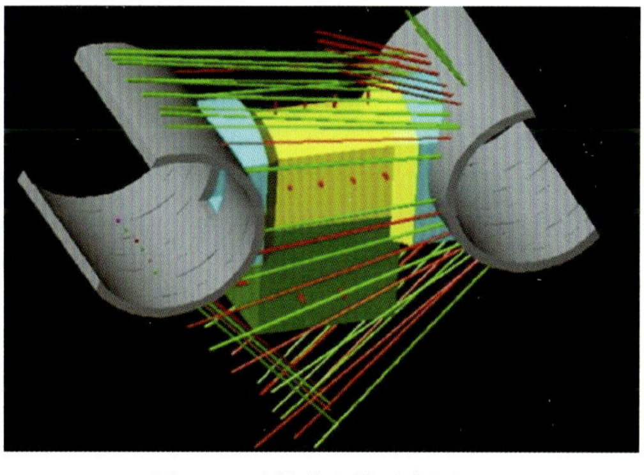

图7-5 冻结孔布设示意图

(2)为了保证联络通道开挖时的安全,采用在两条隧道分别布孔的方案,即在两条隧道共同打设主冻结孔,测温孔及卸压孔,并在隧道底部打设两排冻结孔,将联络通道及泵房封闭,这样泵房内挖不到冻结管,确保了冻土的强度及安全。

(3)根据管片配筋情况和钢管片肋板位置,在避开管片缝、螺栓的前提下可适当调整。

2)冻土强度

(1)冻结壁厚度为2m,冻土帷幕平均温度为-10℃,冻土单轴抗压强度为4.0MPa,抗折强度为1.8MPa,抗剪强度为1.5MPa。

(2)冻结孔在冻结施工完毕后进行封堵,封堵混凝土强度不低于管片混凝土强度。

(3)在联络通道开口处隧道管片开口环中不开口部位均匀设置预应力隧道支架,以减轻联络通道开挖构筑施工对隧道产生不利的影响,并在开挖侧隧道预留洞口上安装应急安全门。

(4)把监控量测工作贯穿于施工过程的始终,并及时反馈信息指导设计和施工,确保隧道结构及施工安全。

(5)施工前,对通道上方的地下管线进行调查落实。施工时,根据实测资料,采取有效措施,减少施工对管线的影响。

3)冻结钻孔漏水喷砂控制

(1)如因孔口管松动或脱落引起孔口管与墙体之间漏水,可通过孔口管旁通道进行压浆堵漏。

(2)当漏水涌砂点在联络通道底部时,如遇紧急情况,可以用堆压法处理。当堆压体有一定强度和体积后,可逐渐控制导水管的出水量。最后,通过导水管注浆封堵出水点。

(3)如因冻结管接头断裂和钻头逆止阀失效引起漏水喷砂,可直接通过冻结管注浆。

4)冻结管断裂盐水漏失控制

(1)立即切断冻结器盐水供给。

(2)在渗漏的冻结管中下套管恢复冻结,套管与冻结管之间应灌满清水。

(3)必要时采用液氮冻结降低冻结壁温度,或延长积极冻结时间和局部补孔冻结增加冻结壁厚度。

5)开挖期间长时间停冻控制

(1)排除机电故障,尽快恢复冻结。并密切监测冻结壁与既有隧道管片交界面温度的变化,防止冻结壁局部融化透水。

(2)加强冻结壁与隧道管片交界面的保温。

(3)快速开挖、及时支护。根据冻结壁和支护层变形情况,增加初期支护的内支撑。

6)冻结壁失稳及透水

(1)一旦发现冻结壁有失稳破坏危险,必须立即支护,并考虑加强内支撑。如果正在开挖集水井,也可用土袋迅速进行回填。同时,要加强冻结,降低盐水温度。

(2)如果在施工完初期支护后发生冻结壁与隧道管片交界面渗水的情况,可先用液氮喷洒出水点附近,并观测渗水量是否有增大趋势。如果渗水小且没有增大趋势,可尽快浇筑混凝土衬砌。

7.3 监控量测

1)监测重点分析

冻结法施工联络通道上方地表,盾构隧道穿越道路过程中,上方地层已受施工扰动导致沉降,冻结期间及土方开挖期间控制不当,可能对穿越道路安全带来较大影响。

2)监测对象、项目及精度

(1)冻结系统监测

冻结系统监测项目见表7-3。

冻 结 监 测 项 目　　表 7-3

序　号	冻结系统监测内容	序　号	冻结系统监测内容
1	测温孔温度监测	5	冻结壁温度场监测
2	冻结站制冷系统运转指标监测	6	卸压孔压力监测
3	盐水温度、盐水流量、盐水水位监测	7	开挖面温度监测
4	盐水回路温度监测		

(2)道路地表沉降监测

工程第三方监测项目见表 7-4。

工程第三方监测项目　　表 7-4

序号	监 测 对 象	监 测 项 目	控 制 指 标
1	联络通道顶部地表及路面	地面沉降	-30 ~ +10mm,2mm/d

7.4　工程实施情况

7.4.1　主要参数情况

各标段的联络通道施工参数情况如表 7-5 所示。

各联络通道主要参数情况　　表 7-5

联络通道名称	冻结管布置	冻结壁有效厚(m)	冻结壁平均温度(℃)	开挖时盐水温度(%)	开挖时,去、回路盐水温差(℃)	卸压孔压力(MPa)	开挖情况	冻土强度(MPa)	冻结孔打设时间(d)	冻结时间(d)
08 标 3 号联络通道	冻结管 70 根(含透孔管),测温管 8 根,泄压管 6 根	2.2	≤-10	-26 以下	0.4	0.3	全断面开挖	15	60	43
08 标 4 号联络通道	冻结管 70 根(含透孔管),测温管 8 根,泄压管 6 根				1.9	0.3	台阶法	15	60	52
08 标 5 号联络通道	冻结管 70 根(含透孔管),测温管 8 根,泄压管 6 根				1.8	0.3	台阶法	13	50	33

续上表

联络通道名称	冻结管布置	冻结壁有效厚（m）	冻结壁平均温度（℃）	开挖时盐水温度（%）	开挖时，去、回路盐水温差（℃）	卸压孔压力（MPa）	开挖情况	冻土强度（MPa）	冻结孔打设时间（d）	冻结时间（d）
07 标南段 3 号联络通道	冻结管 69 根（含透孔管），测温管 8 根，泄压管 4 根	2.0	≤ -10	-28 以下	1.9	0	台阶法	20	74	87
06 标 3 号联络通道	冻结管 69 根（含透孔管），测温管 8 根，泄压管 4 根				1.5	0.3	台阶法	22	30	54

北京大兴国际机场线 06 标 3 号联络通道、07 标 3 号联络通道、08 标 3 号联络通道、08 标 4 号联络通道及 08 标 5 号联络通道采用冻结法进行施工，设计方式情况为：06 标 3 号联络通道、07 标 3 号联络通道相同，08 标 3 号联络通道、4 号联络通道及 5 号联络通道相同，两种联络通道设计剖面图、布孔图如图 7-6 ~ 图 7-9 所示。

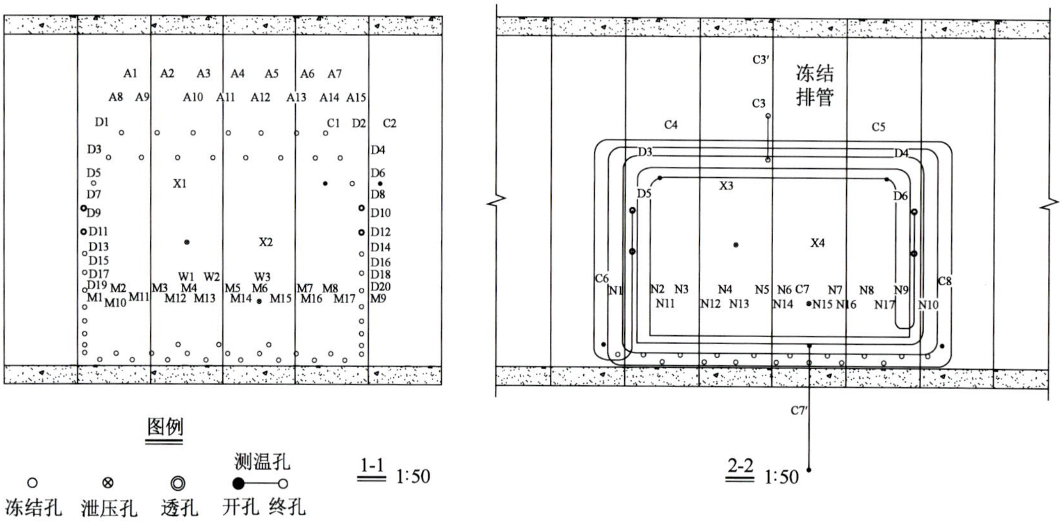

图 7-6　06 标 3 号联络通道、07 标 3 号联络通道冻结孔排布图

7.4.2　各标段实施情况

各标段联通通道施工时间如表 7-6 所示。

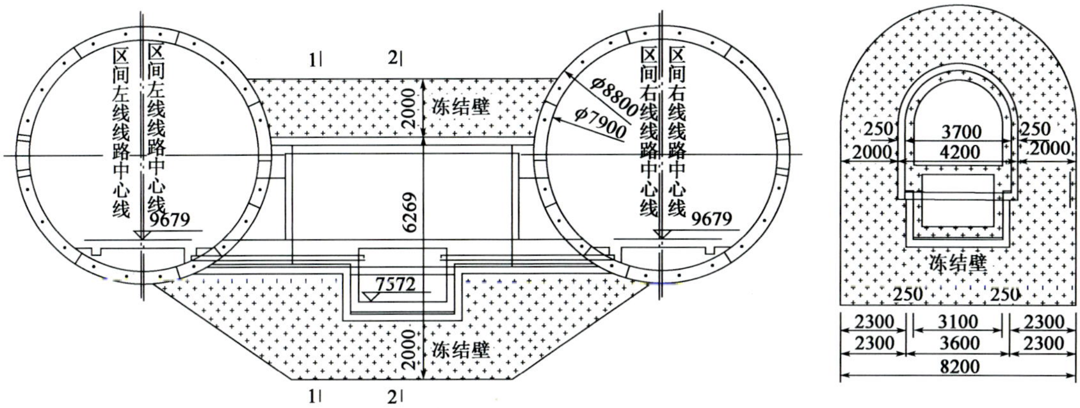

图 7-7 06 标 3 号联络通道、07 标 3 号联络通道冻结示意图(尺寸单位:mm)

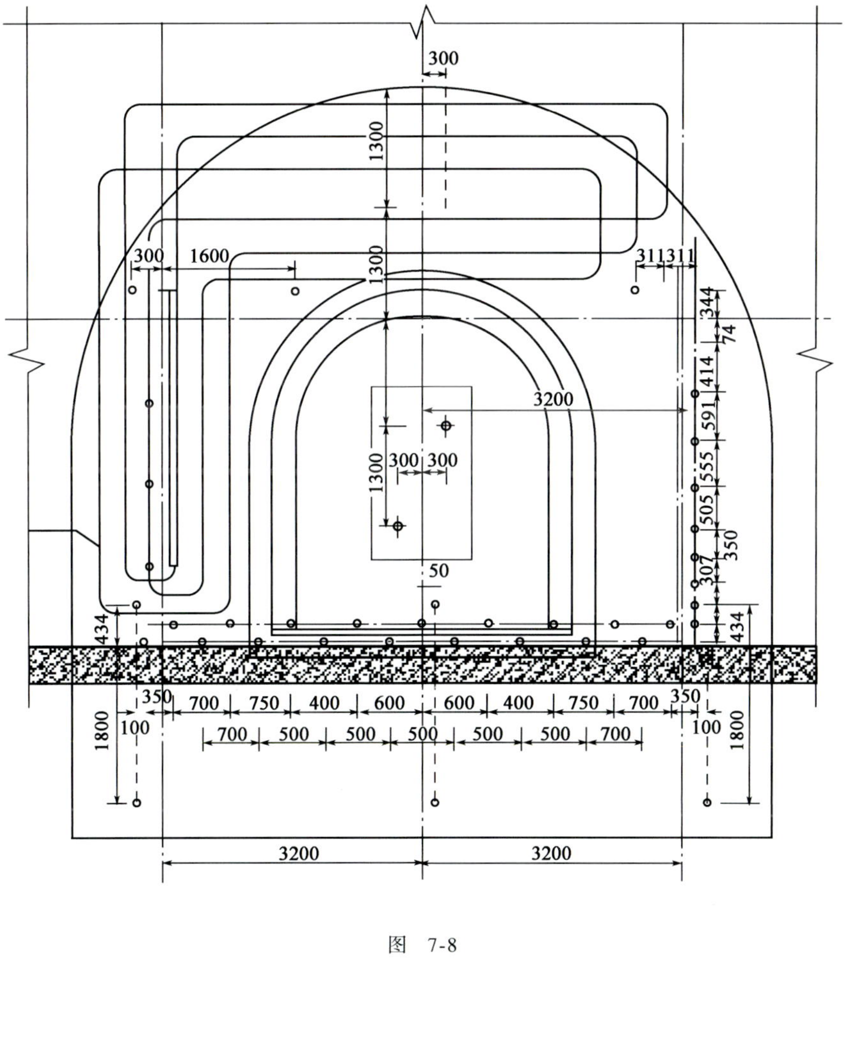

图 7-8

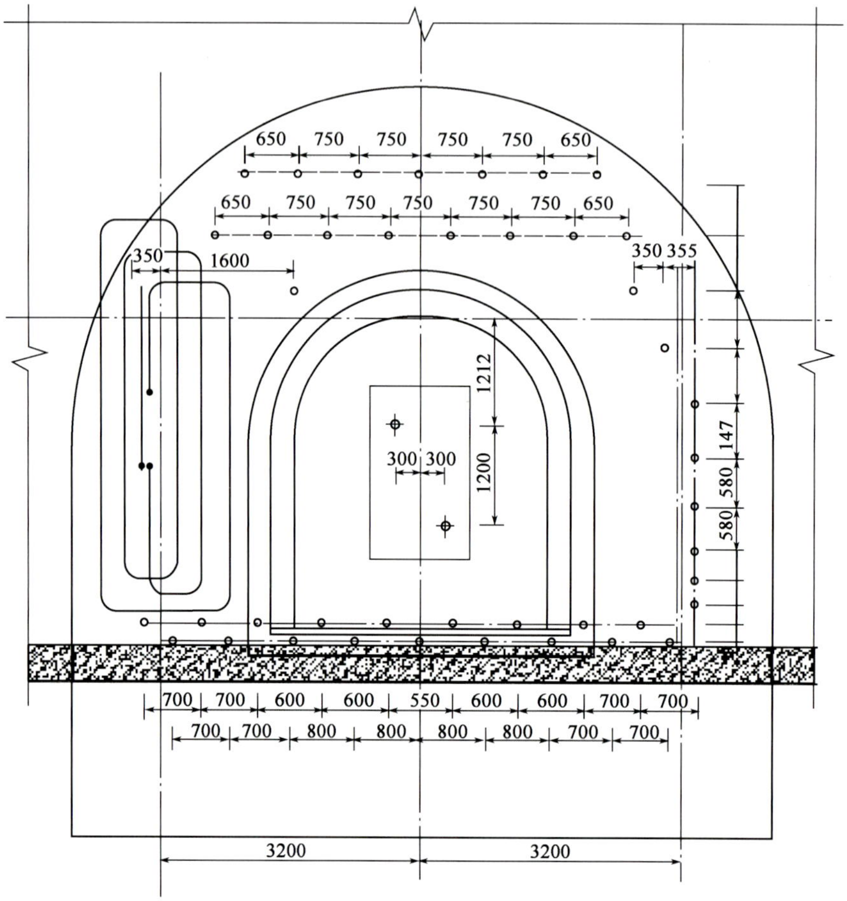

图 7-8　08 标 3 号联络通道、4 号联络通道及 5 号联络通道冻结孔排布图(尺寸单位:mm)

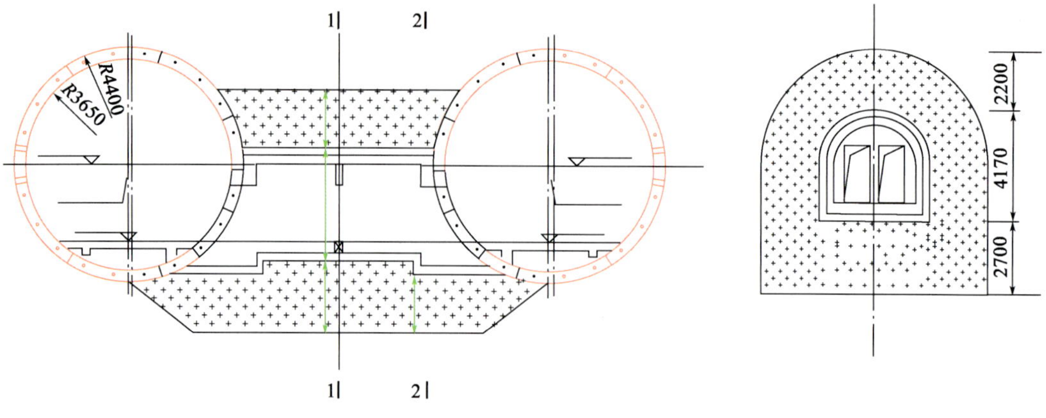

图 7-9　08 标 3 号联络通道、4 号联络通道及 5 号联络通道冻结示意图(尺寸单位:mm)

各标段实施情况 表 7-6

联络通道名称	施工准备	冻结站安装	冻结孔打设	积极冻结	土方开挖	二衬结构施工
06 标 3 号联络通道	2018/9/1 ~ 2018/9/12	2018/9/12 ~ 2018/9/20	2018/9/20 ~ 2018/10/8	2018/10/22 ~ 2018/12/15	2018/12/15 ~ 2019/1/5	2019/1/5 ~ 2019/1/30
07 标 3 号联络通道	2018/8/3 ~ 2018/8/31	2018/9/3 ~ 2018/9/10	2018/9/10 ~ 2018/12/1	2018/12/1 ~ 2019/3/1	2019/3/1 ~ 2019/4/11	2019/4/11 ~ 2019/4/30
08 标 3 号联络通道	2018/9/1 ~ 2018/9/20	2018/9/20 ~ 2018/10/1	2018/10/1 ~ 2018/11/30	2018/12/1 ~ 2019/1/13	2018/1/13 ~ 2019/1/30	2018/1/30 ~ 2019/2/18
08 标南段 4 号联络通道	2018/9/3 ~ 2018/9/21	2018/9/21 ~ 2018/10/1	2018/10/1 ~ 2018/11/30	2019/1/31 ~ 2019/3/27	2019/3/28 ~ 2019/4/7	2019/4/8 ~ 2019/4/14
08 标 5 号联络通道	2018/9/30 ~ 2018/10/22	2018/10/22 ~ 2018/11/1	2018/11/1 ~ 2019/1/30	2019/1/31 ~ 2019/3/4	2019/3/5 ~ 2019/3/18	2019/3/19 ~ 2019/4/5

现场主要施工步续如图 7-10 所示。

a) 洞外冻结站

b) 积极冻结

c) 管片破除

d) 土方开挖

图 7-10 联络通道冻结施工主要步续

7.4.3 主要措施落实情况及效果

1) 冻结加固措施

冻结钻孔施工工艺为：定位开孔及孔口管安装→孔口装置安装→钻孔→测量→封闭孔底

部→打压试漏，如图 7-11 所示。

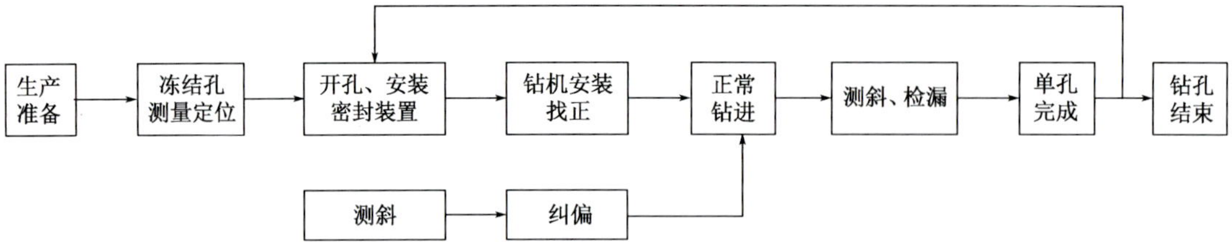

图 7-11　措施工序

2）定位开孔及孔口管安装

依据施工基准点，按冻结孔施工图布置冻结孔。根据各孔孔位在混凝土管片和钢管片上定位开孔。

首先注意混凝土管片内受力钢筋干涉时，调整孔位。选用 J-200 型金刚石钻机，配 ϕ132mm 金刚石取芯钻头按设计角度开孔，当开到深度 300mm 时停止钻进（管片要留 50mm 以上的保护层），用钢楔楔断岩心，取出后安装孔口管。孔口管用 ϕ133mm × 4.5mm 无缝钢管加工，头部加工 250mm 长的鱼鳞扣。孔口管的安装方法为：首先将孔口处凿平，安好四个膨胀螺丝，而后在孔口管的鱼鳞扣上缠好麻丝或棉丝等密封物，将孔口管砸进去，用膨胀螺丝上紧，上紧后，再去掉螺母，装上 DN125 闸阀，再将闸阀打开，用 ϕ110mm 金刚石钻头从闸阀内开孔，一直将混凝土管片开穿，这时，如地层内的水砂流量大，应及时关好闸门。

图 7-12　冻结开孔实际图

冻结开孔实际图如图 7-12 所示。

3）孔口装置安装

用螺丝将孔口装置装在闸阀上，注意加好密封垫片。当第一个孔开通后，没有涌水涌砂可继续钻进，但以后钻孔仍要装孔口装置，以防突发涌水涌砂现象出现。孔口管及防喷装置固定详见图 7-13 和图 7-14。

4）钻孔与冻结器安装

（1）使用 MD-80A 型钻机可改装冲击锤造孔，选用 6 立方空压机作为冲击动力。

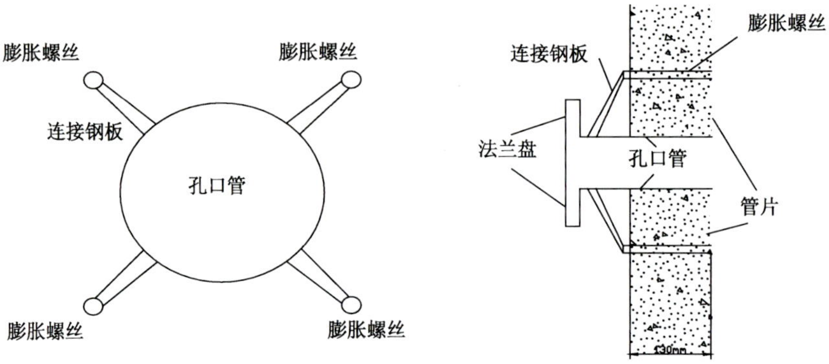

图 7-13　孔口管固定图（尺寸单位：mm）

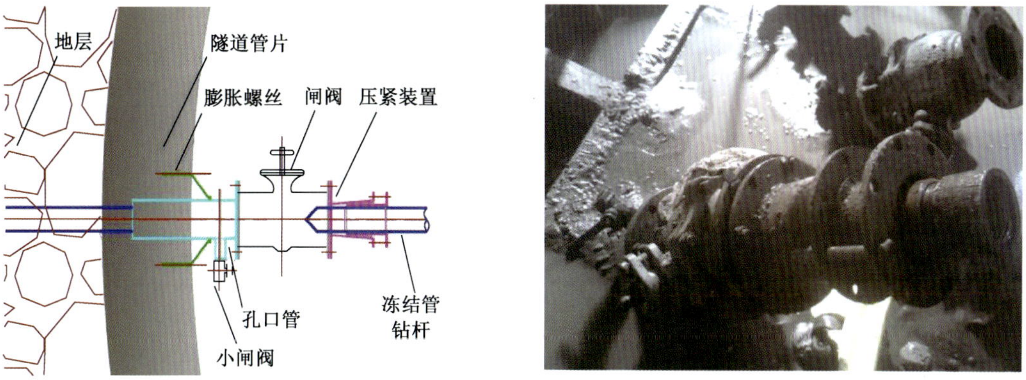

图 7-14 孔口管及防喷装置图

(2)利用冻结管作钻杆,冻结管采用丝扣连接,接缝要补焊,确保其同心度和焊接强度,冻结管达到设计深度后用丝堵密封孔底部,具体方法是利用接长杆将丝堵上到孔的底部,利用反扣在卸扣的同时将丝堵上紧。采用先钻孔、后下冻结管的方法。

(3)按冻结孔施工方位要求调整好钻机位置,并固定好,将钻头装入孔口装置内,并将盘根轻压在盘根盒内,首先采用干式钻进,当钻进费劲不进尺时,从钻机上进行注水钻进,同时打开小阀门,观察出水、出砂情况,利用阀门的开关控制出浆量,保证地面安全,不出现沉降。

(4)为了保证钻进精度,开孔段是关键。钻进前 2m 时,要反复校核冻结管方向,调整钻机位置,并用精密罗盘或经纬仪检测偏斜无问题后方可继续钻进。

(5)冻结管下入孔内前要先配管,保证冻结管同心度。下好冻结管后,采用经纬仪灯光测斜法检测,然后复测冻结孔深度,并进行打压试漏。冻结孔试漏压力控制在 0.8 ~ 1.0MPa,稳定 30min 压力无变化或前 30min 压降 <0.05MPa、后 15min 压力不降为试压合格。

(6)在冻结管内下入供液管。供液管底端连接 150mm 长的支架,采用 ϕ8mm 钢筋焊接。然后安装去、回路羊角和冻结管端盖。

(7)冻结管安装完毕后,用堵漏材料密封冻结管与孔口管之间的间隙,然后拆卸孔口密封装置。

(8)测温孔、泄压孔施工方法与冻结管相同。泄压孔也可利用钢管片上的注浆孔。

(9)透孔施工:根据冻结孔的布置,施工穿透孔时,在 ϕ89mm 冻结管前配置 ϕ94mm 锥体,再配上 ϕ89mm 岩心管一段,长度 $L \geqslant 65$cm,并配 ϕ91mm 金刚石取芯钻头,在下管过程中,一旦钻头触及对面洞壁,马上改用回转钻进工艺钻进,用清水冷却钻头,开始按取芯的有关规定操作钻机。

工艺方法:先慢速旋转低压给进,转速控制在 100r/min 左右,同时给进压力控制在1.0MPa 左右,防止钻头打滑错位,造成跑位,待进尺 5 ~ 10cm 后,采用正常取心钻进,直至打穿对面管片。在钻具触及对面管片,提前派人到对面隧道处做好穿透面的封堵准备工作,一旦钻头穿透管片,立刻封孔。

5)穿透孔穿透面的密封

穿透孔穿透面的管片密封也必须引起重视,为确保万无一失,根据以往联络通道穿透孔施工经验采用以下方案。

(1)在钻具和单向阀后加一个长度为200mm、外径为94mm、内径和钻杆相同的锥塞管,进行封堵管片与钻杆之间的间隙。

(2)穿透孔施工结束后,采用夹板式进行密封,用特制的夹板将麻丝等密封物强行压入冻结管与钻孔的环形间隙,立即用瞬凝水泥封堵孔口,确保孔口位置不发生水、泥泄漏事故。

(3)密封装置安装固定在孔口管上,利用盘根封堵冻结管与密封装置之间的缝隙。

(4)钻进水压控制:钻进过程中严格控制给进水压,防止水压过大对管片造成破坏。

(5)钻进过程中给水量与出水量的控制:钻进过程中严格控制进出水量,防止进出水量不平衡,出水砂量过多对管片造成破坏。

穿透孔示意图如图7-15所示。

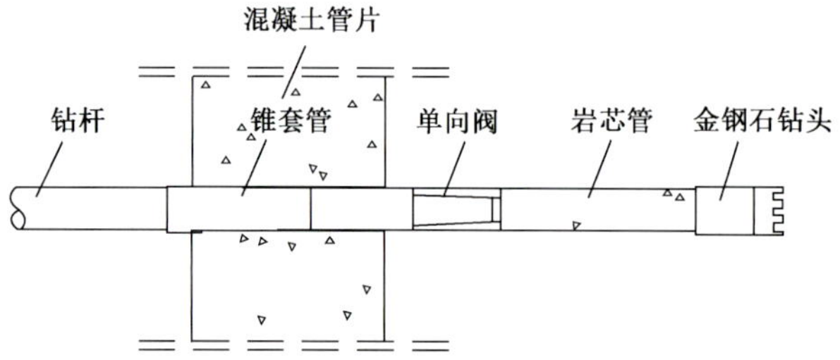

图7-15　穿透孔示意图

6)冻结制冷系统安装

冻结站制冷设备选择CWZ-290型冷冻机组,盐水泵选择10SH-19A双吸泵、清水泵选择10SH-19A双吸泵。清水冷却系统采用DBNL3-60型冷却塔或根据隧道实际情况自做冷却系统,满足冷却需要。

7)冻结站布置与设备安装

(1)使用工16工字钢作为设备基础,工字钢搭接牢固,平铺在设备规划位置,找平找正。

(2)设备间距及冻结站范围内,满铺厚5cm、长2～4m的木板。

(3)利用叉车或其他运输工具按先后顺序,将盐水泵、盐水箱、冷冻机、启动柜、高低压控制柜、变压器、清水泵等运送至规划位置。

冻结站内设备主要包括冷冻机组、配电柜、盐水箱、盐水泵、冷却水泵、冷却塔及冷却水池等。冻结站安装包括氟系统、盐水系统及冷却水系统安装,要求根据冻结站的总体设计,按照先设备后管路的安装程序和施工图的技术要求,将三大循环系统分别进行安装,并按要求试压、检查验收。

8)冷冻机组的安装

(1)机组组成

螺杆式制冷压缩机组由螺杆压缩机、电动机、联轴器、气路系统(包括吸气止回式截止阀和吸气过滤器)、油路系统(包括油分离器、油冷却器、油过滤器、油泵、油压调节阀和油分配管路)、控制系统(包括操作仪表箱、控制器箱、电控柜等)和设备、系统间的连接管路等组成。

(2)就位与固定

按照冻结站布置图,将冷冻机组就位后,首先将机组可靠地固定在冻结站施工平台上,底梁与工字钢进行连接。固定时注意要用水平尺对机组进行找平,通过不断调整底梁将机组调平。

机组固定好后，对电机和压缩机进行找正。

根据现场的管路布置，可以灵活调整冷凝器两头盖板，以达到优化管路布置的目的。

将机组启动柜可靠布置在机组旁边利于操作方便的位置，同时注意与机组之间留下一定的空间，以方便平时的操作维护。

(3)管路连接

盐水管路与清水管路与机组之间采用法兰连接，要合理地布置安装阀门，利于平时开启与关闭操作，同时又要对维护时拧螺栓等提供方便。

(4)机组密封检测

冷冻机组属于压力容器机械设备，因此一定要保证机组的密封性能可靠，否则会造成机组漏氟，制冷效率下降，达不到理想的制冷效果。

首先进行制冷系统的检漏和氮气冲洗，在确保系统无渗漏后，再充氟加油。

(5)机组加油

检查机组里冷冻机油的量，如果过少，要向机组加油，冷冻机组选用46号冷冻机油。

9)清、盐水泵的安装

(1)检查水泵和电机，确保在运输和装卸过程中没有损伤。

(2)检查工具和起重机械，并检查机器的基础。

(3)安装泵的基础平面应水平找平，放置好后再检查整台机组的水平度。

(4)泵的吸入管路和吐出管路应有各自的支架，不允许管路重量直接由泵承受。

(5)泵轴与电机旋转方向应一致。

(6)泵的吸入口不宜过高，高于清、盐水箱底20cm左右。

(7)在清水泵的吸入口安装一道滤网，在盐水箱中间设置一道滤网，以防止有杂物被吸入管路内。

(8)检查泵及管路及结合处有无松动现象。用手转动泵，试看泵是否灵活。

(9)向轴承体内加入轴承润滑机油，观察油位应在油标的中心线处，润滑油应及时更换或补充。

10)管路安装

(1)清水管路和盐水干管采用焊接，在需要调整的地方采用法兰连接。隧道内的盐水管用管架敷设在隧道管片斜坡上，用法兰连接。盐水和冷却水管路用法兰连接。盐水管路要离地面安装，避免浸水和高低起伏。回路盐水干管上要做“∩”形弯起。

(2)在盐水管路和冷却水循环管路上应设置阀门和压力表、测温仪测试组件等。

(3)盐水管路经试漏、清洗后用保温板或棉絮保温，保温厚度为20mm，保温层的外面用塑料薄膜包扎。

(4)集配液圈与冻结管用高压胶管连接，每组冻结管的进出口各装阀门一个，以便控制盐水流量。

11)保温施工

(1)盐水管路经试漏、清洗后用保温板或棉絮保温，保温厚度为20mm，保温层的外面用塑料薄膜包扎。

(2)冷冻机组的蒸发器及低温管路用棉絮保温，盐水箱和盐水干管用20mm厚的保温板或棉絮保温。

(3)联络通道两侧管片保温:由于混凝土和钢管片相对于土层要容易散热得多,为加强冻结帷幕与管片胶结,将钢管片格栅内用素混凝土填充密实,然后采用保温板对冻结帷幕发展区域管片进行隔热保温。

(4)在隧道冻结管的端部区域范围内布置冷冻排管,同样将钢管片格栅内用素混凝土填充密实,然后采用保温板对冻结帷幕发展区域管片进行隔热保温。

12)冻结器连接安装

(1)集配液圈与冻结管的连接用高压胶管。冻结孔每 3 ~ 7 个一串联,串联尽量间隔进行,应以每组冻结孔总长度和每路盐水循环阻力接近为宜,在配液圈与冻结器之间安装阀门两个,以便控制冻结器盐水流量。

(2)在对侧隧道管片内侧冻结加固范围内敷设冷冻排管,敷设方法为用膨胀螺栓和压板直接固定在管片上。冷冻排管与穿透冻结孔之间用胶管连接。冻结加固范围内铺设不小于 30mm 厚的聚苯乙烯泡沫塑胶保温板。

冻结孔连接实际效果图如图 7-16 所示。

图 7-16　冻结孔连接实际效果图

13)仪器仪表安装

(1)在冷冻机进出水管上安装温度计,在去、回路盐水管路上安装压力表、温度传感器和控制阀门。在盐水管出口安装流量计。在盐水箱安装液面传感器。

(2)在去路盐水干管上安装阀门。在盐水管路的高处安装放气阀。盐水管路要进行耐压试漏,公式为:打压压力 = 地压 + 泵的工作压力,经计算试验压力为 0.7MPa。

14)溶解氯化钙和机组充氟、加油

先在盐水箱内注入约 1/4 的清水,盐水箱上部要设过滤网,然后,启动泵并逐步加入固体氯化钙,直至盐水浓度达到设计要求。溶解氯化钙时要除去杂质。盐水箱内的盐水不能灌得太满,以免高于盐水箱口的冻结管盐水回流时溢出盐水箱。

机组充氟和冷冻机加油按照设备使用说明书的要求进行。首先进行制冷系统的检漏和氮气冲洗，在确保系统无渗漏后，再充氟加油。

7.5 沉降监测分析

根据各冻结法联络通道第三方监测数据情况，施工节点各联络通道时程曲线图如图7-17所示。

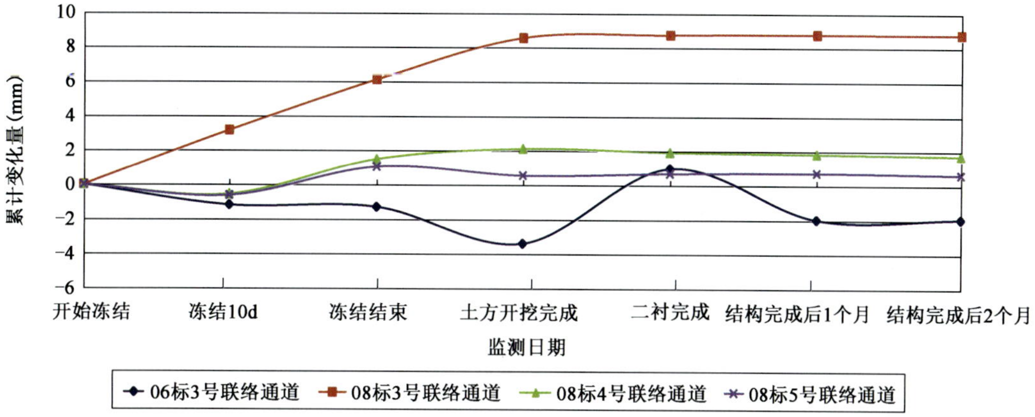

图7-17 各联络通道整体沉降时程曲线图

根据各联络通道数据情况分析，各联络通道最终沉降量介于-1.98~8.74mm之间，隆起值最大通道为08标3号联络通道，沉降量最大通道为08标5号联络通道。

地层深孔注浆加固形式联络通道施工对上方地表产生的影响主要分以下几个阶段：①洞内注浆加固，造成测点上浮；②联络通道上台阶开挖造成一次下沉；③联络通道下台阶开挖造成二次下沉。变形趋势曲线如图7-18所示。

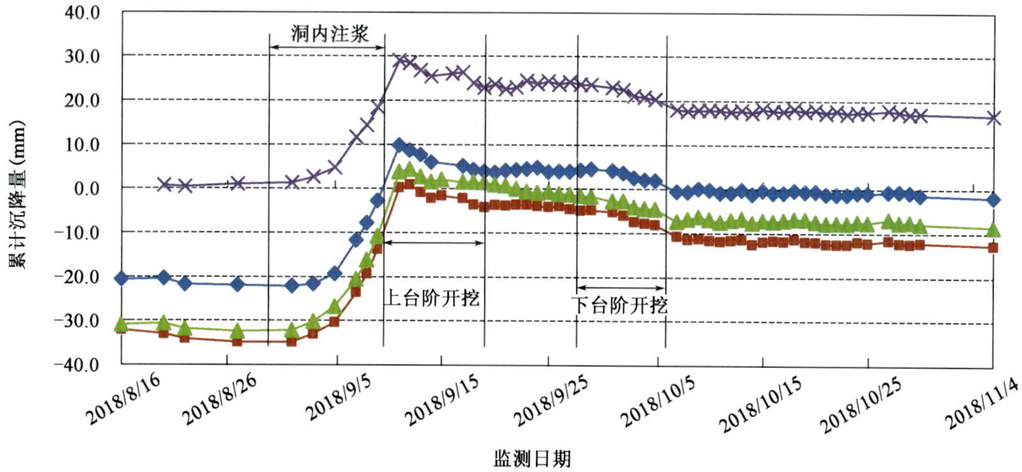

图7-18 注浆法联络通道测点时程曲线图

冻结法施工联络通道施工对上方地表产生的影响主要分以下几个阶段：①冻结期间，造成测点上浮；②联络通道上台阶开挖造成一次下沉；③联络通道下台阶开挖造成二次下沉。各联络通道变形趋势曲线如图 7-19 ~ 图 7-22 所示。

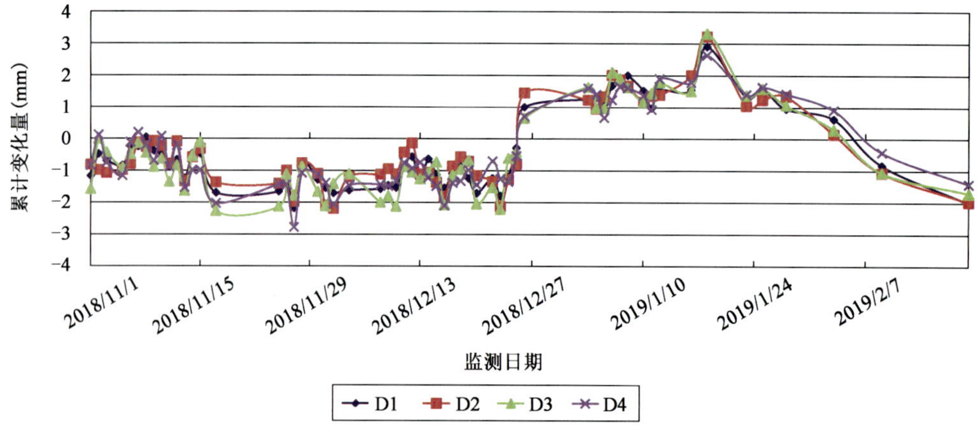

图 7-19　06 标 3 号联络通道沉降时程曲线图

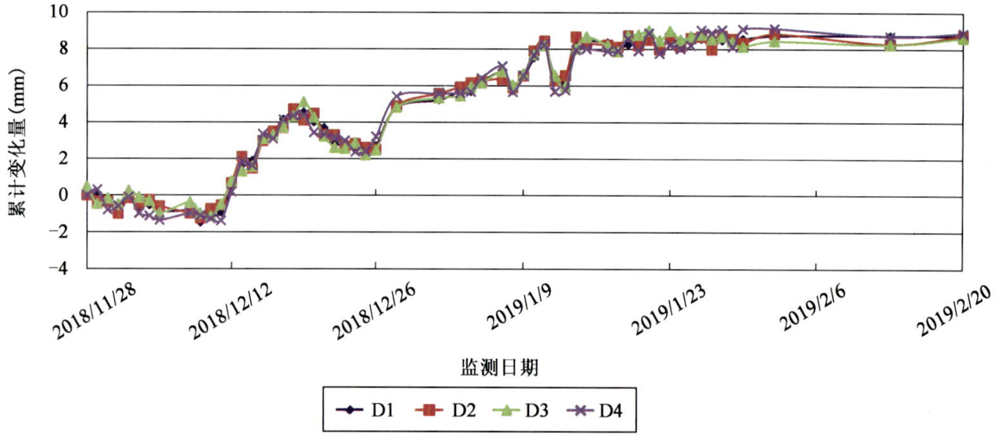

图 7-20　08 标 3 号联络通道沉降时程曲线图

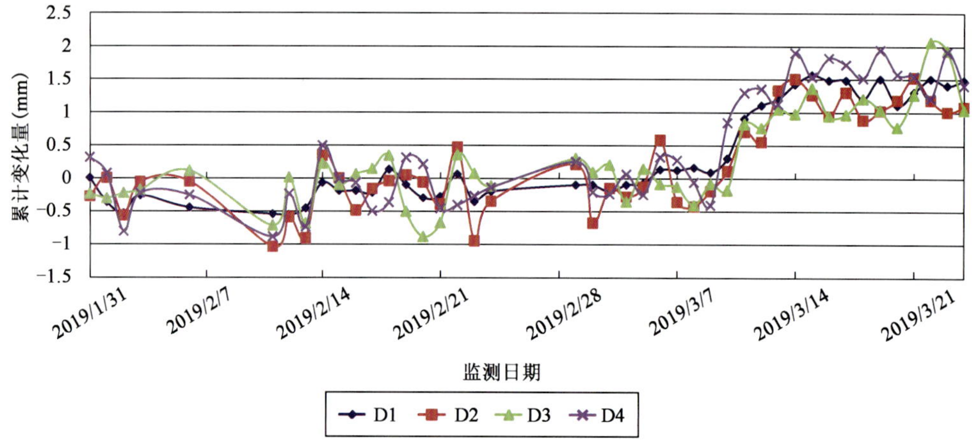

图 7-21　08 标 4 号联络通道沉降时程曲线图

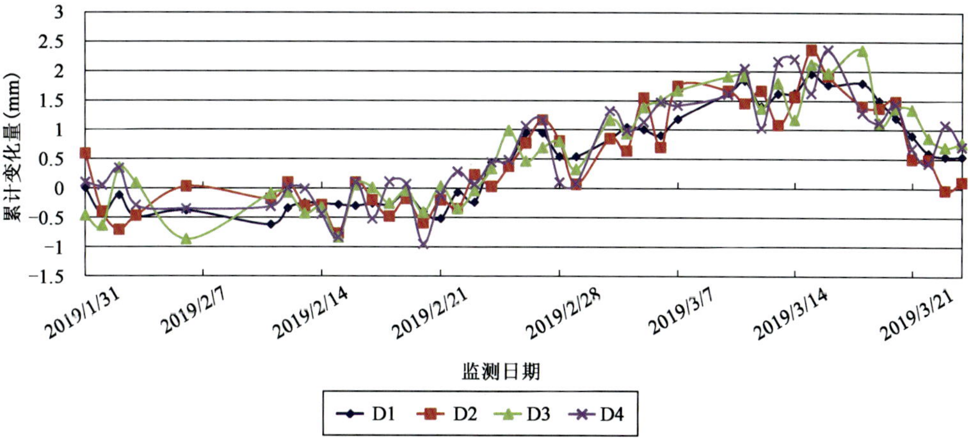

图 7-22 08 标 5 号联络通道沉降时程曲线图

通过两种施工工艺联络通道的监测数据可以看出,冻结法施工联络通道变形量总体远远小于正常注浆加固法施工的联络通道,并且各联络通道均呈现一定的隆起趋势,根据底层的不同,隆起量存在一定差异。

06 标 3 号联络通道冻结孔打设所用时间最短,为 30d,打设期间无盾构施工影响,打设较快,08 标 3 号、4 号联络通道冻结孔打设所用时间最长,为 60d,打设期间存在与盾构施工交叉作业,打设进度较慢。

冻结时间为 33 ~ 54d,冻土强度为 13 ~ 22MPa,其中 08 标 5 号联络通道冻结时间最短,为 33d,冻结后冻土强度相应的也最低,为 13MPa,06 标 3 号联络通道冻结时间最长,为 54d,冻结后冻土强度相应的也最高,为 22MPa,根据目前数据总结,冻土强度与冻结时间成正比,即冻结时长越长,冻土强度越高。

联络通道开挖时长为 9 ~ 20d,08 标 5 号联络通道开挖时长最长且冻土强度最低,为 20d,采用人工开挖;06 标 3 号联络通道开挖时长最短且冻土强度最高,为 9d,采用机械开挖,相比较机械开挖所用工时更短。

各联络通道在冻结期间,地表沉降较小;在开挖过程中,地表测点均发生一定的沉降,较人工开挖,机械开挖所造成的扰动较大,沉降量较大,但比较常规非冻结法施工的联络通道所造成的沉降仍是小很多;根据目前的数据显示,溶沉期情况目前尚不明显。

7.6 冻结参数分析

根据各联络通道盐水去、回路温度变化时程曲线图(图 7-23 ~ 图 7-26)分析,各通道最终去、回路盐水温度符合设计要求,低于 −26℃。去回路盐水温差在 0.4 ~ 1.9℃之间,设计要求小于 2℃,符合设计要求。

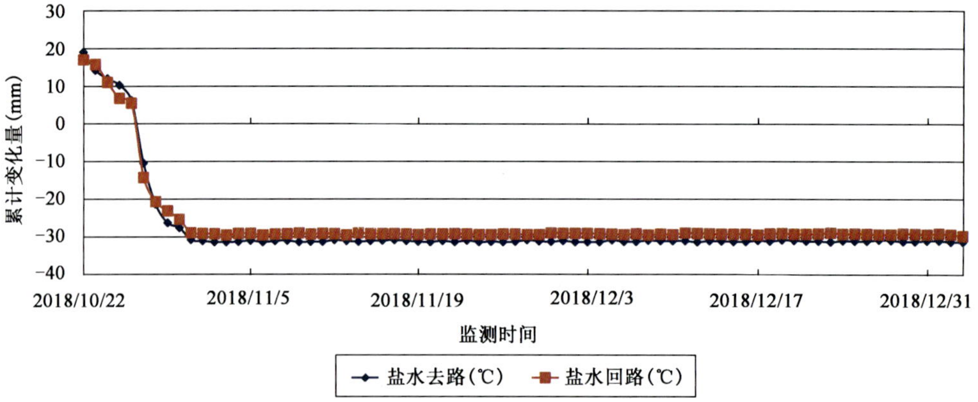

图 7-23　06 标 3 号联络通道盐水去、回路温度时程曲线图

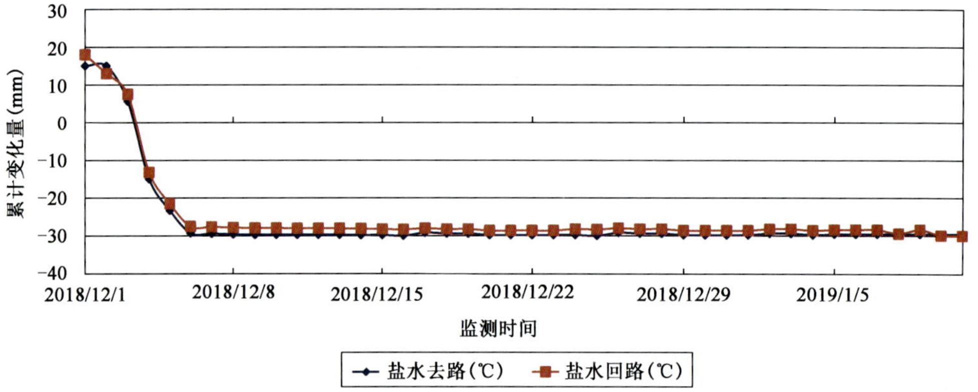

图 7-24　08 标 3 号联络通道盐水去、回路温度时程曲线图

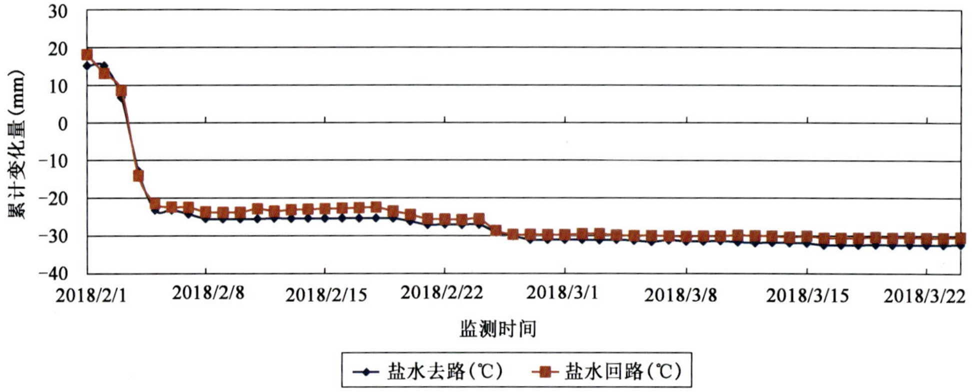

图 7-25　08 标 4 号联络通道盐水去、回路温度时程曲线图

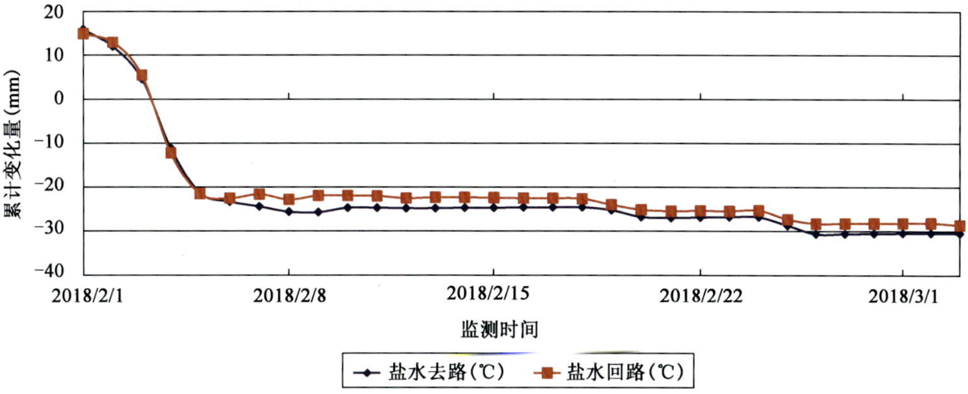

图7-26 08标5号联络通道盐水去、回路温度时程曲线图

7.7 工程造价分析

冻结法造价在257万~497万元之间,注浆法造价在170万~430万元之间,一般冻结法较注浆法造价高,但是当受承压水影响时,注浆效果难以保证,需要反复注浆,以达到止水效果,此时造价基本一致,如04标反复注浆联络通道,最终造价在430万左右。冻结法与注浆法工程造价分别见表7-7、表7-8。

冻结法工程造价(单位:万元) 表7-7

冻结法	设备安装	积极冻结	初支开挖	二次衬砌施工	合计
08标3号联络通道	50	191	30	30	301
08标4号联络通道	50	231	30	30	341
08标5号联络通道	50	147	30	30	257
07标3号联络通道	50	387	30	30	497
06标3号联络通道	50	240	30	30	350

注浆法工程造价(单位:万元) 表7-8

注浆法	注浆	初支开挖	二次衬砌施工	合计
联络通道	110~370	30	30	170~430

7.8 结论与思考

根据整个工程实施情况分析,冻结法优势如下:

(1)冻结帷幕隔水性较强,可以将施工土层与地下水进行有效隔绝,不需要进行基坑内排水,能够有效减少因排水状况不佳而导致的地基沉降不均匀对实际建(构)筑物带来的影响。

(2)可以在合理的范围内对冻结管进行任意操作,在对土层进行加固时,土体冻结具有较强的适应性，且不会受到地层条件的影响，施工操作比较方便。

(3)能够适应施工中不同的地质水文环境，比如流沙、软土地层、高水压等环境，这一点和其他的施工方法相比更加经济。

(4)冻结法施工完成后，土层结构可以得到快速的恢复，有助于土层尽快恢复到原来的状态，对施工影响较小，且不会对日后的土层施工带来一定影响。冻结法施工是一种绿色施工，无污染、无烟尘，比较适合当前的城市施工。

(5)通过造价对比情况分析，对于富含地下水区域的暗挖施工，冻结法与常规注浆法施工费用相差不大，但冻结法施工方式更为安全可靠。

缺点及影响条件：

受到地下水流速过快影响时，冻结壁无法迅速冻结成环。如 07 标 3 号联络通道，当冻结壁无法快速闭合成环时，只能通过加长积极冻结时间来实现冻结壁冻结成环，成本大大提高。

参考文献

[1] 罗栋,朱考飞,肖衡,等.皮带出渣量动态监测系统在盾构出渣控制中的应用[J].施工技术,2018,47(S1):572-575.

[2] 夏俭.土压平衡盾构出土计量装置研制与应用[J].城市道桥与防洪,2017(04):222-225+22.

[3] 周奇才,江胜男,金奇,等.地铁隧道形变监测系统断面采集数据的建模及算法研究[J].测控技术,2010,29(09):13-15.

[4] 王延年.物联网技术在土压平衡盾构出土计量中的开发应用[J].地下工程与隧道,2015(02):30-32+66.

[5] 王正庭.盾构机渣土磨损性试验方法综述[J].机电工程技术,2016,45(08):139-143+159.

[6] 李潮.砂卵石地层土压平衡盾构关键参数计算模型研究[D].北京:中国矿业大学(北京),2013.

[7] 江华,江玉生,张晋勋,等.大粒径卵砾石地层盾构刀盘选型及适应性评价[J].土木建筑与环境工程,2014,36(05):119-124.

[8] 贾科.大粒径卵石地层盾构机刀盘选型论证[J].城市建设理论研究(电子版),2018(09):65-66.

[9] 王佳宁.盾构长距离穿越无水砂卵石地层对刀盘选型及改造的思考[A].《智慧城市与轨道交通》2015年中国城市科学研究会数字城市专业委员会轨道交通学组年会论文集[C].2015年.

[10] 宋云.盾构机刀盘选型及设计理论研究[D].成都:西南交通大学,2009.

[11] 周刘刚.大连地铁软硬互侵复合岩层盾构刀盘选型与刀具配置技术[J].施工技术,2016,45(S1):428-434.

[12] 彭钧.复杂地层盾构刀具磨损控制技术研究[D].北京:北京交通大学,2013.

[13] 刘文华.复合地层EPB盾构刀盘布刀规律研究[D].长沙:中南大学,2012.

[14] 吴俊,袁大军,李兴高,等.盾构刀具磨损机理及预测分析[J].中国公路学报,2017,30(08):109-116+142.

[15] 申会宇.北京砂卵石地层盾构机刀盘磨耗与处理措施[J].科技与企业,2015(22):227.

[16] 朱英伟,郑立波,张洪涛.新型盾构机刀具磨损检测技术研究[J].施工技术,2014,43(01):121-123.

[17] 吕瑞虎,王光辉.盾构刀具磨损规律及减耐磨措施研究现状分析[J].隧道建设,2012,32(S2):41-46.

[18] 董洪星.盾构穿越全断面砂卵石地层刀具磨损情况分析[J].市政技术,2017,35(02):170-173+177.

[19] 林赉贶.土压平衡盾构机刀盘开口特性及刀具布置方法研究[D].长沙:中南大学,2013.

[20] 黄清飞,林巍,李塔.砂卵石地层盾构刀盘选型探讨[J].中国水运(下半月),2012,12

(08):168-169.
[21] 刘文波,杨学锋,万壮,等.盾构机刀具的分类与布置[J].重型机械,2019(02):6-11.
[22] 郑丽堃.盾构机刀具布置规律研究[D].石家庄:石家庄铁道大学,2016.
[23] 崔巍.土压平衡盾构机刀盘刀具布置方法分析[J].山东工业技术,2016(01):118.
[24] 吴艳华,刘德全,盛少琴.盾构机刀具选型及布置[J].广东造船,2013,32(01):54-56+36.
[25] 刘文波,杨学锋,万壮,等.盾构机刀具的分类与布置[J].重型机械,2019(02):6-11.
[26] 张士龙.卵砾石地层隧道盾构刀具选型研究[J].铁道建筑,2013(04):91-93.
[27] 黄清飞.砂卵石地层盾构刀盘刀具与土相互作用及其选型设计研究[D].北京:北京交通大学,2010.
[28] 刘文波,杨学锋,万壮,等.盾构机刀具的分类与布置[J].重型机械,2019(02):6-11.
[29] 郑广爽,田海雨.ϕ6.28m 复合式土压平衡盾构刀盘选型及结构设计研究[J].机械,2016,43(S1):27-28.
[30] 张婷.城市地铁砂卵石地层盾构机刀盘刀具磨损控制方法[J].技术与市场,2017,24(09):66+68.
[31] 李朝,龚艳霞,林森,等.北京砂卵石地层盾构机刀盘磨耗分析及工程措施[J].建设机械技术与管理,2012,25(08):95-98.
[32] 管会生,高波.盾构切削刀具寿命的计算[J].工程机械,2006(01):25-28+1.
[33] 杨志勇,王霆,江玉生.无水砂卵石地层土压平衡盾构主动换刀技术研究[J].现代隧道技术,2016,53(01):147-152.
[34] 章慧健,仇文革,胡辉,等.富水砂卵石地层土压平衡盾构带压换刀技术[J].施工技术,2010,39(01):55-58.
[35] 唐汐,高洪吉,张长旺.装配式检修井在盾构检修中的应用[J].市政技术,2019,37(03):145-148.
[36] 邓得新.盾构施工中人工挖孔换刀法的应用——应用于北京地铁6号线慈寿寺—花园桥区间工程[J].江西建材,2017(21):178+180.
[37] 高超.城市轨道交通盾构施工规范化管理研究[J].工程技术研究,2019,4(17):133-134.
[38] 王相东.论影响土压盾构施工速度的因素[J].低碳世界,2017(24):210-211.
[39] 徐毅兴.对土压平衡盾构施工安全管理的剖析[J].中国高新区,2018(03):167.
[40] 赵晓娟.浅谈土压平衡盾构施工安全管理[J].价值工程,2017,36(19):54-56.
[41] 王效文.地铁盾构隧道施工组织适应全线工程筹划分析[J].建设科技,2012(15):76-77.
[42] 高华军.地铁隧道盾构施工风险管理研究[D].武汉:武汉理工大学,2013.
[43] 齐梦学.垂直皮带机用于地铁 TBM 施工的可行性探讨[J].隧道建设,2016,36(08):1004-1010.
[44] 顾伟红,王恩茂,张文达.铁路隧道工程 TBM 施工定额编制研究[J].铁道科学与工程学报,2015,12(06):1500-1506.

[45] 陈永辉,李建伟.关角隧道传统出碴方式与皮带运输机出碴方式的比较研究[J].科技信息,2009(08):632-633.

[46] GUO Sheng, LIU Jian, LI ZhiRen, ZHANG DongLi, HUANG Wei. Experimental research on air film formation behavior of air cushion belt conveyor with stable load[J]. Science China (Technological Sciences), 2013, 56(06):1424-1434.

[47] 齐梦学.连续皮带机出渣工况下 TBM 掘进与二次衬砌同步施工技术[J].铁道建筑,2011(10):35-38.

[48] 张军伟,梅志荣,高菊茹,等.大伙房输水工程特长隧洞 TBM 选型及施工关键技术研究[J].现代隧道技术,2010,47(05):1-10.

[49] Lech Gładysiewicz, Robert Król, Waldemar Kisielewski. Measurements of loads on belt conveyor idlers operated in real conditions[J]. Measurement, 2018.

[50] 李建国,陈鹏.隧道施工用皮带运输机出碴方式探讨[J].西部探矿工程,1999(06):24-26.

[51] P. V. Boslovyak, G. A. Emelyanova. Optimization Mathematical Modeling of the Weight of Metal Structure of Suspended Belt Conveyor Linear Section[J]. IFAC PapersOnLine,2018,51(30).

[52] 张忠东,赵力,席雅娟.秦岭隧洞 TBM 施工皮带系统选型及运行分析[J].人民黄河,2018,40(12):127-130+135.

[53] Peter Kaššay, Jaroslav Homišin, Matej Urbanský, Robert Grega. Transient Torsional Analysis of a Belt Conveyor Drive with Pneumatic Flexible Shaft Coupling[J]. Acta Mechanica et Automatica,2017,11(1).

[54] 杨木高.兰渝铁路西秦岭隧道[J].隧道建设(中英文),2018,38(12):2071-2076.

[55] 韩广有,张乐诗,张忠武.TBM 开挖石渣运输方式的选择[J].水利水电技术,2006(04):42-43.

[56] 黄民,潘虎生,胡成,等.钢绳芯带式输送机实时综合监测与保护系统[J].中国矿业大学学报,2006(05):673-678+683.